Pour éviter le chaos climatique et financier

Jean Jouzel
Pierre Larrouturou

Pour éviter le chaos climatique et financier

Préface de Nicolas Hulot

Odile Jacob

15, rue Soufflot, 75005 Paris

www.odilejacob.fr

ISBN : 978-2-7381-4116-3

À Michel Rocard, qui soutenait notre projet et s'est battu très longtemps pour la sauvegarde de la planète et pour une maîtrise démocratique de la création monétaire.

En 1988-1989, Premier ministre du gouvernement français, il s'est opposé à un traité international qui allait autoriser l'exploitation du sous-sol des pôles. Presque seul contre tous, et en acceptant « une ou deux engueulades » des dirigeants américains, il a réussi en quelques semaines à ce que soit abandonné ce projet et que, deux ans plus tard, soit signé un traité qui allait protéger les pôles et en faire des territoires pour la recherche et pour la paix.

Michel a fait la preuve que le courage et la volonté peuvent changer le cours de l'histoire.

À Paul et David, à Maud, Arnaud, Jean-Noël, Charlotte, Marguerite, Sarah, Joss, Thérèse, Jeanne, Pierre et Suzanne, nos enfants et petits-enfants ;
À Brigitte et Esther, nos épouses ;
À Robert, Valérie, Gaël, Bruno, Laurent, Claude, Simone, Audrey, Txetx, Jon, Nicole, Anne, Arnaud, Cyril, Aline, Nathan, Odile, Emmy, Jérôme, Arthur, Hadrien, Basile, Myrtille, Sixte et Josué… nos amis, nos filleuls et nos collègues ;
À toutes celles et ceux pour qui et avec qui nous nous battons contre le réchauffement climatique.

« Les systèmes tiennent souvent plus longtemps qu'on ne le pense, mais ils finissent par s'effondrer beaucoup plus vite qu'on ne l'imagine. »

Kenneth Rogoff, ancien chef économiste du FMI.

« Toutes les grandes défaites se résument en deux mots : trop tard. »

Douglas McArthur, ancien chef d'état-major de l'armée américaine.

Allons-nous attendre qu'il soit *trop tard* pour agir ?

Cela semble impossible jusqu'à ce que ce soit fait

Nicolas Hulot

1987-2017. Trente ans déjà !

Cela fait trente ans que *Nature*, l'une des revues scientifiques les plus réputées au monde, a décidé de publier à sa une trois articles présentant les résultats obtenus par des chercheurs français et soviétiques qui, en analysant des carottages de plus de 2 kilomètres réalisés dans les glaces de l'Antarctique, ont permis de remonter 160 000 ans d'histoire du climat !

Grâce à ces travaux, Claude Lorius, Jean Jouzel et leurs collègues établissaient pour la première fois le lien étroit qui existe entre l'évolution des températures et la teneur de l'atmosphère en gaz à effet de serre[1]. Les courbes sont tellement impressionnantes, leurs analyses sont tellement claires, que ce qui aurait pu rester un article scientifique, lu uniquement par des scientifiques, devient un événement politique : aux États-Unis comme en Europe, au Japon comme en Afrique, la plupart des grands médias parlent des relations entre les

1. Lorius et Jouzel étaient les rédacteurs principaux, mais ils aiment rappeler le nom des collègues, français et russes, qui ont participé à ce remarquable travail : Jean-Marc Barnola, Christophe Genthon, Jean-Robert Petit, Dominique Raynaud, Nartsiss Irinarkhovich Barkov, Y. S. Korotkevich, Vladimir Mikhaïlovich Kotlyakov et V. M. Petrov. Comme le football, qu'il a longtemps pratiqué, Jean Jouzel affirme que la recherche scientifique est un sport collectif.

émissions de CO_2, liées aux activités humaines, et le réchauffement de la planète.

Le bruit fait par leur découverte contribue à convaincre les chefs d'État, qui étaient déjà alertés du risque d'un réchauffement important par les spécialistes des modèles climatiques : quelques mois plus tard, ils vont créer le GIEC, le Groupe d'experts intergouvernemental sur l'évolution du climat, qui depuis 1988 rassemble des milliers de chercheurs de tous les continents pour mieux comprendre le réchauffement en cours, ses conséquences et les solutions à mettre en œuvre.

1987-2017. Trente ans d'avancées scientifiques considérables. Trente années de sommets internationaux : Rio, Johannesburg, Copenhague, Paris... Tout cela est fondamental, mais tout cela ne suffit pas : la concentration de CO_2 dans l'atmosphère qui était de 350 ppm en 1987 a dépassé cette année les 410 ppm, et les événements climatiques extrêmes se sont multipliés sur la même période.

Le premier intérêt de ce livre est d'aider tous les citoyens à mieux comprendre le dérèglement climatique et la gravité de ce qui se prépare si nous restons sans réagir, ou si nous persistons à ne réagir que mollement : les inondations que la France a subies en 2016, les ouragans qui ont dévasté le Texas et les Antilles durant l'été 2017, comme les inondations qui, au même moment, ont provoqué la mort de plus de 1 200 personnes en Asie du Sud, ne sont qu'un avant-goût du chaos qui nous attend, si nous ne sommes pas capables d'inverser la tendance et de construire un modèle de société qui répare notre environnement au lieu de le détruire.

Ce n'est pas par hasard que le GIEC, dont Jean Jouzel a été un pilier, a reçu le prix Nobel de la paix et non le Nobel de physique : au-delà du CO_2, du méthane et des autres gaz à effet de serre, au-delà même de notre confort et de notre santé, c'est bien l'avenir de la paix dans le monde qui est en jeu.

Si l'Asie du Sud n'est plus habitable car trop chaude et trop humide plusieurs mois par an, et si l'Afrique est incapable de se nourrir parce que les sécheresses y sont trop nombreuses, si plus d'un milliard d'hommes et de femmes doivent quitter les terres qui les ont vus naître, et chercher refuge sur d'autres continents, qui peut croire que tout cela va se passer sans conflits ? En 2017, déjà, l'ONU nous dit que les réfugiés climatiques sont plus nombreux que les migrants économiques…

« Nous n'avons que trois ans pour agir. » L'étude publiée cet été[2] a fait grand bruit. Tout indique en effet que le dérèglement climatique risque d'échapper bientôt à notre contrôle. Il est urgent de « changer de braquet ». Pour cela, nous avons besoin de toutes les idées, et ce livre y contribue.

La force de ce livre vient surtout de la proposition très ambitieuse que défendent Jean Jouzel et Pierre Larrouturou : au lieu de rester passif et de subir, mieux vaut réguler. Nous l'avons vu lors des grandes crises économiques et financières, la puissance publique n'est pas démunie d'outils pour agir.

Face à la crise financière, l'Europe a été capable d'innover, de trouver des solutions mobilisant des centaines de milliards d'euros. Dans ces conditions, comment justifier que l'Europe ne trouve pas les moyens pour lutter radicalement contre le réchauffement en cours ?

La crise climatique est en effet d'une autre ampleur que celles qui agitent régulièrement l'économie. Faut-il alors se résigner à une succession de crises ou « changer de braquet » dans les investissements qui permettront de mettre en place une transition écologique et solidaire qui s'esquisse déjà sous nos yeux ?

Car plus personne ne dit le contraire. Les énergies renouvelables, la rénovation des logements, l'invention de transports « zéro émission », tout cela est possible. Tout cela est souhaitable. Tout cela crée de l'emploi, et participe partout à améliorer la qualité de l'air, à protéger la santé des citoyens.

« La planète est en train de se venger de la folie des hommes… » Le président Macron a raison. C'est bien de folie qu'il s'agit en effet : myopie du court terme, difficultés à faire entrer les horizons longs dans les choix politiques, la tentation est grande, quasi permanente, de sacrifier l'avenir au présent.

2. Figueres *et al.*, « Three years to safeguard our climate », *Nature*, 28 juin 2017, 546 (7660), p. 593-595.

L'Europe a donné un coup d'arrêt aux populismes, mais elle doit aussi entendre les attentes des citoyens, qui demandent une vraie régulation de la mondialisation. Ce besoin de protection, il est essentiel, alors que les inégalités se creusent, et que l'injustice climatique menace d'ajouter de la pauvreté à la pauvreté. Voilà pourquoi, *avec modestie et audace*, la France doit agir pour le renouveau de l'Europe.

Avec beaucoup de modestie et encore plus d'audace au vu de la gravité de la situation, la France doit être un des puissants moteurs du sursaut européen. C'est bien l'ambition affichée, depuis le premier jour de son mandat, par Emmanuel Macron. Ambition qu'il a rappelée le 7 septembre dernier à Athènes : « Nous, Européens, qu'avons-nous fait de la démocratie ? Qu'avons-nous fait de la souveraineté ? », demandait le président de la République française sur la colline où est née, il y a plus de 2 000 ans, la démocratie européenne.

Démocratie. Souveraineté… Deux questions fondamentales, en effet, qu'il ne faut pas laisser aux eurosceptiques. Des idées émergent, pour rendre l'Europe aux citoyens. C'est le cas de l'idée de référendum paneuropéen, ou des panels de citoyens pour mettre en conformité nos règles communes avec notre ambition. Cela permettrait un débat passionnant, sur le climat, sur les politiques économiques, commerciales et monétaires, sur l'avenir de nos sociétés et sur nos comportements personnels. Un débat passionnant dans toutes nos familles, toutes nos entreprises, toutes les universités et tous les cafés d'Europe.

L'Europe doit se donner comme ambition de « sauver le climat » en investissant massivement dans la recherche sur tous les sujets concernés (logement, industrie, transports, agriculture, eau…) en partenariat avec tous les peuples du monde qui le voudront. Qui sait quelles inventions inattendues pourraient naître de ce surcroît d'intelligence collective ?

Un référendum paneuropéen ? Sur un Pacte finance-climat ? D'ici à 2020 ? Mais c'est impossible, diront certains. Mais d'autres ont dit la même chose (*Impossible, voyons !*) quand Pierre Mendès France, en 1930, plaidait pour une monnaie unique européenne.

Impossible ! aussi, en 1950, quand Schuman et Adenauer voulaient créer une Union Charbon-Acier pour avoir la garantie que plus jamais la guerre ne serait possible sur le continent. Certains ricanaient mais ce qui était impossible fut réalisé, pourtant, en un an à peine.

Impossible ! quand Kennedy décida que « les États-Unis [iraient] sur la Lune avant la fin de la décennie » : 400 000 hommes et femmes s'investirent dans ce projet et, sept ans plus tard, l'impossible devenait réalité.

Impossible !, la chute du Mur et la réunification de l'Europe. C'est ce qu'affirmaient la plupart des experts au printemps 1989. Mais les peuples en ont décidé autrement...

À nous maintenant d'organiser ce débat, de le nourrir, en explorant toutes les pistes, toutes les options. Avec ce livre, Pierre Larrouturou et Jean Jouzel font partie de ceux qui se conforment, une nouvelle fois, à ce que disait Nelson Mandela : cela semble impossible jusqu'à ce que ce soit fait.

Nicolas HULOT,
ministre d'État,
ministre de la Transition écologique et solidaire

Prologue

« La paix mondiale ne saurait être préservée sans des efforts créateurs à la hauteur des dangers qui la menacent. »

C'était le 9 mai 1950. En début d'après-midi. Le matin même, le Conseil des ministres allemand puis le Conseil des ministres français ont approuvé un projet inouï : pour être certains de ne plus jamais se faire la guerre, les deux pays vont créer une « Union Charbon-Acier ».

Depuis un siècle, la guerre n'a quasiment pas cessé entre les deux voisins. Et chaque fois qu'un pays gagne un conflit, il prend au vaincu ses réserves de charbon et d'acier pour être sûr de pouvoir l'écraser plus facilement encore à la prochaine occasion…

Mais en ce printemps 1950, une idée folle a germé dans le cerveau de Jean Monnet : pour être certains, *absolument certains !*, que la guerre ne sera plus possible sur le continent, la France et l'Allemagne pourraient gérer ensemble leurs réserves de charbon et d'acier.

C'est du jamais-vu ! Une rupture totale avec l'histoire de nos deux pays. Des deux côtés du Rhin, des millions d'hommes et de femmes ont été éduqués dans un esprit de revanche. Monnet propose de passer en mode Alliance.

En quelques jours, Jean Monnet a convaincu Robert Schuman, qui était alors ministre des Affaires étrangères et président du Conseil[1]. Et, en quelques heures seulement, au matin du 9 mai, le chancelier Adenauer emporte l'adhésion de l'ensemble du gouvernement allemand[2].

---

1. On dirait aujourd'hui Premier ministre.
2. « Ce fut le plus beau jour de ma vie. J'ai vu le ciel s'ouvrir devant moi », écrira Konrad Adenauer dans ses Mémoires.

Aussitôt qu'il est informé de cette décision, Schuman fait approuver le projet par le Conseil des ministres français. Puis, alors que la plupart des ministres partent au restaurant, il décide de convoquer immédiatement tous les ambassadeurs en poste à Paris qui peuvent être concernés par cette décision. Et il organise dans la foulée une conférence de presse. Schuman préfère sauter son repas pour lancer l'opération le plus vite possible et ainsi la rendre irréversible : il a trop peur, s'il attend ne serait-ce que vingt-quatre heures, que gaullistes et communistes lui mettent des bâtons dans les roues et fassent capoter le projet.

« La paix mondiale ne saurait être préservée sans des efforts créateurs à la hauteur des dangers qui la menacent », affirme-t-il solennellement devant la presse, avant de dévoiler le contenu concret de ce qui deviendra, quelques mois plus tard, l'acte de naissance de l'Union européenne[3].

C'était en 1950. Mais aujourd'hui, la paix mondiale semble aussi fragile qu'à cette époque. Et le besoin d'*efforts créateurs à la hauteur des dangers qui la menacent* plus que jamais d'actualité.

Le dérèglement climatique n'est évidemment pas le seul danger qui menace aujourd'hui la paix mondiale, mais c'est sans doute le danger le plus certain, le plus massif, et celui sur lequel l'Europe peut agir avec le plus de force.

La montée des tensions entre la Corée du Nord et les États-Unis ? Les tensions entre la Chine et ses voisins ? Elles peuvent évidemment déboucher sur des situations gravissimes mais elles peuvent aussi disparaître en quelques mois. Et chacun de nous est impuissant à agir sur ces dossiers. Alors que le réchauffement climatique est un danger majeur et croissant pour la prospérité et la paix mondiales. Il n'y a, hélas, aucun espoir que le risque disparaisse en quelques mois, mais nous sommes persuadés qu'il n'est pas trop tard pour agir. Persuadés

3. Le 9 mai 1950, Schuman annonce que les gouvernements allemand et français souhaitent que « la production franco-allemande de charbon et d'acier dans sa totalité soit placée sous une Haute Autorité, dans la structure d'une organisation qui s'ouvre à la participation des autres pays de l'Europe ». Le traité instituant la Communauté européenne du charbon et de l'acier (CECA), aussi appelé traité de Paris, sera signé le 18 avril 1951, moins d'un an après que Jean Monnet eut parlé de son idée à Robert Schuman pour la première fois… Il est signé par la République fédérale d'Allemagne, la Belgique, la France, l'Italie, le Luxembourg et les Pays-Bas, pour une durée de cinquante ans. Entré en vigueur le 23 juillet 1952, il est arrivé à expiration le 23 juillet 2002.

aussi que l'Europe a un rôle clé à jouer sur cette question vitale pour l'avenir de notre humanité.

America first ! C'est au nom des intérêts du peuple américain et au nom de l'emploi que Donald Trump a décidé que les États-Unis se retiraient de l'Accord de Paris. Le président américain et ses proches affirment que l'origine humaine du réchauffement climatique n'est pas prouvée et que mettre en œuvre les engagements de réduction d'émission des gaz à effet de serre inscrits dans cet accord pourrait « tuer l'emploi et le commerce ».

Planet first ! Nous voulons que l'Europe soit la première à prouver « grandeur nature » que non seulement la sauvegarde du climat n'est pas un obstacle au bien-être social, mais que la lutte contre le dérèglement climatique est un levier puissant pour lutter aussi contre le chômage, la précarité et la pauvreté.

Alors que la majorité des experts pensent que le réchauffement climatique est probablement en train de s'accélérer et que, même s'ils étaient respectés par tous les signataires, les engagements pris à Paris fin 2015 ne seraient pas suffisants pour limiter le réchauffement à moins de 2 °C, nous voulons tout faire pour que l'Europe se donne les moyens de tenir et de dépasser ses objectifs de réduction d'émission des gaz à effet de serre.

Avec ce livre, nous poursuivons un double objectif :

- Permettre à tous de mieux comprendre les questions liées au climat : Non !, quoi qu'en dise Donald Trump, le réchauffement climatique n'est pas « une invention des Chinois ». C'est une réalité, maintenant indéniable, qui a des conséquences de plus en plus visibles et de plus en plus graves dans tous nos pays. Salariés ou paysans, retraités ou étudiants, chômeurs, patrons de PME, artistes ou artisans, nous avons *tous* intérêt à agir avec force pour en limiter l'importance. Cette question ne concerne pas seulement les climatologues et les chefs d'État. Chacun de nous est concerné. Chacun peut agir.
- Trouver des financements pérennes et suffisants pour financer le gigantesque chantier de la transition énergétique et, en particulier, les économies d'énergie et le développement des énergies renouvelables. Si l'on veut avoir une chance de gagner la course de vitesse engagée contre le dérèglement climatique, il ne suffit pas de prendre son vélo à la place de sa voiture ou de recycler ses déchets[4]. Il faut passer à la

4. Même si ces gestes de la vie quotidienne restent bien nécessaires.

vitesse supérieure : provoquer et organiser un sursaut collectif pour diviser par 4 notre production de gaz à effet de serre d'ici à 2050. C'est l'engagement qui a été pris par la France et la plupart des pays occidentaux, et il est fondamental de tenir cet objectif. En juillet 2017, Nicolas Hulot a proposé un objectif plus ambitieux : que notre pays atteigne la neutralité carbone en 2050.

Pour y parvenir, la plupart des experts estiment que chaque pays doit y consacrer 2 % de son PIB chaque année et de façon durable. Pour la France, c'est l'équivalent de 45 milliards chaque année. Certes, ces investissements seront tous rentables à moyen terme, mais comment trouver des sommes aussi importantes alors que nos finances publiques sont de plus en plus contraintes ?

Il n'existe pas de solution unique mais on verra plus loin que la Banque centrale européenne a mis à disposition des banques privées plus de 2 000 milliards d'euros sur les trois dernières années. Et l'on verra aussi que, loin d'alimenter l'économie réelle, l'essentiel de ces sommes est allé nourrir la spéculation sur les marchés financiers.

Pour éviter le chaos climatique et pour éviter une nouvelle crise, pire que celle de 2008, il nous semble donc nécessaire et urgent d'ouvrir un débat sur le financement de la transition énergétique par la création monétaire.

Le 13 juin 2017, Angela Merkel a réaffirmé que, après la décision de Trump de sortir de l'Accord de Paris, l'Europe devait « prendre des initiatives plus décisives pour lutter contre le changement climatique ». Le même jour, son ministre des Finances, Wolfgang Schaüble, a redit que la politique de la BCE conduisait « à une mauvaise allocation des capitaux et à des bulles spéculatives ».

Schaüble a raison mais on ne peut pas en rester là. Il faut que les dirigeants européens prennent des décisions claires : va-t-on continuer à alimenter la spéculation (en ne consacrant que des miettes à la lutte contre le dérèglement climatique) ou faut-il réorienter la création monétaire vers un vaste « Plan Marshall » qui pourrait nous éviter le chaos climatique et créer plusieurs millions d'emplois utiles et non délocalisables sur tous nos territoires ?

Alors qu'Angela Merkel et Emmanuel Macron souhaitent négocier de nouveaux traités pour « relancer l'Europe », nous plaidons pour que soit négocié d'ici deux ou trois ans un Pacte européen pour le climat, qui, pendant trente ans, serait financé par la création monétaire de la BCE.

En 1950-1951, l'Europe est née avec l'Union Charbon-Acier. En 2018 ou 2019, elle pourrait renaître avec un Traité climat, massivement créateur d'emplois.

« L'Europe n'avance qu'avec des idées simples », affirmait Jean Monnet. Lui qui avait convaincu Schuman et Adenauer de rompre avec des décennies de haine et d'appels à la revanche en créant l'Union Charbon-Acier savait qu'on ne pouvait rassembler des peuples aux histoires et aux cultures si différentes qu'en mettant sur la table des idées simples mais des idées qui « font levier ». Des idées simples, compréhensibles de tous, mais qui changent le cours de l'histoire.

Mille milliards pour le climat, c'est une idée simple. Une idée simple qui peut changer radicalement le niveau d'émission des gaz à effet de serre de notre continent et créer entre 4 et 6 millions d'emplois utiles et non délocalisables.

Une idée simple qui peut redonner le goût de l'Europe à tous les citoyens qui ne croient plus au projet européen.

Une idée simple qui devrait prouver à tous les Trump de la terre qu'ils ont intérêt à imiter l'Europe car elle aura fait la preuve qu'il n'y a aucune opposition entre sauvegarde de la planète et bien-être social. Au contraire !

Une idée simple mais pas simpliste. Voilà pourquoi nous vous proposons de prendre un moment pour mieux comprendre les évolutions en cours. Comprendre le réchauffement climatique, ses origines et ses conséquences. Comprendre les origines de la crise financière et les moyens d'en sortir. Comprendre comment peut se décider un pacte européen qui mettrait la création monétaire au service de la lutte contre le réchauffement climatique et, par là même, au service d'un nouveau modèle de développement économique.

CHAPITRE 1

Réchauffement climatique : un constat inquiétant

Quelque chose est-il en train de se casser dans la machine climatique ? De mai 2015 à août 2016, 16 fois de suite le record du mois le plus chaud depuis le début du XXe siècle a été surpassé, en moyenne mondiale. Des températures très élevées ont été atteintes au cours du printemps et de l'été 2017, 43 °C au Nord Maroc et plus de 50 °C aux Émirats arabes unis dès le mois de mai, 54 °C au Pakistan dès le mois de juin, une température déjà mesurée au Koweït et en Iran en juillet 2016. Les pays de l'Europe du Sud, Portugal, Espagne, Italie… ont connu des températures record et cela vaut pour notre pays, mois de juin très chaud et plus de 40 °C au mois d'août dans certaines régions du sud de la France.

En Europe, ce réchauffement est perceptible à l'échelle d'une génération. Notre pays s'est réchauffé de près de 1,5 °C entre les années 1960 et 2010. Mais nous n'y ressentons pas ce réchauffement comme quelque chose de dangereux. Certes, les morts supplémentaires de l'été 2003, près de 20 000, ne sont pas oubliés. Mais beaucoup de personnes pensent que ses conséquences désastreuses concernent d'autres régions du globe, le Bangladesh très fragile vis-à-vis de l'élévation du niveau des mers, des pays touchés par des cyclones de plus en plus violents ou d'autres par des sécheresses synonymes d'insécurité alimentaire. Les incendies qui ont fait plus de 60 morts au Portugal en juin 2017, manifestement liés à la canicule et à la sécheresse, sont en train de changer la donne. Même si depuis le début du XXe siècle le réchauffement mondial est limité à 1 °C, ses conséquences négatives sont déjà là dans les régions les plus vulnérables de la planète mais aussi dans celles dont nous pensions qu'elles ne l'étaient pas. En France, en Europe, le réchauffement est non seulement perceptible mais il devient progressivement dangereux.

Réchauffement ou dérèglement ? À cette question, qui nous est régulièrement posée, nous apportons une réponse sans ambiguïté. La caractéristique première de l'évolution du climat de notre planète depuis le début du XXe siècle, et de façon plus nette depuis les années 1950, est celle de l'augmentation de la température moyenne à la surface du globe. Elle affecte aussi bien l'océan que les continents, là où nous vivons, là où faune, flore et végétation se développent. Et c'est naturellement la notion de « réchauffement climatique » que nous souhaitons, en priorité, mettre en avant.

Mais nous partageons aussi le sentiment de ceux et celles pour qui « le climat se dérègle », conscients que, peu à peu, les événements extrêmes deviennent plus extrêmes avec des conséquences de plus en plus tangibles et des coûts associés, humains et économiques, qui croissent rapidement. Il y a une bonne part de vérité dans ce constat. Nous vivons dans un monde où un dérèglement se superpose au réchauffement planétaire qui depuis les années 1950 se met inexorablement en place. C'est donc « réchauffement et dérèglement », et ces deux aspects sont implicitement englobés dans le terme « changement climatique » lui aussi largement utilisé.

Peu importe le vocabulaire. Le constat sur lequel nous allons nous pencher est sans appel. Au-delà des températures et des événements extrêmes, nous allons, pour vous y sensibiliser, établir un bilan de santé le plus complet possible de notre climat, caractérisé aussi par un ensoleillement, des précipitations et une circulation atmosphérique, des vents, propres à chaque région. Nous évoquerons la cryosphère qui inclut les glaciers tempérés, les sols gelés désignés sous le nom de pergélisol ou de permafrost, la glace de mer connue aussi sous le nom de banquise et les grandes calottes glaciaires, Groenland au nord et Antarctique au sud. Puis l'océan dont le niveau monte et dont les eaux s'acidifient.

Nous examinerons ensuite toute une série de conséquences potentiellement liées au climat et à son évolution, dans des domaines aussi divers que les incendies de forêt, l'extension de certaines maladies et les rendements agricoles. Nous nous limiterons dans ce chapitre à ce que les climatologues appellent la « détection » du changement climatique et de ses conséquences.

Ce regard, nous le porterons en priorité à l'échelle de la planète tout entière. Nous nous appuyons pour cela sur différents articles et rapports dont ceux du GIEC, le Groupe d'experts intergouvernemental sur l'évolution du climat, publiés à intervalles de cinq à sept ans depuis 1990, le dernier en 2013-2014, le précédent en 2007. Et sur ceux de l'OMM, l'Organisation météorologique mondiale, qui publie des comptes rendus annuels sur le climat qui viennent compléter ceux du GIEC et du GCP (Global Carbon Project). Nous nous intéresserons également à notre pays, largement à partir des données de Météo France et d'une série d'indicateurs mise en place par l'Onerc (l'Observatoire national des effets du réchauffement climatique).

Les températures atmosphériques atteignent des niveaux record

L'évolution de la température moyenne à la surface du globe analysée à partir des données instrumentales est l'objet de beaucoup d'attention, y compris de la part des climatosceptiques ; nous y reviendrons. Sa valeur peut être évaluée à partir des années 1850 mais les estimations ne deviennent suffisamment précises qu'à la fin du XIXe siècle, grâce à l'augmentation du nombre de stations puis à l'intégration des données satellitaires. Depuis, cette température moyenne a indéniablement augmenté : le réchauffement est estimé à 0,85 °C entre 1880 et 2012. Avec un rythme qui a varié de façon significative. Deux périodes au réchauffement marqué, des années 1910 à 1940 puis des années 1970 à 2000, sont séparées par une période de stagnation voire de léger refroidissement. Chacune des trois dernières décennies a été plus chaude que la précédente et plus chaude que toutes les décennies antérieures depuis le début de la période instrumentale. Cependant, dans les années 2000, le réchauffement climatique semble s'être ralenti. Il a fallu attendre 2010 pour que le record précédent, enregistré en 1998, soit surpassé. Nous sommes alors dans une situation particulière puisque cette année 1998 est marquée par un épisode El Niño très intense ; ce phénomène

Figure 1.1. Évolution de la température moyenne de la planète entre 1950 et 2016.

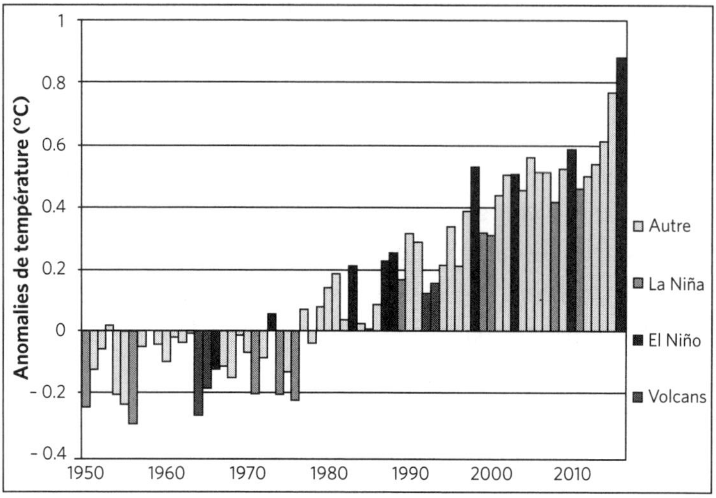

Source : OMM.
Indications des années « El Niño », des années « La Niña », des années neutres et de celles influencées par des éruptions volcaniques très marquées, Agung en 1963-1964, et Pinatubo en 1991.

naturel est caractérisé par des températures nettement plus chaudes que leur valeur moyenne sur la partie est de l'océan Pacifique Sud. Résultat, les années El Niño sont, en général, plus chaudes que les années normales et c'est l'inverse pour les années La Niña, plus froides que la normale dans cette même région. Au niveau mondial, les températures ont augmenté de 0,05 °C par décennie entre 1998 et 2012, beaucoup moins que les 0,12 °C par décennie observés entre 1951 et 2012. Nous expliquerons pourquoi, en 2007 puis en 2013, le GIEC a conclu que « le réchauffement est sans équivoque » malgré l'existence de ce « plateau » dans les températures atmosphériques.

Un nouvel El Niño de l'ampleur de celui de 1998 s'est déclenché en 2015 et concrétisé en 2016 avec à la clé trois années successives de températures record. Les dix-sept années les plus chaudes ont, hormis 1998, été enregistrées dans les années 2000. Août 2016 a marqué la fin de seize mois record consécutifs des températures mensuelles. L'année 2016 a été plus chaude d'environ 0,4 °C que la moyenne des années 1998 à 2012, et d'environ 1,1 °C par rapport à la période préindustrielle. Aux hautes latitudes, dans l'Arctique russe, l'Alaska, au nord-ouest du Canada, au Groenland, l'anomalie a souvent dépassé 3 °C, en raison d'un automne et d'un hiver exceptionnellement doux. Cette anomalie a atteint 6,5 °C au Svalbard. La période El Niño étant terminée depuis l'été 2016, 2017 sera logiquement en retrait par rapport à 2016. Mais elle devrait rester dans le peloton de tête des années les plus chaudes. Véritable juge de paix, le thermomètre nous confirme la réalité d'un réchauffement planétaire proche de 1 °C depuis le début du XXe siècle.

En France, 2014 a été l'année la plus chaude depuis le début des données instrumentales, 1,2 °C de plus que la période de référence de trente ans, 1981-2010, utilisée par Météo France. Pourtant, l'été de cette année 2014 ne nous laisse pas un souvenir impérissable mais l'hiver et l'automne ont été très doux. Celui de 2017 a été le deuxième plus chaud en France après 2003 ; et c'est le record pour l'Europe du Sud. L'année 2016 n'y occupe que le 10e rang des années les plus chaudes, avec un excédent de 0,5 °C par rapport à cette même référence. À noter qu'entre les deux périodes de cinq ans, 1961-1965 et 2011-2015, le réchauffement dans notre pays a été voisin de 1,5 °C. Un changement tout à fait perceptible pour les plus de soixante ans. Ce réchauffement est également observé dans les territoires ultramarins, à un rythme un peu moins rapide : sur la période 1979-2005, il a été de 0,33 °C par décennie en Martinique, de 0,34 en Guyane à comparer à 0,55 en métropole.

Figure 1.2. Températures moyennes en France métropolitaine.

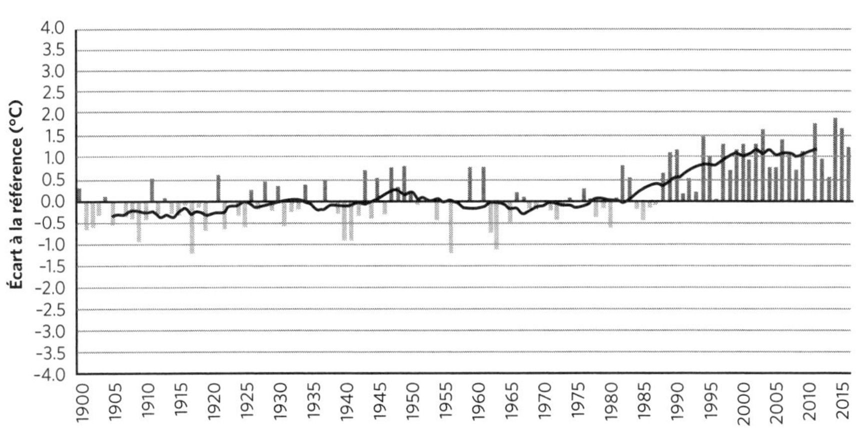

Source : Météo France.

Des événements extrêmes plus fréquents et/ou plus intenses ?

Même si le réchauffement observé en France depuis le début des années 1960 est perceptible, nous sommes, en général, beaucoup plus sensibles aux événements extrêmes, aux conséquences souvent désastreuses, qu'à la température moyenne. Nul doute que la canicule exceptionnelle de l'été 2003 et les décès supplémentaires dont elle a été à l'origine – près de 20 000 en France[1], 70 000 pour l'Europe de l'Ouest – ont contribué à la prise de conscience de la réalité du changement climatique plus que ne l'a fait l'année record 2014. En la matière, la première question que se posent les climatologues est d'évaluer si la fréquence ou l'intensité de ces événements, dans certains cas les deux, se sont ou non modifiées au cours du temps. Bien entendu la réponse dépend du type d'événement considéré. Elle est loin d'être simple, comme en témoigne le dernier rapport du GIEC.

Précisons que, dans le jargon du GIEC, « quasiment certain » et « extrêmement probable » signifient respectivement à plus de 99 et 95 chances sur 100. « Très probablement » correspond à plus de 90 chances sur 100 et « probablement » à plus de 2 chances sur 3.

Un premier ensemble de résultats porte sur la comparaison entre la période récente et les années 1950. Sur cette période, le nombre de journées et de nuits froides et celui de journées et de nuits chaudes ont très probablement augmenté à l'échelle du globe. Il est probable que la fréquence des vagues de chaleur ait augmenté dans une grande partie de l'Europe, de l'Asie et de l'Australie, mais les données sont insuffisantes pour établir un diagnostic dans les autres régions. La fréquence ou l'intensité des épisodes de précipitations abondantes ont probablement augmenté en Amérique du Nord et en Europe avec des variations saisonnières et régionales. Il en est de même pour la fréquence et l'intensité des épisodes de sécheresse dans le Bassin méditerranéen et en Afrique de l'Ouest, qui, à l'inverse, ont probablement diminué au centre de l'Amérique du Nord et dans le nord-ouest de l'Australie.

---

1. Projet européen Canicule soutenu par l'Union européenne et coordonné par l'Inserm.

Pour les inondations et les sécheresses, la comparaison porte sur des périodes plus longues. Ainsi, les sécheresses du dernier millénaire étaient plus intenses et plus longues que celles observées dans de nombreuses régions depuis le début du XXe siècle. Quant aux inondations, elles ont été plus importantes au cours des cinq derniers siècles que depuis le XXe siècle, dans le nord et le centre de l'Europe, l'ouest du Bassin méditerranéen et l'est de l'Asie. Au Proche-Orient, en Inde et au centre de l'Amérique du Nord, les grandes crues des temps modernes sont comparables, voire supérieures, aux crues historiques du point de vue de l'ampleur et de la fréquence.

L'incertitude sur une tendance est élevée pour les grandes tempêtes et les cyclones tropicaux intenses avec cependant un diagnostic d'augmentation de la fréquence et de l'intensité des tempêtes dans l'Atlantique Nord qualifié de quasiment certain depuis les années 1970. Mais le GIEC précise bien que la raison de cette augmentation fait encore l'objet d'un débat. Faute de données, aucune tendance ne peut être établie pour les phénomènes météorologiques violents, grêle, orages et tornades.

Les données compilées et analysées dans le dernier rapport du GIEC ne vont pas au-delà de 2012. Près de cinq années supplémentaires s'y sont ajoutées. Les bilans annuels publiés par l'OMM permettent d'en faire une analyse exhaustive mais nous nous limitons à quelques extraits de celui portant sur l'année 2016 et sur le début de l'année 2017. Son titre « Nombreux records pulvérisés en 2016 dans le domaine du climat, avec des conséquences planétaires » est accompagné d'un sous-titre qui donne le ton : « Phénomènes extrêmes et tendances insolites toujours au menu de 2017 »... Parmi les phénomènes extrêmes les plus notoires survenus en 2016, sont mentionnés les graves sécheresses qui ont plongé des millions de personnes dans l'insécurité alimentaire en Afrique orientale et australe et en Amérique centrale, l'ouragan Matthew, première tempête de catégorie 4 à balayer Haïti depuis 1963, et enfin les fortes pluies et les inondations de grande ampleur qui ont touché l'est et le sud de l'Asie. En Chine, les inondations dans le bassin du Yang-Tsé-Kiang ont été les plus graves que le pays ait connues depuis 1999 tandis que des sécheresses importantes ont touché le bassin de l'Amazone et le nord-est du Brésil. Sans surprise, cette année 2016, la plus chaude de la période instrumentale, a connu des canicules et vagues de chaleur record ou tout au moins exceptionnelles, en Afrique australe en janvier, dans le sud et le sud-est de l'Asie en avril et mai, au Proche-Orient et en Afrique du Nord pendant l'été, et tardivement, pendant la première quinzaine de septembre, dans de nombreuses régions d'Europe de l'ouest et d'Europe centrale. Et cela s'est poursuivi en 2017, qui sur les huit premiers mois de l'année reste dans les trois années les plus chaudes.

« Nous avançons maintenant en territoire inconnu »

Un seul bilan annuel ne suffit évidemment pas à établir que cette température record se serait accompagnée en 2016 d'une modification de certains événements extrêmes, intuitivement dans le sens de leur intensification. La visibilité que leur donnent les médias, soit pour leur caractère exceptionnel – nous pourrions ici citer la période de sécheresse qui a affecté la Californie de 2012 à 2016 –, soit pour les victimes et les dégâts qui en résultent, ne vaut pas statistique. Il faudra probablement le recul du prochain rapport du GIEC pour préciser ce sentiment d'une évolution des événements extrêmes. David Carlson, directeur à l'OMM du Programme mondial de recherche sur le climat, a lui presque franchi le pas : « Alors même que le puissant Niño de 2016 s'est dissipé, nous assistons aujourd'hui à d'autres bouleversements dans le monde que nous sommes bien en peine d'élucider : nous touchons ici aux limites de notre savoir scientifique concernant le climat et nous avançons maintenant en territoire inconnu. »

Concernant les cyclones, le sentiment d'une modification en cours des événements extrêmes sort renforcé de cette saison 2017. Celle-ci revêt déjà, dans l'Atlantique Nord, un caractère exceptionnel. Non pas tant par le nombre de cyclones (certes important mais moindre, fin septembre, qu'en 2005) que par le fait que quatre cyclones extrêmement intenses, deux de catégorie 4, Harvey et José, deux de catégorie 5[2], Irma et Maria ont, en moins d'un mois, dévasté le Texas, avec des précipitations très importantes sur l'agglomération de Houston, puis les Caraïbes, causant, en particulier, d'énormes dégâts sur les îles de

2. Ces catégories sont définies par l'échelle dite de « Safir-Simpson » ; des vents supérieurs à 211 et 255 km/heure sont respectivement associés aux catégories 4 et 5.

Saint-Martin et de Saint Barthélemy, et des dégâts très importants en Martinique et en Guadeloupe.

Dans ces régions, Irma a battu tous les records avec des vents moyens jusqu'à 295 km/heure et des rafales à presque 365 km/heure, conduisant les spécialistes à s'interroger sur la pertinence de créer une catégorie 6, comme ils l'avaient fait au moment du typhon Haiyan qui s'est abattu sur les Philippines en 2013.

En France, l'Onerc analyse pour quatre stations métropolitaines, Brest, Nancy, Agen et Istres, l'augmentation du nombre de journées chaudes, au cours desquelles la température maximale a dépassé 25 °C. Cette hausse et la diminution du nombre de jours de gel, qui constitue un autre indicateur du réchauffement, sont évaluées sur la période 1959-2009. Elles sont exprimées en nombre de jours par décennie : hausse des journées chaudes souvent comprise entre 4 et 5, avec un minimum d'une journée, sur le littoral atlantique et un maximum de 7 sur les régions méridionales ; diminution des jours de gel observée dans toutes les régions jusqu'à 5 à Nancy. L'année 2003 est souvent celle qui a connu le maximum de journées chaudes, à l'exception des régions méditerranéennes où 2011 arrive en tête devant 2014 et 2009.

Dans notre pays les précipitations extrêmes sont, en général, associées aux épisodes dits « méditerranéens », aussi qualifiés d'épisodes « cévenols ». Les phénomènes orageux, à l'origine de ces pluies intenses qui provoquent des inondations souvent rapides connues sous le nom de crues éclairs, se produisent la plupart du temps en automne, quand l'atmosphère commence à se refroidir alors que la mer est encore chaude. Même si l'année 2014 détient le record maximal du nombre de jours de pluie intense devant 1976, on n'observe pas de tendance significative depuis la fin des années 1950, cependant l'intensité des pluies les plus extrêmes a augmenté de 20 % depuis 1960[3]. D'autres régions françaises peuvent être affectées par des précipitations extrêmes. Un tel événement s'est produit du 29 au 31 mai 2016 dans une partie de l'Île-de-France et au sud de cette région, avec une très forte intensité et à une période où la probabilité d'un tel événement est très faible, une fois tous les cent ans environ sur le bassin de la Seine. Avec pour résultat des inondations très importantes au

3. Vautard *et al.*, « Extreme fall 2014 precipitation in the Cévennes mountains », *Bulletin of the American Meteorological Society*, 2015, 96 (12), p. 56-60.

sud de Paris et, dans la nuit du 3 juin, un niveau de la Seine supérieur à 6 mètres dans la capitale, à une période où des inondations de cette ampleur – celle de 1910 s'est produite pendant l'hiver – n'étaient pas du tout attendues. Ces inondations ont provoqué des pertes considérables : la récolte de blé a été amputée de 30 %. Heureusement que l'Ukraine n'a pas été touchée et a été en mesure de pallier le déficit français.

Une étude récente de Munich Re montre que le nombre d'événements climatiques extrêmes a plus que triplé depuis 1980. Munich Re est une des deux plus grandes sociétés mondiales de réassurance : quand des centaines de milliers d'Allemands voient leur salon et leur cuisine dévastés par des inondations et quand, l'année suivante, ce sont des centaines de milliers de Français qui sont touchés à leur tour par des pluies torrentielles, les assurances ont fort à faire pour payer les milliards de dégâts occasionnés par les précipitations trop abondantes. Pour éviter d'être en faillite quand surviennent ces événements extrêmes, les assureurs sont eux-mêmes assurés auprès de « réassureurs ». Munich Re est l'un des deux plus grands réassureurs mondiaux. Autant dire qu'il a une bonne vision de tous les dégâts causés par les inondations, les ouragans ou les sécheresses[4]. En particulier dans les pays où une majorité de personnes peut payer une assurance. Le constat de Munich Re est assez impressionnant : le nombre d'événements climatiques extrêmes a plus que triplé depuis le début des années 1980.

Figure 1.3. Le nombre d'événements extrêmes a triplé en 30 ans.

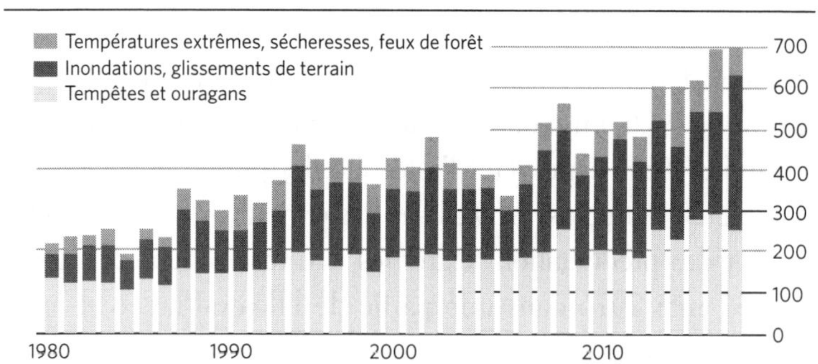

Source : Munich Re
Economist.com

4. Des récoltes anéanties, des maisons qui s'écroulent car le sol trop sec s'affaisse…

Des glaciers qui régressent

Pour beaucoup de Français, le recul de la mer de Glace, notre plus grand glacier qui s'étire sur une longueur de plus de 12 kilomètres, entre 3 900 et 1 400 mètres d'altitude près de Chamonix, constitue l'emblème du réchauffement climatique dans notre pays. La position de sa langue terminale a reculé de plus de 2 kilomètres depuis le XIXe siècle ; de nombreuses photos en attestent.

Ce paramètre est relativement facile à déterminer et la longueur de nombreux glaciers des Alpes est mesurée directement depuis 1870 environ. Sauf si l'on s'intéresse à des périodes de temps assez longues, supérieures à la décennie, on ne peut cependant pas en déduire si sa masse augmente ou diminue. C'est son bilan de masse, différence entre ce qu'il gagne par accumulation de neige et ce qu'il perd par ablation, qui permet de décrire l'état de santé d'un glacier. Balises ou forages de quelques mètres répartis à sa surface permettent chaque été de déterminer la quantité de neige accumulée au cours de l'année. Des balises et des mesures altimétriques de la surface dans la zone d'ablation sont utilisées pour évaluer sa perte de masse. Ce suivi très contraignant n'est réalisé que sur un nombre limité de glaciers de par le monde, seulement 37 ont été suivis sans interruption sur une période supérieure à quarante ans. Une autre approche consiste à estimer l'altitude de l'ensemble de la surface d'un glacier en se basant sur des cartes topographiques établies à partir de photographies aériennes ou terrestres. Depuis quelques années, les images satellitaires sont de qualité suffisante pour contribuer à établir ces bilans de masse sur des glaciers de grande surface et peu accidentés.

Plus qu'un bilan annuel, c'est leur somme depuis une date initiale qui est le plus souvent utilisée pour caractériser un glacier. Ce bilan cumulé est exprimé en termes de variation d'épaisseur moyenne rapportée à la surface du glacier. Ainsi le glacier de Saint-Sorlin dans le

Figure 1.4. Évolution de la mer de Glace.

massif des Grandes-Rousses a perdu l'équivalent de plus de 60 mètres de glace depuis le début du XXe siècle. Sur cette période, le bilan est également négatif pour d'autres glaciers des Alpes françaises, perte équivalente à 33 mètres pour le glacier d'Argentière dans le massif du Mont-Blanc et proche de 30 mètres pour celui de Gébroulaz dans le massif de la Vanoise. Ce constat vaut pour l'ensemble des Alpes aussi bien en Autriche et en Suisse qu'en France.

Dans les Alpes suisses on estime que le volume des glaciers aurait pratiquement été divisé par deux entre 1850 et 1999, et que leur surface aurait diminué de 40 % sur le massif alpin. Cette diminution quasi générale est caractérisée par deux étapes de forte décroissance. La première, de 1942 à 1953, est avant tout la conséquence d'hivers peu enneigés et d'étés très chauds. La seconde, observée depuis 1985, résulte d'une augmentation très importante de la fusion estivale. Ces deux périodes de décrue ont été précédées par des périodes au cours desquelles les glaciers alpins ont peu perdu de volume. Ils en ont même gagné entre 1954 et 1981, les glaciers ayant grossi suite à une série d'étés frais puis d'hivers bien arrosés à partir de 1977. Avec pour conséquence une avancée du front des glaciers, de près de 400 mètres pour celui d'Argentière entre 1970 et 1990.

La perte de masse des trente dernières années s'est accentuée depuis 2003, été caniculaire durant lequel la fonte des glaciers a battu tous les records, entraînant une perte de masse 8 fois supérieure à la moyenne annuelle sur la période 1960-2000. Les glaciers des Pyrénées ne se portent pas mieux : suivi depuis quatorze ans, celui d'Ossoue a perdu 22 mètres d'équivalent de glace. Cette courte série de mesures illustre la régression glaciaire importante observée sur toute la chaîne pyrénéenne.

Le constat d'un recul général des glaciers est donc sans appel pour les Alpes et les Pyrénées. Il l'est également, au moins sur les cinquante dernières années, sur l'ensemble de la planète avec les diminutions les plus marquées en Patagonie et en Amérique du Nord, puis en Asie et dans les régions de l'Arctique. Les glaciers d'Europe du Nord se distinguent par de surprenantes réavancées dans les années 1970 et à la fin des années 1980 suite à une augmentation des précipitations hivernales. Un bilan plus récent montre que cette tendance s'est inversée pour la période 2003-2009, au cours de laquelle le bilan de masse des

Figure 1.5. Fonte des glaciers métropolitains.
Moyenne de quatre glaciers alpins et un glacier pyrénéen.

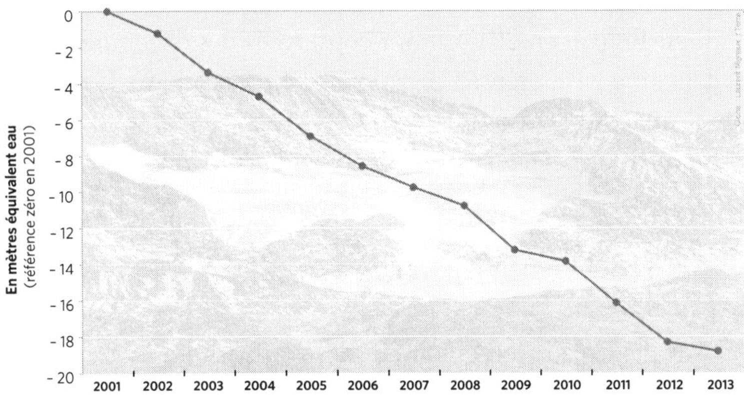

Visuel ONB, d'après :
Origine des données : Laboratoire de Glaciologie et Géophysique de l'Environnement (CNRS) - Association pyrénéenne de glaciologie Moraine
Traitements : ONERC - SOeS, 2017

Note : glaciers alpins = Gebroulaz, Argentière, Saint-Sorlin et mer de Glace ; glacier pyrénéen = Ossoue.

glaciers de Scandinavie a été négatif. Ce constat vaut pour toutes les régions du monde sauf pour la Nouvelle-Zélande, qui présente un bilan neutre. Sur cette période, les glaciers dans leur ensemble ont, en moyenne, perdu 215 milliards de tonnes de glace chaque année, ce qui correspond à environ 0,6 mm/an en termes d'élévation du niveau de la mer. Le Canada contribue pour 33 % à cette perte de masse des glaciers, suivi de l'Alaska, 23 %, et des Andes, 13 %. Vient ensuite l'Asie avec 12 %, les pertes étant plutôt en dessous de la moyenne des autres régions du globe dans l'Himalaya. Les glaciers des Alpes y contribuent pour un peu plus de 1 %, ce qui est relativement important, puisqu'en volume ils représentent un peu moins de 1‰ de l'ensemble des glaciers.

Quelques mots, enfin, sur les menaces qui pèsent sur les glaciers tropicaux. La surface du glacier de Ruwenzori aux confins du Congo et de l'Ouganda a été divisée par 7 depuis 1906 et le diagnostic est identique vis-à-vis du Kilimandjaro, dont le recul serait dû à un climat plus sec, tout au moins jusqu'à une période récente. Les glaciers des Andes, qui contribuent au système d'alimentation en eau potable de villes comme La Paz évoluent de façon parallèle. Certains ont déjà disparu et d'autres risquent de disparaître assez rapidement alors qu'ils constituent de précieuses archives de notre climat et de notre environnement. D'où l'initiative « Ice Memory » prise par des glaciologues français et italiens en vue de constituer, sous l'égide de l'Unesco, un patrimoine pour les générations futures de scientifiques. Les carottes de glace récupérées à l'issue de forages réalisés au dôme du Goûter dans les Alpes en 2016 et sur le glacier d'Illimani en Bolivie en 2017 seront conservées des décennies, voire des siècles, dans une cave creusée près de la station du dôme Concordia au cœur de l'Antarctique, à une température voisine - 50 °C. La mémoire de nombreux autres glaciers sera préservée dans les années à venir.

Moins de neige

Au risque de déplaire aux amoureux des sports d'hiver, nous vous livrons des résultats concernant l'évolution de la durée d'enneigement au col de Porte, dans le massif de la Chartreuse à 1 325 mètres d'altitude. La tendance à la baisse de ces durées d'enneigement est de l'ordre de six jours par décennie et elle est de quinze jours par décennie lorsque l'on considère un enneigement supérieur à un mètre. Les séries climatologiques reconstruites par Météo France montrent que ce constat d'une diminution de l'enneigement vaut pour l'ensemble des Alpes à moyenne altitude.

Les données satellitaires ont permis de documenter une diminution de l'enneigement dans l'hémisphère Nord depuis 1967. Aucun mois n'a enregistré d'augmentation significative et la diminution la plus

Figure 1.6. Durée d'enneigement au col de Porte.

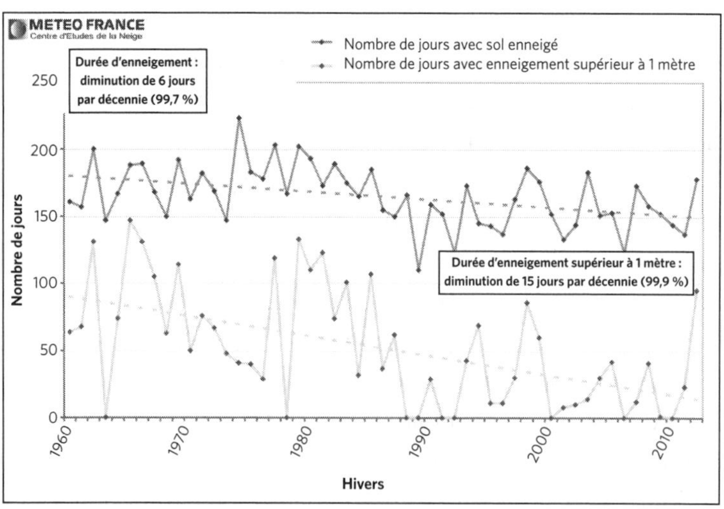

importante, de 53 %, s'est produite au moins de juin. Sur une période plus étendue, 1922-2012, des données sont seulement disponibles pour les mois de mars et avril. Depuis une centaine d'années, les surfaces enneigées à la fin de l'hiver, au moment où elles sont maximales, ont diminué d'une superficie représentant près de 5 fois la France métropolitaine[5]. Que le réchauffement soit deux fois plus important en Arctique qu'en moyenne globale mérite d'être souligné ; d'ailleurs depuis une centaine d'années le rythme de cette diminution de la neige va de pair avec celui du réchauffement observé entre le 40e et le 60e parallèle nord. Dans l'hémisphère Sud, les observations sont trop peu nombreuses pour permettre de conclure à une éventuelle variation.

Les sols gelés commencent à fondre

Le permafrost, ou pergélisol, désigne un sol dont la température est en permanence inférieure ou égale à 0 °C, pendant deux ans au moins. Il existe dans les hautes latitudes mais également dans les massifs montagneux. Il couvre un cinquième de la surface terrestre et est généralement permanent au-delà du 60° N où il s'est maintenu depuis au moins le dernier maximum glaciaire, il y a 20 000 ans. Dans les régions où les températures dépassent 0 °C en été, le permafrost dégèle en surface sur une épaisseur appelée zone active. L'évolution du permafrost est étroitement liée aux changements climatiques et en est un indicateur. Les observations montrent que la température du permafrost a, en moyenne, augmenté de 2 °C depuis le début des années 1980, ce qui a conduit à une augmentation significative de la profondeur de la zone active, jusqu'à 90 centimètres. Dans notre hémisphère, la limite sud du permafrost se déplace vers le nord.

5. Proches de 38 millions de km^2 à cette période de l'année dans la première partie du XXe siècle, ces surfaces enneigées ont diminué de 7 %, soit de plus de 2,5 millions de km^2.

Moins de glace de mer

Été comme hiver, l'océan Arctique, qui s'étend jusqu'au pôle Nord et l'océan Austral autour du continent Antarctique, est partiellement recouvert de glace de mer, également connue sous le nom de banquise. Les surfaces recouvertes par cette banquise et son épaisseur varient fortement entre hiver et été. Son extension maximale est observée à la fin de l'hiver, près de 15 millions de km² en mars en Arctique, et de 20 millions de km² en septembre autour de l'Antarctique. Grâce aux données satellitaires, disponibles depuis 1979, il est possible de suivre son évolution au jour le jour ; des informations sur l'épaisseur de cette glace de mer, quelques mètres au maximum, sont également disponibles.

Une courbe emblématique est celle montrant l'évolution rapide de la surface minimale de la banquise arctique. Atteinte vers le 15 septembre, cette superficie minimale a diminué de 11 % par décennie depuis 1979[6].

Figure 1.7. Évolution de la superficie minimale de la banquise arctique (mois de septembre) de 1980 à 2017.

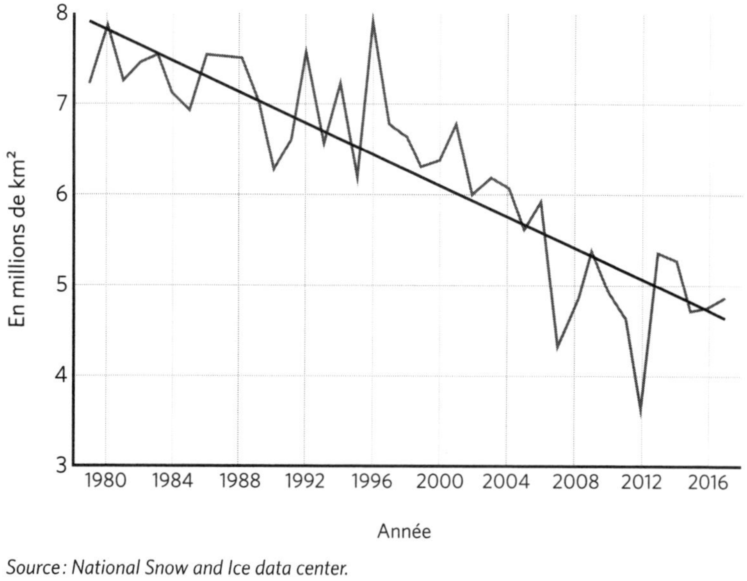

Source : National Snow and Ice data center.

6. Sur cette période, la valeur la plus haute de 8 millions de km² a été observée en 1980 et la plus basse 3,4 millions de km² en 2012. Elle est suivie de 2016 avec 4,1 millions de km² et a été proche de 4,9 millions de km² en 2017.

La variabilité est importante d'une année sur l'autre. La diminution est aussi observée à l'échelle annuelle mais elle est moins rapide, de 3,8 % par décennie. Et comme son épaisseur a également diminué, de 1,8 mètre durant l'hiver entre 1978 et 2008, il en est de même pour son volume.

À l'inverse, la banquise australe a augmenté depuis 1979, de 1,5 % par décennie. Cette augmentation, contre-intuitive dans un contexte de réchauffement global, est un argument mis en avant par les climato-sceptiques. Des niveaux exceptionnels d'extension de la glace de mer ont été observés en décembre 2013 et 2014. En 2015, l'Antarctique a renoué avec des valeurs plus proches de la moyenne. Certes, cette augmentation de la glace de mer autour de l'Antarctique ne contre-balance pas les pertes observées dans l'Arctique : la surface globale de banquise, nord et sud, a significativement diminué depuis le début des relevés, de plus d'un million de km^2. Et des raisons – réchauffement peu important dans ces régions, interactions avec l'océan, modifications de la circulation atmosphérique – ont été avancées par les climatologues pour rendre compte de ce comportement contre-intuitif de la banquise antarctique. Mais cette augmentation, très bien documentée, reste difficile à expliquer, et d'une certaine façon à justifier. À noter qu'elle peut être très différente d'une région à l'autre de l'océan Austral. Sur les années récentes, elle a été particulièrement importante dans le secteur de la Terre-Adélie, rendant impossible l'accostage du bateau de ravitaillement à la station française de Terre-Adélie ; des moyens héliportés ont dû être utilisés depuis quelques années, ce bateau étant bloqué par la banquise à des dizaines de kilomètres de la station.

Les derniers mois de l'année 2016 ont été assez exceptionnels. Le maximum d'extension de la banquise atteint fin août autour de l'Antarctique a été suivi d'une diminution beaucoup plus rapide qu'à l'accoutumée. Si bien qu'une valeur minimale record a été atteinte en novembre, un million de km^2 en dessous du précédent record. En Arctique la formation de la banquise a repris plus lentement que d'habitude après le minimum de mi-septembre ; sa superficie était également anormalement basse en novembre, soit un déficit de près de 2 millions de km^2. Des records d'extension mensuelle minimale ont donc été atteints simultanément au nord et au sud si bien que ce mois de novembre 2016 a été marqué par un niveau exceptionnellement bas de couverture globale de glace de mer. Pour ce mois de novembre, la valeur cumulée de banquise était de 4 millions de km^2 inférieure à la valeur moyenne observée pour ce mois entre 1979 et 2015. Du jamais-vu et cette situation s'est poursuivie en 2017 : en mars, l'extension de la glace de mer a atteint ses valeurs maximale en Arctique et minimale autour de l'Antarctique. Avec dans les deux cas les superficies les plus faibles depuis 1979... Les climatologues restent très prudents : le lien avec le réchauffement est bien établi pour l'Arctique mais il semble que l'origine de l'anomalie observée autour de l'Antarctique soit plutôt liée à des variations locales des vents. Les données des prochains mois vont être scrutées avec beaucoup d'attention.

Dans d'autres régions de l'Antarctique ce sont plutôt les icebergs qui font la une des journaux. À la différence de la banquise, ils ne résultent pas du gel de l'eau de mer mais de l'écoulement de glace continentale dans l'océan Austral qui y forme une véritable barrière de glace. Nous utilisons aussi le nom de plateforme, et celui d'*ice shelf* en anglais. Ces glaces flottantes peuvent faire plusieurs centaines de mètres d'épaisseur tout près du continent et s'amincissent progressivement à mesure que l'on s'en éloigne. Elles sont à l'équilibre lorsque les « vêlages » d'icebergs au front de la barrière sont compensés par le flux de glace provenant du continent. Entre les 10 et 12 juillet 2017, un iceberg « aussi gros qu'un département français » s'est détaché de la barrière de Larsen à l'est de la péninsule Antarctique, cette pointe qui se situe au sud du continent américain. Dès novembre 2011, une faille avait commencé à se former dans cette barrière, plus précisément dans la partie Larsen C. Elle a progressé lentement jusqu'en 2014, puis par à-coups. Elle atteignait 90 kilomètres de longueur en décembre 2016 et s'ouvrait complètement, en juillet 2017, libérant un iceberg géant de 5 800 km^2, soit à peu près 10 % de la surface totale de ce qui reste de cette barrière de Larsen. En 2002 s'était déjà détaché le Larsen B, soit 3 850 km^2, comme cela avait été le cas en 1995 pour le Larsen A, plus petit ; ces deux parties ont disparu. Deux autres barrières, celle de Ross dans le secteur de l'océan Pacifique et celle de Filchner du côté atlantique, sont beaucoup plus étendues que celle de Larsen. Chacune d'entre elles a la taille de la France, ou presque. Elles ont aussi laissé s'échapper d'énormes surfaces de glace. Ainsi l'Iceberg B-15 d'environ 11 000 km^2, le plus important jamais répertorié, s'en désolidarisait en 2000. Au total, les grandes barrières de glace de l'Antarctique auraient perdu 18 % de leur volume au cours des 20 dernières années. Ayant montré qu'une désintégration telle que celle du Larsen B ne s'était jamais produite depuis le début de la période Holocène qui a commencé il y a 12 000 ans, certains scientifiques évoquent un lien avec le réchauffement climatique. Ce lien n'est néanmoins pas démontré.

Groenland et Antarctique perdent du volume

Le Groenland et l'Antarctique sont recouverts d'énormes calottes de glace dont l'épaisseur dépasse 3 kilomètres dans les régions centrales. Si elles fondaient complètement, elles contribueraient à une élévation du niveau de la mer de 7 mètres pour la première et de 57 mètres pour la seconde. Il y a une trentaine d'années ces calottes glaciaires étaient considérées comme étant à l'équilibre, les quantités de neige tombant à la surface étant équivalentes à celles d'eau parvenant à l'océan, suite à la formation d'icebergs et à la fonte et au ruissellement dans les régions côtières. Cet équilibre est rompu depuis les années 1990. La perte de glace s'est accélérée depuis comme en attestent les données obtenues à partir de mesures satellitaires qui permettent d'évaluer les variations d'altitude et de masse de ces calottes, et de mesures réalisées sur le terrain.

Au Groenland, la vitesse des fleuves de glace (*ice stream*) qui s'écoulent depuis la partie centrale de la calotte jusque vers les régions périphériques a pour certains d'entre eux doublé entre les années 1990 et 2000 tandis que fonte et ruissellement augmentaient dans les régions côtières en réponse au réchauffement. La perte de glace, due pour environ moitié aux icebergs, s'est rapidement accélérée[7]. De 34 Gt/an entre 1992 et 2001, cette perte est passée à 215 Gt/an entre 2002 et 2011.

En Antarctique, le rythme d'augmentation, estimé à 30 Gt/an entre 1992 et 2001, est passé à 147 Gt/an entre 2002 et 2011, assez similaire même si les mécanismes à l'origine de ces pertes de masse sont différents.

---

7. Elle s'exprime en milliards de tonnes ou gigatonnes, d'où le sigle Gt, et la fonte de 360 Gt de glace se traduit par une élévation du niveau de la mer de 1 millimètre.

Perte de glace annuelle (moyennes annuelles)

	1992-2001	2002-2011
Groenland	34 milliards de tonnes par an	215 milliards de tonnes par an
Antarctique	30 milliards de tonnes par an	147 milliards de tonnes par an

Dans les régions côtières les températures sont beaucoup trop froides pour que la contribution de la fonte et du ruissellement soit significative. Mais les barrières de glace servent de frein à l'écoulement de celle provenant du continent et leur désintégration se traduit par une accélération de la fonte des glaciers qu'elles retenaient. Certains s'écoulent jusqu'à 8 fois plus vite après la disparition de Larsen B.

La hausse du niveau de la mer s'accélère

Qu'elles proviennent des calottes du Groenland, de l'Antarctique ou des autres glaciers hors régions polaires, ces pertes de glace contribuent à l'élévation du niveau de la mer. Ce n'est le cas ni de la glace de mer, ni des icebergs produits à partir des barrières de glace, car ce sont des glaces flottantes dont le théorème d'Archimède nous enseigne qu'une fois fondues, elles n'augmentent pas le volume d'océan. L'expansion thermique de l'océan, qui se dilate en réponse à son réchauffement particulièrement marqué entre 0 à 700 mètres, est le premier contributeur à cette élévation. Y participe également le stockage d'eau sur les continents, qui correspond au bilan entre retenues d'eau et pompages divers. À l'inverse, la quantité de vapeur d'eau dans l'atmosphère augmente suite à l'accroissement de l'évaporation qui résulte du réchauffement à la surface de l'océan, ce qui contribue à une très légère baisse du niveau de la mer. Initialement estimé à partir de marégraphes, le niveau moyen des mers est, depuis 1992, mesuré par altimétrie satellitaire.

Entre 1900 et 2017, ce niveau s'est élevé d'une vingtaine de centimètres à un rythme qui, en moyenne, s'est accéléré depuis le début

Figure 1.8. Élévation du niveau de la mer entre 1970 et 2010.

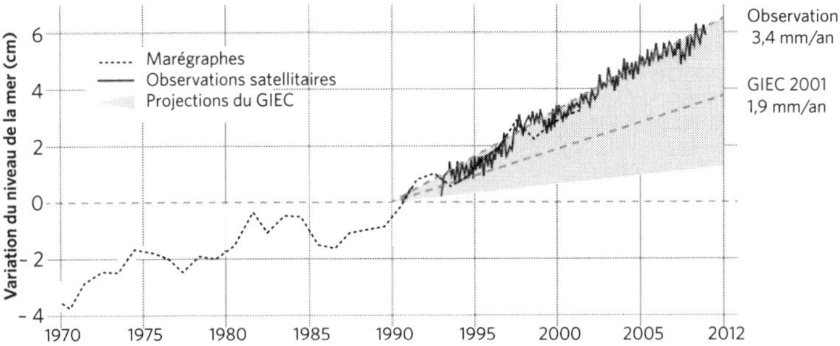

Source : D'après Allison et al., Copenhagen Diagnosis *(2009).*
La bande grise présente les projections du troisième Rapport d'évaluation du GIEC à titre de comparaison.

du XXe siècle. Des données récentes permettent de documenter cette accélération sur les vingt dernières années[8]. Cette augmentation, qui se situe dans les valeurs les plus élevées des projections présentées par le GIEC (Figure 1.8), est largement liée aux pertes de masse du Groenland, et à moindre degré de l'Antarctique. Elles se sont considérablement accrues entre ces deux périodes au point d'égaler la contribution liée à la dilatation des océans. Entre 2004 et 2015, les contributions se sont établies à 35 % pour la dilatation, 25 % pour le Groenland, 24 % pour les glaciers et 10 % pour l'Antarctique.

Le rythme d'élévation du niveau de la mer peut varier de façon importante d'une année à la suivante. En période El Niño, les pluies se concentrent sur l'océan Pacifique tropical et sont plus rares sur les continents voisins, ce qui provoque une hausse momentanée du niveau des eaux. C'est l'inverse en période La Niña, durant laquelle plus de précipitations se forment sur terre qu'en mer. Ainsi l'épisode El Niño 2015-2016 a été accompagné d'une très forte hausse du niveau de la mer, environ 15 millimètres entre novembre 2014 et février 2016, une valeur nettement supérieure au rythme de 3 mm/an environ constaté après 1993. Et il y a aussi d'importantes variations à l'échelle régionale en raison des fluctuations de la circulation

8. Dieng *et al.*, « New estimate of the current rate of sea level rise from a sea level budget approach », *Geophysical Research Letters (GRL)*, 2017, 44 (8), p. 3744-3751. De 1,7 mm/an entre 1901 et 2010, la hausse moyenne annuelle s'est établie à 2,67 mm/an entre 1993 et 2004 puis à 3,49 mm/an entre 2004 et 2015.

océanique. Au point d'atteindre 12 mm/an au cours des vingt-cinq dernières années dans l'ouest de l'océan Pacifique, une hausse environ 4 fois plus élevée que sa valeur moyenne, et d'être proches de zéro, voire négative, dans la partie est de cet océan.

L'acidité de l'océan a légèrement augmenté

L'océan a absorbé environ 30 % des émissions anthropiques de dioxyde de carbone, le CO_2 produit par les activités humaines. Cette absorption offre l'avantage de ralentir l'augmentation de l'effet de serre dans l'atmosphère. Mais, le CO_2 étant un acide faible, elle a l'inconvénient de contribuer à une acidification progressive des eaux océaniques. Cette acidification est caractérisée par la diminution du pH, de 0,1 depuis le début de l'ère industrielle, ce qui correspond à une augmentation de 26 % de la concentration en ions hydrogène.

Certes nous ne percevons pas cette acidification, encore faible, quand nous allons nous baigner. Mais elle se traduit par une diminution des ions carbonate dans l'océan alors que récifs coralliens, coquilles diverses et organismes à squelette calcaire ont besoin de carbonate de calcium pour se constituer. Des études concernant 150 espèces marines montrent que les plus sensibles à cette acidification sont les coraux, les échinodermes, tels qu'étoiles de mer et oursins, et les mollusques. Une dégradation de leurs systèmes sensoriels pourrait affecter certaines espèces, induisant des anomalies de comportement.

Depuis une vingtaine d'années, l'emblématique Grande Barrière, qui, à l'est de l'Australie, abrite 400 espèces de coraux, 1 500 espèces de poissons et 4 000 espèces de mollusques, a déjà perdu plus de la moitié de ses prairies coralliennes. Cependant, d'après les chercheurs australiens qui ont conduit cette étude, l'acidification des eaux océaniques et leur réchauffement, auxquels les coraux peuvent avoir du mal à s'adapter, ne semblent pas en être la cause principale. Les cyclones tropicaux de forte intensité – 34 au total depuis 1985 – et les dégâts provoqués par une étoile de mer invasive qui dévore les coraux en sont largement à l'origine. Cependant, le réchauffement est cité comme ayant eu « un impact néfaste important » sur certaines parties du récif lors de trois épisodes graves de blanchiment en 1998, 2002, 2016[9].

Des incendies de forêt en augmentation ?

Que les départs de feu soient volontaires, criminels, provoqués par une imprudence ou d'origine naturelle, leur propagation dépend de paramètres climatiques, vent, température, humidité, ensoleillement et état de sécheresse. Bien entendu, d'autres facteurs entrent en compte mais on peut s'attendre à ce que le réchauffement qui influence trois de ces paramètres, température, humidité et état de sécheresse, soit accompagné d'une augmentation des surfaces brûlées. D'après Météo France, le changement climatique entraîne effectivement une augmentation du danger météorologique de feux de forêt en asséchant la végétation. Et des chercheurs canadiens de préciser que pour contrebalancer l'accroissement des risques d'incendie, il faudrait qu'à chaque degré supplémentaire soit associée une augmentation de 15 % des précipitations…

Certes, la propagation d'un feu de forêt dépend principalement de la force et de la direction du vent, moins sensibles au changement climatique. Mais dans beaucoup de régions, telles que le pourtour méditerranéen, réchauffement rime souvent avec diminution des précipitations et sécheresse accrue des sols et de la végétation amplifiée par une évaporation plus importante. Le lien entre le développement de l'incendie qui a fait 64 victimes au centre du Portugal en juin 2017 et les conditions caniculaires, plus de 40 °C, et de sécheresse qui régnaient dans cette région est manifeste. Et il en va de même des nombreux feux qui, lors de l'été 2017, ont affecté les rives méditerranéennes de l'Espagne, de la France, de l'Italie, de la Croatie, de la Grèce… Et de ceux, tout à fait exceptionnels qui, après un mois de juillet 2017 à la température record, se sont développés le mois suivant dans le sud-ouest du Groenland.

9. Hughes *et al.*, « Global warning and recurrent mass bleaching of corals », *Nature*, 16 mars 2017, 543, p. 373-377.

Pourtant, en dépit de ce risque accru, la forêt méditerranéenne française ne brûle pas plus aujourd'hui qu'à la fin des années 1980. La tendance est à la baisse : le nombre de feux a diminué de 25 % depuis 1990, et les surfaces brûlées sont beaucoup moins importantes dans les années récentes. Dans les années 1980, elles ont souvent dépassé 40 000 hectares/an alors qu'elles sont presque toujours inférieures à 10 000/an depuis 2004. Cette nette amélioration résulte d'une meilleure prévention et de l'accroissement des moyens de lutte.

Mais ces statistiques « localement » encourageantes sont trompeuses. En France, c'est bien l'été caniculaire de l'année 2003 qui détient le record avec 70 000 hectares partis en fumée. Et si nous portons notre regard au-delà de notre pays et de l'Europe, le lien entre changement climatique et feux de forêt apparaît clairement. Ainsi les grands incendies qui ont ravagé la forêt indonésienne en 1997 et 1998 se sont plus facilement propagés en raison de la sécheresse qui affecte ces régions pendant les phénomènes El Niño. Autre exemple : la forêt tropicale amazonienne a été particulièrement touchée lors d'années de sécheresse, 2005, 2007 et 2010, et en dix ans 85 500 km^2 ont été détruits par les flammes, soit près de 3 % de cette forêt.

Au Canada, les surfaces brûlées suite à des feux de forêt sont, en moyenne, de 2 millions d'hectares par an. Elles ont doublé depuis les années 1970 et les chercheurs canadiens n'hésitent pas à faire le lien avec les conditions climatiques, que ce soit pour les incendies dévastateurs de 2016 autour de Fort McMurray ou pour ceux de 2017 en Colombie-Britannique[10]. Diagnostic similaire des chercheurs aux États-Unis : la hausse des températures serait responsable d'un « doublement de la superficie totale de forêt brûlée depuis 1984 », à cause de la sécheresse accrue et de l'allongement, de dix-neuf à vingt-huit jours, de la saison à risque[11]. Cela, notent les auteurs, en dépit des sommes considérables investies par le gouvernement dans la lutte contre les incendies. Et d'avouer qu'ils ont probablement sous-estimé la contribution du changement climatique aux feux de forêt, car ils n'ont pas tenu compte des insectes xylophages. En effet, grâce au réchauffement, ces ravageurs peuvent s'installer plus

10. Jen Beverly, interview dans *Libération* du 3 août 2017.
11. Harvey *et al.*, « Human-caused climate change is now a key driver of forest fire activity in the western United States », *PNAS*, 2016, 113 (42), p. 11649-11650.

au nord, provoquant une augmentation de la mortalité des arbres, ce qui conduit à une accumulation de bois sec *a priori* favorable aux départs de feu.

Des maladies qui s'étendent et des coûts économiques de plus en plus importants

Nous venons de donner un premier exemple d'expansion d'insectes ravageurs. Les forêts françaises n'échappent pas à des risques de ce type. De nombreux parasites ont déjà vu leur aire de distribution, limitée par le froid, s'étendre avec des conséquences possibles sur la végétation, les animaux et chez l'homme. Ainsi la chenille processionnaire du pin, qui peut provoquer de l'urtication et des allergies pour l'homme et les animaux, a progressé vers le nord entre 1972 et 2009, parallèlement à une augmentation moyenne de la température hivernale de 1,1 °C. Contrairement à la plupart de ses congénères, cet insecte, d'origine méditerranéenne, présente un développement larvaire hivernal, favorisé par une augmentation même minime de la température hivernale qui augmente ses chances de survie. Alors qu'il était cantonné en région Centre au sud de la Loire dans les années 1970, le réchauffement climatique lui a permis de remonter de façon continue vers le nord. Les populations situées à l'est et à l'ouest du Massif central, séparées à l'origine, se sont également rejointes au nord de ce massif. Une progression similaire est visible en altitude dans les Alpes, les Pyrénées et le Massif central.

Une influence du changement climatique sur des maladies à transmission vectorielle (dengue, paludisme, chikungunya) est de plus en plus fréquemment évoquée. Différentes espèces de moustiques en sont les vecteurs, rôle que peuvent jouer pour d'autres maladies les tiques, les mouches, les puces… D'après l'Organisation mondiale de la santé (OMS), ces maladies à transmission vectorielle sont responsables de plus de 17 % des maladies infectieuses. Elles provoquent plus d'un million de décès chaque année. Certaines de ces maladies sont récemment apparues dans des pays ou des régions qui jusqu'ici en étaient exempts. Mais des raisons autres que le changement climatique, en particulier la mondialisation des voyages et du commerce, peuvent facilement expliquer la dissémination de leurs vecteurs de transmission. C'est le cas pour l'arrivée récente du chikungunya en France métropolitaine. L'aire d'extension des tiques, qui transmettent la maladie de Lyme, s'est étendue dans notre pays et en Europe, vers des latitudes et des altitudes plus élevées, et le réchauffement en est probablement une des causes. La fonte de sols gelés depuis des milliers d'années, le permafrost, et la libération de virus ou de bactéries qu'elle provoque parfois sont citées comme étant à l'origine de l'apparition de la maladie du charbon et de l'anthrax en Sibérie.

Mais en termes de santé publique, ce sont, et de loin, les événements climatiques extrêmes qui sont à l'origine du plus grand nombre de victimes. La canicule de 2003 a été à l'origine de 70 000 morts en Europe, dont près de 20 000 en France, mais l'événement le plus meurtrier à ce jour remonte à 1970 : les 12 et 13 novembre, un cyclone a ravagé le littoral du Bangladesh et provoqué environ 300 000 morts. Bien entendu des analyses statistiques documentées existent mais ces seuls chiffres montrent la difficulté d'établir un lien entre le nombre de victimes de ces extrêmes climatiques et le réchauffement des cinquante dernières années. De même, le rapport du GIEC sur les événements extrêmes se montre très prudent sur les dommages économiques provoqués par les catastrophes climatiques. Ce rapport met bien évidence – les statistiques des assureurs en témoignent – une augmentation importante des pertes qui leur sont imputables. Elles sont passées de quelques milliards de dollars en 1980 à 200 milliards de dollars en 2010, avec un pic en 2005, année de l'ouragan Katrina aux États-Unis. Le GIEC n'exclut pas l'influence du changement climatique dans cette augmentation mais conclut que l'exposition accrue des personnes et des biens en est la cause principale.

Des rendements agricoles qui stagnent

Quand sont évoquées les conséquences bénéfiques du changement climatique, c'est généralement l'amélioration de la productivité agricole dans les régions de hautes latitudes qui est mise en avant. En effet le réchauffement rend ces régions plus propices à certaines cultures. Cela se vérifie mais est très loin de compenser les pertes de rendement liées à ce réchauffement sur le plan mondial. Le changement climatique a eu un effet négatif sur les rendements des cultures de blé et de maïs dans de nombreuses régions, ainsi qu'en moyenne mondiale. Depuis les années 1960, ces rendements ont diminué en moyenne de 2 % par décennie pour le blé, et de 1 % par décennie pour le maïs. Les rendements des cultures de riz et de soja n'ont, eux, pratiquement pas été affectés. Sur la période récente, les prix des aliments et des céréales se sont révélés très sensibles à des événements climatiques extrêmes, lorsqu'ils se produisent dans les principales régions productrices.

Dans notre pays, les rendements agricoles ont aussi été influencés par les conditions climatiques. Après un demi-siècle de croissance continue, les rendements du blé stagnent depuis le milieu des années 1990. Entre 1950 et 1996, la croissance annuelle moyenne des rendements du blé atteignait 1,2 quintal par hectare. Depuis, la stagnation est très nette et se retrouve dans d'autres pays européens. L'impact du climat serait dû aux températures plus élevées dans les zones tempérées qui affectent le remplissage des grains, et à l'augmentation du déficit en eau pendant la croissance des tiges et des grains. Les chercheurs estiment l'impact de cet effet climatique à une baisse de rendement de 0,2 à 0,5 quintal par hectare et par an[12]. L'agriculture intensive s'avère plus sensible aux effets du climat. Les progrès génétiques ont cependant permis de maintenir les rendements à un niveau stable.

La nature perçoit le réchauffement climatique

Nous avons exprimé le sentiment que le réchauffement climatique est perceptible à l'échelle d'une vie humaine, nous appuyant sur le cas de la France où la température a augmenté de 1,5 °C depuis le milieu des années 1960. Mais, nous en sommes conscients, la variabilité importante du climat d'une saison sur l'autre, d'une année à la suivante, rend cette perception difficile pour chacun d'entre nous. Prenons le cas de

12. Brisson *et al.*, « Why are wheat yields stagnating in Europe ? A comparative data analysis for France », *Field Crops Research*, 2010, 119 (1), p. 201-212.

la région parisienne, la différence de température entre deux étés successifs peut atteindre 4 °C comme entre 1976 et 1977, et est donc bien supérieure à l'accroissement de sa valeur moyenne. Nous percevons beaucoup plus facilement la différence entre un été caniculaire, un bel été et un été pourri que leur évolution moyenne sur quelques décennies. Et cela vaut pour chaque saison, chaque mois et, probablement, où que nous soyons sur cette planète.

Figure 1.9. Tendances mondiales des impacts attribués au changement climatique.

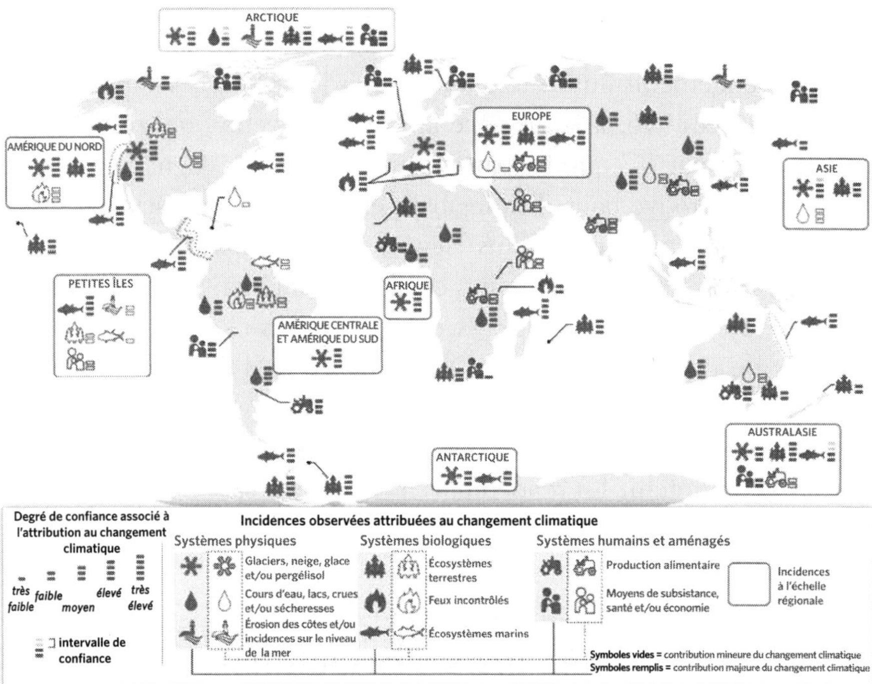

Source : Rapport du Groupe II du GIEC, 2014.
Observations au cours des dernières décennies.

Une des meilleures façons de toucher du doigt la réalité du changement, là où nous vivons, est de se tourner vers la nature qui nous entoure. Cette approche naturaliste est suivie par les scientifiques du GIEC. En 2007, ils concluent que « les observations effectuées dans tous les continents et la plupart des océans prouvent que de nombreux systèmes naturels sont affectés par les changements climatiques régionaux, en particulier les augmentations de température ». Ils enfoncent le clou en 2014 à partir d'une carte (Figure 1.9) qui, pour chaque région du monde, documente ce qui a changé dans la cryosphère, dans le cycle de l'eau, dans les régions et enfin les écosystèmes terrestres et marins. Nous vous avons déjà familiarisé avec bon nombre de ces paramètres, mais ce que nous dit la synthèse présentée par le GIEC est plus convaincant que chacun d'entre eux pris individuellement. Dans l'océan, sur chacun des continents, où que l'on vive sur cette planète, l'observation de la nature sur des durées suffisamment longues nous livre des informations sur le réchauffement climatique. D'où ce diagnostic du GIEC en 2014 : « les preuves les plus flagrantes et les mieux étayées des incidences du changement climatique ont trait aux systèmes naturels ».

Et cela vaut pour notre pays ; la nature y a réagi comme on s'y attend en cas de réchauffement climatique. Les indicateurs compilés par l'Onerc sur les dates des vendanges et de floraison des arbres fruitiers, et sur la migration des oiseaux, en témoignent. De tels indicateurs sont faciles à suivre par le grand public et constituent d'ailleurs un des domaines les plus actifs des sciences participatives. Ainsi, l'Observatoire des saisons propose à tous les citoyens, petits et grands, naturalistes ou non, d'aider la communauté scientifique à récolter des données sur les rythmes saisonniers de la flore et de la faune pour comprendre l'impact du changement climatique sur les écosystèmes.

La date de vendanges est un indicateur pertinent du changement climatique, fort prisé des spécialistes des climats passés, ayant par exemple permis de reconstruire les températures d'été en Bourgogne depuis l'an 1370. Elles sont désormais plus précoces dans l'ensemble des régions viticoles. En Champagne, elles ont lieu en moyenne deux semaines plus tôt qu'il y a vingt ans. Dans le vignoble de Saint-Émilion, une tendance nette et continue à la précocité, d'une dizaine de jours, du 26 au 15 septembre, a débuté en 1988. Dans les Côtes-du-Rhône, à Châteauneuf-du-Pape et Tavel, la date de début des vendanges s'est, depuis les années 1950, avancée de près d'un mois, de la deuxième quinzaine de septembre à la deuxième quinzaine d'août. Nous pourrions poursuivre ce tour de France avec ce même constat d'une avancée significative des dates de vendanges dans pratiquement tous les vignobles. Elle est accompagnée d'une augmentation assez générale du degré d'alcool dont ne souffre pas, jusqu'ici, la qualité des vins.

Figure 1.10. Évolution des dates de vendanges en France.

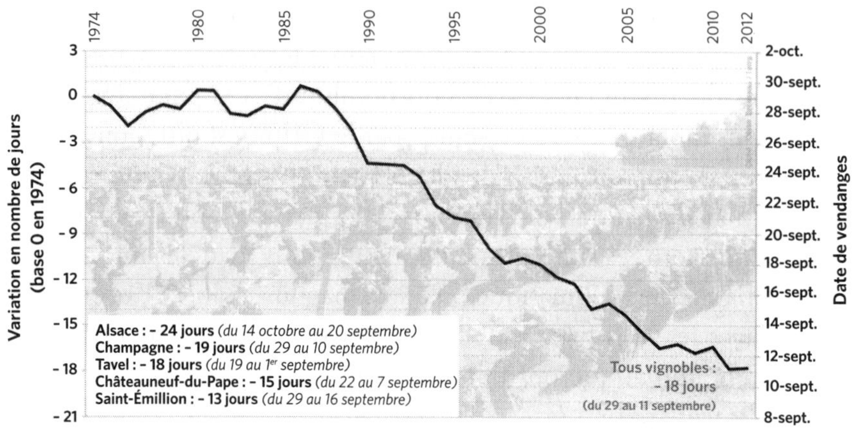

Note : 1974 = moyenne décennale 1965-1974 et 2012 = moyenne décennale 2003-2012.
Données de l'Observatoire national de la biodiversité.

Pour les arbres fruitiers, les données concernant les périodes de floraison des pommiers et des poiriers sont les plus nombreuses. Disponibles depuis le début des années 1950, elles sont représentatives de l'évolution observée pour les autres espèces fruitières cultivées dans les principaux bassins de production français. Leur époque de floraison s'est caractérisée par une tendance vers plus de précocité pour l'ensemble des stades de floraison des espèces et variétés étudiées. Cette avancée, observée à l'échelle de l'Europe, semble s'être réalisée sous forme de rupture à la fin des années 1980 en réponse à un fort réchauffement printanier à cette période tant en France qu'en Europe. Cependant depuis le début des années 2000, l'indicateur a révélé une diversité des réponses suivant l'espèce et le site. Ainsi, à Angers, l'avancée reste pour le pommier Golden Delicious mais elle apparaît moins évidente pour le poirier Williams. De même l'avancée observée à Nîmes, à la fin des années 1980, n'apparaît plus clairement depuis le début des années 2000.

Les oies cendrées sont prises comme exemple d'oiseaux ayant modifié les habitudes migratrices qu'elles avaient adoptées jusqu'à la première moitié du XXe siècle. Elles traversaient alors notre pays deux fois par an pour aller hiverner plus au sud, notamment en Espagne. Mais le réchauffement leur permet désormais d'hiverner en France. Débuté dès les années 1960, ce phénomène s'est accru singulièrement à partir des années 1980. Dans le même temps, les effectifs hivernants ont diminué en Espagne, une partie des oiseaux ne franchissant plus les Pyrénées. En France, les effectifs hivernants ont augmenté d'environ un facteur 10 entre les années 1980 et les années 2000, dépassant les 15 000 en 2006. Un léger tassement s'observe dans la période 2007-2009, suivi d'une nouvelle augmentation à partir de 2010 et d'un nouveau record de plus de 28 000 oiseaux en janvier 2011. Ce record peut être lié à une arrivée d'oiseaux qui hivernaient dans des régions plus au nord, Benelux notamment ; ils l'auraient quitté pour la France suite à la vague de froid de fin 2010.

Le doute n'est donc guère permis pour les passionnés de la nature ; son observation dans la durée, en France et à l'échelle mondiale, montre qu'elle a répondu au changement climatique particulièrement marqué qu'a connu notre planète depuis le milieu des années 1950. Au-delà, le constat est extrêmement convaincant. Certes, il est impossible pour certains paramètres d'identifier un changement, soit qu'il n'y en a pas eu, soit faute de données suffisantes pour le documenter ; c'est le cas des grandes tempêtes, des cyclones et autres phénomènes météorologiques violents, des sécheresses et des inondations à l'échelle mondiale, des événements méditerranéens et de l'extension de certaines maladies. Seules deux observations, augmentation de la glace de mer autour du continent Antarctique et diminution des surfaces brûlées en France suite aux feux de forêt, vont à contre-courant. Mais pour une très large majorité d'entre elles, le changement est avéré et cohérent avec le réchauffement climatique. Les glaciers reculent, les surfaces enneigées et celles de glace de mer diminuent, les sols gelés du Grand Nord commencent à fondre, les calottes du Groenland et de l'Antarctique perdent de la glace, la mer monte de plus en plus rapidement, l'océan s'acidifie, les surfaces brûlées lors des incendies de forêt progressent sur le plan mondial, les rendements agricoles qui n'avaient cessé de progresser stagnent, le coût économique des catastrophes climatiques augmente rapidement.

Ce constat, globalement très cohérent, d'évolutions attendues ne suffit évidemment pas à établir une relation de cause à effet. Même si intuitivement nous le relions à des modifications de paramètres climatiques, c'est une démarche longue et assez fastidieuse que de passer de la « détection » d'un changement observé à son « attribution ».

CHAPITRE 2

Les activités humaines sont-elles responsables ?

Le temps des pionniers

Les observations que nous venons d'évoquer témoignent de changements dont la réalité ne s'est imposée que dans la seconde partie du XXe siècle. Mais le réchauffement climatique que nous vivons aujourd'hui était prévu depuis beaucoup plus longtemps... Nous le devons à Svante Arrhenius, professeur à Stocklom, prix Nobel en 1903 pour ses travaux en chimie. Chez les climatologues il est connu pour un article intitulé « On the influence of carbonic acid in the air upon the temperature of the ground[1] ». Il paraît en 1896 à une époque où la combustion rejette déjà des quantités significatives de CO_2, dont la propriété d'être un gaz à effet de serre est *déjà* identifiée. Il y évalue le réchauffement de la surface terrestre lié au doublement de la quantité de CO_2 dans l'atmosphère à environ 5 °C. Même si cette estimation est basée sur des calculs partiellement erronés, cette prédiction, plus élevée que celles admises aujourd'hui, reste du domaine du plausible. Mais Arrhenius se trompe complètement dans l'échelle de temps puisqu'il envisage initialement que les activités humaines conduiront à ce doublement dans 3 000 ans. Il n'avait pas correctement anticipé l'explosion, entre le début du XXe siècle et aujourd'hui, de l'utilisation des combustibles fossiles, charbon, pétrole et gaz, et l'importance, sur cette même période,

1. Arrhenius, « On the influence of carbonic acid in the air upon the temperature of the ground », *Philosophical Magazine and Journal of Science*, avril 1896, 5 (41), p. 237-276.

de la déforestation. Cette erreur, liée également à une méconnaissance des puits et des sources de ce composé, est fort compréhensible. À l'époque, il était admis que l'océan et la végétation avaient des capacités d'absorption presque sans limite.

Cet article d'Arrhenius, dont rétrospectivement nous apprécions l'importance, ponctue un siècle riche de découvertes sur la façon dont fonctionne notre climat et dont il a évolué au cours des âges. Dès 1824, le Français Joseph Fourier introduit la notion d'« effet de serre » dans ses « Remarques générales sur les températures du globe terrestre et des espaces planétaires » présentées dans les *Mémoires de l'Académie royale des sciences* de l'Institut de France. Plus précisément, il parle alors de chaleur lumineuse reçue du soleil par la surface de la Terre et de chaleur obscure réfléchie par la Terre qui, retraversant plus difficilement l'atmosphère, contribue au chauffage du globe. De Fourier à Arrhenius, d'autres scientifiques ont contribué à une meilleure compréhension de la façon dont opère ce chauffage. Le Suisse Horace Benedict de Saussure développe un « héliothermomètre » destiné à enregistrer l'intensité du flux solaire à différentes altitudes. Le Français Claude Pouillet démontre qu'il est possible de réchauffer la planète de plusieurs dizaines de degrés grâce à l'effet de serre. Et l'Irlandais John Tyndall réalise que certains gaz absorbent les rayonnements infrarouges et les retiennent à l'intérieur de l'atmosphère.

Autre découverte marquante : en 1837, le scientifique suisse Louis Agassiz défend la théorie selon laquelle les blocs rocheux aux formes arrondies, dits erratiques et retrouvés en des endroits éloignés de leur lieu d'origine, avaient été transportés par les glaciers qui s'avançaient bien au-delà de leurs limites actuelles à une époque où le climat était plus froid. Cette explication déjà avancée au siècle précédent rencontre le scepticisme chez nombre de géologues mais elle débouche sur l'idée de périodes glaciaires et d'un climat ayant considérablement varié dans le passé. Cette théorie s'est confirmée en quelques décennies. La chasse aux blocs erratiques s'étend à d'autres régions, le Canada et le nord des États-Unis, une partie de l'Europe du Nord et de la Sibérie, les îles Britanniques et la Scandinavie jusqu'au niveau du nord de la France. L'observation des massifs montagneux situés à l'intérieur des périmètres ainsi définis permet d'estimer l'épaisseur maximale de la glace. En effet, certains massifs aux formes arrondies ont été complètement recouverts, d'autres, partiellement, comme en témoigne la présence, au-delà d'une certaine altitude, de pics élancés et aux formes très tourmentées. Cela démontre que d'énormes calottes de glace ont, dans le passé, recouvert une partie de l'Amérique du Nord, de la Scandinavie, de la Sibérie et du Groenland, seule calotte glaciaire qui subsiste aujourd'hui dans l'hémisphère Nord. Avec pour conséquence, évaluée de façon correcte dès 1868, que le niveau de la mer était alors d'une centaine de mètres inférieur à son niveau actuel. À leur maximum, jusqu'à 50 millions de km^3 de glace recouvraient le nord de l'hémisphère Nord ; il n'en reste aujourd'hui que 3 millions au Groenland et dans les glaciers périphériques.

Le XIXe siècle est aussi celui de la découverte du continent Antarctique. De ses régions côtières dans un premier temps. Il faudra attendre le siècle suivant pour documenter l'énorme calotte de glace qui le recouvre presque entièrement. Deux fois moins importante que celles recouvrant l'hémisphère Nord au moment de leur extension maximale, cette calotte ne s'est que peu modifiée depuis. Nous avons déjà indiqué que la disparition de cette calotte antarctique contribuerait pour 57 mètres à l'élévation du niveau de la mer, près de 5 mètres pour l'Antarctique de l'Ouest situé dans le prolongement de la péninsule Antarctique, le reste pour l'Antarctique de l'Est beaucoup plus volumineux et plus froid. La fonte du Groenland et de ses glaciers périphériques compterait pour un peu plus de 7 mètres, et l'ensemble des autres glaciers dits tempérés, Alpes, Himalaya, Andes, pour une quarantaine de centimètres.

Nous en savons plus aujourd'hui sur ces périodes glaciaires. Entrecoupées de périodes plus chaudes dites interglaciaires, elles ont rythmé le climat de la période quaternaire, un peu au-delà des deux derniers millions d'années. La dernière d'entre elles a commencé il y a un peu plus de 100 000 ans ; elle a atteint son paroxysme il y a 20 000 ans au dernier maximum glaciaire. En moyenne, la surface terrestre était alors de 4 à 5 °C plus froide qu'aujourd'hui avec des refroidissements en général plus importants sur les continents que sur les océans, et extrêmement marqués dans les régions polaires. La dernière déglaciation, passage du dernier maximum glaciaire à la période interglaciaire actuelle dans laquelle nous sommes environ depuis 12 000 ans, a pris des milliers d'années. Officiellement, nous sommes toujours dans cette période connue sous le nom d'Holocène, mais beaucoup d'arguments tendent à montrer que nous sommes désormais entrés dans une nouvelle ère, celle de l'Anthropocène marquée de l'empreinte des activités humaines.

Pour retrouver une période aussi chaude qu'aujourd'hui, voire un peu plus chaude, il faut remonter jusqu'à - 125 000 ans. Cet interglaciaire a été beaucoup plus court que la période glaciaire qui l'a suivi, une dizaine de milliers d'années dans un cas, environ 100 000 ans dans l'autre. Cette séquence de périodes glaciaires longues, de l'ordre de 100 000 ans, suivies de périodes interglaciaires beaucoup plus courtes se répète sur les 430 000 dernières années. Jusqu'à un peu plus d'un million d'années, les périodes interglaciaires sont un peu moins chaudes que les plus récentes. Au-delà, les périodes glaciaires sont moins prononcées et plus rapprochées, avec un rythme de 40 000 ans (Figure 2.1).

Ensoleillement et glaciations

Dès 1842, le scientifique français Joseph Alphonse Adhémar émet l'idée d'un lien entre la position de la Terre sur son orbite autour du Soleil et l'extension des glaces mise en avant par Agassiz. L'Écossais James Croll la formalise en 1875 en prévoyant qu'il devait y avoir, non pas une glaciation, mais une succession de périodes glaciaires entrecoupées de périodes plus chaudes. C'est justement ce que mettent en évidence les géologues. Ils constatent la présence de différentes couches de matériaux, manifestement d'origine glaciaire, séparées par des sols dans lesquels peuvent être identifiés des pollens ou des restes de végétation indéniablement formés à des moments où le climat était plus clément. Cette théorie, dite astronomique, sera formalisée une cinquantaine d'années plus tard par le mathématicien serbe Milutin Milankovitch. L'entrée en glaciation serait liée à une succession d'étés suffisamment froids aux hautes latitudes de l'hémisphère Nord pour que la neige de l'hiver précédent ne fonde pas. Puis, à cause de son fort pouvoir réfléchissant, son albédo, elle amplifie le refroidissement. Et de telles conditions sont effectivement liées à la position de la Terre sur son orbite. Celle-ci détermine, au niveau de la journée, de la saison, de l'année, la répartition géographique de l'énergie reçue au sommet de l'atmosphère que calculent de façon précise les astronomes en fonction de trois paramètres astronomiques : excentricité, inclinaison et précession (Figure 2.1).

Figure 2.1. Variations de l'orbite terrestre et des paramètres astronomiques, excentricité, obliquité et précession. La courbe du bas représente l'insolation du solstice d'été à la latitude de 63° N.

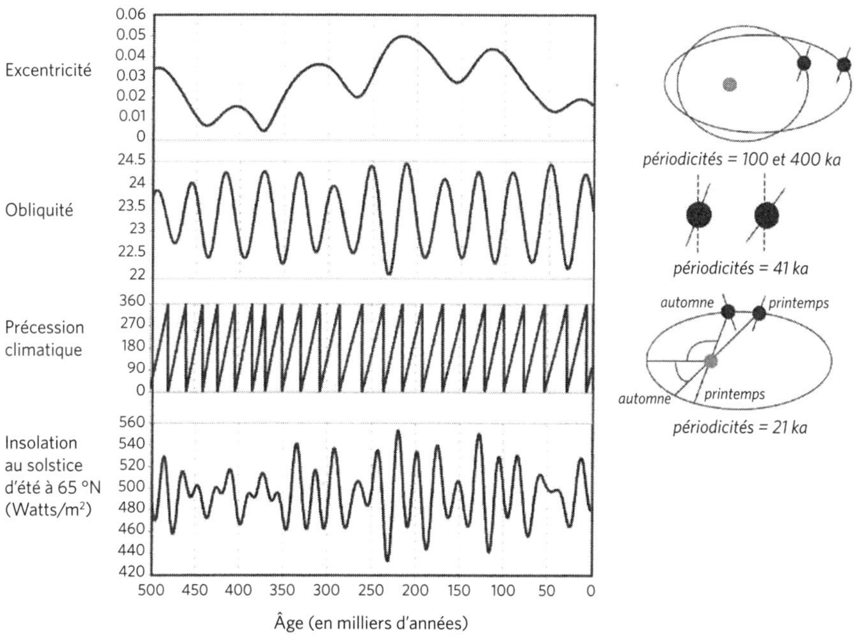

En 1976, Jim Hays, John Imbrie et Nick Shackleton[2] apportent la preuve d'un lien entre ensoleillement et rythme des glaciations. Ils démontrent que les périodicités, proches de 20 000 et de 40 000 ans (correspondant à la précession et à l'obliquité), sont présentes dans des séries climatiques déduites de l'analyse des sédiments marins.

L'augmentation récente du CO_2

Le XXe siècle a aussi ses précurseurs. Ralph Keeling en est un. En 1958, il établit la première station de mesure de la concentration de CO_2, près du sommet du Mauna Loa dans la grande île d'Hawaii. Certes, à partir de données disponibles avant la Seconde Guerre mondiale, l'Anglais Guy Callendar avait déjà identifié une augmentation

2. Hays *et al.*, « Variations in the Earth's orbit : Pacemaker of the ice ages », *Science*, 1976, 194 (4270), p. 1121-1132.

Figure 2.2. Concentration de l'atmosphère en CO_2 mesurée à l'observatoire de Mauna Loa.

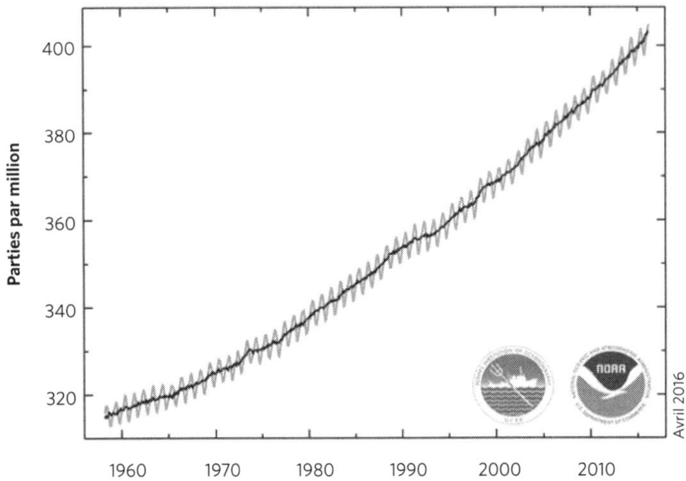

de 10 % des concentrations en CO_2. Mais c'est à Keeling que l'on doit le développement d'un réseau de mesures systématiques et continues de la composition de l'atmosphère. Considérablement développé depuis, ce réseau s'est étendu à de nombreux autres composés. Keeling met en évidence l'existence de variations saisonnières très régulières liées au rythme de développement de la végétation ; au printemps, celle-ci pousse en assimilant du CO_2 atmosphérique qui diminue d'autant et qui augmente à nouveau l'hiver. Comme l'on s'y attend ces variations saisonnières, très marquées dans l'hémisphère Nord, sont beaucoup moins prononcées dans l'hémisphère Sud où les continents sont bien moins étendus. Mais quel que soit le site, ces variations se superposent à une montée inexorable de leur valeur moyenne annuelle, très peu variable d'un endroit à l'autre ; 315 ppm (parties par million) en 1958, 355 en 1992. Le niveau, un peu symbolique, de 400 ppm est aujourd'hui dépassé : 410 ppm en mai 2017 avant de retomber à 405,1 ppm en août 2017 (contre 402,2 en août 2016)[3].

L'évolution sur cinquante ans est très impressionnante. Mais que dire de l'évolution de la concentration en CO_2 depuis l'an 1000 ? La révolution industrielle a permis une croissance sans précédent de nos

3. On peut suivre ces fluctuations en allant sur le site www.co2.earth qui donne presque en temps réel les résultats des analyses réalisées près du sommet du Mauna Loa.

Figure 2.3. Concentration en CO_2 et en CH_4 dans l'atmosphère depuis l'an 1000.

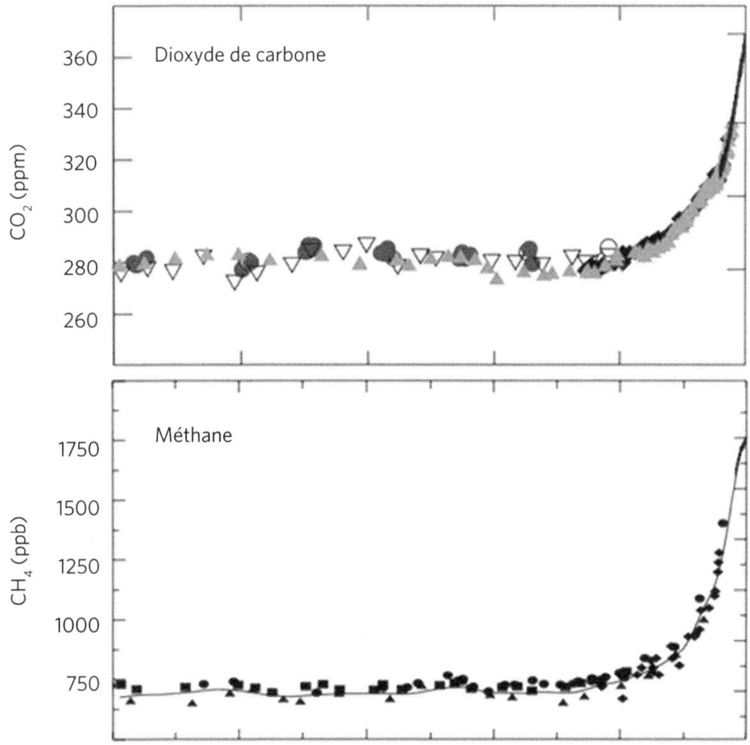

Source : GIEC, 2001.
Les données obtenues sur plusieurs sites de l'Antarctique et du Groenland en analysant les calottes de glace et les échantillons provenant de névés sont complétées par celles obtenues lors de l'analyse d'échantillons atmosphériques directs effectués ces dernières décennies.

économies mais elle a conduit à des émissions de CO_2 colossales que Dame Nature n'a pas été capable de stocker (dans l'océan ou dans les forêts) que de plus en plus partiellement…

L'effet de serre : à quoi est-ce dû ?

Après l'avoir évoquée comme étant une caractéristique essentielle du CO_2, il est utile de préciser à quoi correspond la propriété d'effet de serre. Jusqu'ici nous nous sommes intéressés à l'énergie solaire qui arrive au sommet de l'atmosphère. Sur une journée, elle est en moyenne d'environ 340 watts par m^2. Environ 100 watts par m^2 sont réfléchis vers l'espace, à cause de la présence de nuages pour les deux tiers, de la diffusion par les molécules d'air, par les particules qui y sont en suspension et par la surface, pour le reste. Ce sont donc environ 240 watts par m^2 qui sont utilisés par les éléments principaux du système climatique, eau, air, sol et végétation. Notre planète étant en équilibre thermodynamique, ce flux d'énergie doit être compensé par un flux équivalent émis vers l'espace qui est assuré par l'émission de rayonnement infrarouge. Cet équilibre s'exprime sous la forme du bilan radiatif.

Si l'atmosphère n'était formée que de ses trois constituants majoritaires, azote (78 %), oxygène (21 %) et argon et autres gaz rares (0,9 %), parfaitement transparents au rayonnement infrarouge, la température moyenne annuelle à la surface terrestre serait proche de - 18 °C. Il n'en est rien, grâce à toute une série de composés minoritaires. Formés de trois atomes au moins, ils ont une structure plus complexe que celle de l'oxygène, de l'azote et de l'argon, et absorbent le rayonnement infrarouge émis à la surface. L'atmosphère en réémet une partie vers l'espace mais en quantité plus faible car elle est plus froide que la surface. La différence, environ 150 watts par m^2, est renvoyée vers le sol et est en quelque sorte piégée par l'action de ces composés minoritaires. Par analogie avec la serre du jardinier, ceux-ci sont désignés sous le nom générique de gaz à effet de serre.

H_2O first

La vapeur d'eau, H_2O, est le premier gaz à effet de serre. Elle compte pour 60 % et est suivie du gaz carbonique, CO_2, puis par l'ozone, O_3, qui représentent respectivement 26 % et 8 %. Le méthane, CH_4, et le protoxyde d'azote, N_2O, participent à l'essentiel des 6 % restants. Les autres contributeurs, dont certains purs produits de l'activité humaine comme les composés halogénés (CFC...), ne jouent que pour environ 0,2 % sur l'effet de serre total. Vapeur d'eau, dioxyde de carbone, ozone, méthane, protoxyde d'azote... ont de tout temps été présents dans l'atmosphère. L'effet de serre est donc quelque chose de tout à fait naturel. Et d'extrêmement bénéfique car c'est grâce à lui que la température moyenne à la surface est proche de + 14 °C et non de - 18 °C. Ce n'est pas l'effet de serre qui nous inquiète mais son augmentation en réponse à nos activités ; nous y reviendrons.

Le cri d'alerte des modélisateurs du climat

Les modélisateurs sont les premiers à avoir pris conscience de l'importance potentielle de l'influence des activités humaines sur le climat. Un système d'équations physiques permet de décrire les mouvements de l'atmosphère et le cycle de l'eau depuis l'évaporation à la surface de l'océan jusqu'à la formation des précipitations. Ces équations rendent également compte des échanges d'énergie, celle fournie par le soleil dont une partie est utilisée lors de l'évaporation, et celle libérée lorsque cette vapeur d'eau se condense dans l'atmosphère qui constitue le carburant de la machine climatique. Les premières applications sont du domaine de la météorologie, domaine qui touche à la prédiction des perturbations climatiques dont on ne peut suivre l'évolution individuelle que sur quelques jours. Le climatologue s'intéresse à des échelles de temps plus longues, le mois et au-delà, et ses prévisions ne portent que sur des valeurs moyennes des températures, des quantités de précipitations ou des caractéristiques de la circulation atmosphérique, et non plus sur le suivi de perturbations individuelles. Les premières expériences, conduites dans les années 1960, ont permis de simuler les grandes caractéristiques du climat, valeurs moyennes annuelles des températures et des précipitations, vents, cycles saisonniers, répartition géographique des zones climatiques.

Les climatologues ont très vite entrepris d'analyser la capacité de ces modèles à rendre compte de climats différents de celui dans lequel nous vivons actuellement. Réalisées dans les années 1970, les premières expériences de ce type ont porté sur le réchauffement associé à un doublement de la teneur en CO_2 qui, une fois l'équilibre atteint, correspond à ce que les climatologues appellent « la sensibilité du climat ». Certes, les résultats diffèrent largement d'un modèle à l'autre, de 1,5 à 4,5 °C, mais ces valeurs sont significativement plus élevées que celle, proche de 1,2 °C, attendue en l'absence de rétroactions dans le système climatique. Cette différence témoigne de l'existence de mécanismes d'amplification qui sont assez faciles à identifier, tout au moins qualitativement. Ainsi un réchauffement de l'atmosphère se transmet, avec un certain délai, aux couches de surface de l'océan, ce qui entraîne une augmentation de l'évaporation, qui croît exponentiellement en fonction de la température. En résulte une augmentation de la quantité de vapeur d'eau atmosphérique, elle-même gaz à effet de serre, et donc une amplification du réchauffement. La diminution de la glace de mer et des surfaces enneigées en réponse à un réchauffement constitue un second facteur d'amplification. Des surfaces très réfléchissantes vis-à-vis du rayonnement solaire sont alors remplacées par des surfaces océaniques et continentales beaucoup plus absorbantes. Un rapport à l'Académie des sciences américaine, rédigé en 1979 sous la direction de Jules Charney, fait état de ces réchauffements de 1,5 et 4,5 °C en réponse à un doublement des quantités de CO_2 dans l'atmosphère. Ce doublement est, à l'époque, envisagé pour le milieu du XXIe siècle. L'alerte était donnée.

Les révélations des glaces de l'Antarctique

Arrhenius ne s'intéressait pas seulement au réchauffement dû aux émissions de CO_2 liées aux activités humaines. Peu convaincu par la théorie astronomique de Croll, il avance l'idée que les périodes glaciaires peuvent s'expliquer par une diminution de 40 % des concentrations atmosphériques de ce composé. Il a fallu près d'un siècle pour que cette intuition géniale soit en partie confirmée.

Les archives qui permettent de reconstituer les variations passées de notre climat et de notre environnement sont nombreuses : sédiments marins et coraux dans l'océan, séries polliniques, sédiments lacustres, concrétions calcaires, cernes d'arbres, sur les continents, et carottes de glace extraites des glaciers et des calottes glaciaires. Les carottes de glace obtenues dans des régions très froides, Antarctique et Groenland, sont les seules archives donnant accès à la fois aux variations de la température

Figure 2.4. Température en Antarctique et CO_2 au cours des 420 000 dernières années[4].

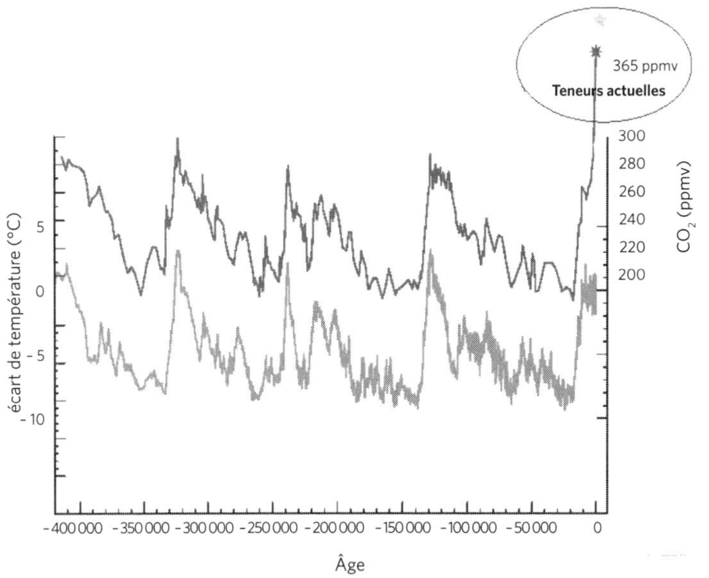

et de la composition de l'atmosphère. Celle-ci est déduite de l'analyse des bulles d'air qui y sont piégées et là ce sont des Français qui sont les pionniers : Claude Lorius et ses collègues grenoblois, Dominique Raynaud, Jean-Marc Barnola et Jérôme Chappellaz. Grâce au forage réalisé par les équipes soviétiques à la station Vostok, au cœur de l'Antarctique, ces chercheurs ont à leur disposition, au début des années 1980, un carottage qui a alors dépassé la profondeur de 2 kilomètres suffisante pour donner accès à de la glace formée lors de la précédente période glaciaire. C'est un message très clair que délivrent ces glaces : elles indiquent que sur l'ensemble des 150 000 ans qu'elles couvrent, les concentrations en CO_2 sont, en général, fidèlement corrélées avec les variations de la température déduite de l'analyse isotopique de cette glace réalisée à Saclay. Plus il fait froid, plus les concentrations sont faibles et inversement ; de façon un peu magique, la diminution en CO_2 observée au dernier maximum glaciaire est très proche de celle de 40 % prédite par Arrhenius. Le 1er octobre 1987, ce qui sera unanimement salué comme

4. Adapté de Petit *et al.*, « Climate and atmospheric history of past 420,000 years from the Vostok ice core, Antarctica », *Nature*, 1999, 399, p. 429-436.

une découverte fait la couverture de la revue *Nature* qui, fait exceptionnel, y consacre les trois articles de ce numéro[5]. Cette magnifique aventure humaine et scientifique est en 2015 au cœur du film *La Glace et le Ciel* que le réalisateur Luc Jacquet a consacré à la vie de Claude Lorius.

Ces courbes de Vostok sont enrichies trois ans plus tard des enregistrements des variations en méthane[6], autre gaz à effet de serre influencé par les activités humaines dont les concentrations s'avèrent également plus faibles pendant les périodes glaciaires. Elles font le tour du monde, y compris dans les sphères politiques. Elles montrent en outre que les valeurs de CO_2 mesurées à cette époque, voisines de 370 ppm pour le CO_2, n'ont jamais été atteintes au cours des 150 000 dernières années, les concentrations préindustrielles n'ayant jamais dépassé 300 ppm. Cette observation vaut également pour le méthane ; elle a été pleinement confirmée par les enregistrements de Vostok qui s'étendent désormais sur 420 000 ans (Figure 2.4). Et par ceux obtenus dans le cadre du projet européen EPICA dans un autre site de l'Antarctique, au dôme C, où il a été possible de couvrir 800 000 ans[7]. Il en est de même de la corrélation entre gaz à effet de serre et climat qui se répète sur les huit derniers cycles glaciaires-interglaciaires[8].

L'interprétation qui en a été donnée est désormais tout à fait acceptée et elle a le mérite de réconcilier Croll et Arrhenius :

- C'est bien la position de la Terre sur son orbite qui rythme, tel un métronome, les grands cycles glaciaires/interglaciaires.
- Mais les variations naturelles de l'effet de serre, qui a augmenté d'environ 2 watts par m^2 entre le dernier maximum glaciaire et la période préindustrielle, jouent un indispensable rôle d'amplificateur. Ces résultats ont permis une évaluation de la sensibilité du climat qui, en accord

5. Jouzel *et al.*, « Vostok ice core : A continuous isotope temperature record over the last climatic cycle (160,000 years) », *Nature*, 1987, 329 (6138), p. 403-408 ; Barnola *et al.*, « Vostok ice core provides 160,000 years records of atmospheric CO_2 », *Nature*, 1987, 329 (6138), p. 408-414 ; Genthon *et al.*, « Vostok ice core : climatic response to CO_2 and orbital forcing changes over the last climatic cycle », *Nature*, 1987, 329 (6138), p. 414-418.
6. Chappellaz *et al.*, « Ice-core record of atmospheric methane over past 160,000 years », *Nature*, 1990, 345 (6271), p. 127-131.
7. Jouzel *et al.*, « Orbital and millennial Antarctic climate variability over the past 800,000 years », *Science*, 2007, 317 (5839), p. 793-796.
8. Lüthi *et al.*, « Hight-resolution carbon dioxide concentration record 650,000-800,000 years before present », *Nature*, 2008, 453 (7193), p. 379-382. Loulergue *et al.*, « Orbital and millennial-scale features of atmospheric CH_4 over the past 800,000 years », *Nature*, 2008, 453 (7193), p. 383-386.

avec les résultats obtenus par les modélisateurs, confirme l'existence de rétroactions positives dans le système climatique.

De façon intéressante, le rôle moteur des gaz à effet de serre dans les variations passées du climat est désormais identifié pour des périodes beaucoup plus reculées, certaines beaucoup plus chaudes qu'aujourd'hui. À ces époques, la concentration en CO_2 a dépassé 3 000 ppm ; nous n'avons là que des estimations indirectes mais un effet de serre élevé caractérise de façon quasi systématique les périodes chaudes qu'a connues notre planète aux échelles de temps géologiques. Au regard de l'ensemble de ces résultats qui démontrent sans ambiguïté le lien entre effet de serre et climat, il est difficile d'espérer, certains le font encore, que l'augmentation de l'effet de serre qui résulte des activités humaines, supérieure à 2 watts par m^2, ne se traduise pas par un réchauffement significatif.

La création et le fonctionnement du GIEC

La publication du rapport Charney est suivie d'une décennie très active en matière de climat. Cette même année, l'OMM organise la première conférence mondiale sur le climat qui met en exergue le fait que les activités humaines sont susceptibles de l'influencer de façon significative. La prise de conscience va alors s'opérer bien au-delà de la seule communauté scientifique, à mesure que l'ampleur des conséquences de ce changement climatique, tant écologiques qu'économiques, commence à être cernée. Des scientifiques de renom tels que le Suédois Bert Bolin s'impliquent fortement. Rapports et réunions se multiplient avec une série de trois rencontres qui se tiennent à Villach en Autriche en 1980, 1983 et 1985. Cette dernière marque un tournant ; elle conclut qu'en raison de l'accroissement des concentrations des gaz à effet de serre, on peut s'attendre, au cours de la première moitié du XXIe siècle, à une augmentation de la température moyenne plus importante que celle jamais connue par l'homme.

L'existence d'un lien entre activités humaines et réchauffement climatique ne repose alors que sur les prédictions de modèles assez rudimentaires, mais les politiques ne tardent pas à emboîter le pas, conscients qu'il s'agit là d'un problème que l'on ne peut délibérément ignorer. Les résultats de Vostok qui illustrent de façon très visuelle le lien entre climat et effet de serre – plus il fait froid, moins il y a de gaz à effet de serre et inversement – contribuent à cette prise de conscience. Et le Protocole de Montréal qui, en 1987, bannit la production de composés contribuant à la destruction de la couche d'ozone constitue un premier exemple de ce qui peut être entrepris en matière d'environnement global. Les scientifiques ont définitivement convaincu les décideurs politiques de la nécessité d'établir un diagnostic vis-à-vis du rôle potentiel des activités humaines sur le climat. C'est l'objectif que, à l'initiative du G7, en particulier de Margaret Thatcher et George Bush qui en sont alors membres, ils assigneront au GIEC. Celui-ci est créé en 1988 sous les auspices conjoints du Programme des Nations unies pour l'environnement (PNUE) et de l'OMM. Bert Bolin en est le président et son premier rapport est publié en 1990, deux ans après sa mise en place.

La mission initialement assignée au GIEC est de « préparer un rapport sur les connaissances scientifiques dans le domaine du changement climatique, sur son impact social et économique et sur les stratégies possibles d'intervention, ainsi que de faire des recommandations sur une éventuelle convention internationale sur le climat ». Pour y répondre, le GIEC s'intéresse à trois volets distincts : le groupe I traite des aspects scientifiques de l'évolution du climat, le groupe II étant en charge d'en examiner les impacts et d'analyser les mesures d'adaptation et le groupe III d'en étudier les aspects socio-économiques. Le GIEC n'a pour mandat ni d'entreprendre des travaux de recherche, ni de faire des recommandations aux décideurs politiques, ses rapports devant être *policy relevant* et non *policy prescriptive*. Ce mandat est précisé en 1998 : « évaluer, sans parti pris et de façon méthodique, claire et objective, les informations d'ordre scientifique, technique et socio-économique qui nous sont nécessaires pour mieux comprendre les risques liés au réchauffement climatique d'origine humaine, cerner plus précisément les conséquences possibles de ce changement et envisager d'éventuelles stratégies d'adaptation et d'atténuation ». Il est rappelé que les évaluations sont principalement fondées sur les publications scientifiques et techniques dont la valeur est largement reconnue. La structure en trois groupes de travail, dont les contours vont légèrement se modifier d'un rapport à l'autre, est confirmée. Depuis 1990, les rapports du GIEC sont publiés à intervalles de cinq à sept ans : 1995, 2001, 2007 puis 2013-2014 ; le 6e rapport sera publié en 2022. S'y ajoutent des rapports spéciaux portant sur des thèmes ciblés tels que le piégeage et stockage du CO_2, la préservation de la couche d'ozone, le transfert de technologies, l'utilisation des terres, l'aviation, les scénarios d'émissions, les énergies renouvelables et les événements extrêmes, et des rapports techniques.

Chaque rapport individuel est divisé en chapitres dont la première rédaction est confiée à une équipe d'une dizaine d'auteurs de différents pays. Pour accomplir cette tâche, chaque rédacteur sollicite des contributions de chercheurs impliqués dans le domaine concerné. À partir de ces très volumineux rapports (plus d'un millier de pages pour certains) sont rédigés des résumés techniques d'une cinquantaine de pages puis les « résumés pour décideurs », beaucoup plus courts et écrits de façon plus accessible. Le tout est complété d'un rapport de synthèse. Une fois rédigé, chacun de ces documents reçoit les commentaires de la communauté scientifique (relecteurs) puis ceux des représentants des instances gouvernementales. Le processus de rédaction et de relecture prend, à chaque fois, plus de deux ans. Les commentaires provenant des différentes sources (communauté scientifique, instances gouvernementales mais aussi organisations non gouvernementales) sont pris en compte par les rédacteurs et les textes sont amendés en conséquence. Si les rédacteurs jugent un commentaire non recevable, ce qui est parfois le cas, ils doivent justifier des raisons qui les ont conduits à ne pas le prendre en considération. Depuis le troisième rapport, ont d'ailleurs été mis en place des « éditeurs » dont le rôle est de s'assurer que l'ensemble des commentaires sont correctement pris en compte. À titre d'exemple, 259 auteurs, 600 contributeurs et 1 089 relecteurs ayant transmis 55 000 commentaires ont participé au rapport du groupe I du cinquième rapport.

La dernière étape est celle de l'adoption du rapport, plus précisément du résumé pour décideurs proposé à approbation ligne à ligne devant l'assemblée plénière. Même s'il s'agit là de représentants des gouvernements, le rapport reste l'entière propriété des scientifiques du GIEC, car toute modification proposée doit s'appuyer sur une conclusion déjà inscrite dans le rapport principal. En règle générale, le contenu du résumé n'est que marginalement modifié, comme en témoigne la comparaison du texte proposé par les scientifiques et celui finalement adopté. Une exception notable concerne le rapport 2014 du groupe III pour lequel certains gouvernements ont demandé, et obtenu, la suppression d'une figure illustrant, par groupes de pays, la relation entre émissions et revenu. L'intérêt de cette étape est qu'elle se traduit par une appropriation du rapport par les gouvernements. C'est une adoption au sens plein du terme qui fait que ces mêmes gouvernements s'appuient sur le diagnostic du GIEC lors des négociations conduites au sein de la Convention climat.

Nous avons une appréciation très positive des processus mis en place par le GIEC. Et cela doit beaucoup à la vision qu'ont eue ses initiateurs de la force d'une expertise collective soumise à évaluation externe, et de l'intérêt d'une approche intergouvernementale et d'un mécanisme d'adoption et d'appropriation du contenu des rapports par les gouvernements. Les rapports du GIEC sont attendus puis utilisés par les décideurs politiques qui en sont les premiers destinataires, mais aussi dans les domaines de l'enseignement et de la communication grand public. Enfin, la qualité de ces rapports tient également à l'engagement de la communauté scientifique, au plus haut niveau, et au soutien général des organismes de recherche pour qui c'est un honneur d'avoir des chercheurs engagés dans ce processus.

Nos activités sont à l'origine de l'augmentation de l'effet de serre

En matière d'évolution du climat, les incertitudes restent nombreuses et, dans certains cas, importantes ; les spécialistes le reconnaissent et consacrent une part de leurs travaux à les évaluer. Un exemple nous est donné par la « sensibilité du climat », qui n'était pas estimée à mieux qu'un facteur 3 dans les années 1980 et dont la connaissance ne s'est que légèrement améliorée depuis ; un autre concerne l'élévation future du niveau des océans, évoquée dans le chapitre suivant. À l'inverse, l'évolution du climat est un domaine où la notion de certitude peut être associée à certaines conclusions au sens où une série d'arguments, qui bien entendu peuvent être discutés, en assure la validité.

Figure 2.5. Évolution des émissions de dioxyde de carbone, liées aux combustibles fossiles et au ciment, et à la déforestation.

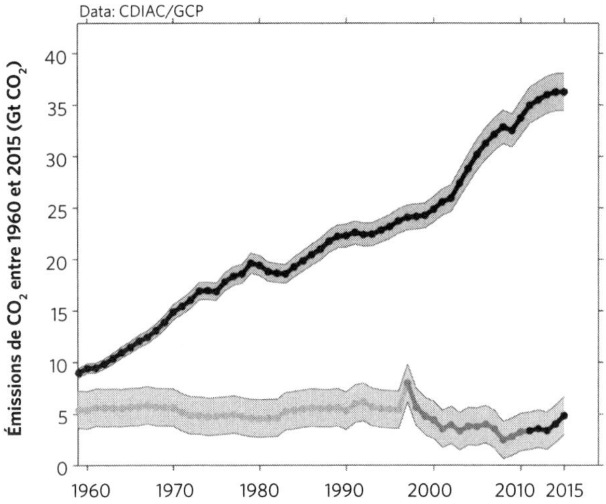

Source : GCP.

Figure 2.6. Les 4 premiers émetteurs de CO_2
Chine (29 %), États-Unis (15 %), Europe (10 %) et Inde (6 %).

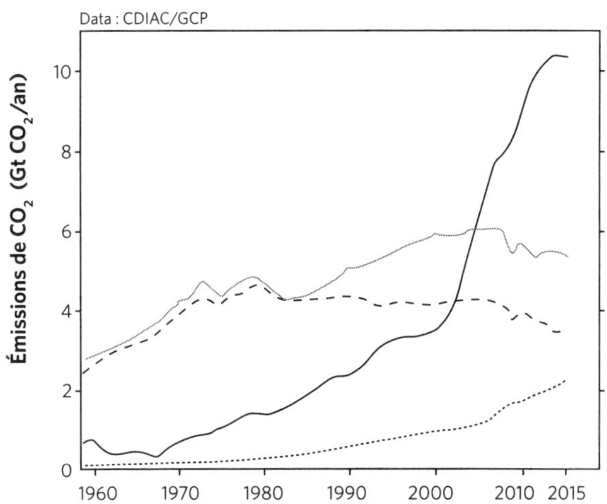

Le dioxyde de carbone, CO_2, premier responsable de l'augmentation de l'effet de serre est émis chaque fois que nous brûlons du charbon, du pétrole, du gaz naturel ou du bois et lors de la production de ciment. Depuis 1750, la contribution des combustibles fossiles et des cimenteries a progressivement pris le pas sur celle résultant

Le CO_2 n'est pas le seul…

D'autres gaz à effet de serre résultent des activités humaines. Le méthane, CH_4, est produit lorsque la matière organique se décompose de façon anaérobie, c'est-à-dire en dehors de la présence d'oxygène. C'est le cas dans les marais et les sols humides, sources auxquelles s'ajoutent termites, océans, végétation et hydrates de carbone. Les activités humaines en émettent à travers la production d'énergie, gaz naturel et charbon, la destruction de déchets et leur enfouissement, l'élevage, la riziculture et la combustion de biomasse. Les émissions anthropiques représentent près de 70 % des 600 millions de tonnes émises en moyenne chaque année. Éliminé par oxydation chimique en produisant du monoxyde de carbone, CO, du CO_2 et de la vapeur d'eau, le méthane a une durée de vie dans l'atmosphère d'une dizaine d'années, beaucoup plus courte que celle du CO_2. Comme pour le CO_2, l'analyse isotopique se révèle utile pour caractériser les sources de méthane, dont les concentrations ont été multipliées par plus de 2,5 depuis 1750 pour atteindre 1 835 ppb (parties par milliard) en 2015. Le rythme d'augmentation inférieur à 5 ppb/an entre 2005 et 2011 s'est, pour des raisons qui restent à identifier, récemment accéléré avec un accroissement de 11 ppb entre 2014 et 2015.

Viennent ensuite les composés halogénés, dont la production a rapidement augmenté après la Seconde Guerre mondiale lorsque la production des CFC (chlorofluorocarbures) et leur utilisation se sont généralisées comme gaz propulseurs dans les aérosols et comme réfrigérants. Ces composés surtout connus pour leur participation à la destruction de la couche d'ozone sont aussi de puissants gaz à effet de serre. Grâce au Protocole de Montréal, leur production a été arrêtée. Les produits de substitution, hydrochlorofluorocarbures (HCFC) et hydrofluorocarbures (HFC), sont moins dangereux vis-à-vis de la couche d'ozone mais encore plus efficaces vis-à-vis de l'effet de serre. Leurs concentrations atmosphériques, heureusement très faibles, augmentent tout comme celles des composés perfluorés (PFC) et de l'hexafluorure de soufre (SF_6), qui contribuent également à l'effet de serre.

Le protoxyde d'azote, N_2O, dont les sources naturelles sont du même ordre que celles liées aux activités humaines, a de son côté augmenté de près de 18 % depuis 1750. Les sources naturelles proviennent de l'océan et de la végétation tandis que les activités humaines contribuent aux émissions à travers la transformation des engrais azotés, la combustion de la biomasse, l'élevage, et des activités industrielles telles que la production de nylon. Une fois émis, il reste longtemps dans l'atmosphère avant d'être détruit dans la stratosphère, avec une durée de vie de cent dix ans.

Enfin, l'ozone, qui permet le maintien de la vie sur Terre en empêchant le rayonnement solaire ultraviolet de courte longueur d'onde d'atteindre la surface, participe également à l'effet de serre et à sa variation. L'ozone et l'effet de serre associé diminuent dans la stratosphère tandis que différents polluants - oxyde de carbone, CO, oxydes d'azote, les NO_x à ne pas confondre avec le N_2O, méthane et autres hydrocarbures - contribuent à la production d'ozone dans la troposphère. Ce sont autant de composés produits par la pollution mais aussi par la végétation et qualifiés de gaz à effet de serre indirect. Depuis la période préindustrielle, ils ont contribué à une augmentation de l'ozone estimée à 30 % avec un « forçage radiatif » de 0,35 watt par m^2. Tous ces gaz à effet de serre diffèrent non seulement par leur durée de vie dans l'atmosphère mais aussi par leur pouvoir de réchauffement qui, pris sur une même durée - généralement cent ans -, est 23 fois plus important pour une molécule de méthane que pour une molécule de CO_2 et plus de 10 000 fois pour certains composés halogénés. Les différents gaz sont comparés à travers leur forçage radiatif qui, de façon schématique, correspond à la quantité d'énergie supplémentaire disponible dans l'atmosphère grâce à l'augmentation de la concentration de ce gaz depuis 1750, année de référence. L'augmentation du forçage radiatif correspond donc à celle de l'effet de serre. Cette approche permet de comparer, à un moment donné, l'influence de différents composés présents dans l'atmosphère. En 2011, l'ensemble de ces gaz[9] contribuaient au forçage radiatif à hauteur de 3 watts par m^2. Cet accroissement de l'effet de serre est connu à plus ou moins 10 %. Il représente une augmentation supérieure à 1 % par rapport au bilan radiatif de la planète, voisin de 240 watts par m^2, et donc de l'énergie utilisée pour chauffer les différentes composantes du système climatique : nous avons par nos activités augmenté le chauffage de la planète de plus de 1 %. Une partie de ce forçage est cependant contrebalancée par l'effet des aérosols dans l'atmosphère et des ajustements des nuages qui en résultent. En tenant compte des contributions beaucoup moins importantes des composés à courte durée de vie (monoxyde de carbone, CO, oxydes d'azote, NO_x, et composés organiques volatils non méthaniques), des changements d'albédo dus aux changements d'utilisation des sols et des cirrus produits par les traînées de condensation, le forçage anthropique total s'établissait en 2011 à 2,29 watts par m^2, en forte augmentation au cours des dernières décennies puisqu'il s'établissait à 0,57 watt par m^2 en 1950 et à 1,25 en 1980. Les incertitudes sur le forçage associé aux aérosols sont importantes et se répercutent sur l'estimation du forçage total. À noter que le forçage radiatif lié à la variation de l'activité solaire au cours de l'ère industrielle est estimé à plus ou moins 0,05 watt par m^2. Il est donc beaucoup plus faible que celui lié aux activités humaines sur la même période.

9. Dont 56 % pour le CO_2 et 21 % pour le CH_4, valeur qui passe à 32 % en tenant compte des effets indirects liés à la production de CO_2 et de vapeur d'eau et à la formation d'ozone troposphérique. Les CFC et les HCFC pour 6 % en tenant compte des effets indirects dont la diminution de l'ozone stratosphérique, le N_2O pour 6 % également et l'ensemble HFC-PFC-F_6 pour 1 %.

de la modification de l'utilisation des terres agricoles, en particulier de la déforestation. Les émissions ont rapidement augmenté et pratiquement doublé entre 1970 et 2015. D'après le Global Carbon Project, elles ont atteint 41,8 milliards de tonnes ou gigatonnes (Gt_{CO2}) dont 36,3 milliards[10] ont résulté de l'utilisation des combustibles fossiles et de la fabrication de ciment[11]. La déforestation dont la contribution était descendue en dessous de 4 Gt_{CO2} dans les années récentes est remontée en 2015 à plus de 5 Gt_{CO2}, probablement à cause d'incendies liés au phénomène El Niño.

Heureusement, tout ne reste pas dans l'atmosphère. Malgré cette déforestation, la végétation est un puits net de CO_2 et il en est de même pour l'océan. Les quantités absorbées sont variables d'une année sur l'autre. Sur la période 2006-2015, la végétation a en moyenne absorbé 31 % des émissions et l'océan 26 %. Le reste s'est accumulé dans l'atmosphère où la durée de vie du CO_2 est largement supérieure à 100 ans. Cette accumulation entraîne un accroissement de sa concentration atmosphérique qui s'est accéléré au début des années 2000. Cette concentration a, pour la première fois en 2016, été supérieure à 400 ppm durant toute l'année avec un pic de printemps de 408 ppm.

Ces chiffres ne démontrent pas par eux-mêmes que le CO_2 qui s'accumule dans l'atmosphère est bien lié aux activités humaines. Certains climatosceptiques avancent l'idée que les variations du climat seraient à l'origine de l'accroissement observé. Mais l'évolution de la composition isotopique du CO_2 atmosphérique prouve son origine humaine : les gisements de combustibles fossiles très anciens ne contiennent plus de carbone 14, radioactif, et leur combustion se traduit par une diminution de la proportion du carbone 14 dans le CO_2 atmosphérique, comme l'a rappelé à l'issue d'un débat contradictoire un texte voté à l'unanimité par l'Académie des sciences. La composition isotopique des cernes d'arbres qui ont grandi pendant la première moitié du XXe siècle, puis les mesures directes de la composition isotopique du CO_2 témoignent effectivement de l'accumulation de CO_2 produit par les combustibles fossiles. La proportion de carbone 13, autre

10. Avec des incertitudes respectives de 2,8 et 1,8 milliards de tonnes de CO_2.
11. Le charbon est le premier contributeur (41 %) suivi du pétrole (34 %), du gaz (19 %) et du ciment (6 %).

Figure 2.7. Total annuel des émissions anthropiques de GES par groupe de gaz entre 1970 et 2010.

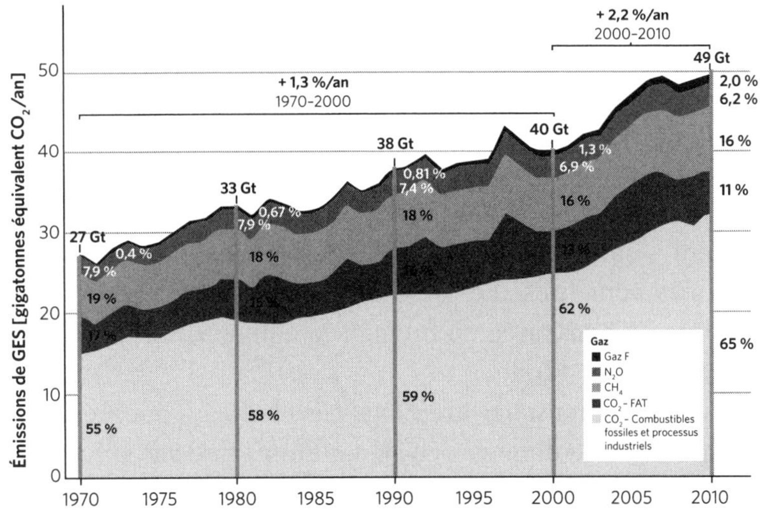

Source : GIEC, 2014.

isotope du carbone, et la décroissance observée de l'oxygène dans l'air confirment cette conclusion. L'origine humaine de l'augmentation du CO_2 atmosphérique observée depuis le milieu du XVIIIe siècle ne fait aucun doute.

Lorsque l'on s'intéresse aux émissions, l'équivalent CO_2 est utilisé ; il désigne la quantité émise de CO_2 qui, pour un horizon de temps donné, provoquerait le même forçage radiatif intégré que celui dû à l'augmentation d'un composé autre que le CO_2. Cette quantité est obtenue en multipliant la quantité émise de ce gaz par son potentiel de réchauffement planétaire pour l'horizon de temps considéré, cent ans en général. Cela permet de comptabiliser les émissions sur une échelle commune exprimée en milliards de tonnes d'équivalent CO_2 (Gt_{CO2eq}) et très largement utilisée dans les négociations climat. Le dernier rapport du GIEC indique qu'en 2011 les émissions se sont élevées à 49,5 Gt_{CO2eq}[12], avec une augmentation de 79 % entre 1970 et 2010. Les émissions de CO_2 imputables à l'usage de combustibles fossiles et aux procédés industriels y ont contribué pour 78 %, ce pourcentage demeurant analogue entre 2000 et 2010. Il est important de

12. Dont 37,6 – soit environ les trois quarts – dues au seul CO_2, 7,8 au méthane, 3,1 pour le N_2O et 1 pour l'ensemble HFC-PFC-SF_6.

noter qu'avec cette approche « équivalent CO_2 » le poids des différents gaz à effet de serre dépend de façon importante de l'horizon temporel pris en compte, celui des composés à courte durée de vie étant plus important à plus court terme. Ainsi avec un horizon de vingt ans, le poids du méthane devient supérieur à 40 % tandis que celui du CO_2 dépasse à peine 50 %.

Le GIEC en dresse un bilan par secteur en tenant compte de l'ensemble des gaz à effet de serre[13]. Les bilans par pays – et donc par habitant – sont légèrement modifiés par rapport à ceux que nous avons donnés pour les seules émissions de CO_2 mais l'ordre des pays émetteurs ne l'est pas, avec en premier la Chine suivie des États-Unis, de l'Europe puis de l'Inde.

Nous allons en terminer avec tous ces chiffres – que néanmoins il nous semble utile de donner – en portant un regard sur la France nous référant à ceux fournis dans le document « chiffres clés du climat 2017 ». Les valeurs citées pour cet inventaire se rapportent à l'année 2014 pour laquelle, tous gaz confondus et hors UTCF (Utilisation des terres et foresterie), les émissions françaises ont été de 459 millions de tonnes équivalent CO_2, soit moins de 1 % des émissions mondiales[14]. Pour le seul CO_2, les émissions dites « inventaire » étaient de 5 tonnes par habitant, proches de la moyenne mondiale (4,9) et moins importantes que pour d'autres pays européens tels l'Allemagne (9,3) et le Royaume-Uni (6,5). Cela résulte largement d'une production d'électricité peu émettrice en CO_2 car reposant, pour plus de 90 %, sur le nucléaire et l'hydraulique. Mais nous sommes moins bons élèves si l'on s'intéresse aux consommations et non aux émissions. Notre empreinte CO_2 est alors estimée à 8,3 tonnes par habitant en 2015.

13. Pour l'année 2010 les émissions se sont réparties de la façon suivante : 35 % dans le secteur de l'approvisionnement en énergie, 24 % dans celui de l'agriculture, de la foresterie et des autres affectations des terres, 21 % dans l'industrie, 14 % dans les transports et 6,4 % dans le bâtiment. Si on attribue les émissions liées à la production d'électricité et de chaleur aux secteurs qui utilisent l'énergie finale (émissions indirectes), les parts de l'industrie et du bâtiment augmentent pour atteindre respectivement 31 % et 19 %.

14. Dont 73 % liées au CO_2 et 70 % à l'énergie. Ces 70 % correspondent aux émissions du transport, 28,5 %, au résidentiel tertiaire, 15,8 %, à l'industrie manufacturière et à la construction,13,1 %, à l'industrie de l'énergie, 8,6 %, et à d'autres sources pour 3,6 % ; les 30 % restants se répartissent entre l'agriculture, 17 %, les produits industriels et solvants, 8,7 %, et les déchets pour 4,2 %.

Un réchauffement sans équivoque

Même si le premier chapitre de cet ouvrage ne laisse guère d'ambiguïté sur cette conclusion, il est intéressant d'examiner comment le GIEC l'a fait sienne comme une « certitude » dès 2007. D'autant qu'au début des années 2000 le réchauffement marque le pas dans l'atmosphère ; nous sommes alors au cœur du « plateau de température » qui caractérise la première décennie de ce siècle. L'argument principal tient au fait que l'atmosphère n'utilise que 1 % de la chaleur supplémentaire liée à l'augmentation de l'effet de serre. L'essentiel, 93 % des 3 watts par m^2 qui, depuis 1750, se sont ajoutés à l'énergie dont disposent les différentes composantes du système climatique pour « se chauffer », va dans l'océan tandis que la cryosphère (neige, glaces, glaciers et sols gelés) et les surfaces continentales en utilisent chacune 3 %. C'est donc en priorité dans l'océan qu'il faut tester la réalité du réchauffement climatique et l'élévation du niveau de la mer, un peu plus de 3 millimètres chaque année, en est un indicateur « sans équivoque » : ses deux composantes principales, expansion thermique de l'océan résultant de l'augmentation de sa température particulièrement marquée dans les couches peu profondes et contribution croissante des calottes glaciaires du Groenland et de l'Antarctique de l'Ouest, en témoignent l'une et l'autre. Et ceux qui doutent de la fiabilité de ces indicateurs, température, niveau de la mer, fonte des glaces, sont invités à regarder autour d'eux ; la nature perçoit elle aussi ce réchauffement climatique et nous en avons cité quelques exemples.

En 2013, c'est avant tout à partir des données de température, qui montrent que « chacune des trois dernières décennies a été successivement plus chaude à la surface de la Terre que toutes les décennies précédentes depuis 1850 », et de l'accélération de la fonte des glaces et de l'élévation du niveau des mers que le rapport du groupe scientifique confirme son diagnostic. Depuis, quatre années de données se sont accumulées et toutes apparaissent confirmer cette conclusion, on ne peut plus affirmative, d'un « réchauffement sans équivoque ». Ainsi les années 2011 à 2016 sont en moyenne près de 2 dixièmes de degré plus chaudes que les années 2001-2010, qui détiennent le record de la décennie la plus chaude depuis 1850.

Un réchauffement sans précédent

Le 5e rapport du GIEC va plus loin en ajoutant que « le réchauffement est sans précédent », plus précisément que « beaucoup de changements observés sont sans précédent depuis des décennies, voire des millénaires ». On comprend l'importance de cette conclusion qui met en avant le caractère climatique exceptionnel de la période dans laquelle nous vivons. En particulier celle qui concerne les trois dernières décennies : « Les années 1983 à 2012 constituent probablement la période de trente ans la plus chaude qu'ait connue l'hémisphère Nord depuis 1 400 ans. » Est ainsi confirmé, de façon très argumentée, un résultat qui avait été au cœur d'une polémique en 2001 autour de ce qui reste dans les annales comme le débat sur la « crosse de hockey » porté, du côté des scientifiques, par le chercheur américain Michael E. Mann. Cette image se rapporte au climat du dernier millénaire, période popularisée en France par les chroniques historiques d'Emmanuel Le Roy Ladurie et très bien documentée dans de nombreux pays européens mais aussi en Chine et en Égypte. Même si elles sont souvent à caractère local et largement discontinu, ces données historiques – englacement des canaux aux Pays-Bas, nombre de jours de gel ou de neige, inondations et sécheresses, force des vents et tempêtes sur les continents et les océans, date de la migration des oiseaux, de la floraison des arbres et des vendanges, volume des récoltes – ont, dans nos régions, fourni une part de la connaissance que nous avons du climat de cette période. Elles ont permis d'identifier l'optimum médiéval, aux XIe et XIIe siècles, et le petit âge glaciaire qui, en Europe de l'Ouest, a prévalu entre les XVIe et XIXe siècles, néanmoins interrompu de périodes plus clémentes.

Michael E. Mann utilise ces données historiques mais il s'appuie également sur les reconstructions climatiques basées sur l'étude des cernes d'arbres, des glaces polaires et des coraux. Résultat : la « crosse de hockey » revoit à la baisse l'importance donnée par les historiens à l'optimum médiéval et au petit âge glaciaire (Figure 2.8). Cela ne remet pas du tout en cause leur approche plus qualitative et essentiellement limitée à l'Europe de l'Ouest, mais tend à montrer le caractère exceptionnel de la période récente, lorsque l'on s'intéresse à l'ensemble de notre hémisphère. Les conclusions du GIEC selon lesquelles « le

Figure 2.8. Reconstruction des températures du dernier millénaire.

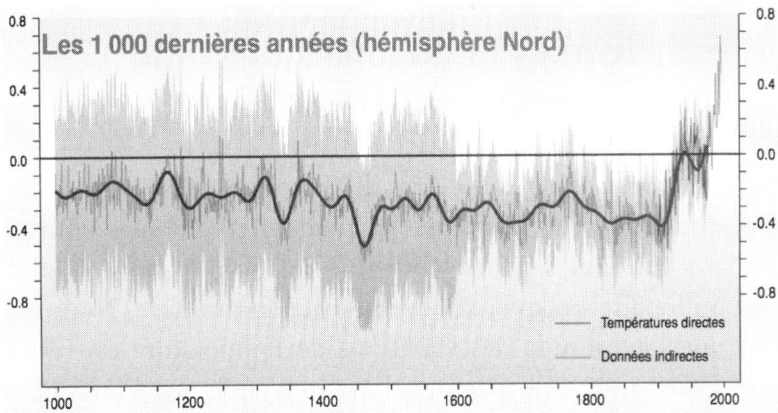

Source : GIEC, 2007.

réchauffement observé au XXe siècle a été le plus important des mille dernières années et, dans l'hémisphère Nord, les années 1990 ont été la décennie la plus chaude », qualifiées l'une et l'autre de probables, ont déchaîné en 2001 des passions qui restent vives. Car on en pressent l'importance dans le débat sur la responsabilité des activités humaines dans ce réchauffement récent.

Les deux derniers rapports ont confirmé, pour l'essentiel, les conclusions des travaux de Michael E. Mann et de ses collègues en les précisant. Ainsi, des périodes de plusieurs décennies au cours desquelles la température était aussi élevée qu'à la fin du XXe siècle ont effectivement été identifiées dans certaines régions. Mais alors que le réchauffement affecte l'ensemble de la planète, ces intervalles chauds ne se sont pas produits de manière aussi cohérente dans les différentes régions. Cela explique que, considérée sur l'ensemble de l'hémisphère Nord, aucune période de trente ans appartenant à l'optimum médiéval n'ait été aussi chaude que les années 1983 à 2012. Qui plus est, la prise en compte du forçage orbital, dont la variation est faible mais non négligeable à ces échelles de temps, des forçages solaire et volcanique et de la variabilité interne permet d'apporter une explication au refroidissement observé entre optimum médiéval et petit âge glaciaire ainsi qu'à sa répartition géographique.

Température moyenne : le rôle des activités humaines est une quasi-certitude

À l'évidence, ces deux « certitudes », augmentation de l'effet de serre due aux activités humaines et réchauffement sans équivoque, ne sont pas suffisantes pour établir une relation de cause à effet. Le dernier millénaire est aussi là pour nous en convaincre. Nous venons de voir que l'amplitude des variations de température est restreinte lorsque l'on s'intéresse à leur valeur moyenne sur l'ensemble de l'hémisphère Nord. Mais à l'échelle régionale, des écarts supérieurs à 1 °C par rapport à la période de référence 1961-1990 sont documentés sur des durées plus ou moins longues et cela vaut aussi bien pour l'optimum médiéval que pour le petit âge glaciaire. En France, le refroidissement est estimé à environ 1 °C mais il a pu atteindre 3 à 4 °C en Hollande comme en attestent de nombreuses œuvres des peintres flamands de l'époque. Qui plus est notre planète a connu, en dehors de toute activité humaine, des périodes plus chaudes, voire beaucoup plus chaudes qu'aujourd'hui. Comment dans ce contexte a-t-il été possible d'établir que les activités humaines sont bel et bien à l'origine du réchauffement des dernières décennies ? Pour beaucoup de citoyens et de décideurs politiques, c'est la question prioritaire. Elle est tout à fait légitime mais, nous le regrettons vivement, trop fréquemment un préalable à l'action.

Les scientifiques du GIEC ont placé cette question qui leur est posée de façon récurrente au cœur de leur diagnostic. En 1990, ils s'avouent incapables d'y répondre, concluant que « l'importance du réchauffement observé est grossièrement cohérente avec les prédictions des modèles climatiques mais elle est aussi comparable à la variabilité naturelle du climat ». Dit autrement, une large part du réchauffement observé pourrait être due à des causes naturelles mais la porte reste, à l'inverse, ouverte à la possibilité d'un réchauffement significatif lié aux activités humaines. Ce ni oui ni non est gommé dès le second rapport qui, certes avec une grande prudence, conclut qu'« un faisceau d'éléments suggère qu'il y a une influence perceptible de l'homme sur le climat global ». Cette progression doit beaucoup à l'évolution des modèles. Ainsi, le refroidissement lié à la présence d'aérosols, que nous avons déjà évoqué, permet d'expliquer la différence entre le réchauffement prédit en tenant compte de la seule augmentation de l'effet de serre, proche de 1 °C, et celui observé, deux fois moins important. En outre, toute une série d'indices ayant trait à la répartition géographique, saisonnière et verticale du réchauffement atteste qu'il a peu de chances d'être uniquement d'origine naturelle.

Le diagnostic s'affirme en 2001 car le climat a continué à se réchauffer et la caractérisation de la décennie 1990 comme étant probablement la plus chaude du dernier millénaire met en lumière le caractère exceptionnel du réchauffement en cours. S'y ajoutent de nouvelles simulations qui montrent que le réchauffement marqué des cinquante dernières années ne peut être expliqué que si l'on tient compte de l'augmentation de l'effet de serre. D'où cette conclusion : « des preuves plus récentes et plus concluantes permettent de dire que la majeure partie du réchauffement observé au cours des cinquante dernières années est due aux activités humaines ». Du « on ne sait pas » initial au « peut-être » de 1995, le « probablement » de 2001 signifie qu'a plus de 2 chances sur 3, le climat de ce début de XXIe siècle est déjà largement influencé par nos activités.

Ce diagnostic s'est significativement renforcé depuis. En 2007, le GIEC conclut que très probablement, soit avec plus de 9 chances sur 10, l'essentiel du réchauffement observé depuis le milieu du XXe siècle est déjà lié aux activités humaines. Le diagnostic est encore mieux établi en 2013 : « Il est extrêmement probable, soit plus de 95 chances sur 100, que l'influence de l'homme est la cause principale du réchauffement observé depuis le milieu du XXe siècle. » De nouveau, cette conclusion doit beaucoup aux modélisateurs du climat, qui se sont focalisés sur les soixante dernières années marquées par un réchauffement global estimé à 0,7 °C. Ils ont chiffré, de façon indépendante, les effets attendus des forçages naturels, activité solaire et volcanique, de l'effet de serre et des aérosols. Résultat : sur cette période, la contribution des causes naturelles et de la variabilité inhérente au système climatique est estimée à moins de 0,1 °C, tandis que

Figure 2.9. Contributions au changement observé de la température en surface entre 1951 et 2010.

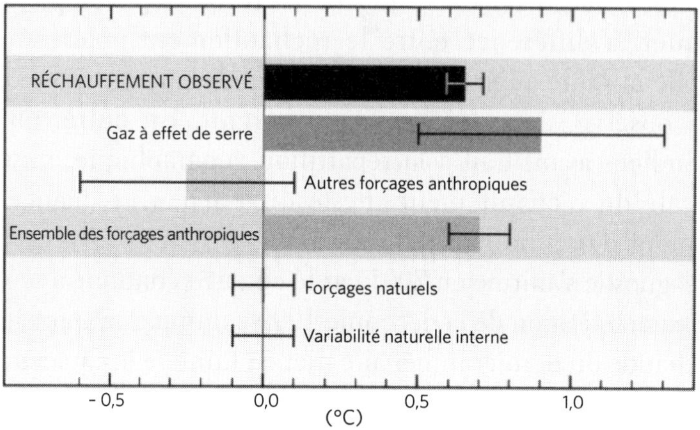

Source : GIEC, 2013.

celle liée aux activités humaines se situe probablement entre 0,5 et 1,3 °C. Le réchauffement déjà observé pourrait donc être entièrement dû à nos activités (Figure 2.9).

Attribution des autres changements observés : la prudence s'impose

Qu'en est-il des autres changements dont nous avons fait un tour d'horizon dans notre premier chapitre ? Deux d'entre eux, fonte de la banquise dans l'océan Arctique depuis 1979 et élévation du niveau des mers depuis les années 1970, sont estimés comme étant très probablement liés aux activités humaines. Il en va de même pour deux observations que nous n'avons pas évoquées : répartition verticale du réchauffement dans la troposphère, en dessous de 10 kilomètres environ, et le refroidissement attendu dans la basse stratosphère ; augmentation du contenu thermique de l'océan superficiel entre 0 et 700 mètres. À l'exception de l'Antarctique où les données sont insuffisantes pour en décider, il est probable que les activités humaines ont contribué au réchauffement observé sur les différents continents et à celui, très important, qui caractérise les régions de l'Arctique.

Nos activités ont aussi probablement affecté le cycle de l'eau : augmentation du contenu atmosphérique en vapeur d'eau, modification de la distribution géographique des précipitations sur les continents, changements de salinité dans l'océan résultant de modifications des précipitations et de l'évaporation. Il en va de même pour la cryosphère, pour le recul des glaciers depuis les années 1960, la perte de masse de la calotte du Groenland depuis 1993 et la diminution printanière des surfaces enneigées observée depuis 1970.

Le fait que journées et nuits froides deviennent moins froides et/ou moins nombreuses et que journées et nuits chaudes deviennent plus chaudes et/ou plus fréquentes est jugé comme étant très probablement lié aux activités humaines. Cela est probable pour les vagues de chaleur plus fréquentes et/ou plus longues. Mais, à juste titre, le GIEC est plus prudent dans l'attribution éventuelle des autres événements extrêmes car cela requiert une base statistique suffisante, souvent absente, et une bonne compréhension des phénomènes mis en jeu dont certains comme les cyclones restent difficiles à modéliser. Le rôle des activités humaines ne peut être avancé qu'avec un faible degré de confiance pour les épisodes de précipitations intenses, qui deviennent plus fréquents et plus intenses, pour l'augmentation de l'intensité et/ou de la durée des sécheresses et pour celle de l'activité des cyclones tropicaux intenses.

Ces événements extrêmes ont été l'objet de beaucoup d'attention depuis le dernier rapport du GIEC. Grâce au développement de modèles régionaux, il devient possible d'analyser si un événement extrême est plus probable aujourd'hui que par le passé. Ainsi, la vague de chaleur de 2003 a été, en partie, attribuée au changement climatique comme celles de Russie en 2010 et de Chine en 2013. Les inondations dans le sud de l'Angleterre durant l'hiver 2013-2014 auraient eu moins de chances[15], 43 %, de se produire sans l'augmentation de l'effet de serre. De même, le risque de précipitations extrêmes qui sont à l'origine des inondations de mai-juin 2016 dans le nord-est de la France a pratiquement doublé à cause du changement climatique[16].

15. Schaller *et al.*, « Human influence on climate in the 2014 southern England winter floods and their impacts » , *Nature Climate Change*, 2016, 6, p. 627-634.
16. Oldenborgh *et al.*, « Rapid attribution of the may/june 2016 flood-inducing precipitation in France and Germany to climate change », *Hydrol. Earth Syst. Sci.*, 2017, 21, p. 897-921.

Ce type d'évaluation reste plus difficile pour les sécheresses, y compris celle qui a frappé la Californie de 2012 à 2014, car d'autres facteurs comme les changements de la circulation atmosphérique et l'influence du couvert végétal sur l'évaporation doivent être pris en compte. Beaucoup de prudence également dans l'attribution des événements méditerranéens.

Enfin, on notera des initiatives visant à mettre à la disposition des décideurs, des acteurs économiques et du grand public le maximum d'informations portant sur les événements extrêmes. Ainsi un des objectifs du projet « Extremoscope » mis en place par l'Institut Pierre-Simon-Laplace et Météo France est de développer et d'évaluer de nouvelles méthodes d'attribution dans ce domaine ; une compilation, en cours de réalisation à l'initiative du Réseau Action Climat, s'intéresse également aux extrêmes. Au Royaume-Uni, un *think tank*, Carbon Brief, soutenu par l'European Climate Foundation, a développé, avec la participation de nombreux scientifiques, une carte interactive dédiée aux événements extrêmes. Régulièrement mise à jour, elle permet grâce à un code couleur d'identifier pour chacun des nombreux événements répertoriés – inondations, sécheresses, vagues de chaleur… – s'il y a ou non des informations sur leur lien éventuel avec des activités humaines, et de remonter, d'un simple clic, aux articles concernés.

Y a-t-il toujours une place pour le climatoscepticisme ?

À l'évidence le climatoscepticisme reste d'actualité et bien présent dans différentes sphères, scientifique, politique, économique… et chez certains de nos concitoyens. Nous avons tous en tête l'élection de Donald Trump qui s'est construite en partie autour de la négation d'un quelconque problème lié à l'influence des activités humaines sur notre climat. Jusqu'à présenter le réchauffement climatique comme une invention des Chinois. Les scientifiques américains sont dans leur grande majorité conscients du problème. En témoignent les rapports publiés sous la responsabilité de l'Académie des sciences américaine (National Academy of Sciences) et ses prises de position sans ambiguïté comme « Climate Change and the Integrity of Science » signée par plus de deux cents membres et publiée par la revue *Science* en mai 2010.

Les idées climatosceptiques sont néanmoins soutenues par quelques scientifiques, généralement issus d'autres disciplines. À l'exception notable de Richard Lindzen, chercheur au MIT (Massachusetts Institute of Technology) et auteur de travaux de qualité reconnue dans le domaine du climat. En France, Claude Allègre a été l'un des promoteurs de ce courant de pensée. Géochimiste, récipiendaire en 1986 du prestigieux prix Crafoord, ministre de 1997 à 2000 de l'Éducation nationale, de la Recherche et de la Technologie, il s'est attaqué en 2010 à ce qu'il appelle l'« imposture climatique ». Son collègue Vincent Courtillot a remis en cause la validité de certaines données utilisées dans le rapport du GIEC. En France, comme dans d'autres pays, les arguments des climatosceptiques ont eu un écho certain aussi bien auprès du grand public que d'une partie des décideurs de la sphère politique ou du monde économique. Même s'il est moins audible qu'il y a quelques années, ce courant de pensée reste actif. En témoigne la réunion organisée à Paris les 1er et 2 décembre 2016 sous l'égide de l'Association des climatoréalistes.

Des sites, comme « realclimate » aux États-Unis, font un examen approfondi des arguments avancés par les climatosceptiques. En France, des scientifiques et des journalistes – nous citerons Stéphane Foucart au *Monde* et Sylvestre Huet à *Libération*[17] – ont démonté les erreurs publiées dans les ouvrages de Claude Allègre et de Vincent Courtillot. Face à leurs accusations, 600 scientifiques français impliqués dans l'étude du climat ont, à l'initiative de Valérie Masson-Delmotte, mis en avant leur intégrité scientifique et sollicité la mise sur pied d'un « vrai débat serein et approfondi ». Celui-ci a eu lieu à l'Académie des sciences, le 20 septembre 2010. Le rapport, publié quelques semaines plus tard, reconnaît que l'augmentation du réchauffement observé de 1975 à 2003 est principalement due à celle de la concentration du CO_2 dans l'atmosphère, elle-même incontestablement due à l'activité humaine. Il donne aussi une large part aux incertitudes.

17. Et depuis auteur du blog {Sciences²} sur le site *lemonde.fr*.

Accepter le débat et mettre tous les arguments sur la table de façon transparente sont au cœur de l'approche sur laquelle s'appuie le GIEC dans la rédaction de ses rapports, qui s'avèrent cependant être la cible privilégiée des climatosceptiques. Cela a surtout été le cas pour le rapport 2007 dont les conclusions, très claires vis-à-vis du lien entre réchauffement et activités humaines, ont probablement contribué à ce que le GIEC soit alors colauréat, avec Al Gore, du prix Nobel de la paix. La montée du climatoscepticisme s'est amplifiée à partir de 2009 avec une campagne visant à discréditer le fonctionnement du GIEC et les conclusions de ce rapport paru en 2007. Celle-ci a commencé, juste avant la conférence de Copenhague, par la publication d'une série de courriels piratés sur le site de chercheurs anglais de l'Université d'East Anglia, dont Phil Jones, très connu pour ses travaux sur les variations récentes du climat. Un des enseignements de ce « climategate » est d'illustrer, à travers des échanges d'ailleurs assez rudes, la saine divergence d'opinions qui peut exister entre climatologues. L'enquête parlementaire qui s'est ensuivie a innocenté les chercheurs accusés par certains climatosceptiques d'avoir falsifié des données. La campagne visant à discréditer le GIEC s'est renforcée par la révélation d'une erreur identifiée dans le rapport lui-même au sujet de glaciers himalayens qui pourraient perdre 80 % de leur surface d'ici à 2035. Simple coquille – 2035 pourrait avoir pris la place de 2350 – ou liée à l'utilisation de littérature « grise » n'ayant pas fait l'objet de revue par les pairs, l'origine de cette erreur, reconnue par le GIEC, n'est pas complètement élucidée. D'autres critiques ont été formulées, mais aucune ne remet en cause les conclusions adoptées dans les résumés des décideurs. À la suite d'un audit assuré par le Conseil interacadémique, la gouvernance du GIEC et les procédures suivies dans la rédaction des rapports ont été améliorées. À ce jour, aucune erreur notable n'a été relevée dans le 5e rapport du GIEC dans lequel les conclusions principales du rapport précédent ont largement été confirmées, et même renforcées pour celles ayant trait au lien entre réchauffement et activités humaines.

Nous n'analyserons pas ici les raisons, très diverses, qui conduisent au climatoscepticisme, mais nous sommes, l'un et l'autre, sur une même position que nous reprenons *in extenso* d'une interview initialement publiée en 2013 dans *Bayonne Magazine*[18]. En voici un extrait : « Le scepticisme vis-à-vis des conclusions émises par les scientifiques est une démarche tout à fait légitime. Le réchauffement climatique lié aux activités humaines n'échappe pas à cette règle : au-delà des certitudes, lien entre l'augmentation de l'effet de serre et nos activités, réchauffement marqué depuis une cinquantaine d'années qui inéluctablement va se poursuivre, subsistent des incertitudes notables et restent posées de nombreuses questions. Ainsi, il est normal que l'on s'interroge sur la possibilité que des causes naturelles soient à l'origine du réchauffement récent car notre planète a connu des périodes plus chaudes qu'aujourd'hui bien avant le développement de notre civilisation. Et il est logique que l'on nous demande de justifier nos conclusions, tant leurs conséquences, en premier lieu la nécessité d'aller à marche forcée vers une société sobre en carbone, sont importantes pour les jeunes générations qui auront, si rien n'est fait dans ce sens, à affronter un réchauffement aux conséquences multiples et pour la plupart désastreuses. Dans ce contexte, la seule voie est de mettre en avant les arguments issus de la recherche, d'accepter de les discuter et qu'ils le soient par les climatosceptiques. C'est à nous qui sommes conscients de la réalité du réchauffement climatique de convaincre. » Sur cette ligne, nous allons répondre de façon succincte aux arguments des climatosceptiques qui, pour l'essentiel, relèvent d'aspects, montée de l'effet de serre, réalité et attribution du réchauffement en cours, que nous avons déjà abordés.

- « L'augmentation du CO_2 n'est pas liée à nos activités », disent-ils.

En 2007, un article dans lequel Ernst-Georg Beck[19] compile des mesures de teneur en CO_2 réalisées depuis cent quatre-vingts ans fait grand bruit. Elles indiquent, à plusieurs reprises, des valeurs supérieures à 400 ppm dès le XIXe siècle et remettraient donc en cause les enregistrements obtenus à partir des glaces polaires et l'attribution de son augmentation plus récente aux activités humaines. L'explication tient au fait que les échantillons, prélevés en zone rurale ou en périphérie des villes, représentent le CO_2 local et non pas une moyenne mondiale. Pour s'en convaincre, il suffit d'observer qu'aujourd'hui des niveaux supérieurs à 500 ppm peuvent être localement atteints y compris dans

18. Jouzel, « Questions à… », *Bayonne Magazine*, octobre-novembre 2013, 177, p. 19.
19. Beck, « 180 years of atmospheric CO_2 gas analysis by chemical methods », *Energy & Environment*, 2007, 18 (2), p. 259-282.

certaines zones rurales. Les stations d'observation qui sont utilisées par les scientifiques pour suivre l'évolution globale du CO_2 à grande échelle doivent être situées loin des sources. En outre, en fonction de la direction des vents, certains échantillons risquent d'être affectés par ces sources ; ces résultats ne sont pas pris en compte.

La thèse selon laquelle les variations du CO_2 dans l'atmosphère seraient dues à l'augmentation de température qui conduit au dégazage de l'océan continue à rencontrer un certain écho[20]. Il est exact que lorsque l'océan se réchauffe, la pression partielle du gaz carbonique y augmente, d'où l'idée d'un dégazage qui augmenterait. Mais au vu du réchauffement des eaux de surface des océans, cette augmentation est très faible. Elle est inférieure à 2 ppm sur les vingt dernières années, une période au cours de laquelle la concentration atmosphérique du CO_2 a augmenté d'environ 40 ppm, de 360 à 400 ppm. Or c'est la différence entre concentration atmosphérique et pression partielle à la surface de l'océan qui gouverne le flux net du CO_2 entre océan et atmosphère. Non seulement cette différence est en faveur de l'atmosphère, ce qui implique que l'océan absorbe du CO_2, mais elle augmente régulièrement. L'acidification de l'océan, que nous avons déjà mentionnée, constitue une autre indication qu'il absorbe bien du CO_2 et non qu'il en dégaze.

- « Ce n'est pas le CO_2 qui influence le climat, c'est l'inverse », disent-ils.

Restons sur le CO_2, que les climatosceptiques n'apprécient guère, sauf pour rappeler, ce qui est tout à fait exact, ses propriétés bénéfiques pour la vie sur la planète et pour la croissance de la végétation. Ils se sont tournés vers le lointain passé qui indiquerait que les changements de CO_2 ont suivi ceux de la température, et non l'inverse comme ce devrait être le cas si ce gaz à effet de serre influait réellement sur le climat. Ainsi Claude Allègre s'appuie sur les résultats obtenus à partir de l'analyse du forage de Vostok[21] selon lesquels lors de la déglaciation survenue il y a 240 000 ans « les variations de la température précédaient de 800 ans celles du CO_2 ». En fait, la présentation de ce résultat est tronquée et biaisée puisque les auteurs précisent qu'il s'agit de la température en Antarctique, qui elle-même précède d'environ 5 000 ans la déglaciation

20. Gervais, *L'Innocence du carbone*, Albin Michel, 2013.
21. Caillon *et al.*, « Timing of atmospheric CO_2 and Antarctic temperature changes across Termination III », *Science*, 2003, 299 (5613), p. 1728-1731.

Figure 2.10. Concentration atmosphérique en CO_2 et évolution des températures durant la dernière déglaciation.

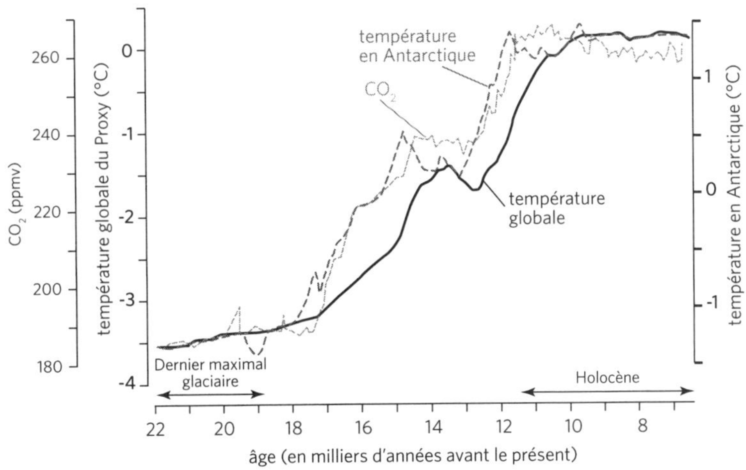

Source : Shakun et al.

caractérisée par la fonte des énormes quantités de glace accumulées sur les continents de l'hémisphère Nord. Il en résulte que ces variations de CO_2 « ont commencé quelques milliers d'années avant la déglaciation ». La différence est essentielle, car cette séquence est, comme le soulignent les auteurs, tout à fait compatible avec une contribution de l'augmentation du CO_2 à cette déglaciation sur environ 4 200 ans.

D'ailleurs, une étude plus récente[22] a permis d'analyser la séquence des événements à l'œuvre lors de la dernière déglaciation, qui a commencé il y a environ 20 000 ans. Elle utilise un ensemble d'enregistrements qui permettent d'établir la façon dont la température a évolué dans chacun des hémisphères. Cette étude confirme que l'augmentation de la température dans l'hémisphère Sud a précédé d'environ 600 ans celle du CO_2, qui elle-même a précédé celle de l'hémisphère Nord d'environ 700 ans. Et d'en déduire que la montée du CO_2 a précédé celle de la température moyenne de la planète d'environ 460 à 340 ans, illustrant ainsi son rôle climatique. Celui-ci est confirmé par les modèles qui montrent clairement que le passage d'une période glaciaire à une période interglaciaire ne peut pas être enclenché sans augmentation

22. Shakun *et al.*, « Global warming preceded by increasing carbon dioxide concentrations during last deglaciation », *Nature*, 2012, 484, p. 49-54.

de l'effet de serre. Il faut non seulement être climatosceptique, mais aussi de mauvaise foi, pour utiliser la séquence des événements observés durant les déglaciations en vue de minimiser le rôle des activités humaines sur le climat. D'autant que la séquence récente est, elle, bien établie : l'augmentation du CO_2 amorcée il y a plus de 200 ans a clairement précédé celle de la température.

• « La température de la planète n'est pas connue précisément », disent-ils.

Les climatosceptiques ont raison : définir une température moyenne de la planète, de façon précise, est un exercice délicat. Phil Jones, déjà cité, et ses collègues de l'Université d'East Anglia en ont été les pionniers à la fin des années 1970, suivis de deux équipes américaines, celle de Jim Hansen à la NASA et de Tom Karl à la NOAA. Les données mesurées dans les stations constituent le point de départ mais elles doivent d'abord être corrigées de certains effets comme ceux liés à l'urbanisation, au déplacement de certaines stations ou à des modifications locales de l'environnement. Ces stations sont en outre réparties de façon très hétérogène. Fiables et relativement abondantes en Europe et en Amérique du Nord avec de nombreuses séries commençant dans la seconde partie du XIXe siècle, elles ne sont disponibles que depuis les années 1950 dans la plupart des autres régions. Elles n'existent que le long des voies de navigation commerciale dans les océans avec des régions sans données comme le Pacifique Sud. Il faut ensuite, à partir d'une grille analogue à celle utilisée dans un modèle climatique, définir une valeur de la température pour chacune des mailles en vue de calculer une moyenne.

Les approches des trois équipes diffèrent par les stations qu'elles prennent en compte, par les corrections qu'elles apportent aux séries de températures, et par la façon de les homogénéiser et de les interpoler pour en obtenir une estimation dans les mailles sans station de mesure. Elles fournissent trois séries tout à fait cohérentes entre elles depuis le début du XXe siècle, période à partir de laquelle le nombre des stations apparaît suffisant pour estimer une moyenne globale. En témoigne la comparaison entre les séries obtenues par les équipes de Jim Hansen et de Phil Jones sur la période 1990-2008. La différence observée entre les deux séries, un dixième de degré au maximum, est liée au fait que Jim Hansen utilise plus de stations dans les régions de l'Arctique. Lorsque les mêmes stations sont utilisées, cette différence est réduite à quelques centièmes de degré.

La publication le 28 juillet 2012, dans le *New York Times*, d'une tribune signée du physicien Richard Muller intitulée « The conversion of a climate change skeptic » est loin d'être anecdotique. Professeur à Berkeley, Richard Muller avait lancé quelques années auparavant le projet BEST (Berkeley Earth Surface Temperature). Il avait clairement exprimé son scepticisme vis-à-vis de la reconstruction du climat du dernier millénaire, le « hockey stick », et essayé, d'ailleurs en vain, de montrer que l'approche suivie par Michael E. Mann était incorrecte. Il se décide alors à reprendre les estimations du climat récent proposées par les équipes de Phil Jones, Jim Hansen et Tom Karl, persuadé que les différentes corrections et méthodes utilisées ne sont pas adaptées. Îlots de chaleur urbains, sélection et ajustements des données, homogénéisation et traitements statistiques, son équipe reprend tout à partir de zéro. Avec pour résultat… un remarquable accord avec les courbes déjà publiées sur la période 1850 à 2012 et une nouvelle série qui est prise en compte dans le 5e rapport du GIEC. Les conclusions du GIEC sur la réalité du réchauffement sont pleinement validées, dans le moindre détail ou presque. D'où la conversion de Richard Muller, qui non seulement se convainc de cette réalité mais écrit dans sa tribune que « l'homme en est presque entièrement la cause ». Certains de ses anciens collègues lui ont d'ailleurs reproché la rapidité de cette conversion… Mais personne n'a remis en cause le fait que les résultats obtenus par son équipe confirment remarquablement la qualité des reconstructions utilisées par le GIEC.

Un autre argument avancé, à tort, par les climatosceptiques concerne la différence entre le réchauffement mesuré à la surface et celui observé dans l'atmosphère à partir de ballons-sondes et de données satellitaires qui serait trois fois plus faible. Il apparaît désormais que cette différence était due à un biais lié à l'influence, non prise en compte, du refroidissement de la stratosphère sur les mesures satellitaires. Une fois corrigés de ce biais, les différents jeux de données fournissent des résultats tout à fait similaires sur la période, de 1979 à nos jours, sur laquelle ils peuvent être comparés. Les réchauffements sont compris entre 0,16 et 0,18 °C par décennie à la surface, et entre 0,12 et 0,19 °C par décennie en altitude, laissant les sceptiques sans argument.

- « Il y a des cycles. C'est le soleil qui est en cause », disent-ils.

« Le climat a toujours changé », « il a des cycles » sont deux affirmations souvent mises en avant par les personnes, certaines de bonne foi, qui pensent que les activités humaines ne sont pour rien dans le réchauffement récent. Ces deux affirmations sont exactes mais leur conclusion est erronée.

Oui, il y a eu de façon tout à fait naturelle des périodes plus chaudes qu'aujourd'hui. Nous l'avons évoqué pour l'optimum médiéval en précisant que cela s'applique à une échelle régionale et non en moyenne globale ; cela vaut également pour l'Holocène moyen, autour de - 6 000 ans, avec des périodes chaudes plus marquées. Mais en remontant dans le passé, on identifie des périodes plus chaudes qu'aujourd'hui en moyenne globale. C'était très probablement le cas il y a environ 125 000 ans lorsque le précédent interglaciaire a connu sa période la plus chaude, et incontestablement sur une large part des 60 derniers millions d'années, hors période Quaternaire. Ainsi, il y a environ 55 millions d'années, au moment de l'optimum climatique qui a marqué la transition entre le Paléocène et l'Éocène, la température de l'océan profond, comprise aujourd'hui entre 0 et 2,5 °C, dépassait 10 °C…

Ce ne sont pas ces exemples qui sont mis en avant par les climatosceptiques mais celui du « Groenland vert » popularisé par la saga d'Erik le Rouge qui aurait, avant tout, choisi ce nom pour y attirer les Vikings. Vivant essentiellement de l'agriculture et de l'élevage, ceux-ci ont effectivement dû bénéficier des conditions clémentes de l'optimum médiéval et le refroidissement du petit âge glaciaire a probablement contribué à leur disparition. L'existence de cet optimum est confirmée par les reconstructions climatiques réalisées à partir des carottages de glace mais rien n'indique que le climat était alors plus chaud au sud du Groenland qu'il ne l'est actuellement. Et des travaux récents montrent, sans ambiguïté, que la végétation présente aujourd'hui dans cette région et celle qu'y ont découverte les Vikings est comparable. Difficile donc d'accorder le moindre crédit à cet argument « Groenland vert » utilisé en boucle par les climatosceptiques… En tout état de cause, les variations naturelles du climat ont toujours existé et elles existeront toujours, mais s'y superpose depuis deux cents ans l'empreinte des activités humaines.

Oui, les variations du climat sont influencées par des phénomènes cycliques. Les climatosceptiques ne font pas appel aux périodicités de l'astronomie, qui rythment les grandes glaciations du Quaternaire, mais à celles liées à l'activité solaire. En premier lieu, au cycle de onze ans dont le dernier rapport du GIEC reconnaît que, dans certaines régions, il a eu une influence sur les variations décennales du climat. Les fluctuations de l'activité solaire à plus long terme sont aussi évoquées comme un des contributeurs à l'évolution du climat au cours du dernier millénaire. Mais le GIEC conclut que ces fluctuations n'ont pas contribué au réchauffement global des dernières décennies. La raison essentielle tient aux variations très faibles de cette activité solaire en termes d'énergie, dont la valeur moyenne a d'ailleurs eu tendance à légèrement décroître, de 0,04 watt par m^2 entre 1986 et 2008. Entre les minimas et les maximas associés au cycle de onze ans, ces variations sont de l'ordre de 0,1 %, et donc dix fois moins importantes que la modification due aux activités humaines, proche de 1 %.

Pour que le soleil puisse la contrebalancer, il faut au minimum imaginer qu'opèrent vis-à-vis des variations d'activité solaire des mécanismes d'amplification spécifique qui n'ont pas d'effet par rapport au forçage anthropique. Cela est tout à fait concevable en s'appuyant sur le fait que les modifications de l'activité solaire ont une incidence sur le flux des rayons cosmiques. D'où l'idée d'explorer l'hypothèse de leur influence sur le climat par le biais de variations de la nébulosité car ces rayons cosmiques favorisent la formation des aérosols et peuvent donc influencer la production des noyaux de condensation des nuages. Cette hypothèse a été beaucoup discutée et mise en avant dans les années 1990 suite à l'observation d'une corrélation entre flux de rayons cosmiques et couverture nuageuse. Même si cette corrélation ne s'est pas maintenue dans la durée, elle a motivé des travaux de recherche, en particulier à Genève chez les physiciens du Cern, centre international de recherche qui s'est récemment illustré par la découverte du boson de Higgs. Y a été mise sur pied l'expérience CLOUD visant à analyser les interactions entre le rayonnement cosmique et les fines particules de l'atmosphère susceptibles de favoriser la formation des nuages. Les résultats ont effectivement montré que les rayons cosmiques favorisent la formation des aérosols et peuvent donc influencer la production des noyaux de condensation des nuages[23].

---

23. Kirkby *et al.*, « Role of sulphuric acid, ammonia and galactic cosmic rays in atmospheric aerosol nucleation », *Nature*, 2011, 476 (7361), p. 429-433.

Cependant, et c'est la conclusion principale de ces travaux, leur effet est trop faible pour pouvoir exercer une influence sur le climat durant un cycle solaire ou à l'échelle du siècle dernier. Cette conclusion n'est pas surprenante. Si le Soleil était un acteur important, cela devrait se traduire par des variations de même nature, refroidissement ou réchauffement, dans la troposphère et dans la stratosphère. À l'inverse, si c'est l'effet de serre qui est à l'œuvre, on s'attend à ce qu'à un réchauffement de la troposphère soit associé un refroidissement de la stratosphère. Or c'est ce qui est actuellement observé. C'est un second argument de poids qui permet d'éliminer l'activité solaire comme étant à l'origine de l'évolution du climat sur la période récente.

- « Le réchauffement s'est arrêté », disent-ils.

Dans les années 2000, le réchauffement climatique semblait avoir marqué une pause. Il a fallu attendre 2010 pour que le record précédent enregistré en 1998 soit surpassé (Figure 1.1). Nous sommes alors dans une situation particulière puisque cette année 1998 est marquée par un épisode El Niño très intense. Ce phénomène naturel est caractérisé par des températures nettement plus chaudes que leur valeur moyenne sur la partie est de l'océan Pacifique Sud avec pour résultat que les années El Niño sont, en général, plus chaudes que les années normales. Beaucoup plus chaudes, de près de 0,2 °C par rapport au précédent record enregistré en 1997. Pour les climatologues, cette pause post-El Niño du réchauffement dans l'atmosphère n'est donc pas une véritable surprise. D'autant que l'élévation du niveau de la mer ainsi que la diminution des surfaces enneigées et englacées se sont poursuivies. Et ces observations témoignent que le réchauffement ne s'est pas arrêté car ces composantes bénéficient de l'essentiel – 96 % pour l'océan et la cryosphère – de la chaleur additionnelle due à l'augmentation de l'effet de serre. Mais sa durée inhabituelle pour ce qui concerne l'atmosphère a amené les spécialistes à proposer différentes explications facilitées par les progrès des modèles couplés océan/atmosphère. Elles ont, par exemple, fait appel à l'activité solaire un peu plus faible dans les années 2000 ou aux éruptions volcaniques nombreuses depuis 2005. Ces deux phénomènes pourraient être à l'origine de la stagnation du réchauffement observé dans l'atmosphère.

Mais l'explication qui semble la mieux fondée s'appuie sur l'hypothèse d'un stockage supplémentaire de chaleur dans l'océan plus important dont une partie revient vers l'atmosphère. En témoigne, un nouvel El Niño de l'ampleur de celui de 1998 qui s'est déclenché en 2015 et concrétisé en 2016 avec à la clé trois années successives de températures record avec l'année 2016 environ 0,4 °C plus chaude que la valeur moyenne enregistrée entre 1998 et 2012. La pause est à mettre au rang des souvenirs mais nous sommes dans une situation similaire à celle de 1998. En retrait par rapport à 2016, 2017 sera dans le peloton de tête des années les plus chaudes, mais il est fort possible qu'il faille attendre un certain nombre d'années pour que le record de 2016 soit de nouveau battu donnant, de nouveau, aux climatosceptiques l'occasion de s'exprimer. Mais, du côté des climatologues, les arguments sont affûtés…

- « Et alors ?… »

Nous terminons ici notre tour d'horizon, non exhaustif, des angles d'attaque sur lesquels s'appuient les climatosceptiques. Nous pourrions y ajouter le très classique : les modèles ne valent rien car ils ne tiennent pas compte du premier gaz à effet de serre, la vapeur d'eau. Affirmation fausse à l'évidence puisque c'est justement la vapeur d'eau qui, dans les modèles, est à l'origine de la rétroaction positive la plus importante. Affirmation juste lorsque sont mises en avant, nous l'avons fait, les incertitudes associées à l'estimation de la sensibilité du climat, le réchauffement associé à un doublement des quantités de CO_2 dans l'atmosphère. Richard Lindzen, déjà cité, a mis en avant l'existence de phénomènes compensateurs qui rendraient le climat beaucoup moins sensible à l'augmentation de l'effet de serre que ne le prédisent les modèles, mais aucun des mécanismes auxquels il a pensé ne s'est avéré efficace. À l'inverse, les modèles utilisés pour simuler le climat du futur ont non seulement la capacité de reproduire le climat actuel sur l'ensemble de la planète, ses variations journalières, mensuelles et saisonnières, mais ils sont aussi aptes à rendre compte de conditions complètement différentes comme celles du dernier maximum glaciaire.

Et puis nous avons désormais un certain recul. La capacité des modèles à simuler correctement le climat des dernières décennies peut être testée à partir des premières projections, qui datent de près d'une trentaine d'années. En 2007, le GIEC s'est livré, à partir des projections présentées dans les rapports précédents, à une comparaison entre projections et observations sur la période 1990-2005. L'ampleur du réchauffement observé est à mi-chemin entre les projections du 1er

et du 2e rapports et se situe dans la partie haute par rapport à celles du 3e rapport. Prolongée jusqu'à 2016, cette comparaison devrait confirmer le rythme de réchauffement proche de 0,2 °C par décennie prévu par les modèles. Plus récemment, en 2017, des chercheurs de Princeton ont examiné les résultats de la première projection qu'ils avaient réalisée en 1989[24] ; celle-ci rend bien compte de l'évolution de notre climat telle qu'elle a été observée depuis près de trente ans, en particulier en ce qui concerne la répartition géographique du réchauffement. Une très belle confirmation de la qualité des modèles, alors que ceux utilisés au départ étaient relativement rudimentaires, et de l'influence des activités humaines sur notre climat.

Nous en avons presque fait le tour. Mais aucun des arguments avancés par les climatosceptiques ne leur permet de défendre la thèse selon laquelle l'évolution récente de notre climat serait significativement influencée par des forçages naturels, activité solaire en premier lieu. Il leur devient de plus en plus difficile de mettre en doute le rôle des activités humaines désormais étayé par des arguments très convaincants. D'ailleurs le climatoscepticisme bat peu à peu en retraite par rapport à ce débat, même si certains adeptes jugent qu'il est est loin d'être clos. Ceux-ci se mobilisent pour une autre bataille : certes le climat va se réchauffer, et alors ? Est-ce vraiment si dangereux, le réchauffement climatique ? Comme l'indique de nouveau Lindzen dans une interview récente : « Les gens prennent leur retraite dans la Sun Belt plutôt qu'en Arctique. » Une autre façon de minimiser les impacts du changement climatique est de dire qu'il y a d'autres problèmes plus urgents ou de laisser entendre qu'il y aura toujours une solution lorsque les conséquences annoncées se concrétiseront. Nous ne souhaitons pas être catastrophistes. Mais l'examen de ces conséquences dans l'hypothèse où l'on ne fait rien – « *business as usal* » – ou dans celle où l'ambition de l'Accord de Paris ne serait pas relevée, nous emmenant vers + 3 °C, voire plus d'ici à la fin du siècle, en dresse un tableau assez sombre.

24. Stouffer et Manabe, « Assessing temperature pattern projections made in 1989 », *Nature Climate Change*, 2017, 7, p. 163-165.

CHAPITRE 3

Ne rien faire entraînerait des conséquences désastreuses

Le réchauffement climatique est-il en train de s'accélérer ? Les risques pour notre humanité vont-ils nettement augmenter ? 1 °C, c'est peu mais, pour notre climat, c'est loin d'être anodin. La comparaison avec le corps humain est assez souvent utilisée : celui-ci fonctionne très bien quand sa température est stable, entre 37 et 38 °C. Si elle monte à 39 °C, on se sent moins bien. On a plus de difficultés à se concentrer, mal à la tête… 1 °C de plus suffit à provoquer une gêne réelle. Que dire si la température augmente de 2 °C, chiffre évoqué dans l'Accord de Paris, ou de 3 °C, ce vers quoi nous nous orientons si l'ambition de cet accord n'est pas rapidement relevée ? Et qu'en serait-il vers + 4 °C, voire + 5 °C, niveaux qui pourraient être atteints d'ici à la fin du siècle puis dépassés au siècle prochain, si rien de sérieux n'était entrepris aujourd'hui pour lutter contre ce réchauffement ?

Un réchauffement rapide et important

Il y a eu dans le passé des périodes plus chaudes que le climat actuel, par exemple lors du dernier interglaciaire, il y a 125 000 ans. Mais l'origine de ce réchauffement était liée à un ensoleillement différent de celui d'aujourd'hui et cette période ne peut donc pas servir de titre de comparaison à un climat futur plus chaud résultant d'une augmentation de l'effet de serre. À l'évidence, la connaissance des climats du passé nous apporte des informations essentielles sur le fonctionnement du système climatique. Mais l'unique façon de se projeter vers le futur est d'utiliser des modèles dont les premiers résultats, que nous avons évoqués, ont conduit les climatologues à lancer un cri d'alerte dans les années 1980.

À cette époque, ces modèles climatiques, dits de circulation générale, ne prenaient en compte que l'atmosphère. Depuis, ils se sont considérablement développés. Dans les années 1990, ils incluaient les interactions avec les surfaces continentales, avec l'océan et avec les glaces. Puis, ils ont progressivement intégré le rôle des aérosols et le cycle du carbone, et, plus récemment, la chimie de l'atmosphère et la dynamique de la végétation. Il existe actuellement plus d'une trentaine de ces modèles de par le monde dont deux en France, l'un à Météo France, l'autre à l'Institut Pierre-Simon-Laplace.

Ces modèles sont construits à partir de lois telles que la conservation de la masse, de l'énergie et de la quantité de mouvement, qui pour la plupart ont été établies depuis plus d'un siècle. Ils sont cependant d'une très grande complexité et doivent incorporer des simplifications. En outre, les équations doivent être résolues en chaque point de la planète et pour chaque pas de temps, typiquement une demi-heure. Les modèles climatiques utilisent un découpage plus ou moins fin du globe généralement régulier. Certains offrent la possibilité de concentrer un plus grand nombre de points sur une région donnée que l'on souhaite étudier en priorité. Dans l'atmosphère, un maillage régulier correspond à des boîtes ayant pour base un carré de 100 kilomètres de côté pour les modèles globaux à haute résolution ; ce carré s'élève sur quelques centaines de mètres à 1 kilomètre de haut. Dans l'océan, les boîtes affichent plutôt 125 à 250 kilomètres de côté et 200 à 400 mètres de haut. Des modèles régionaux utilisent des mailles beaucoup plus fines, de l'ordre de la dizaine de kilomètres, voire moins. Des incertitudes importantes restent attachées à ces simulations climatiques. Ainsi, notre connaissance de la sensibilité du climat – le réchauffement associé à un doublement de la concentration en CO_2 – n'a guère progressé depuis une trentaine d'années. Sa fourchette d'estimation actuelle, de 2 à 4,5 °C, ne s'est que légèrement améliorée par rapport à celle de 1,5 à 4,5 °C, publiée en 1979 dans le rapport Charney.

Cependant, la confrontation à la réalité illustre la qualité de ces modèles climatiques. Leur capacité à simuler les grandes caractéristiques de la circulation atmosphérique a été très vite démontrée. Ils rendent compte de l'ascension d'air humide dans les régions équatoriales, de la redescente de cet air, asséché, dans les régions subtropicales où sont localisés les grands déserts. Et de la circulation plus horizontale dans nos latitudes autour de dépressions et d'anticyclones. On peut vérifier que ces modèles reproduisent remarquablement le climat non seulement au cours d'une année, mais mois après mois, saison après saison. Et ils sont aussi tout à fait aptes à décrire le climat sur des périodes plus longues, comme le montre la comparaison des simulations du climat du XXe siècle avec les variations observées sur cette période. En outre, ils ont la capacité de rendre compte de climats différents de celui que nous connaissons aujourd'hui, soit celui d'autres planètes, Mars, Vénus, aux climats si différents de celui de la Terre, soit sur notre planète lors des conditions extrêmes du dernier maximum glaciaire.

Ces modèles climatiques sont donc des outils bien adaptés pour explorer l'évolution future de notre climat, dans la mesure où les incertitudes associées sont correctement prises en compte. Intuitivement, nous nous attendons à ce que la poursuite des émissions de gaz à effet de serre liées à nos activités entraîne un réchauffement supplémentaire d'autant plus important que le niveau d'émissions sera élevé. L'utilisation d'un éventail très large de scénarios d'émissions confirme cette intuition. Ces émissions dépendent principalement de la démographie, de l'activité économique, du mode de vie, de la consommation d'énergie, de l'utilisation des terres, de la technologie et de la mise en œuvre, ou non, de politiques climatiques. Les scénarios proposés ont évolué au fil des rapports successifs du GIEC. Ainsi, le dernier s'est appuyé sur quatre scénarios principaux qui décrivent des trajectoires différentes en termes d'émission de gaz à effet de serre et d'aérosols atmosphériques et d'utilisation des terres, pour le XXIe siècle. Ces scénarios, dits RCP pour Radiative Concentration Pathways, sont désignés ainsi en se fondant sur la valeur du forçage radiatif atteinte en 2100. Ainsi, dans le scénario le moins émetteur, RCP2,6 que nous qualifierons de « sobre », ce forçage n'augmente que très peu par rapport à sa valeur actuelle, estimée à 2,29 watts par m^2, tandis qu'elle est multipliée par près d'un

Figure 3.1. Évolution de la température moyenne observée à la surface du globe entre 1950 et 2000.

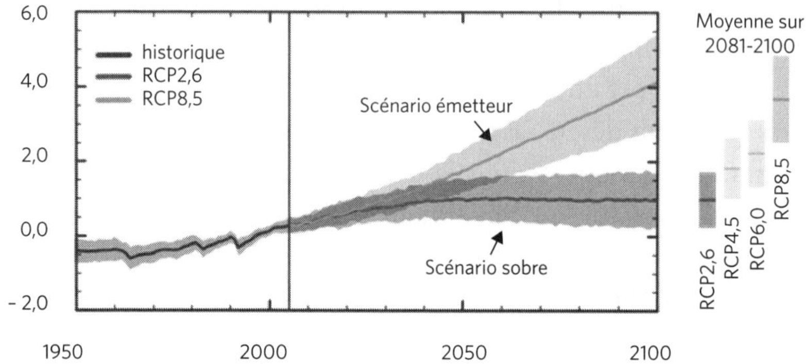

Puis au cours du xxie siècle dans le cas d'un scénario émetteur (RCP8,5) et d'un scénario sobre (RCP2,6) avec indication de l'incertitude.

facteur 4 dans le scénario le plus émetteur, RCP8,5[1], dit par la suite scénario « émetteur ». S'y ajoutent deux scénarios « intermédiaires », RCP4,5 et RCP6,0. Des scénarios émetteurs relativement proches du scénario RCP8,5 ont été analysés dans les rapports précédents du GIEC (A2, AIF1) ; nous désignerons l'ensemble de ces différents scénarios sous le vocable générique « scénario émetteur ».

Ces scénarios sont utilisés pour comparer les résultats obtenus par les différentes équipes de modélisation mais aucun d'entre eux n'a de caractère prédictif. L'objectif se limite à couvrir l'ensemble des trajectoires possibles d'émission. Dans ce chapitre nous allons nous focaliser sur le scénario émetteur qui résulterait de l'absence de politiques climatiques efficaces : « *business as usual* », pour ceux et celles qui s'expriment en anglais. La politique du « laisser-faire », dirions-nous.

Un tel laisser-aller nous entraînerait, à échéance de la seconde partie de ce siècle, vers un monde au climat radicalement différent de celui que nous connaissons. Jugeons-en plutôt. Dans le scénario RCP8,5, les deux dernières décennies 2081-2100 seraient probablement de 2,6 à 4,8 °C plus chaudes que celles de la période 1986-2005, prise comme référence. Cette fourchette assez large reflète les incertitudes que nous

1. Dans le scénario RCP8,5, les émissions et les concentrations de CO_2 seraient, en 2100, de l'ordre de 100 $GtCO_2$ et de 940 ppm, à comparer à des valeurs actuelles de 42 $GtCO_2$ et de 410 ppm. En incluant également les concentrations prescrites de CH_4 et de N_2O, les concentrations en CO_2 équivalent sont supérieures à 1300 ppm.

avons mentionnées, mais ce sont des réchauffements moyens proches de 4 °C auxquels il faudrait s'attendre à la fin du siècle.

L'évocation du dernier maximum glaciaire, il y a 20 000 ans, et de son climat qui n'a rien à voir avec celui d'aujourd'hui même s'il n'était en moyenne que de 4 à 5 °C plus froid, nous permet d'illustrer le bouleversement associé à un réchauffement de cet ordre lié à nos activités. Réchauffement de même ampleur ou presque mais au moins 50 fois plus rapide puisqu'il a fallu des milliers d'années pour passer du climat du dernier maximum glaciaire à des conditions assez proches de celles d'aujourd'hui, il y a 12 000 ans. Précisons que ce réchauffement sera plus important à la surface des continents qu'à la surface des océans et que l'Arctique continuera à se réchauffer environ 2 fois plus vite que la moyenne, de près de 10 °C dans certaines régions. Et ajoutons que, avec un tel scénario, le climat serait loin d'être stabilisé en 2100 ; même si des mesures étaient alors prises de façon que les émissions de gaz à effet de serre diminuent, la température ne serait stabilisée que deux cents ans plus tard à un niveau qui pourrait être proche de + 8 °C.

Impossible d'en arriver là, nous direz-vous. Nous partageons ce sentiment. Et pourtant, c'est ce vers quoi nous irions si la moitié des ressources[2] déjà identifiées de combustibles fossiles – charbon, pétrole et gaz, conventionnels et non conventionnels – était utilisée[3]. En fait, des mesures sont déjà prises, au moins dans les textes. Cependant, même si les engagements actuels de l'Accord de Paris étaient intégralement respectés jusqu'en 2030 et que les émissions diminuent rapidement au-delà, nous risquons d'aller vers des réchauffements supérieurs à 3 °C à la fin du siècle. Qu'ils atteignent 4 °C d'ici à 2100 ou dans la première partie du siècle suivant ne peut pas être exclu.

Et à la lumière du dernier rapport du GIEC, nous pouvons dresser un tableau des conséquences d'un tel réchauffement. Ce rapport les regroupe en cinq catégories qu'il caractérise en fonction du réchauffement par une échelle de risque. Pour un réchauffement voisin de 4 °C,

2. T. L. Frohlicher, « Climate response : Strong warming at high emissions », *Nature Climate Change*, 2016, 6 (9), p. 823-824. Cet auteur estime que l'utilisation de 5 000 milliards de tonnes de carbone conduirait à un réchauffement compris entre 6,4 et 9,5 °C.
3. Les réserves de combustibles fossiles correspondent à ce qui peut être exploité aux conditions économiques et technologiques actuelles et les ressources à ce qui est potentiellement exploitable. D'après le GIEC, leur utilisation émettrait respectivement de l'ordre de 5 000 et de 40 000 milliards de tonnes de CO_2.

le risque est élevé à très élevé quel que soit le type d'impact considéré. Nous allons, dans ce chapitre, faire un tour d'horizon des principales conséquences du réchauffement climatique auxquelles il faudrait alors s'attendre. Les exemples ci-dessous rendent très concrètes les difficultés auxquelles les jeunes d'aujourd'hui devront faire face dans la seconde partie du XXIe siècle et les risques à plus long terme résultant de notre mode actuel de développement.

Une conséquence inéluctable : l'élévation du niveau de la mer va s'accélérer

Si important soit-il, le réchauffement de l'atmosphère n'utilisera qu'environ 1 % de la chaleur supplémentaire liée à l'augmentation à venir de l'effet de serre. Comme par le passé, l'essentiel de cette chaleur, plus de 90 %, sera absorbé par l'océan. Certes, à cause de leur inertie, les températures à la surface des océans augmentent plus lentement que sur les continents. Mais ce réchauffement pénètre en profondeur les océans : il atteindrait, d'ici à 2100, 2 °C sur les 100 premiers mètres et 0,6 °C jusqu'à environ 1 kilomètre[4] avec, comme corollaire, une contribution à l'élévation du niveau de la mer de l'ordre de 27 centimètres.

Et la partie qui sera utilisée par la cryosphère, même si elle est seulement de l'ordre de 3 %, en affectera de façon importante toutes les composantes, surfaces enneigées, glace de mer, sols gelés. Mais également glaciers et calottes glaciaires, qui contribueront eux aussi à l'élévation du niveau de la mer. La contribution des glaciers, qui pourraient perdre entre 35 et 85 % de leur volume, est estimée à environ 16 centimètres. Les calottes du Groenland et de l'Antarctique seront affectées par la modification des quantités de neige qui s'accumulent à la surface, de l'écoulement qui devrait s'accélérer et, pour le Groenland, de la fonte dans les régions côtières. Tenir compte de l'ensemble de ces contributions et d'une diminution des eaux stockées sur les continents conduit

4. Sauf mention contraire, les valeurs indiquées dans ce chapitre correspondent au scénario émetteur RCP8,5.

à une élévation de 74 centimètres en 2100, avec une incertitude de l'ordre d'une vingtaine de centimètres.

Le GIEC est parvenu à cette estimation après de longues heures de débat car une partie des spécialistes de ce domaine avançaient, à partir de méthodes dites semi-empiriques, des chiffres 2 fois plus élevés, jusqu'à 1,50 mètre. Ces méthodes, conçues pour rendre compte de l'évolution passée du niveau de la mer et l'extrapoler vers le futur, ont néanmoins été jugées moins fiables que celles, basées sur des modélisations physiques plus élaborées, qui conduisent effectivement à des estimations 2 fois plus faibles.

Ce débat est loin d'être clos et de nouveaux articles font état d'un risque d'élévation du niveau de la mer supérieure à 1 mètre en 2100. Sinon nettement supérieure, comme le suggèrent des chercheurs néerlandais qui mentionnent la possibilité de valeurs extrêmes jusqu'à 3 mètres[5]. Des valeurs de quelques mètres sont aussi mises en avant par Jim Hansen[6], ancien directeur d'un centre de recherche sur le climat de la NASA. Ces divergences, très importantes, sont avant tout liées aux

Figure 3.2. Évolution du niveau de la mer jusqu'en 2500 en mètres par rapport à la période 1986-2005 pour trois types de scénarios.

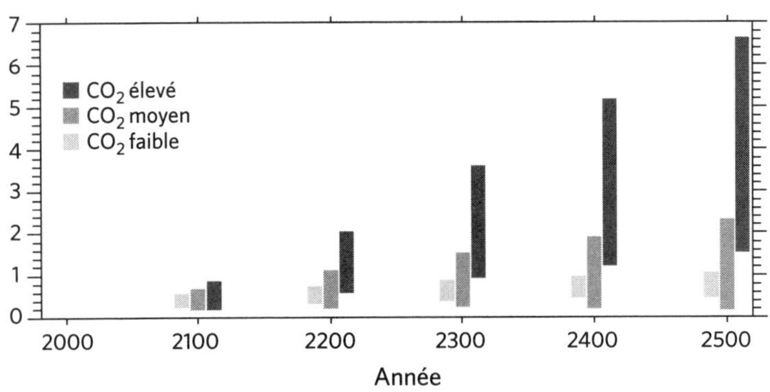

Source : GIEC, 2014.

5. Le Bars *et al.*, « A high-end sea level rise probabilistic projection including rapid Antarctic ice sheet mass loss », *Environ. Res. Lett.*, 2017, 12 (4).
6. Hansen *et al.*, « Ice melt, see level rise and superstorms : Evidence from paleoclimate data, climate modeling, and modern observations that 2 °C global warming could be dangerous », *Atmos. Chem. Phys.*, 2016, 16, p. 3761-3812.

incertitudes associées à la contribution des calottes glaciaires, Groenland et Antarctique, difficile à évaluer correctement. Au Groenland, d'importantes incertitudes subsistent sur l'évolution de l'écoulement des glaces lorsque la calotte se sera éloignée des côtes et n'interagira plus avec l'océan. Tandis que beaucoup de questions se posent sur le comportement à long terme de l'Antarctique de l'Ouest, région où la topographie sous-glaciaire est favorable à une accélération de la perte de glace à mesure que la calotte se retire.

En la matière, nous sommes plutôt du côté « conservateur ». Sensibles aux arguments développés dans le dernier rapport du GIEC, nous gardons l'espoir que, même dans le cas d'un réchauffement de 4 à 5 °C, l'élévation du niveau de la mer n'excéderait pas 1 mètre en 2100.

Mais il faut en être conscient, les 3 mètres seraient inexorablement atteints : peut-être dès la fin du siècle prochain, de façon quasi certaine d'ici le milieu du millénaire. Vu le temps nécessaire pour que la chaleur qui pénètre dans l'océan passe de la surface aux profondeurs, le réchauffement va s'y poursuivre pendant des siècles, même si les émissions de gaz à effet de serre diminuent ou que leur concentration reste constante, d'où un apport continu à l'élévation du niveau des mers. Et les contributions du Groenland et de l'Antarctique se poursuivraient elles aussi. Les incertitudes subsistent mais les chiffres sont impressionnants, élévation comprise entre 90 centimètres et 3,60 mètres en 2300, et entre 1,50 et 6,60 mètres en 2500 (Figure 3.2).

Et cela risque fort de se poursuivre. En effet, si le réchauffement excédait un certain seuil, cela entraînerait la disparition presque totale de la calotte du Groenland au bout d'un millénaire, ou davantage. Avec, à la clé, une élévation du niveau de la mer d'environ 7 mètres. Et ce seuil, estimé entre 1 et 4 °C par rapport à l'époque préindustrielle, est loin d'être élevé. D'ailleurs, le niveau des mers pendant la dernière période interglaciaire, de - 129 000 à - 116 000 ans, a été supérieur au niveau actuel d'au moins 5 mètres durant plusieurs milliers d'années alors que la température moyenne de la planète n'était qu'un peu plus chaude, de 1 à 2 °C, qu'aujourd'hui. Certes, cette disparition n'est pas inéluctable si les températures redescendent en dessous de ce seuil, mais une partie de la diminution de volume de la calotte pourrait être irréversible. Et il en va de même pour l'Antarctique de l'Ouest, dont la

Figure 3.3. Relation entre les émissions futures de CO_2 dues aux activités humaines et l'élévation du niveau de la mer à très long terme.

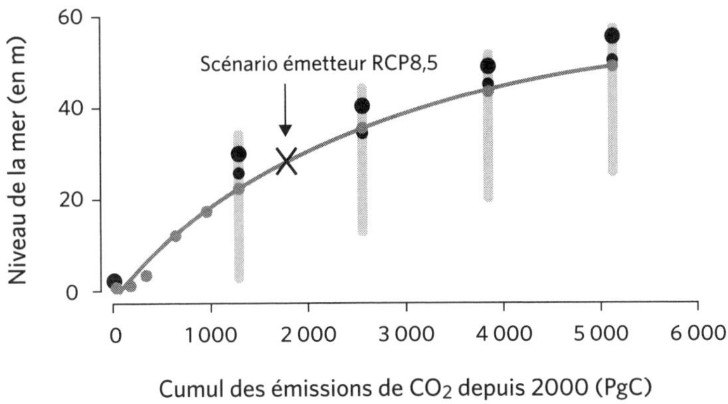

Cette figure illustre la relation entre les émissions futures de CO_2 dues aux activités humaines et l'élévation du niveau de la mer après 10 000 ans[7]. Nous avons indiqué ce vers quoi nous entraînerait le scénario RCP8,5 avec arrêt total des émissions à partir de 2100.

disparition contribuerait pour près de 5 mètres à l'élévation du niveau de la mer. À très long terme, si un réchauffement important persistait, ce sont pas loin de 15 mètres d'élévation du niveau de la mer que l'on peut craindre. Et ce seront les émissions de ce siècle qui en décideront largement. Prenons le cas du scénario émetteur jusqu'en 2100. Même si cette période était suivie d'un arrêt total des émissions, les projections montrent que d'ici 10 000 ans, ce niveau pourrait augmenter d'une vingtaine de mètres[8] (Figure 3.3).

Quelques siècles, un millénaire ; il serait tentant de passer sous silence des conséquences à si long terme. Et pourtant. Imaginez une élévation, ne serait-ce que de 3 à 5 mètres, envisageable à échéance de quelques siècles. Un simple regard vers le passé en illustre les impacts dévastateurs. Sur des durées de cet ordre se sont construits en région côtière tant de villes et villages : un exceptionnel patrimoine architectural et culturel, qu'il sera absolument impossible de protéger, sauf, au mieux, dans quelques sites. Cet avenir, nous nous

7. Clark *et al.*, « Consequences of twenty-first-century policy for multi-millennial climate and sea-level change », *Nature Climate Change*, 2016, 6, p. 360-369.
8. *Ibid.*

devons de le refuser. Mais c'est vers lui que, à long terme, nous nous dirigeons presque irrémédiablement en cas de scénario émetteur qui nous entraînerait vers des réchauffements de 4 °C, voire plus, d'ici à la fin du siècle.

Comme c'est le cas aujourd'hui, la hausse du niveau de la mer variera d'une région à l'autre. Certes, pour environ 70 % des zones côtières du globe, l'élévation sera proche de la moyenne mondiale, à plus ou moins 20 % près. Elle descendra jusqu'à 50 % au-dessous de cette moyenne dans la région arctique et dans certaines zones proches de l'Antarctique. Mais elle ira jusqu'à 30 % au-dessus dans l'océan Austral et autour de l'Amérique du Nord. Ce qui contribuera à la fragilité vis-à-vis des inondations de villes comme New York, fragilité mise en lumière lors de l'ouragan Sandy en 2012. Le GIEC nous rappelle que, faute d'adaptation, une élévation du niveau de la mer de 50 centimètres provoquerait, dans de nombreux endroits, un accroissement de la fréquence des inondations d'un facteur 10 à 100. Et qu'au-delà de 1 mètre la protection des côtes atteint ses limites dans de nombreux endroits (Figure 3.4). D'autres villes côtières très peuplées sont à risque d'ici à la fin du siècle : Le Caire, Bombay, Dacca, Calcutta, Shanghai, Hanoï, Hô-Chi-Minh-Ville, Tokyo… Et le sort de certaines petites îles du Pacifique et de l'océan Indien est également très préoccupant. Mais c'est aussi le cas de nombreuses régions côtières agricoles qui, submergées de façon temporaire, se salinisent et deviennent de moins en moins productives.

Les images de Saint-Martin diffusées lors du cyclone Irma, fin août 2017, ont montré le caractère destructeur des ondes de tempête qui peuvent atteindre quelques mètres et sont accompagnées de vagues extrêmement destructrices. L'élévation du niveau de la mer en amplifiera les conséquences. Même limitée à 40 centimètres, elle augmenterait le nombre de personnes victimes des inondations, qui atteindrait 200 millions dans les années 2080, chiffre qui tient compte de l'augmentation de la population. Certes, avec les mesures de protection qui seront mises en œuvre, ce chiffre serait ramené à un peu moins de 100 millions. Mais qu'en serait-il avec des hausses de niveau supérieures à 2 mètres à partir desquelles les risques deviennent très élevés. (Figure 3.4) ?

Figure 3.4. Risques liés à l'élévation du niveau de la mer (adaptée du 5e rapport du GIEC).

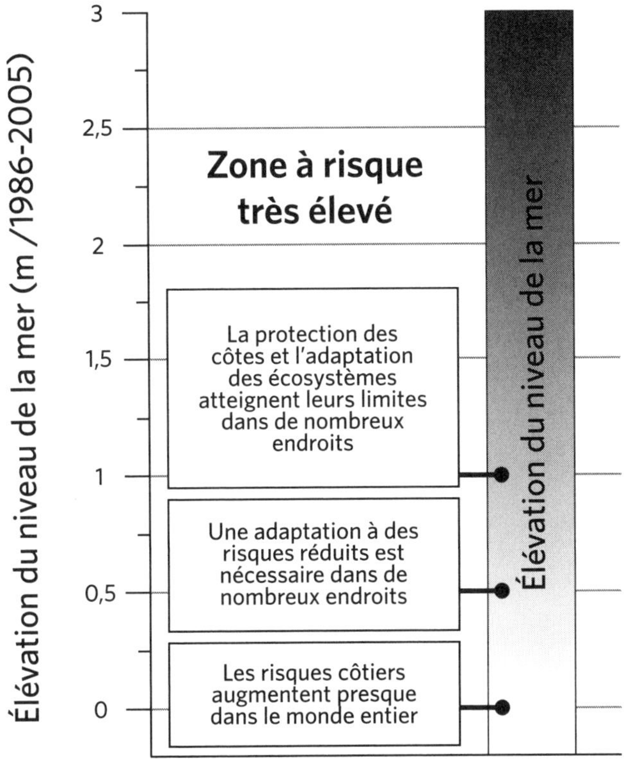

Des extrêmes climatiques plus extrêmes

Comment évolueront, dans un monde plus chaud, les vagues de chaleur, les phénomènes liés à des précipitations intenses, les inondations, les sécheresses et les cyclones ? Les projections climatiques présentées dans les rapports du GIEC suggèrent que, en règle générale, les extrêmes climatiques deviendront plus extrêmes.

C'est le cas des températures extrêmes, qui pourraient augmenter à un rythme différent du réchauffement moyen. Ainsi, plusieurs études indiquent qu'en Europe, les températures estivales vont augmenter plus rapidement que les températures moyennes. Pour les scénarios émetteurs, il est probable qu'une journée extrêmement chaude qui revient tous les vingt ans se répétera tous les deux ans d'ici à la fin

Figure 3.5. Simulation entre 1971 et 2100 de l'évolution des températures moyennes d'été (juin, juillet et août) en Île-de-France dans le cas du scénario émetteur, avec l'indication des observations entre 1971 et 2005[9].

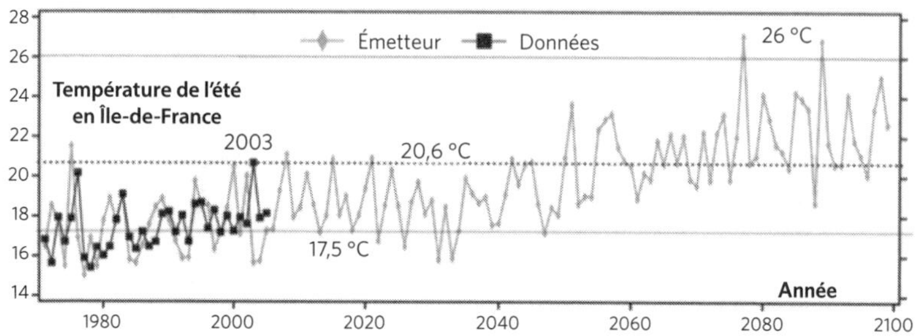

du siècle dans la plupart des régions, à l'exception des hautes latitudes de l'hémisphère Nord où elle se reproduira probablement tous les cinq ans.

De façon plus concrète, la figure 3.5 illustre l'évolution possible des températures d'été en Île-de-France dans le cas du scénario émetteur. L'été le plus chaud a été celui de 2003, 20,6 °C soit 3,1 °C au-dessus d'un été moyen du XXe siècle pris comme référence. À partir de 2060, presque tous les étés seraient plus chauds que 2003 et les étés caniculaires des dernières décennies du siècle pourraient dépasser 26 °C. Soit près de 9 °C au-dessus de la référence et, par rapport à celle-ci, environ 3 fois plus chaud que ne l'a été 2003, alors que le réchauffement moyen est compris entre 4 et 5 °C.

Ce risque d'« extrêmes qui deviennent plus extrêmes » est encore plus marqué lorsque l'on s'intéresse aux records des températures d'été et non plus à leur valeur moyenne. Une étude publiée en juillet 2017[10] à partir de simulations réalisées avec le modèle régional de Météo France à haute résolution, avec une maille de 12,5 kilomètres, l'illustre de façon remarquable.

---

9. Simulation réalisée avec le modèle de l'IPSL, données fournies par Robert Vautard. Le scénario émetteur est celui utilisé dans le 4e rapport du GIEC, différent de RCP8,5.
10. Bador *et al.*, « Future summer mega-heatwave and record-breaking temperatures in a warmer France climate », *Environ. Res. Lett.*, 2017, 12 (7).

Des pics à 55 °C dans l'Est et le Nord

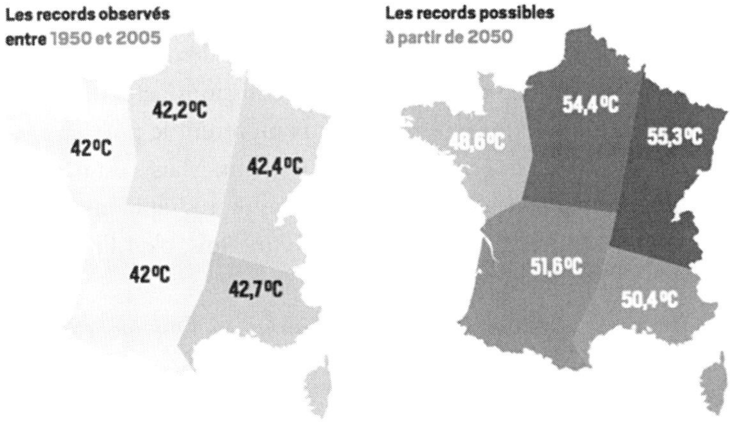

Dès la seconde moitié du siècle, les records de température de la canicule de 2003 seront littéralement pulvérisés. Les maximales dans l'Hexagone pourraient même ponctuellement dépasser les 50 °C. C'est ce qui ressort d'une étude menée par sept chercheurs français (du Cerfacs, du CNRS et de Météo France), publiée le 19 juillet dans *Evironnemental Research Letters*. « Nos modèles montrent que, dès 2025, les records de chaleur commencent à grimper de 2 ou 3 °C dans certaines régions. Ce réchauffement progresse petit à petit. Dans la seconde moitié du siècle, les records augmentent partout en France et de façon spectaculaire dans l'Est », précise Anne-Laure Gibelin, chercheuse à Météo France et coauteure de l'étude.

Les chercheurs ont compilé les records de température observés entre 1950 et 2005 (Carte 1). Ils se sont déplacés dans un « scénario du pire », qui prévoit une hausse de la température moyenne globale d'au moins 3,7 °C par rapport à l'ère préindustrielle d'ici à 2100 si rien n'est fait pour enrayer le réchauffement climatique. Puis ils ont passé ces données à la moulinette d'Aladin, un modèle climatique éprouvé de Météo France, qui offre une précision géographique de 12,5 kilomètres.

D'après ces simulations, les moyennes des records de température augmentent de 4,4 à 6 °C selon les régions par rapport aux maximales actuelles, avec des pics de 9,9 °C dans l'Est ou de 7,7 °C dans le Nord. Localement, lors de canicules exceptionnelles (Carte 2), les records pourraient atteindre jusqu'à 54,4 °C dans le Nord (+ 12,9 °C par rapport aux maximales historiques) et 55,3 °C dans l'Est (+ 12,2 °C). Grâce à l'effet modérateur de la mer, le littoral serait moins exposé. Les records possibles

atteindraient « seulement » 51,6 °C dans le Sud-Ouest (+ 9,6 °C), 51,4 °C en Méditerranée (+ 7,7 °C) et 48,6 °C en Bretagne (+ 6,6 °C).
Ces projections sont compatibles avec la plupart des modèles internationaux, qui prévoient une hausse de 9 à 13 °C des records de température maximale en France d'ici à 2100 si les émissions actuelles de gaz à effet de serre se maintiennent. « Ces travaux montrent le pire dans le scénario le plus pessimiste, insiste Anne-Laure Gibelin. Mais c'est notre trajectoire actuelle, d'où la nécessité de prendre des mesures rapidement. Car, même si ces températures ne se produisent qu'une fois, c'est l'image d'un futur possible. » Et quelque peu effrayant.

Julie DEMEY, *Le Journal du Dimanche*, 13 août 2017

Les températures record, actuellement comprises entre 42 et 43 °C pour chacune des cinq grandes régions géographiques selon laquelle la France a été découpée pour cette analyse, exploseraient littéralement en 2100, en partie à cause de la limitation de l'évapotranspiration résultant de sols déjà secs à la fin du printemps. Elles augmenteraient entre 12 et 13 °C dans le nord et l'est de la France et, même si cette augmentation est « limitée » à environ 7 °C dans l'Ouest et dans le Sud-Est, le résultat est impressionnant (voir cartes de l'article de Julie Demey). Les températures pourraient, bien entendu de façon ponctuelle, dépasser les 50 °C sur une grande partie de la France et flirter avec les 55 °C dans l'Est et le Nord. S'y ajoute l'effet lié aux îlots de chaleur urbain, caractéristiques des grandes métropoles : en 2003, les températures étaient, en fin de nuit, de 4 à 7 °C plus chaudes à Paris qu'en petite couronne.

Pour ce qui concerne les précipitations, il est pratiquement certain qu'elles augmenteront en moyenne mondiale, probablement de 1 à 3 % par degré pour le scénario émetteur. Mais cette augmentation ne sera pas du tout homogène. Elle aura tendance à être plus importante dans les hautes latitudes, dans l'océan Pacifique équatorial et dans de nombreuses régions déjà humides des moyennes latitudes, et à l'être moins dans les autres régions des moyennes latitudes et dans les régions subtropicales arides. De façon un peu simplifiée, on peut dire que les quantités de précipitations diminueront là où il y en aurait bien besoin et qu'elles augmenteront là où elles sont déjà abondantes. Autre caractéristique déjà observée : les épisodes de précipitations extrêmes deviendront plus intenses et plus fréquents aux latitudes moyennes et dans les régions tropicales humides. Ce sera le cas à l'échelle quotidienne avec des extrêmes d'intensité qui localement devraient augmenter de 5 à 10 % environ par degré. Cela se traduira par un risque accru d'inondations dans ces régions mais aussi dans les régions généralement sèches, mal adaptées à de tels événements de précipitations intenses, rares mais dévastateurs.

De façon générale, le scénario émetteur devrait conduire à un risque accru de sécheresse dans des zones actuellement arides. Ce risque concerne le pourtour méditerranéen, le sud-ouest des États-Unis et l'Afrique australe, où l'assèchement des sols serait le plus marqué.

L'exemple de la région Europe-Méditerranée est frappant (Figure 3.6). À l'horizon de la fin du siècle, les précipitations augmenteraient, en particulier en hiver : jusqu'à + 50 % dans certaines régions de l'Europe du Nord. De telles augmentations ne présentent que peu d'intérêt car, combinées à des pluies plus intenses, elles accroissent sérieusement le risque d'inondations. S'y ajoute, dans les régions côtières, la contrainte d'une élévation du niveau de la mer. À l'inverse le pourtour méditerranéen est marqué par un déficit de précipitations, notamment en été, avec des diminutions qui pourraient excéder 50 % dans des régions où l'accès à l'eau peut déjà poser problème. C'est énorme, d'autant plus qu'avec le réchauffement, l'évaporation des sols sera plus importante.

Le risque de sécheresses ne met pas ces régions à l'abri d'événements « cévenols » ou « méditerranéens » à l'origine de crues éclairs. Beaucoup de travaux se développent aujourd'hui de façon à préciser le risque d'intensification de ces phénomènes extrêmes. Météo France mentionne la possibilité d'épisodes de ce type plus fréquents et potentiellement plus intenses.

Venons-en aux cyclones tropicaux, à l'origine des coûts les plus importants et de nombreuses victimes. Leur fréquence devrait soit ne pas être modifiée, soit se réduire. Mais les cyclones les plus intenses pourraient encore devenir plus intenses en termes de vitesse maximale des vents, de + 2 à + 11 %, et d'intensité des précipitations, de l'ordre de + 20 %. Ainsi, sont prévues des précipitations plus extrêmes à proximité des centres des cyclones tropicaux qui atteindront les côtes d'Amérique du Nord, d'Amérique centrale, d'Afrique de l'Est, d'Asie de

Figure 3.6. Évolution des précipitations en Méditerranée et en Europe en été.

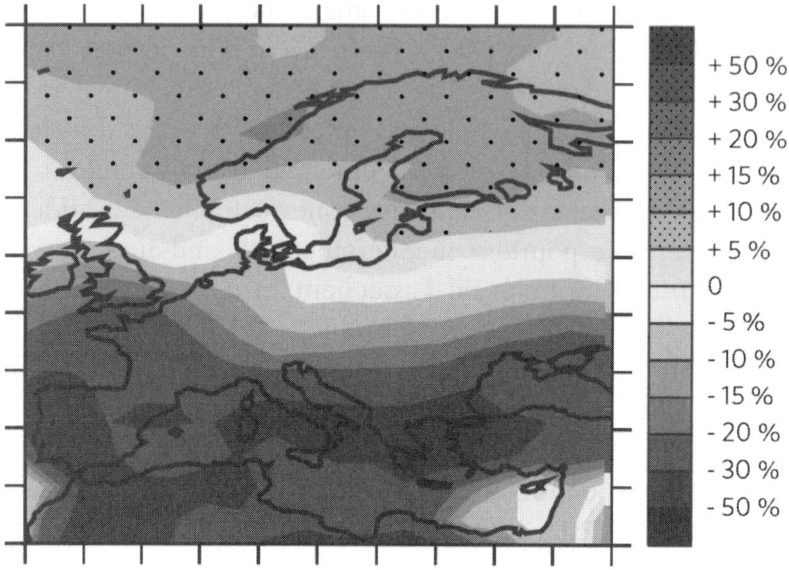

Source : GIEC, 2007.
Différences entre les périodes 2080-2099 et 1980-1999 dans le cas du scénario émetteur.

l'Ouest, de l'Est, du Sud et du Sud-Est, d'Australie et de nombreuses îles du Pacifique. Avec des risques de désastres encore plus importants qu'aujourd'hui…

Enfin, faute de travaux appropriés, la prudence s'impose encore plus pour d'autres événements très localisés et dont les conséquences peuvent être localement catastrophiques, orages à grêle et tornades. Des articles récents pointent le risque de formation de plus gros grêlons dans certaines régions de l'Amérique du Nord[11] et leur quasi-disparition dans d'autres où, une fois formés, ils ont, en raison du réchauffement, le temps de fondre avant d'atteindre le sol[12]. Concernant les tornades, il apparaît qu'aux États-Unis, le nombre de celles provoquant le plus de dégâts augmente mais sans relation claire avec le réchauffement climatique.

11. Brimelow *et al.*, « The changing hail threat over North America in response to anthropogenic climate change », *Nature Climate Change*, 2017, 7, p. 516-522.
12. Walsh, « Climate science : A future Colorado without hail », *Nature Climate Change*, 2012, 2, p. 78-79.

Les écosystèmes et la biodiversité seront bouleversés

Pour les spécialistes de la biodiversité, le diagnostic est clair : la sixième extinction est en cours. D'après une étude récente[13], 32 % des espèces de vertébrés voient leur population décliner, dont des espèces communes à hauteur de 30 %. Et, entre 1990 et 2015, 40 % des espèces de mammifères ont vu leur aire de répartition baisser de 80 % ou plus. On estime que les espèces animales disparaissent au moins 100 fois plus rapidement que par le passé. À juste titre, l'Union internationale pour la conservation de la nature (IUCN) s'alarme et les spécialistes de la biodiversité se mobilisent. La perte et la dégradation de l'habitat de ces espèces – sous l'effet de l'agriculture, de l'exploitation forestière, de l'urbanisation ou de l'extraction minière – en sont à l'origine ainsi que la surexploitation des espèces, la pollution, les espèces invasives et les maladies. Mais les auteurs mettent aussi en avant la surpopulation humaine et la surconsommation, en particulier par les riches. Ils citent également l'influence récente du réchauffement climatique mais sans la mettre spécialement en avant. Ils concluent que nous n'avons plus que deux ou trois décennies pour agir. Et ajoutent qu'il en va de la survie de la biodiversité mais également de l'humanité : la faune et la flore nous rendent en effet de nombreux services, qu'il s'agisse de la pollinisation, de l'amélioration de la productivité des terres, de l'assainissement de l'air et de l'eau ou du stockage du CO_2.

De leur côté, les chercheurs qui, dans leurs propres travaux ou au sein du GIEC, s'intéressent au lien entre climat et biodiversité font un diagnostic sans appel. Le réchauffement climatique est de nature à exacerber la perte de biodiversité d'autant plus qu'il sera rapide et important. Les écosystèmes seraient alors bouleversés aussi bien sur les continents que dans les océans et certaines espèces seraient incapables de s'adapter.

13. Ceballos *et al.*, « Biological annihilation via the ongoing sixth mass extinction signaled by vertebrale population losses ans declines », *PNAS*, 2017, 114 (30), p. E6089-E6096. Garric, « La sixième extinction de masse des animaux s'accélère », *Le Monde*, 10 juillet 2017.

Figure 3.7. À gauche, vitesse maximale de migration de huit espèces et, à droite, vitesse moyenne de déplacement des climats, sur la période 2050-2090, pour différents scénarios.

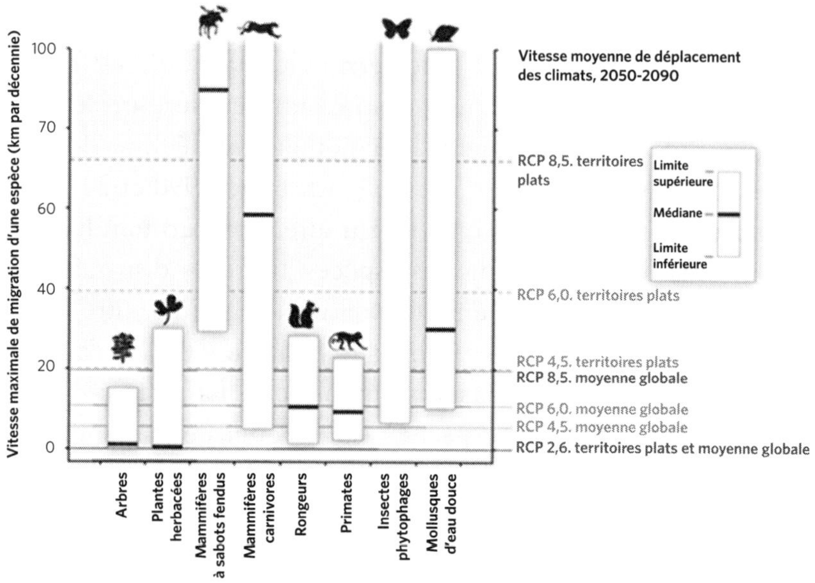

Source: GIEC, 2014.

Dès 1995, le 2e rapport du GIEC soulignait qu'une proportion importante des zones actuellement boisées – un tiers en moyenne mondiale, d'un septième aux deux tiers selon les régions – subiraient une vaste mutation des grands types de végétation, maximale aux latitudes élevées et minimale aux latitudes tropicales. Le rapport suivant précise que parmi les systèmes menacés par les changements climatiques figurent les récifs coralliens et les atolls, les mangroves, les forêts boréales et tropicales, les écosystèmes polaires et alpins, les prairies humides et les prairies naturelles, autant d'habitats riches de biodiversité.

Et le dernier rapport n'incite pas à l'optimisme. Sur les continents, on pourrait, dans beaucoup de régions, assister à une hausse du taux de mortalité des arbres et au dépérissement des forêts sous l'effet du réchauffement et d'une augmentation de la fréquence des sécheresses. Beaucoup d'espèces seraient incapables de trouver des conditions climatiques propices, ce qui aboutirait, dans le cas d'un réchauffement égal ou supérieur à 4 °C, à un risque élevé de pertes importantes pour la biodiversité et les écoservices qui y sont associés. La figure 3.7, qui

Figure 3.8. Vitesse de déplacement des espèces marines.

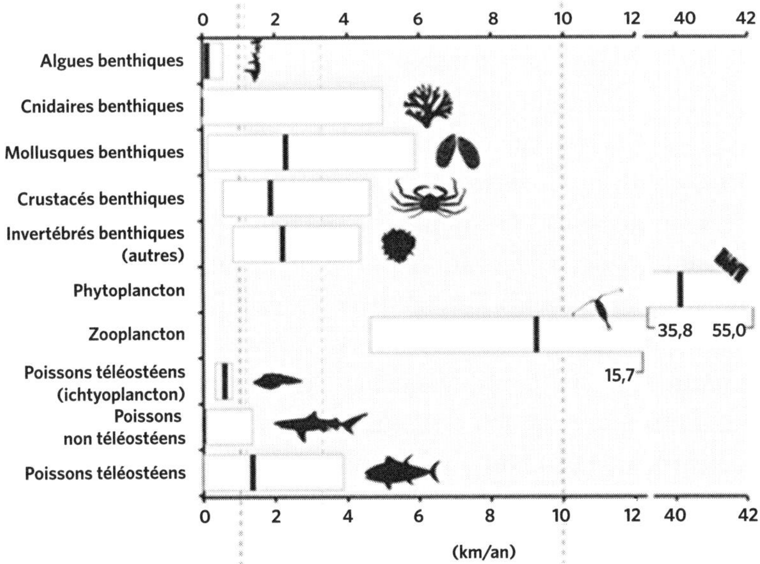

Source : GIEC, 2014.

compare la capacité maximale de migration de huit espèces, faune et flore, et la vitesse moyenne de déplacement des zones climatiques, illustre les difficultés auxquelles la moitié d'entre elles devraient alors faire face. Dans la seconde partie du XXIe siècle, la vitesse maximale de migration des arbres, des plantes herbacées, des rongeurs et des primates pourrait lui être inférieure dans le cas du scénario émetteur. Ces espèces ne devraient donc pas être en mesure de survivre au réchauffement, à défaut d'une intervention humaine. La possibilité qu'elles se réfugient en altitude et y retrouvent des conditions favorables à leur survie ne peut pas être exclue. Mais elle risque d'être très limitée.

Et dans les océans, il n'y a aucune raison d'être moins pessimiste. Dans le cas du scénario émetteur, les températures à la surface de l'océan pourraient augmenter de 3 à 4 centièmes de degré par an à la fin du siècle. Pour garder leur plage de température favorite, les espèces marines devraient pouvoir se déplacer d'environ 4 km/an dans les zones où la circulation océanique est lente, de 10 km/an dans celles à circulation moyenne et de beaucoup plus, jusqu'à 30 km/an, là où la circulation est rapide. Hormis le phytoplancton et le zooplancton, à la base de la chaîne alimentaire, aucune espèce ne peut se déplacer à plus de quelques kilomètres par an (Figure 3.8), d'où des difficultés majeures d'adaptation, voire des risques de disparition dans certaines régions. Même dans une hypothèse moins extrême, la redistribution des espèces marines à l'échelle mondiale et la réduction de la biodiversité dans des régions sensibles auront une incidence sur la pérennité de la productivité de la pêche et d'autres produits et services écosystémiques. Le changement climatique s'ajoute ainsi aux menaces que représentent la surpêche et d'autres facteurs de perturbation non climatiques.

Et le stress que subiront ces espèces sera amplifié par l'acidification de l'océan liée à l'absorption de CO_2. Son acidité pourrait aller jusqu'à doubler d'ici à la fin du siècle. Elle restera suffisamment faible pour que l'essentiel des activités qui s'y déroulent aujourd'hui puisse s'y poursuivre… Mais cette acidification rend un peu moins facile la formation de tout ce qui est formé à partir de calcaire sous ses différentes formes. Et cela concerne aussi bien les coquilles de coquillages dont nous sommes friands que les récifs coralliens.

La diversité des réactions observées à l'échelle des espèces complique les projections des effets de l'acidification à l'échelle des écosystèmes. Mais il est clair qu'elle engendre des risques au niveau des processus physiologiques et écologiques chez les organismes avec des répercussions sur les écosystèmes et sur les écoservices qu'ils procurent à la société. Par exemple, l'acidification aura des répercussions sur la formation et le maintien des récifs coralliens, et sur la pêche, le tourisme et la protection des côtes qui y sont associés. Même dans l'hypothèse optimiste d'une adaptation rapide des coraux au stress thermique et d'un scénario intermédiaire RCP4,5, les deux tiers des récifs coralliens devraient subir une dégradation à long terme. Et les risques deviendraient encore plus élevés dans le cas du scénario émetteur.

Ressources en eau, énergie, rendements agricoles, sécurité alimentaire : risques accrus

De tout temps, certaines régions du globe ont dû faire face à des problèmes de ressources en eau. Et cela risque de s'aggraver avec le réchauffement climatique. Celui-ci conduira à un appauvrissement sensible des ressources renouvelables en eau de surface et en eau souterraine dans la plupart des régions subtropicales arides. La fréquence des sécheresses pourrait y augmenter d'ici à la fin du siècle. En revanche, les ressources en eau devraient croître dans les latitudes élevées. En outre, le réchauffement devrait réduire la qualité de l'eau et menacer la qualité de l'eau potable de sorte que les méthodes de traitement classiques pourraient ne plus être efficaces. Mais il n'y a pas que l'augmentation de la température. S'y ajoute, à cause des pluies abondantes, celle de la charge en sédiments et des concentrations d'éléments nutritifs et de polluants.

Eau, énergie et alimentation sont indissociablement liées par de nombreuses interactions susceptibles d'être influencées par le changement climatique (Figure 3.9). Ainsi, bon nombre de sources d'énergie nécessitent d'importantes quantités d'eau, soit directement – production de cultures dédiées pour la bioénergie, hydroélectricité –, soit indirectement, par exemple pour le refroidissement de centrales. Et elles produisent de vastes quantités d'eaux usées dont le traitement lui-même requiert de l'énergie. À titre d'exemple, la production de biocarburants pourrait faire passer la consommation mondiale d'eau utilisée pour l'irrigation de 0,5 à 5,5 % des ressources mondiales renouvelables entre 2005 et 2030, ce qui augmentera les pressions exercées sur ces ressources. Par ailleurs, l'eau est indispensable aux opérations d'extraction, de traitement et d'élimination des résidus des combustibles fossiles et nucléaires ou de leurs sous-produits. Certes, la quantité d'eau destinée à la production énergétique représente actuellement un faible pourcentage des prélèvements d'eau douce dans la plupart des pays en développement, mais elle peut dépasser 50 % dans certains pays développés. À l'avenir, les besoins seront fonction de la croissance de la demande d'électricité,

Figure 3.9. Le triangle eau-énergie-alimentation et le changement climatique.

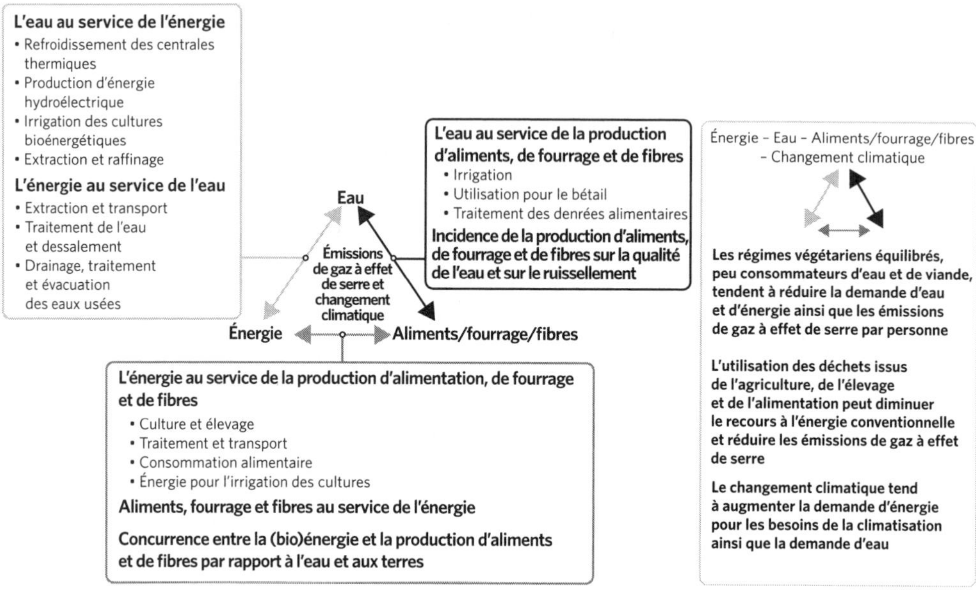

Source : GIEC, 2014.

des techniques de production dont on disposera et des stratégies mises en place pour la gestion des ressources en eau. Le changement climatique aura des répercussions sur les quantités d'eau dont la production d'énergie peut disposer.

De son côté, l'approvisionnement en eau peut nécessiter de grandes quantités d'énergie, pour son pompage, notamment dans le cas d'aquifères qui s'épuisent, pour son transport et sa distribution. Ainsi que pour son traitement, soit pour l'utiliser, soit pour la dépolluer. Les eaux usées ainsi que les excédents d'eau de pluie dans les villes exigent de l'énergie pour leur traitement et leur élimination. Certaines sources d'eau non conventionnelle, eaux usées ou eau de mer, sont souvent très consommatrices d'énergie.

À la base d'une part importante de notre alimentation, l'agriculture sera fortement affectée par le changement climatique. Les rendements sont tributaires des précipitations mais aussi des températures. Certes le réchauffement a une influence bénéfique sur les rendements dans les hautes latitudes, mais ceux-ci ont tendance à diminuer dans les régions où les températures maximales dépassent 30 °C. Clairement, il y a des

Figure 3.10. Évolution projetée du rendement des cultures due au changement climatique.

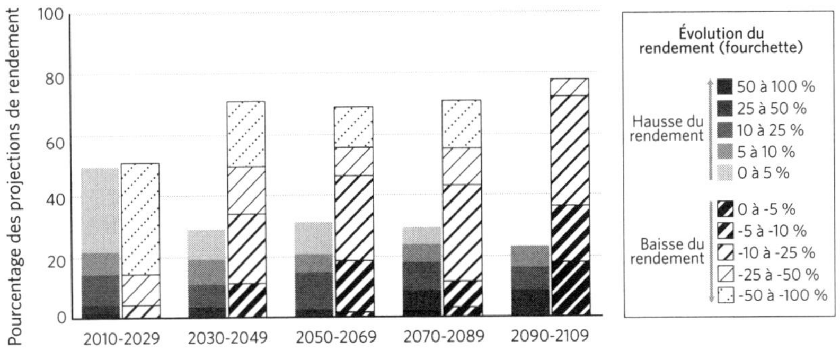

Source : GIEC, 2014.

régions qui gagnent et d'autres qui perdent (Figure 3.10). À partir de plus d'un millier d'études basées sur des cas avec ou sans adaptation, cette figure présente un bilan des gains et des pertes, entre aujourd'hui et 2100, pour les principales cultures des régions tropicales et tempérées, blé, riz et maïs.

D'ici à 2030, le réchauffement restera modéré quelle que soit l'évolution des émissions, et la productivité agricole sera peu affectée à l'échelle globale. Mais, progressivement, les régions qui perdent prennent le pas sur celles qui gagnent. À défaut d'une adaptation, le changement devrait, sauf dans certaines zones particulières qui pourraient être favorisées, avoir un impact négatif sur la production en cas de hausses locales de la température moyenne de 2 °C ou plus par rapport à la fin du XXe siècle. Cet impact est fonction du type de culture, de la région considérée et du scénario d'adaptation envisagé. Prenons la période 2030-2049 : les régions qui perdent sont 2 fois plus importantes que celles qui gagnent. Et presque 4 fois plus à la fin du siècle, entre 2090 et 2109. Le bilan est sans appel, d'autant que relativement peu d'études ont pris en compte des scénarios, pourtant envisageables, où les températures moyennes globales augmentent de 4 °C ou plus. La productivité agricole globale diminuera d'autant plus que le réchauffement climatique sera important.

Avec pour conséquence qu'un réchauffement de 4 °C, ou plus, combiné à une hausse de la demande de denrées alimentaires liée à l'augmentation prévisible de la population, engendrerait des risques considérables pour la sécurité alimentaire à l'échelle mondiale et régionale. Même si le réchauffement est moins important, les sécheresses, les inondations, la variabilité des précipitations et les phénomènes extrêmes qui l'accompagneront mettront en péril cette sécurité alimentaire, en particulier pour les populations les plus pauvres des régions urbaines et rurales. D'autant plus que ce réchauffement pourrait se traduire par une baisse du rendement de la pêche de 40 à 60 % dans certaines régions tropicales.

D'autres aspects de ce triptyque eau-énergie-alimentation sont à prendre en compte. Ainsi, la production, la réfrigération, le transport et le traitement des aliments exigent à la fois de l'énergie et de l'eau. À l'inverse, les déchets alimentaires, les résidus agricoles et les eaux usées peuvent servir de sources d'énergie, permettant non seulement de réduire la consommation de combustibles classiques non renouvelables, mais aussi celle de l'eau et de l'énergie requise. Est également mise en avant la façon dont sont gérées et utilisées les terres agricoles : la dégradation des sols réduit souvent l'efficacité de l'utilisation de l'eau et de l'énergie. Cette dégradation conduit, par exemple, à une utilisation accrue d'engrais et à une augmentation du ruissellement. Elle compromet encore plus la sécurité alimentaire. Mais c'est peut-être avant tout la concurrence entre bioénergie et production alimentaire qui risque à l'avenir de poser les problèmes les plus aigus par rapport à l'utilisation des terres. Elle aura des répercussions sur la production et le prix des aliments. Avec à la clé une indispensable réflexion sur l'évolution de la démographie de notre planète et des populations pouvant atteindre 10 milliards d'êtres humains en 2050, dont nous imaginons qu'il pourrait être plus difficile d'assurer la sécurité alimentaire que l'approvisionnement en énergie.

Des aspects bénéfiques ?

Même si elle est illusoire à l'échelle globale, la perspective, que nous venons d'évoquer, d'une augmentation des rendements agricoles dans certaines régions est souvent mise en avant par certains climatosceptiques. Ceux dont le credo est ancré autour de cet : « Et alors ? Est-ce vraiment si dangereux, le réchauffement climatique[14] ? » Autre

14. Voir chapitre 2.

conséquence bénéfique : en raison de la redistribution des espèces marines, le rendement de la pêche augmenterait, d'ici le milieu du siècle, de 30 à 70 % dans certaines régions des hautes latitudes. Mais en termes de sécurité alimentaire, ces gains ne font pas le poids par rapport aux conséquences négatives du réchauffement climatique.

Il est aussi exact que certains pays pourraient bénéficier de meilleurs débouchés sur le plan économique. On peut penser aux pays qui entourent l'océan Arctique. Dès aujourd'hui, l'ouverture des passages du Nord-Ouest, au nord du Canada, et du Nord-Est, au nord de la Sibérie, aiguise l'intérêt du transport maritime. Selon l'importance du réchauffement la banquise pourrait disparaître complètement au-delà de 2050, rendant accessibles de nouvelles liaisons entre l'Atlantique et le Pacifique et permettant d'intensifier les transports commerciaux. Mais seulement pour quelques semaines durant l'été, ce qui en réduit notablement le potentiel économique ; l'hiver la banquise reprendra ses droits…

Autre possibilité : les fonds situés sous cette banquise semblent contenir de 10 à 50 % des réserves d'hydrocarbures et de gaz. Mais les difficultés d'exploitation de ces gisements et les risques environnementaux qui y sont associés ne doivent pas être sous-estimés. Et au-delà, la question est posée : quel intérêt y a-t-il à forer en Arctique, ou dans d'autres régions à risque, alors que pour limiter le réchauffement en deçà de 2 °C il faut laisser inexploitées plus de 80 % des réserves de fossiles facilement accessibles ?

Enfin, côté santé, le GIEC cite certains effets positifs comme une réduction modeste de la mortalité et de la morbidité dues au froid dans certaines régions en raison d'une diminution de la fréquence des épisodes de froid. Mais, là aussi, les conséquences négatives du réchauffement seront plus importantes que les effets positifs. Et, pour certaines populations, s'y ajoutent la nécessité de devoir quitter l'endroit où elles sont établies et un accroissement des risques de conflits dans certaines régions.

Santé, migrations, conflits : les populations seront affectées

La santé d'abord ; à juste titre, nous y sommes tous très attachés. Mais le tableau que nous brosse le GIEC est en la matière assez pessimiste : dans un premier temps, jusque vers 2050, le changement climatique exacerbera les problèmes de santé existants. Et il devrait, sur l'ensemble du siècle, provoquer une détérioration de l'état de santé dans de nombreuses régions, en particulier dans les pays en développement à faibles revenus.

Les problèmes de santé susceptibles d'être affectés par le changement climatique sont classés selon huit catégories, la largeur des secteurs reflétant leur ampleur respective à l'heure actuelle (Figure 3.11). Les estimations ont été réalisées pour une échéance proche, 2030-2040, et pour la fin du siècle, 2080-2100, dans le cas d'un réchauffement

Figure 3.11. Risques que le changement climatique fait peser sur la santé et possibilités de les réduire par l'adaptation.

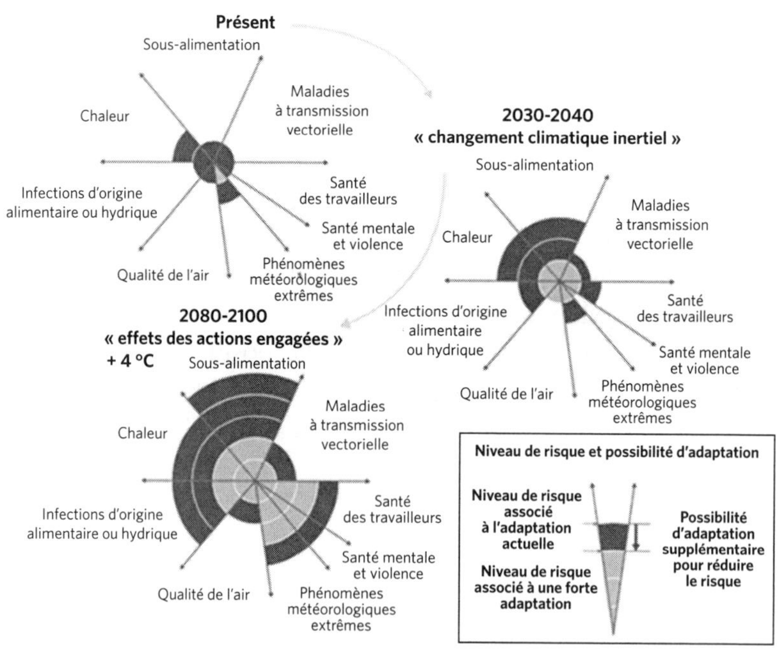

Source : GIEC, 2014.

d'environ 4 °C. L'échelle de risque inclut cinq niveaux sous deux hypothèses, sans et avec adaptation. Sans surprise, la sous-alimentation, résultat de l'insécurité alimentaire dont nous venons d'analyser les causes, risque d'avoir un impact majeur à la fin du siècle. En particulier dans les régions pauvres dont certaines seraient également soumises à des risques accrus de maladies d'origine alimentaire ou hydrique. Au premier abord, la quasi-absence de modification du risque lié aux maladies à transmission vectorielle est surprenante : en fait, le réchauffement climatique n'est qu'un des facteurs influençant ce risque, lié avant tout à la mondialisation des transports des biens et des personnes.

Le GIEC met l'accent sur les risques liés au stress thermique résultant, à l'avenir, de vagues de chaleur plus fréquentes et plus intenses. Premier constat : ce stress a déjà réduit la capacité mondiale en matière de main-d'œuvre à 90 % pendant les mois à maxima de température. Cette réduction pourrait atteindre 80 % d'ici à 2050. Dans les pays à faible ou moyen revenu, la possibilité d'adaptation à ce stress thermique est quasiment nulle pour la plupart des populations pauvres. C'est le cas en particulier des personnes qui travaillent à l'extérieur dans les secteurs de l'agriculture, de la pêche et de la construction. Dans les petites exploitations agricoles, les femmes et les enfants sont particulièrement vulnérables en raison du rôle qui leur est traditionnellement dévolu en matière de main-d'œuvre. Les vagues de chaleur s'accompagnent de perturbations sociales, telles que la recrudescence de la violence, ainsi que d'une détresse sanitaire et psychologique et d'un mal-être généralisés. Les répercussions sont très diverses et nettement plus importantes pour les populations démunies, et pour les personnes âgées et/ou marginalisées. Les zones urbaines devraient être plus touchées en raison des effets conjugués du climat et des îlots de chaleur urbains.

Résultat, la morbidité et la mortalité dues au stress thermique ne sont plus rares à l'échelle de la planète. Les personnes âgées et celles qui souffrent d'affections circulatoires et respiratoires sont vulnérables, même dans les pays développés. Celles exerçant des métiers physiques sont particulièrement exposées car cela entraîne un réchauffement non négligeable du corps. Or cette chaleur ne peut être dissipée si la température et l'humidité ambiantes dépassent certains seuils. Enfin, la hausse attendue de la fréquence des feux incontrôlés dus aux vagues de chaleur menace la sécurité et la santé des populations. Selon certaines estimations, la pollution atmosphérique due aux feux incontrôlés cause, d'ores et déjà, 339 000 morts prématurées par an dans le monde. Avec le réchauffement, cela risque de s'amplifier.

Des articles récents dressent un tableau encore plus « catastrophique » de cette influence grandissante des vagues de chaleur sur la santé des populations. Ils rappellent qu'en termes de température et d'humidité il y a des limites que le corps humain ne peut pas supporter sur de longues périodes[15]. En effet, les mécanismes de refroidissement perdent toute efficacité si un seuil fatidique de température et d'humidité est franchi – plus précisément si la température dite « humide » dépasse 35 °C. Et cela pourrait être le cas d'ici à la fin du siècle dans la péninsule Arabique et les régions environnantes : pendant les périodes caniculaires, toute activité extérieure un peu prolongée entraînerait un risque mortel. Seule solution, rester cloîtré chez soi avec une bonne climatisation… Cette idée de « coup de chaud, potentiellement mortel » a été reprise dans une étude qui conclut que ce danger guette aujourd'hui près de 1 individu sur 3 dans le monde[16]. Une proportion qui pourrait grimper à la fin du siècle dans le cas du scénario émetteur : ce seuil de 35 °C serait alors franchi sur 47 % des territoires et les trois quarts des individus seraient mis en péril. Problème majeur de santé mais aussi coût économique : 2 000 milliards de dollars par an, voilà ce que pourrait coûter la perte de productivité liée au changement climatique d'ici à 2030[17]. Plus de 1 milliard de travailleurs seraient ainsi déjà confrontés à des chaleurs excessives.

L'insécurité alimentaire souvent liée à des sécheresses à répétition, la difficulté à faire face à des extrêmes climatiques d'intensité croissante – vagues de chaleur, cyclones, inondations –, l'élévation du niveau de la mer dans les régions côtières ou encore l'assèchement de lacs sont les principales raisons pour lesquelles des personnes sont amenées à quitter, de façon temporaire ou permanente, l'endroit où elles vivent. La notion de « réfugié climatique », dont la définition reste assez floue, leur est généralement associée. Leur nombre risque

15. Pal et Eltahir, « Future temperature in southwest Asia projected to exceed a threshold for human adaptability », *Nature Clim. Change*, 2016, 6, p. 197-200. Schär, « Climate extremes : The worst heat waves to come », *Nature Clim. Change*, 2016, 6, p. 128-129.
16. Mora *et al.*, « Global risk of deadly heat », *Nature Clim. Change*, 2017, 7, p. 501-507.
17. Rapport ONU, *Changement climatique et travail : impacts de la chaleur sur les lieux de travail*, 2016.

d'augmenter avec l'évolution prévisible des événements extrêmes et la montée inéluctable du niveau des mers. S'appuyant sur un rapport des Nations unies, le chiffre de 250 millions de « réfugiés climatiques » d'ici à 2050 est souvent cité. Mais, d'après le GIEC – selon lequel les migrations peuvent aussi représenter une stratégie d'adaptation efficace –, une estimation fiable s'avère extrêmement difficile à cause de la nature complexe et des causes multiples de ces migrations liées au changement climatique.

Tournons-nous vers François Gemenne, universitaire spécialiste de ces questions[18]. D'un côté, il abonde dans le sens du GIEC en confirmant la difficulté de distinguer les migrants selon qu'ils se déplacent pour des motifs climatiques, économiques ou politiques : tout est lié et il est difficile d'isoler les facteurs. De l'autre, il souligne que les seules catastrophes brutales – ouragans, inondations et sécheresses – déplacent aujourd'hui 25 millions de personnes par an en moyenne et que le record de 2010, 41 millions de déplacés, risque d'être dépassé en 2017 à cause, notamment, des moussons catastrophiques en Inde, au Népal et au Bangladesh. Par ailleurs, même en cas d'une élévation du niveau de la mer limitée à 40 centimètres, au moins 100 millions de personnes seraient victimes d'inondations en régions côtières et devraient donc quitter, au moins temporairement, l'endroit où elles vivent. Certes, en matière de migrations il est difficile d'isoler les facteurs, mais le changement climatique devrait inéluctablement les amplifier. Une conséquence collatérale, souvent passée sous silence mais importante à nos yeux, est la mise en péril des valeurs culturelles indispensables au bien-être des communautés et des individus qui les composent. D'ores et déjà, les pertes de terres et les déplacements de populations touchant les communautés côtières et des petites îles ont des effets négatifs bien documentés sur le plan culturel et sur celui du bien-être.

Que le changement climatique puisse causer directement des conflits violents reste très contesté. Néanmoins, le GIEC souligne qu'il peut accroître indirectement les risques de conflits violents, guerres civiles, violences interethniques, en exacerbant les sources de conflit que sont la pauvreté et les chocs économiques. Ainsi, de plus en plus d'éléments

18. Entretien avec François Gemenne, *Le Un*, septembre 2017, n° 171.

tendent à montrer que certains facteurs associés au déclenchement de guerres civiles – faible revenu par habitant, repli économique, incohérences émanant des institutions de l'État – semblent aussi être sensibles au changement climatique. Les politiques relatives au changement climatique, en particulier celles qui sont associées au changement de droits d'accès aux ressources, peuvent aussi augmenter les risques de conflits violents.

L'accroissement des inégalités

Coup sur coup, en septembre 2017, *Le Figaro* et *Le Monde* mettaient en exergue le lien entre changement climatique et pauvreté. Le premier en publiant les propos de Kristalina Georgieva, directrice générale de la Banque mondiale au diagnostic clair : « Si nous ne parvenons pas à infléchir les tendances climatiques, l'extrême pauvreté frappera 100 millions de personnes supplémentaires en 2030[19]. » Le second à partir de l'analyse des conséquences des cyclones Katrina, Irma et Maria qui ont frappé les Antilles en 2017 : « Les catastrophes naturelles frappent plus durement les pauvres, et tendent même à renforcer le pouvoir et la richesse des élites[20]. »

La Banque mondiale s'est notamment intéressée au lien entre changement climatique et pauvreté à travers une étude[21] coordonnée par un économiste français, Stéphane Hallegatte. Les données de cinquante-deux pays de l'hémisphère Sud y sont analysées. Pour les sécheresses, 85 % de la population vit dans des pays où les personnes pauvres sont plus exposées que la moyenne. Par ailleurs, trente-sept de ces pays connaissent une surexposition des personnes pauvres aux fortes températures. En fait, les conditions climatiques de ces pays, trop secs, trop chauds, sont en règle générale très peu favorables à leur développement avec pour conséquence que ce sont déjà les populations les plus pauvres qui y vivent. Et cela vaut à l'intérieur d'un même pays : au Nigeria, l'un des

19. Propos recueillis par Jean-Pierre Robin, « L'avertissement de la directrice de la Banque mondiale », *Le Figaro*, 13 septembre 2017.
20. Frédéric Joignot, « Les catastrophes naturelles aggravent les inégalités », *Le Monde*, 22 septembre 2017.
21. Hallegatte *et al.*, *Managing the Impacts of Climate Change on Poverty*, Rapport de la Banque mondiale, 2016.

pays les plus chauds étudiés, les plus pauvres ont tendance à vivre dans les zones les plus chaudes. De même pour les inondations auxquelles, dans la moitié des pays étudiés, les personnes pauvres sont plus exposées. Ce rapport de la Banque mondiale est sans ambiguïté : « Les catastrophes naturelles touchent plus souvent les populations les plus pauvres. » Et, presque sans surprise, s'y ajoute le constat que « ces populations perdent une part plus importante de leur richesse tout en recevant moins d'aides de leurs familles et des systèmes financiers ».

L'article du *Monde* rappelle, à juste titre, que ces pays subissent une double injustice. S'appuyant sur une étude de l'ONG Oxfam, il note que la moitié la plus pauvre de la population mondiale est responsable de seulement 10 % des émissions de CO_2. Et c'est elle qui vit dans les pays les plus vulnérables vis-à-vis du réchauffement climatique : entre 1990 et 1998, 94 % des catastrophes naturelles majeures se sont produites dans le monde en développement. À l'inverse, la moitié des émissions de CO_2 est imputable à 10 % de ses habitants les plus riches, qui sont aussi les plus épargnés. Cet article souligne que la plus grande vulnérabilité des populations pauvres est manifeste lors de chacune des phases d'un événement climatique dévastateur. Avant : ces populations pauvres ne sont généralement pas bien préparées à y faire face. Pendant : en plus de se retrouver sans abri, les plus pauvres éprouvent souvent plus de difficultés à se renseigner sur l'évolution du cataclysme et y échapper. Après : ces populations pauvres, souvent mal couvertes par les assurances, ont plus de mal à refaire surface, à repartir dans la vie.

Ce constat d'un lien entre changement climatique et pauvreté est analysé de façon approfondie dans le dernier rapport du GIEC, qui lui consacre un chapitre complet. Et s'en inquiète pour l'avenir, en soulignant que les risques climatiques sont amplifiés pour celles et ceux qui sont privés des infrastructures et services essentiels ou qui vivent dans des habitations de piètre qualité ou dans les zones exposées. Et, plus généralement, pour les populations qui sont marginalisées sur le plan social, économique, culturel, politique, institutionnel ou autre. Et de conclure que les impacts du changement climatique devraient aggraver la pauvreté dans la plupart des pays en développement et créer de nouvelles poches de pauvreté dans les pays aux prises avec des inégalités croissantes.

Pour nous, cet accroissement prévisible des inégalités, ce fossé qui se creuserait encore plus entre les différentes couches de la population, est la conséquence la plus inquiétante du réchauffement climatique. Qu'elles soient liées à l'élévation du niveau de la mer ou à l'intensification des événements extrêmes – qui elle-même peut conduire à un accès plus difficile aux ressources en eau et à l'exacerbation de problèmes de perte de biodiversité, de sécurité alimentaire, de pollution et de santé –, ces conséquences, prises dans leur ensemble, ont pour résultat de diminuer le nombre d'endroits où il fait bon vivre. Et il y a fort à parier que l'accès aux régions « privilégiées » deviendra de plus en plus difficile pour les couches pauvres des populations. En cela, nous rejoignons l'article du *Monde* et son constat, largement basé sur un livre, *Profiteurs de désastres : comment les catastrophes naturelles enrichissent les riches et appauvrissent encore les pauvres*[22] : les catastrophes naturelles aggravent les inégalités

Et cette perspective d'accroissement des inégalités vaut aussi pour les pays développés, au sein desquels les couches pauvres des populations risquent d'être particulièrement vulnérables au changement climatique. Pour s'en convaincre, il suffira d'analyser la façon dont l'agglomération de Houston au Texas et l'île antillaise de Saint-Martin se remettront sur pied quelques mois après les ouragans de l'été 2017, l'une des inondations extrêmement importantes provoquées par Harvey, l'autre des vents dévastateurs associés à Irma. La France dans son ensemble, métropole et territoires ultramarins, n'échappe pas à ce constat qui est à l'origine d'un récent avis[23] du Conseil économique, social et environnemental (CESE). Cet avis traite de la « justice climatique », dont un des objectifs est de prendre des mesures pour que le réchauffement n'accroisse pas les inégalités. Cette notion, apparue comme une thématique centrale au moment de l'ouverture de la COP21, a été également utilisée en amont des négociations internationales par les responsables politiques, notamment celles et ceux des pays en développement.

---

22. Mutter, *Disaster Profiteers. How Natural Disasters Make the Rich Richer and the Poor Even Poorer*, Palgrave Macmillan, 2015.
23. Jouzel et Michelot, *La Justice climatique : enjeux et perspectives pour la France*, avis du Conseil économique, social et environnemental présenté au nom de la section de l'Environnement, 2016 (accessible sur www.lecese.fr).

Dans le cadre de cet avis du CESE, l'objectif majeur est de contribuer à définir des politiques publiques qui permettront, à l'échelle nationale, de limiter et si possible de réduire les inégalités sociales et économiques générées par le réchauffement planétaire. Il y est souligné que « même si notre pays est considéré comme faisant partie des moins inégalitaires, nous ne pouvons plus reculer la prise en considération de ces différents aspects du réchauffement sur notre façon de vivre, de prendre des décisions et de nous développer socialement, économiquement et culturellement. Ce ne sont pas seulement nos comportements et notre modèle de société qui sont questionnés mais notre capacité à vivre ensemble et à faire face de manière solidaire à des changements qui vont accroître et même menacer les équilibres de notre société en risquant, si nous n'y prenons garde, d'augmenter la fracture sociale ». Cet avis affirme que la transition écologique est un moyen de lutter contre les inégalités et l'exclusion sociale et souligne le rôle central que doivent jouer les politiques publiques.

Risque de surprises et irréversibilités

Le réchauffement tel qu'il est illustré dans la figure 3.1, sans à-coups, ne peut-il pas être remis en cause par des processus qui n'auraient pas été pris en compte ? Que se passera-t-il au cours des prochains siècles : certains changements sont-ils inéluctables ? Les climatologues se sont naturellement penchés sur ces questions qui débouchent sur deux notions, celle de « surprise climatique » popularisée par des films catastrophes comme *Le Jour d'après*[24], et celle d'irréversibilité à laquelle les médias portent moins d'intérêt mais qui est tout aussi importante pour l'avenir de notre climat.

Le GIEC a introduit le terme « surprise climatique » en 1995, en écho à la découverte, quelques années auparavant, de brusques variations climatiques enregistrées dans les glaces du Groenland. Des réchauffements très rapides – sur quelques décennies – et importants – jusqu'à 16 °C au centre de cette calotte glaciaire –, suivis

24. *Le Jour d'après*, film de Roland Emmerich sorti en 2004.

de refroidissements plus lents, sont enregistrés tout au long de la dernière période glaciaire, pendant la dernière déglaciation puis, il y a 8 200 ans, au début de notre période interglaciaire. L'existence de tels événements, qui véritablement constituent une surprise, est rapidement attribuée à l'arrêt puis à la remise en route du Gulf Stream, courant océanique de surface qui a son origine du côté de la Floride et circule, en nous faisant bénéficier de ses bienfaits, jusque vers le Grand Nord où ces eaux denses, car froides et salées, plongent vers l'océan profond. Aujourd'hui, ces eaux profondes se forment dans les mers de Norvège, du Labrador et du Groenland. Mais l'apport d'eau douce à la surface de l'océan a été en mesure de modifier cette circulation. Avec des conséquences importantes sur le climat de l'Atlantique Nord et des régions limitrophes, et des répercussions planétaires. Cet apport est dû à l'arrivée massive d'icebergs provenant des calottes glaciaires, ou, il y a 8 200 ans, à la libération soudaine d'eau douce associée à la fonte de la calotte qui recouvrait une partie de l'Amérique du Nord.

La question est posée d'une éventuelle modification du Gulf Stream – les océanographes préfèrent se référer au terme de circulation méridienne océanique – en réponse notamment à la formation d'eau douce associée aux icebergs et à l'eau de fonte en provenance du Groenland. Avec comme « modèle » cet événement d'il y a 8 200 ans marqué par une réduction de la circulation méridienne océanique suivie d'une récupération rapide en l'espace de deux cents ans. Et de conclure qu'un affaiblissement majeur de la circulation méridienne océanique est improbable d'ici à la fin du siècle mais ne peut pas être exclu au-delà.

Mais ne nous méprenons pas. En aucun cas il n'y aurait retour vers une ère glaciaire comme dans le film *Le Jour d'après*. Supposons qu'un tel affaiblissement, qui modifierait profondément le Gulf Stream, survienne à échéance de quelques siècles dans un monde de quelques degrés plus chaud qu'aujourd'hui. Dans nos régions, cela se traduirait par un refroidissement de quelques degrés en une ou deux décennies – très dommageable, écologiquement et économiquement – mais n'aurait que peu de conséquences sur le réchauffement planétaire.

Autre surprise potentielle : la libération de CO_2 et de CH_4 associée à la fonte du pergélisol. Déjà amorcée dans les régions de l'Arctique, celle-ci devrait s'accélérer. Dans le cas du scénario émetteur, 80 % du pergélisol de surface d'épaisseur inférieure à 3,5 mètres pourrait avoir fondu d'ici à la fin du siècle. Cette fonte, dont les activités humaines sont indirectement à l'origine, peut induire la décomposition – quasiment irréversible puisqu'elle pourrait persister des centaines voire des milliers d'années – du carbone accumulé dans les sols gelés. Selon les conditions, ce carbone pourrait être libéré sous forme de CO_2 ou de CH_4. Les estimations sont imprécises. Mais dans le cas du scénario émetteur, cette décomposition pourrait, d'ici à 2100, rejeter dans l'atmosphère jusqu'à l'équivalent de vingt-cinq années d'émissions au rythme actuel[25].

Il faut aussi se méfier des hydrates de méthane piégés dans le pergélisol profond, les plateaux océaniques, les talus continentaux et les sédiments des grands fonds marins. Ces amas de molécules d'eau et de méthane, connus également sous le nom de clathrates, ne sont stables que dans une plage précise de basses températures et de pressions élevées. Tout réchauffement du pergélisol, des eaux océaniques et des sédiments et/ou toute modification de la pression pourraient déstabiliser ces hydrates et entraîner la libération de CH_4 dans l'océan. Et à lui seul, l'Arctique renferme, sous cette forme, des quantités de CH_4 peut-être 10 fois plus importantes que dans l'atmosphère. Cependant la libération d'hydrates sur les terres émergées est un processus lent, qui s'étire sur des décennies, voire des siècles, et les sédiments profonds mettront encore plus de temps – des siècles à des millénaires – à se réchauffer suffisamment pour provoquer la déstabilisation des hydrates qu'ils renferment. De plus, le méthane dégagé dans les eaux profondes doit atteindre la surface et l'atmosphère pour avoir une incidence sur le climat, et la plus grande partie serait consommée par des micro-organismes avant d'y parvenir. En fait, seul le CH_4 des hydrates présents dans les plateaux situés à faible profondeur, tels ceux de l'océan Arctique au nord

25. Jusqu'à 250 GtC sous forme de CO_2 et jusqu'à 5 GtC sous forme de CH_4, ce qui, étant donné le fort potentiel d'effet de serre du méthane, équivaut à 100 GtC supplémentaires. Ces 350 GtC, en équivalent CO_2, sont à comparer à une valeur proche de 14 GtC pour les années récentes.

de la Sibérie orientale, pourrait atteindre l'atmosphère et avoir un impact sur le climat.

Le pergélisol est loin d'avoir livré tous ses secrets ; beaucoup d'incertitudes subsistent et de nombreux travaux sont en cours pour essayer de les réduire. Tenant compte des différentes sources, il apparaît que la rétroaction entre réchauffement de l'Arctique et émissions de CO_2 et de CH_4 sera modérée à l'échelle séculaire. Mais elle pourrait devenir beaucoup plus importante à l'échelle millénaire et au-delà, en raison des grands réservoirs de carbone et d'hydrates de méthane en jeu.

Il y a aussi un risque de mauvaise surprise du côté de la forêt amazonienne et d'autres forêts tropicales, en cas de précipitations trop faibles et de périodes sèches trop longues. La possibilité qu'un seuil critique puisse être franchi et conduise à leur dépérissement ne peut pas être écartée. Cela vaut aussi pour les forêts boréales. Cependant, la possibilité de destruction de vastes portions de forêts tropicales et/ou boréales est faible.

Enfin, l'inertie des différentes composantes du système climatique rend quasiment irréversible le réchauffement climatique et de nombreuses modifications qui en résultent en ce sens que les échelles de temps associées vont de quelques siècles à plusieurs millénaires. Comme l'illustre la figure 3.12, cela vaut pour les concentrations de CO_2, qui continuent à augmenter alors que les émissions diminuent. En fonction du scénario, environ 15 à 40 % du CO_2 émis restera dans l'atmosphère pendant plus de mille ans. Une fois les concentrations stabilisées, le réchauffement augmente pendant un siècle ou plus. Certes de façon limitée, mais loin d'être négligeable puisqu'il serait voisin de 1 °C. Une grande partie de ce réchauffement est irréversible sur des périodes de plusieurs siècles à plusieurs millénaires. Et, nous l'avons mentionné, l'élévation du niveau de la mer se poursuit pendant plusieurs millénaires et de façon importante aussi bien pour sa composante liée à la dilatation de l'océan que pour celle résultant de la contribution des glaciers et des calottes glaciaires. De même, l'acidification de l'océan va continuer pendant des siècles si les émissions de CO_2 se poursuivent, avec une incidence marquée sur les écosystèmes marins.

Figure 3.12. Inertie du système climatique : la concentration de CO_2, la température et le niveau de la mer continuent d'augmenter bien après la réduction des émissions.

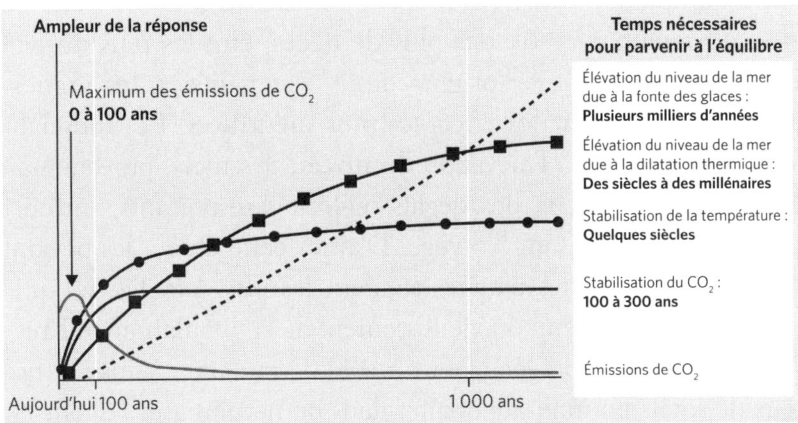

Source : GIEC, 2001.

L'Europe, la France n'échapperont pas aux conséquences du réchauffement

L'Europe, la France métropolitaine seront affectées par le réchauffement climatique ; nous en avons déjà évoqué certains aspects, vagues de chaleur et canicules, risque accru de sécheresse autour de la Méditerranée, événements de précipitations intenses. Mais l'ampleur de ces conséquences mérite toute notre attention. Nous avons été impressionnés par les résultats d'une étude récente[26] qui se place dans l'hypothèse d'un réchauffement de 3 °C en 2100 : en l'absence de mesures d'adaptation appropriées, deux tiers des Européens seraient touchés par des catastrophes climatiques. Chaque année, environ 350 millions d'Européens pourraient alors être exposés à des extrêmes climatiques néfastes, soit 14 fois plus qu'au début des années 2000. Le nombre de décès pour cause climatique

26. Forzieri *et al.*, « Increasing risk over time of weather-related hazards to the European population : A data-driven prognostic study », *The Lancet*, août 2017, 1, p. e200-208. Et article paru dans *Le Monde*, 4 août 2017.

devrait être multiplié par 50 d'ici à 2100, atteignant le chiffre impressionnant de 152 000 décès annuels, contre 3 000 par an entre 1981 et 2010.

Par rapport au début du siècle, les personnes qui vivent dans le sud de l'Europe, en Italie, en Grèce, en Espagne et dans le sud de la France, devraient, avec 64 fois plus de décès, être les plus durement touchés (Figure 3.13). À l'origine de 99 % des décès, les vagues de chaleur devraient avoir les effets les plus meurtriers. Les inondations côtières, dues surtout à l'élévation du niveau des mers, provoqueraient 40 fois plus de morts et des dégâts matériels importants, surtout en Slovénie, en Irlande et en Norvège. D'après cette étude, les personnes âgées et/ou malades, les pauvres seraient les plus affectés, ce qui est préoccupant compte tenu du vieillissement de la population en Europe.

Et c'est tout aussi préoccupant du côté de la nature. Ainsi, le risque de feux de forêts pourrait augmenter dans de nombreuses régions européennes, ce que confirme, pour notre pays, une étude de Météo France[27]. Les chercheurs ont utilisé un indice qui permet d'estimer le danger météorologique de feux de forêts en tenant compte de la probabilité de son éclosion et de son potentiel de propagation. Calculé à partir de données météorologiques simples, température, humidité de l'air, vitesse du vent et précipitations, cet indice apparaît clairement corrélé avec le nombre de départs de feu. À l'horizon 2040, sa valeur moyenne devrait progresser de 30 % par rapport à la période 1961-2000 avec un risque qui augmente dans le Sud-Ouest et apparaît dans le centre et dans l'ouest de la France. Certaines simulations montrent que cette augmentation pourrait atteindre jusqu'à 75 % d'ici à 2060. Une année comme 2003 deviendrait alors la norme en matière de danger météorologique de feux de forêts.

La série de rapports[28] sur « le climat France au XXIe siècle » indique qu'indépendamment du scénario d'émission, notre climat sera, d'ici une vingtaine d'années (période 2021-2050), caractérisé par une hausse des températures moyennes comprise entre 0,6 et 1,3 °C, toutes saisons confondues. Cette hausse devrait être plus importante dans le sud-est de la France en été, pouvant y atteindre 1,5 à 2 °C. Dans le cas du scénario

27. Chatry *et al.*, *Changement climatique et extension des zones sensibles aux feux de forêts*, rapport de la mission interministérielle, juillet 2010.
28. Cinq rapports ont été publiés de 2013 à 2015 par la Direction générale de l'énergie et du climat (DGEC) dans le cadre d'une mission confiée à Jean Jouzel par le ministère du Développement durable.

Figure 3.13. Multiplication du nombre de décès liés aux événements climatiques entre la fin du siècle (2071-2100) et la période de référence, exprimée en pourcentage, adapté de Forzieri *et al.*, 2017[29].

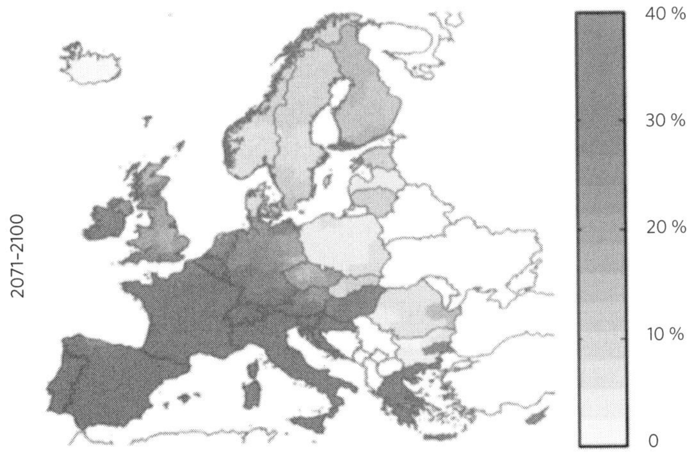

émetteur, des réchauffements importants seraient observés avec à la fin du siècle une hausse des températures moyennes comprise entre 3,4 et 3,6 °C en hiver et entre 2,6 et 5,3 °C en été. Elle devrait être particulièrement marquée en allant vers le sud-est du pays et pourrait largement dépasser les 5 °C en été ; tous les modèles s'accordent sur une répartition croissante de cette augmentation selon un axe nord-ouest/sud-est. Cette hausse serait associée à une forte augmentation du nombre de jours de vagues de chaleur, qui pourrait dépasser les 20 jours. Dans les territoires ultramarins le réchauffement, compris entre 3 et 3,5 °C, serait bien marqué mais un peu moins qu'en métropole. Les précipitations auraient tendance à augmenter l'hiver et à diminuer l'été. Le taux de précipitations extrêmes serait renforcé sur une large partie du territoire, mais avec une forte variabilité des zones concernées selon les modèles. Les épisodes de sécheresse augmenteraient dans une large partie sud du pays. Et outre-mer, une diminution des précipitations moyennes est attendue, en particulier pour la saison sèche.

La diminution estivale des précipitations et l'augmentation de l'évaporation liée au réchauffement influeront sur le débit des fleuves et des rivières.

29. Forzieri *et al.*, « Increasing risk over time of weather-related hazards to the European population : A data-driven prognostic study », *The Lancet Planetary Health*, 2017, 1 (5).

Les résultats obtenus dans le cadre du projet Explore 2070[30] montrent une diminution significative globale des débits moyens à l'échelle du territoire. À horizon du milieu du siècle (période 2046-2065), celle-ci pourrait être de l'ordre de 10 à 40 % (Figure 3.14) selon les simulations. Pour une majorité de cours d'eau, les modèles projettent une accentuation des étiages encore plus marquée. Le débit minimal mensuel calculé sur cinq années pourrait alors diminuer de 20 à 50 % pour le Rhône à Beaucaire, de 5 à 70 % pour la Garonne à Lamagistère et de 10 à 70 % pour la Seine à Paris.

Ce projet Explore 2070 conclut à la possibilité de crues plutôt orientées à la baisse sur le bassin de la Seine, sauf sur les hauts bassins de l'Oise et de la Marne. Cela n'exclut pas la possibilité d'inondations exceptionnelles comme celle qui a affecté les bassins de la Seine et de la Loire fin mai-début juin 2016, à la suite de trois jours de pluies très intenses. C'est d'ailleurs ce qui résulte de l'analyse[31] d'un ensemble de modèles qui indique une intensification du cycle hydrologique en

Figure 3.14. Évolution du débit moyen annuel des cours d'eau entre les périodes 1961-1990 et 2046-2065 dans le cas d'un scénario A1B intermédiaire (adapté du projet Explore 2070, MEDDE).

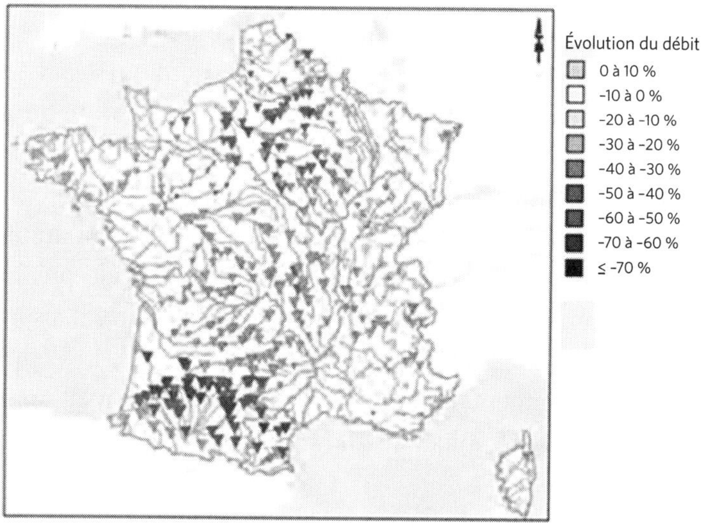

30. Lacaze (dir., chef de projet Explore 2070), *Synthèse du projet Explore 2070, Hydrologie de surface*, Ministère de l'Écologie, du Développement durable et de l'Énergie, 2015.
31. Roudier *et al.*, « Projections of future floods and hydrological droughts in Europe under a + 2 °C global warming », *Climatic Change*, 2016, 135 (2), p. 341-355.

France, mais aussi sur une large partie de l'Europe. Cela se traduit par une augmentation aussi bien des risques de sécheresses que d'inondations. En France, ces dernières et les conséquences qui y sont associées devraient s'intensifier.

Dans la nuit du 3 au 4 juin 2016, la montée de la Seine a dépassé les 6 mètres. Certes ce niveau est inférieur de plus de 2 mètres par rapport à celui atteint lors de la crue historique de 1910. Mais un événement d'une telle ampleur ne peut pas être exclu dans un contexte de réchauffement climatique. Nous avons déjà noté que ce risque de précipitations intenses, et donc d'inondations importantes, dans un contexte général d'une tendance à la baisse des quantités de précipitations à l'échelle de l'année vaut aussi pour les régions proches de la Méditerranée. Les périodes de sécheresse plus marquée pourront y coexister avec des épisodes « cévenols » qui risquent d'être plus fréquents et potentiellement plus intenses.

Le réchauffement et l'évolution des précipitations auront des conséquences importantes sur les massifs montagneux. Avec un réchauffement modéré, la ligne d'équilibre devrait s'élever d'environ 300 mètres dans les Alpes. Cela condamnerait le glacier de Gébroulaz, maintiendrait un peu de glace résiduelle dans celui de Saint-Sorlin et laisserait peu de chances de survie à celui d'Argentière[32]. La mer de Glace devrait mieux résister du fait de la plus grande altitude de son bassin d'accumulation. Même dans cette hypothèse d'un réchauffement moyen modéré, la durée d'enneigement dans les Alpes diminuera notablement comme en témoigne la figure 3.15[33] : cette durée diminue d'environ 40 jours pour un réchauffement de 1,8 °C. Mais avec le scénario le plus pessimiste, les simulations prédisent, selon les massifs, une baisse de la durée de l'enneigement sur les Alpes de 60 à 85 % à basse altitude – les massifs du nord des Alpes étant les moins affectés – et de 40 à 75 % à moyenne altitude.

Un des rapports[34] de la série « Le climat France au XXIe siècle » fait un point sur les principaux impacts de la montée du niveau marin (submersion marine, érosion côtière, intrusions salines dans les aquifères côtiers et impacts sur les infrastructures côtières et portuaires). En France métropolitaine, les régions du Languedoc, du delta du Rhône

32. Francou et Vincent, *Les Glaciers à l'épreuve du climat*, Paris, IRD Éditions-Belin, 2007.
33. Scénarios climatiques adaptés aux zones de montagne : phénomènes extrêmes, enneigement et incertitudes, Météo France.
34. Planton *et al.*, *Changement climatique et niveau de la mer*, rapport DGEC, 2015.

Figure 3.15. Évolution de l'enneigement dans les Alpes entre aujourd'hui et la période où le réchauffement aura atteint 1,8 °C.

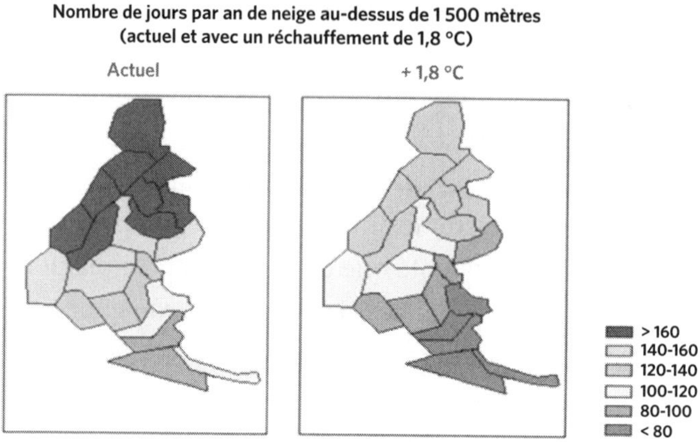

et de l'Aquitaine sont particulièrement concernées, mais le reste de la côte atlantique et la plaine de Corse orientale le sont également. Les impacts futurs de l'élévation du niveau marin sur le recul du trait de côte sont potentiellement très importants et l'augmentation du niveau marin pourrait engendrer une accentuation de l'extension des intrusions salines dans les aquifères côtiers. Les impacts sur les infrastructures côtières et portuaires seraient importants ; ainsi, pour conserver les mêmes volumes de franchissement en cas de hausse d'un mètre du niveau marin, les ouvrages perméables implantés en faible profondeur doivent être rehaussés de 2 mètres environ, et les ouvrages imperméables de 3 mètres environ.

Nous ne déclinerons pas ici l'ensemble des conséquences que pourrait avoir le réchauffement sur notre pays. Mais, en pratique, toutes celles qui sont identifiées à l'échelle globale sont à prendre en compte et notamment : les modifications des écosystèmes naturels, la perte de biodiversité, la diminution des rendements agricoles, les conséquences sur la viticulture, l'acidification de l'océan et ses impacts sur la productivité océanique et sur les récifs coralliens, l'influence sur les populations, leur santé et sur les flux migratoires liés aux réfugiés climatiques. Et la plus grande attention doit être portée au risque d'accroissement des inégalités vis-à-vis de ce réchauffement aussi bien en métropole qu'outre-mer.

Enfin, quasiment tous les secteurs de notre économie sont concernés. Il suffit de parcourir le sommaire du Plan national d'adaptation au changement climatique (PNACC) pour la période 2011-2015 pour s'en rendre compte. Santé, ressources en eau, biodiversité, risques naturels, agriculture, forêts, pêche et aquaculture, énergie et industrie, infrastructures et systèmes de transport, urbanisme et cadre bâti, tourisme, financement et assurance, tous ces secteurs, dont certains contribuent aux émissions de gaz à effet de serre, sont plus ou moins affectés par le changement climatique et doivent s'y préparer en envisageant des mesures d'adaptation appropriées. Et en contribuant activement à la naissance d'une société « sobre en carbone ».

CHAPITRE 4

Trois ans pour agir

Le réchauffement est inéluctable. Le mieux que l'on puisse faire est d'en limiter l'ampleur de façon à pouvoir s'y adapter, au moins pour l'essentiel. Ce constat, qui est une évidence pour qui s'intéresse à l'évolution de notre climat en réponse à l'augmentation de l'effet de serre liée aux activités humaines, s'est rapidement imposé aux décideurs politiques. À l'origine de la création du GIEC, à travers le G7, ils vont rapidement réagir à son premier rapport publié en 1990. Le diagnostic des scientifiques est clair. Ce document confirme que les activités humaines sont à l'origine d'une augmentation de l'effet de serre. Si aucune mesure n'était prise, le climat moyen risquerait de se réchauffer à un rythme, jamais atteint, de 0,3 °C par décennie soit environ 3 °C d'ici à la fin du XXIe siècle. Et le niveau de la mer de s'élever de façon significative, entre 20 et 65 centimètres.

Tout est dit alors ou presque. Ces chiffres n'ont jamais été contredits. Au contraire, ce diagnostic s'est renforcé au fil des rapports successifs du GIEC. Certes, les modèles climatiques étaient moins élaborés et les conséquences de ce réchauffement moins bien cernées qu'ils ne le sont aujourd'hui. Mais nous savions. L'alerte a été clairement exprimée et, à leur façon, les politiques y ont répondu. À l'invitation du secrétaire général des Nations unies, ils mettent sur pied la Convention-cadre des Nations unies pour le changement climatique (CCNUCC). Adoptée le 9 mai 1992, lors du Sommet de la Terre de Rio de Janeiro, cette Convention climat reçoit la signature de cent cinquante-quatre pays, dont les États-Unis. Ce sommet se concrétise par deux autres conventions, l'une dédiée à la préservation de la biodiversité, l'autre à la lutte contre la désertification.

À ce jour, cent quatre-vingt-quinze membres ont adhéré à la Convention climat, autant dire tous les pays du monde. En outre, la Communauté européenne en est un membre à part entière. Chaque année, la COP (Conference of Parties) rassemble tous les pays signataires de cette convention. La première s'est réunie à Berlin en 1995. Deux ans plus tard, à Kyoto, la COP3 aboutit à la signature d'un premier protocole visant à réduire les émissions de gaz à effet de serre des pays développés (dits de l'annexe I dans le jargon du GIEC) de 5 % sur la période 2008-2012 par rapport à 1990. En novembre 2017, la COP23 s'est réunie à Bonn sous la présidence des îles Fidji. Entre-temps, deux conférences emblématiques ont ponctué la vie déjà longue de cette Convention. En 2009, la COP15 (Copenhague) vise à prolonger le protocole de Kyoto sur la période 2013-2020. Et en 2015, l'objectif de la COP21 (Paris) est de mettre sur pied un accord pour l'après-2020.

De Kyoto à Copenhague

La Convention climat est marquée du sceau du bon sens. On comprend aisément que si l'effet de serre – et donc de façon un peu simplifiée « le chauffage » – continue à augmenter, il en ira de même pour la température moyenne de la planète. D'où son objectif ultime de « stabiliser les concentrations de gaz à effet de serre dans l'atmosphère à un niveau qui empêche toute perturbation anthropique dangereuse du système climatique. Il conviendra d'atteindre ce niveau dans un délai convenable pour que les écosystèmes puissent s'adapter naturellement aux changements, que la production alimentaire ne soit pas menacée et que le développement économique puisse se poursuivre d'une manière durable ». Mais ce bon sens, qui consiste à prendre acte du fait qu'on ne peut indéfiniment laisser augmenter le chauffage de notre atmosphère, débouche sur un véritable défi. Même si la Convention climat ne fixe alors pas de niveau de stabilisation ni pour l'effet de serre, ni pour la température mondiale. Il est illusoire de chercher à stabiliser à long terme l'effet de serre si on n'y parvient pas pour la concentration en CO_2. Pour mémoire, il faut ajouter de 20 à 30 %, environ, pour passer des émissions de CO_2 à celles de l'ensemble des gaz à effet de serre lorsqu'on s'intéresse à un horizon d'une centaine d'années.

Stabiliser les quantités de CO_2 dans l'atmosphère implique que les émissions de ce composé soient compensées par les puits, par ce que pompe l'océan et ce qu'utilise la végétation. Et ce, quel que soit le niveau de stabilisation visé. Or, en 1990 comme aujourd'hui, les émissions de CO_2 sont environ 2 fois plus importantes que les puits et c'est un second message de bon sens : stabiliser les concentrations signifie que les émissions doivent diminuer. Il est pris en compte dès la première COP. Le « mandat de Berlin » stipule que les pays doivent entrer en négociation en vue de proposer des mesures de réduction des principaux gaz à effet de serre dont les concentrations atmosphériques sont affectées par les activités humaines.

Les décideurs politiques réunis au sein de la Convention climat se sont effectivement appuyés sur les conclusions du GIEC dans le cadre de leurs négociations. Ainsi, la mise sur pied du protocole de Kyoto, dès la troisième COP en 1997, a indiscutablement bénéficié de la conclusion, certes prudente, du second rapport du GIEC : « Un ensemble d'éléments suggère une influence perceptible des activités humaines sur le climat. » Ce rapport est également très clair sur la nécessité de diminuer les émissions des gaz à effet de serre. Les négociateurs prennent acte en fixant, pour les pays développés, des objectifs de réduction d'au moins 5 % sur la période 2008-2012. Rien n'est imposé aux pays en voie de développement. Rétrospectivement, il apparaît que le protocole était correctement dimensionné. En tout cas, nous serions aujourd'hui en bien meilleure position s'il avait été respecté. L'Europe a tenu ses engagements, mais les États-Unis de George W. Bush, premier pays émetteur, s'en sont exonérés. Tandis que les émissions de la Chine s'envolaient dans les années 2000.

Les COP les plus importantes sont celles dont on espère qu'elles vont se concrétiser par un accord. Après Kyoto, c'est Copenhague, dont le bilan est mitigé. Nous sommes en 2009, date butoir pour décider d'un accord ambitieux pour l'après-2012. Idéalement, il faudrait mettre sur pied une seconde phase ambitieuse du protocole de Kyoto sur la période 2013-2020. Le 4ᵉ rapport du GIEC (2007) affirme de façon claire la responsabilité humaine dans le réchauffement (à plus de 90 chances sur 100) ; il réaffirme la nécessité de stabiliser rapidement puis de diminuer de façon importante les émissions de gaz à effet de serre.

Ce rapport est très bien reçu sur le plan international et vaut au GIEC d'être, cette même année, colauréat du prix Nobel de la paix avec Al Gore. Mais le *climategate* et les erreurs qui y sont relevées en diminuent, nous semble-t-il, la portée. Au point qu'au moins un pays remet en cause la légitimité du GIEC lors de l'ouverture de la COP. Bien entendu d'autres causes, au premier rang la crise économique de 2008, sont à l'origine de l'échec de Copenhague. Mais on ne peut pas exclure que cette image un peu négative de la communauté scientifique, objet d'attaques répétées des climatosceptiques, y ait contribué.

Copenhague est un cruel échec en termes d'engagement des pays. Seule l'Europe, qui promet une diminution de 20 % de ses émissions à horizon 2020 par rapport à 1990, l'Australie et quelques autres pays jouent le jeu d'engagements contraignants. Les pays signataires représentent moins de 15 % des émissions. Le Japon, la Russie, le Canada, l'Inde et le Brésil refusent de poursuivre leurs efforts de réduction dans le cadre d'un accord qui ne s'applique ni à la Chine ni aux États-Unis. Certes, ces pays évoquent, hors accord, des engagements dits « volontaires » – c'est le cas des États-Unis d'Obama qui annoncent une réduction de 17 % de leurs émissions en 2020 par rapport à 2005 – ou font part d'initiatives telle la Chine, désormais premier pays émetteur, qui promet une « réduction notable » de son intensité carbone, sans donner de chiffre. Mais nous sommes loin du compte.

Cependant, cette COP marque un tournant dans l'esprit même de la Convention climat. Dans sa formulation initiale, en 1992, son objectif est purement qualitatif et aux contours assez vagues : stabiliser l'effet de serre. Cela va profondément et durablement changer à partir de Copenhague. L'accord évoque l'objectif chiffré d'une hausse de la température de la planète limitée à 2 °C, et envisage d'examiner la possibilité d'une limitation à 1,5 °C. Or, en termes de réduction des émissions, un objectif chiffré débouche sur un défi d'une tout autre ampleur. Un peu comme si nos gouvernants souhaitaient se faire pardonner l'échec patent de Copenhague en inscrivant un objectif à long terme très ambitieux dans la Convention climat.

Stefan Aykut et Amy Dahan le soulignent dans leur ouvrage *Gouverner le climat : 20 ans de négociations internationales* (2015) : la définition de cet objectif doit beaucoup à l'Europe qui, dès 1996, dans une décision des ministres de l'Environnement, définissait 2 °C comme « seuil de réchauffement à éviter ». Le Conseil d'experts des changements globaux, mis en place en Allemagne, y a fortement contribué ; ce pays est le premier à adopter l'objectif 2 °C, suivi par l'Europe. Il ne s'agit pas là d'une recommandation du GIEC – qui, nous l'avons mentionné, ne fait pas de recommandation – mais d'une décision politique au sens noble du terme. Bien entendu, elle s'appuie sur le diagnostic des scientifiques, en particulier des spécialistes des impacts du réchauffement climatique qui s'attachent à préciser le niveau qui éviterait « une perturbation anthropique dangereuse du système climatique ». Des colloques 2 °C s'organisent comme celui d'Exeter au Royaume-Uni, en 2005, et le G8 l'inscrit dans sa déclaration finale lors de sa réunion de juillet 2009 dans la ville italienne de L'Aquila. La voie est ouverte pour qu'il le soit dans l'accord qui sera discuté à Copenhague en fin d'année. C'est le cas. Mais cet accord n'est pas adopté par l'assemblée plénière de la COP, qui se limite à en prendre note.

Il faudra attendre la COP de Cancún, l'année suivante, pour que cet objectif chiffré soit effectivement pris en compte dans la Convention climat. Il y est précisé que l'objectif 2 °C se rapporte aux niveaux préindustriels. Cette notion reste un peu floue. En prenant comme référence la période 1850-1900, le GIEC estime que la température moyenne s'est élevée de 0,61 °C sur la période 1986-2005, et donc plus, de l'ordre de 0,8 °C, si l'on considère les vingt dernières années, 1996-2015. Pris par rapport au climat d'aujourd'hui, l'objectif 2 °C équivaut à une limitation du réchauffement à long terme entre 1 et 1,5 °C tandis que le niveau 1,5 °C, repris dans l'accord de Cancún, requiert un réchauffement inférieur à 1 °C.

À l'évidence, ces 2 °C ont un caractère symbolique. La limite à ne pas dépasser pour que « le réchauffement devienne dangereux » dépend de l'impact considéré. Dans cet esprit, le 4e rapport du GIEC a construit une table faisant état, degré par degré jusqu'à 5 °C, de la vulnérabilité au réchauffement dans différents domaines : ressources en eau, écosystèmes, production alimentaire, régions côtières et santé. Cette analyse ne tient pas compte des possibilités d'adaptation pouvant être mises en œuvre sur certains de ces aspects. Comme nous l'avons présenté dans le précédent chapitre, elle est reprise sous une forme un peu différente dans le dernier rapport, qui s'appuie sur les études les plus récentes.

Par exemple, un réchauffement de 1 °C a déjà comme conséquences un blanchissement accru des coraux et une augmentation des dégâts provoqués par les crues et les tempêtes dans les régions côtières. Mais les rendements agricoles mondiaux ne souffrent que marginalement en deçà de 2 °C, niveau qui devrait aussi permettre d'éviter une fonte totale de la calotte du Groenland à l'échelle millénaire. Nous l'avons illustré dans le premier chapitre de cet ouvrage : le réchauffement limité à 1 °C qu'a connu la planète depuis le début du XXe siècle s'est déjà traduit par des changements perceptibles, et aux conséquences négatives pour certains d'entre eux. Même s'il est un peu arbitraire, ce choix bien documenté nous semble raisonnable et nous y adhérons. Un peu plus d'un degré supplémentaire ce n'est pas rien : c'est un climat différent de celui que nous connaissons. Certes, nous sommes bien conscients des capacités d'adaptation. Cependant, elles sont plus faciles à mettre en œuvre dans les pays riches que dans les pays en voie de développement, dont certains sont très vulnérables vis-à-vis du réchauffement. D'ailleurs, une autre façon de présenter l'objectif 2 °C est de dire que respecter cette limite préserve les capacités d'adaptation des jeunes d'aujourd'hui et des générations futures. Au moins pour l'essentiel, car même dans ce cas, l'élévation du niveau de la mer se poursuivra. De presque un mètre d'ici la fin du siècle prochain.

Et ne pensons surtout pas que l'insistance de certains pays, en particulier ceux de l'AOSIS (Alliance of Small Island States), à mentionner l'objectif 1,5 °C soit sans fondement. Ces petites îles, et cela vaut aussi pour certaines régions côtières de l'océan Indien et de l'océan Pacifique, sont les plus concernées par l'élévation du niveau de la mer. Elles le sont aussi par rapport aux ressources économiques, touristiques et halieutiques qu'elles tirent de l'océan et sont, pour certaines, soumises à un risque d'accroissement de l'intensité des cyclones et des dégâts associés. Cette insistance est loin d'être un caprice.

Un immense défi

Même si aucun des scénarios d'émissions pris en compte dans ses quatre premiers rapports ne conduit à une stabilisation de l'effet de serre, le GIEC analyse les contraintes liées à cet objectif qui est au cœur de la Convention climat. La nécessité d'une décroissance des émissions, que nous avons déjà évoquée, est illustrée de façon schématique dans une figure extraite de son 3e rapport, qui met en outre bien en évidence l'inertie du système climatique (Figure 3.12).

Certes leur rythme de croissance s'est récemment ralenti (Figure 2.5 page 71), mais les émissions de CO_2 continuent à augmenter alors qu'il faut inverser la tendance. Nous percevons intuitivement que plus le niveau de stabilisation visé est bas, plus le pic doit être atteint rapidement. Au-delà de cette intuition, le 4e rapport du GIEC détermine, pour six catégories de scénarios de stabilisation classées par ordre croissant, la période à laquelle survient ce pic. Et, en particulier, l'année au-delà de laquelle il devient pratiquement impossible de respecter un objectif de limitation du réchauffement : 2015 si l'on veut que le réchauffement se stabilise entre 2,2 et 2,4 °C, 2020 pour une stabilisation entre 2,4 et 2,8 °C, 2030 si la limite est entre 2,8 et 3,2 °C. Ces réchauffements qui se rapportent à la période préindustrielle nous indiqueraient donc qu'il est désormais trop tard pour respecter l'objectif 2 °C. Il aurait fallu que le pic des émissions soit atteint avant 2015…

Le 5e rapport du GIEC nous apporte un peu d'espoir mais au prix d'une hypothèse un peu surprenante sur laquelle nous allons revenir : la possibilité d'émissions négatives. Mais son résultat le plus marquant est d'établir que le réchauffement moyen, vers la fin du XXIe siècle et au-delà, est largement déterminé par le cumul des émissions de CO_2. Le calendrier précis des émissions n'a que relativement peu d'importance : les molécules de CO_2 qui une fois émises restent dans l'atmosphère, soit un peu moins d'une sur deux, vont participer au réchauffement pendant un siècle et même au-delà. À long terme, le réchauffement est dominé par la quantité totale de CO_2 émise depuis le début de l'ère industrielle. À l'échelle séculaire, les autres gaz à effet de serre ont soit une courte durée de vie – c'est le cas du méthane dont nous avons dit l'importance sur le court terme –, soit une influence à long terme relativement faible par rapport à celle du CO_2.

Quelle que soit la température moyenne de stabilisation visée, on peut lui associer une quantité cumulée d'émissions à ne pas dépasser. Ainsi, pour avoir plus de 2 chances sur 3 de limiter le réchauffement à 2 °C par rapport aux conditions préindustrielles, il faudrait que les émissions de CO_2 entre 1870 et la période où sa concentration dans l'atmosphère sera stabilisée, vers la fin du siècle ou au-delà, n'excède pas 2 900 $GtCO_2$. Or environ 2 100 $GtCO_2$ ont été émises entre 1870 et 2017... Il ne nous reste plus que 800 $GtCO_2$ à émettre si nous voulons avoir de bonnes chances de respecter l'objectif 2 °C. En outre, cette évaluation est faite en supposant que les concentrations des autres gaz à effet de serre restent à leur niveau actuel ou diminuent ; ainsi une diminution d'environ 30 % est envisagée pour le méthane, ce qui est loin d'être gagné car il faudra nourrir 9 à 10 milliards d'habitants en 2050. Et si, à l'inverse, les émissions de ce gaz en partie liées aux pratiques agricoles augmentent, ce sera moins de 800 $GtCO_2$ qui nous restent à émettre.

Restons optimistes et gardons ce chiffre. En 2016, 42 $GtCO_2$, dont environ 90 % pour les combustibles fossiles et l'industrie et 10 % pour la déforestation, ont été émises. À ce rythme nous n'avons plus qu'une vingtaine d'années devant nous... Évidemment un scénario zéro émission au-delà de 2040, même un peu avant, n'est pas envisageable. Cependant différents scénarios permettent de respecter l'objectif 2 °C. Ils se caractérisent par une concentration de l'ordre de 450 ppm CO_{2eq} en 2100 qui pourrait être temporairement dépassée, ce qui est déjà le cas aujourd'hui. Cela implique une réduction importante des émissions, tous gaz à effet de serre confondus, de 40 à 70 % en 2050 par rapport à 2010, puis des niveaux proches ou inférieurs à zéro en 2100. Face à ce « droit à émettre » restreint à 800 $GtCO_2$ pour un objectif 2 °C, il faut effectivement faire preuve d'inventivité. Et celle-ci passe, de façon quasi inéluctable, par la possibilité d'émissions négatives, dans la dernière partie de ce siècle.

Ces scénarios sont généralement fondés sur la possibilité d'un couplage entre l'utilisation de la biomasse comme source d'énergie et le piégeage et stockage du CO_2 émis. Mais, à l'évidence, cette approche, la BECSC (BioÉnergie, Captage et Stockage du dioxyde de Carbone) a ses limites, en premier lieu la compétition entre biomasse énergie et alimentaire. Les scénarios sont obligés d'y faire appel de façon d'autant plus importante qu'ils impliquent moins d'efforts de réduction d'ici à 2050. Certes, c'est un moyen pour reculer de quelques années le pic d'émissions, par rapport aux scénarios qui le plaçaient en 2015. Mais il ne faut pas trop jouer avec le feu...

Paris 2015 : un accord quasi universel, mais il ne nous reste que trois ans pour agir…

En 2010, la COP de Cancún est marquée par l'adoption de l'objectif 2 °C. Un peu de baume au cœur des négociateurs après l'échec de Copenhague. Ils en tirent une leçon. L'approche qui consiste à fixer des objectifs de réduction pour les pays développés, mise en œuvre à Kyoto puis prolongée, en vain, à Copenhague, ne mène nulle part : les émissions mondiales n'ont jamais augmenté aussi rapidement qu'au cours des années 2000…

L'année suivante marque un tournant. La COP de Durban se traduit par une feuille de route vers un accord sur le climat en 2015. Et les pays en voie de développement acceptent d'y être impliqués dans le cadre « d'un protocole, d'un autre instrument légal ou d'une solution concertée ayant une force légale ». Cette formulation, même très floue, ouvre la voie vers le premier accord universel. Mais plus question d'essayer de fixer des objectifs par pays. Le Convention climat change son fusil d'épaule : désormais, chaque pays va être invité à faire part de ses engagements. Nous entrons dans le monde des INDC, « Intended Nationally Determined Contributions », ces contributions volontaires qui peuvent prendre différentes formes, réduction des émissions, augmentation des puits, mesures d'adaptation…

À Varsovie, fin 2013, la France se porte officiellement candidate pour organiser cette COP21. Le pari est risqué. D'ailleurs il n'y a pas d'autres postulants. Mais François Hollande a vu juste : la COP21 sera un succès dont notre pays peut s'enorgueillir. Succès d'organisation sur le site du Bourget, ce qui n'était pas si simple quelques jours après l'attentat du Bataclan, et succès diplomatique avec la présence, le premier jour, de cent cinquante chefs d'État et de gouvernement. Mais aussi succès des négociations qui se concrétisent par l'Accord de Paris signé par cent quatre-vingt-quinze des cent quatre-vingt-dix-sept pays que comptent les Nations unies, le Nicaragua ne l'estimant pas assez ambitieux et la Syrie ayant d'autres problèmes…

En 2014, Laurent Fabius, ministre des Affaires étrangères, prend la responsabilité de l'organisation de la COP21, dont, c'est la tradition, il deviendra président lors de son ouverture le 30 novembre 2015. Au départ, il n'est guère optimiste sur la capacité de l'ensemble des pays à s'y engager. Mais la feuille de route de Durban s'avère très efficace. Certes les discussions sont âpres. Il y a beaucoup de points durs comme celui lié au financement des 100 milliards de dollars qu'à Copenhague les pays développés ont promis de mettre à disposition des pays en voie de développement, chaque année à partir de 2020, pour les aider à lutter contre le réchauffement climatique et à s'y adapter. Mais le contenu des contributions volontaires que les différents pays mettent sur la table n'est pas discuté. Cela est pour beaucoup dans le succès de la COP21 qui se traduit par un accord quasi universel ; une première semble-t-il à l'échelle de notre planète.

Le revers de la médaille, difficile à éviter lorsque l'on sollicite des contributions, est que celles-ci ne permettent pas de répondre à l'objectif qui s'inscrit dans la continuité de celui de Copenhague. Il vise à « contenir l'élévation de la température moyenne de la planète nettement en dessous de 2 °C par rapport aux niveaux préindustriels et en poursuivant l'action menée pour limiter l'élévation de la température à 1,5 °C par rapport aux niveaux préindustriels »... Dans l'esprit des scénarios de stabilisation analysés par le GIEC, l'accord envisage trois étapes dans l'évolution des émissions de gaz à effet de serre : plafonnement à l'échelle mondiale dans les meilleurs délais, nécessité de réductions rapides par la suite, puis équilibre entre les émissions anthropiques par les sources et les absorptions anthropiques par les puits de gaz à effet de serre au cours de la seconde moitié du siècle.

Mais force est de constater qu'il existe un fossé entre l'objectif 2 °C et les contributions annoncées par les pays. Ce fossé est explicitement reconnu. Cela est à mettre au crédit des gouvernements qui « avec préoccupation notent que les INDC ne sont pas compatibles avec des scénarios au moindre coût prévoyant une hausse de la température de 2 °C ». Et d'estimer le niveau prévisible des émissions à 55 $GtCO_{2eq}$ en 2030 tandis que, pour préserver de bonnes chances de respecter l'objectif 2 °C, il ne devrait alors pas excéder 40 $GtCO_{2eq}$. Ces émissions sont aujourd'hui proches de 50 $GtCO_{2eq}$; même si les engagements des pays étaient intégralement respectés, elles augmenteraient de 10 % d'ici à 2030 alors qu'il leur faudrait diminuer de 20 %. L'Accord de Paris, dans son format actuel, nous place sur des trajectoires qui, même en

Figure 4.1. Scénario illustrant la nécessité d'un pic d'émission du CO_2 en 2020 au plus tard.

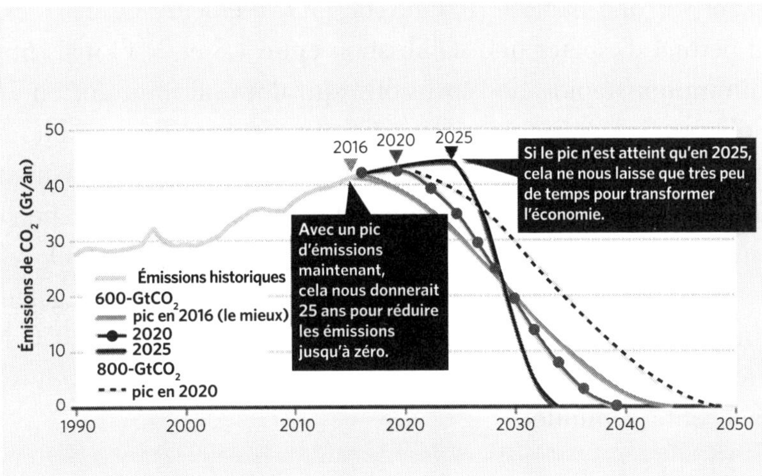

Source : Figueres et al., *2017.*

étant optimistes sur la capacité de réduction des émissions après 2030, ne nous permettront pas d'éviter un réchauffement moyen de 3 °C, voire 3,5 °C, à horizon 2100. C'est donc un état intermédiaire entre l'objectif 2 °C et les 4 à 5 °C vers lesquels l'absence de mesures nous conduirait, avec des conséquences pour beaucoup désastreuses.

Pour combler ce fossé – encore plus important si l'objectif 1,5 °C est poursuivi –, il faut relever significativement l'ambition de l'accord. Cette absolue nécessité est là aussi soulignée. Y est également rappelé que le relèvement du degré d'ambition avant 2020 peut jeter les bases d'un relèvement de l'ambition après 2020. Au moment où l'Accord de Paris entrera en vigueur.

Relever l'ambition de l'Accord de Paris d'ici à 2020 est non seulement indispensable, mais il faut le faire de façon extrêmement ambitieuse. Il ne nous resterait que trois ans pour agir. C'est en tout cas le diagnostic sans état d'âme que nous livrent Christiana Figueres, ancienne présidente de la Convention climat, et des scientifiques très impliqués tels John Schnellhuber et Johan Rockström dans un article[1] publié en juin 2017 en s'appuyant sur un rapport très documenté[2]. Si les émissions de CO_2

1. Figueres *et al.*, « Three years to safeguard our Planet », *Nature*, 2017, 546 (7660), p. 593-595.
2. *2020 The Climate Turning Point* (Mission 2020, 2017) (http://go.nature.com/2takuw3).

ne commencent pas à diminuer au plus tard en 2020, l'objectif de stabilisation de la Convention climat deviendra pratiquement hors de portée. Ils tablent sur une quantité restante de CO_2 à émettre de 600 $GtCO_2$, ce qui permet d'espérer une stabilisation entre 1,5 et 2 °C mais impose une diminution rapide des émissions, qui doivent s'annuler en 2040. Leur message est optimiste : cela reste du domaine du possible. Mais si le pic d'émissions n'était atteint qu'en 2025, les émissions n'auraient qu'une dizaine d'années pour s'annuler et un tel rythme de réduction n'est clairement pas envisageable. L'hypothèse d'une quantité de CO_2 restant à émettre de 800 $GtCO_2$, que nous avons mentionnée, est également examinée. Les émissions peuvent alors se poursuivre jusqu'en 2050. Mais 2020 reste l'année charnière à partir de laquelle il faut que les émissions commencent à diminuer.

Où en sommes-nous ?

Commençons par les bonnes nouvelles. Les émissions mondiales de CO_2 ont pratiquement arrêté d'augmenter depuis trois ans : 36,3 $GtCO_2$ en 2014, 36,4 en 2016 (Figure 2.6). Cette stagnation est largement liée à la Chine où les émissions liées aux combustibles fossiles ont très légèrement diminué (Figure 2.5). Cela pourrait être dû à la fois à une amélioration de l'efficacité énergétique et au développement des énergies renouvelables. Mais ne crions pas victoire trop vite, il est possible que le ralentissement de l'activité économique y contribue également. Depuis une dizaine d'années, la tendance est également à une diminution aux États-Unis et en Europe mais les émissions sont en forte augmentation en Inde et dans d'autres pays en voie de développement.

Quelques mauvaises nouvelles sont aussi au rendez-vous. La déforestation, qui avait atteint une valeur minimale en 2008, augmente depuis (Figure 2.5). En 2015, elle a dépassé 5 $GtCO_2$. Les concentrations de méthane, deuxième gaz à effet de serre influencé par les activités humaines, s'étaient stabilisées au début des années 2000. Elles ont de nouveau augmenté depuis 2006 ; l'agriculture en est peut-être à l'origine au moins pour partie. Avec pour résultat net une poursuite de l'augmentation des émissions, tous gaz à effet de serre confondus de 49 en 2011 (Figure 2.7) à 53 $GtCO_{2eq}$ en 2015, dernière année pour laquelle cette évaluation est disponible.

Enfin, les nouvelles ne sont pas excellentes par rapport aux engagements pris par les pays dans le cadre de l'Accord de Paris[3]. Certes les émissions baissent dans presque tous les pays industrialisés mais le rythme de décroissance est trop lent par rapport aux engagements. Ainsi les États-Unis, qui se sont engagés à - 26 % - 28 % en 2025 par rapport à 2005, sont plutôt sur une trajectoire - 15 % - 19 %. Et cela avant que le retrait annoncé par Donald Trump en juin 2017 ne produise ses effets. En fait les conséquences de ce retrait risquent de se faire sentir tout autant, sinon plus, à l'échelle mondiale. En effet, il faudrait être en mesure de discuter du relèvement de l'ambition de l'Accord de Paris dès 2019. Mais en l'absence du second pays émetteur, cela risque d'être difficile d'entraîner l'ensemble des autres pays.

La géo-ingénierie : a-t-on le droit de jouer les apprentis sorciers ?

Puisque le défi 2 °C semble quasi inaccessible, ne pourrait-on chercher à contrer délibérément le changement climatique ? Les activités humaines étant à l'origine du réchauffement, l'Homme ne pourrait-il pas développer des méthodes qui, d'une certaine façon, provoqueraient l'effet inverse ? Ne suffit-il pas d'observer la nature et de la copier ? Ainsi, chaque éruption volcanique importante provoque un refroidissement qui affecte le climat global pendant une période de l'ordre de deux ans, de l'ordre de 0,5 °C dans le cas du Pinatubo en 1991. D'où l'idée d'imiter les volcans en injectant des aérosols dans la basse stratosphère. C'est une des méthodes, il y en a d'autres, qui permettent de « gérer le rayonnement solaire ». Une autre approche, et là aussi différentes techniques sont envisageables, consiste à éliminer du CO_2 de l'atmosphère. Ces deux types de démarches sont généralement regroupés sous le terme de géo-ingénierie. Elles ne sont cependant pas toutes à mettre dans le même panier même si les

3. Victor *et al.*, « Nature, Prove Paris was more than paper promise », *Nature*, 2017, 548 (7665), p. 25-27.

unes et les autres auraient des effets secondaires indésirables et des conséquences à long terme. Nous avons envie de dire stop vis-à-vis des premières, qui tiennent de l'apprenti sorcier. Mais il sera difficile, sinon impossible, de respecter l'objectif 2 °C si les secondes sont complètement ignorées.

Gérer le rayonnement solaire

Les idées qui sous-tendent ces méthodes sont simples. La plupart proposent soit de réduire la quantité d'énergie solaire qui atteint la surface terrestre, soit d'en renvoyer plus vers l'espace en rendant l'atmosphère, les nuages ou la surface plus brillants. Cependant, de nombreux processus physiques complexes régissent les interactions entre flux d'énergie, circulation atmosphérique, conditions météorologiques et climat. Ainsi il apparaît difficile de compenser une augmentation de l'effet de serre, qui risque d'agir de jour comme de nuit, par une diminution du rayonnement qui n'aura de l'influence que pendant la journée, avec des conséquences potentielles sur le cycle diurne des températures. Même si en théorie il serait possible de ramener, en l'espace d'une à deux décennies, la température moyenne de la Terre à des valeurs préindustrielles, les pluies pourraient diminuer et l'humidité du sol, le débit des cours d'eau, la couverture neigeuse et l'étendue des glaces de mer risqueraient d'être affectées, avec des conséquences pour les écosystèmes. D'autres effets secondaires sont à craindre, telle une réduction de la couche d'ozone stratosphérique à la suite de l'introduction d'aérosols à ce niveau.

Les concentrations en CO_2 continuant à croître, l'acidification des océans se poursuivrait avec des répercussions sur les écosystèmes marins. Il faudrait constamment augmenter les quantités d'aérosols injectés pour espérer contrebalancer la montée du CO_2 atmosphérique et les concentrations élevées qui persisteront dans l'atmosphère pendant des milliers d'années. Mais avant tout, si pour une raison quelconque – technologique, géopolitique... – les injections devaient s'arrêter, un réchauffement très rapide – à l'échelle de quelques années – s'ensuivrait, ce qui mettrait à rude épreuve la capacité d'adaptation des écosystèmes et des populations humaines. D'autres approches existent, certaines totalement futuristes et très certainement irréalisables comme celle qui consisterait à déployer un filtre constitué de milliards d'écrans filtrants entre la Terre et le Soleil à 1,5 million de kilomètres de notre planète, ou *a priori* plus réaliste comme celle qui viserait à rendre les nuages plus brillants. Mais toutes ont cette même caractéristique : au fur et à mesure de la montée de l'effet de serre, il faut augmenter la dose. Et si elles devaient s'arrêter… ce serait encore pire que de n'avoir rien fait. Certes, certains chercheurs qui s'y intéressent proposent de ne les déployer que temporairement, pour gagner du temps… Mais d'un simple point de vue éthique, nous laisserions aux jeunes d'aujourd'hui et aux générations futures une situation qu'ils risquent fort de ne pas être en mesure de maîtriser. C'est d'un égoïsme honteux et, même si leurs effets secondaires étaient contenus, ces méthodes très risquées ne doivent pas être mises en œuvre.

Éliminer du CO_2 de l'atmosphère

L'idée est séduisante : puisque l'augmentation du CO_2 dans l'atmosphère est le premier contributeur au réchauffement, ne peut-on pas imaginer d'en éliminer une partie et de le stocker dans des réservoirs terrestres, océaniques ou géologiques ? Différentes méthodes sont effectivement envisageables, boisement ou reboisement à grande échelle, extraction directe de l'atmosphère, accélération de processus géologiques ou de la fertilisation de l'océan.

Cette dernière méthode, qui consisterait à accélérer dans l'océan la formation de phytoplancton, pompe à CO_2, a eu son heure de gloire[4]. La matière organique formée contribue à séquestrer ce gaz dans l'océan profond, où elle finit par tomber. Or, dans certaines régions de l'océan riches en sels nutritifs, la carence en fer est un des facteurs limitants de la croissance du phytoplancton. Il suffirait donc d'ensemencer la surface océanique avec du fer. Mais ce fer utilisé comme fertilisant s'avère 10 à 100 fois moins efficace que la fertilisation naturelle apportée par les vents. Le moins que l'on puisse dire est que l'efficacité de cette méthode est loin d'être démontrée. Et, là aussi, on peut craindre de nombreux effets secondaires sur les écosystèmes et l'acidité de l'océan. Mais aussi

4. Martin *et al.*, « Testing the iron hypothesis in ecosystems of the equatorial Pacific Ocean », *Nature*, 1994, 371 (6493), p. 123-129.

sur l'émission de gaz à effet de serre, autres que le CO_2, associés à la formation du phytoplancton. Ainsi le sulfite de diméthyle favorise la formation de particules qui servent de noyaux de condensation, ce qui pourrait au bout du compte renforcer l'effet de serre.

On pourrait aussi recourir à des processus géologiques, tels que l'altération des roches silicatées et carbonatées, qui absorbent naturellement du CO_2, mais très lentement sur des milliers voire des dizaines de milliers d'années. Pour accélérer ce processus, des minéraux silicatés comme l'olivine pourraient être extraits des mines et répandus sur les sols où, en absorbant du CO_2, ils formeraient des minéraux carbonatés. Le GIEC note que les méthodes qui font appel à la biologie et la plupart de celles qui reposent sur l'altération chimique sont nécessairement limitées par diverses contraintes physiques et environnementales, telle la concurrence entourant l'utilisation des terres. Enfin, on peut envisager une extraction directe du CO_2 de l'atmosphère par différentes méthodes chimiques, mais aucune n'est très efficace étant donné la faible concentration du CO_2 dans l'atmosphère.

Une grande incertitude est associée à l'efficacité de ces méthodes et à leur capacité de stocker le carbone de manière permanente. Dans le cas d'une technique de stockage non permanent, le CO_2 reviendrait dans l'atmosphère, où il alimenterait à nouveau le réchauffement. En outre, à la suite de la diminution de la concentration du CO_2 dans l'atmosphère, certains réservoirs y rejetteraient le CO_2 d'origine anthropique qu'ils renfermaient jusque-là. Pour neutraliser complètement les émissions anthropiques survenues dans le passé, il faudrait donc éliminer non seulement le CO_2 qui s'est accumulé dans l'atmosphère depuis l'époque préindustrielle, mais aussi une partie du carbone d'origine anthropique qui a été absorbé précédemment par la biosphère terrestre et par l'océan.

En mettant toutes ces méthodes bout à bout – oubliant les effets secondaires et les limitations propres à chacune d'entre elles –, il faudrait un siècle et demi à peu près pour éliminer le CO_2 rejeté depuis cinquante ans, ce qui rend difficile l'atténuation rapide du changement climatique. Le piégeage direct dans l'air serait en principe beaucoup plus rapide, mais son application à grande échelle risque d'être limitée par divers facteurs, dont la consommation d'énergie et les contraintes environnementales.

Toutes les méthodes envisagées pour pomper du CO_2 de l'atmosphère ne sont pas classées sous la rubrique géo-ingénierie. C'est une question d'échelle et d'ampleur des impacts qui y sont associés. La limite est floue entre ce qui relève de la géo-ingénierie, d'une part, de l'atténuation, de l'autre, dans les méthodes que nous venons d'évoquer. Le boisement, désigné aussi sous le nom d'afforestation, et la reforestation appartiennent plutôt à la catégorie atténuation ainsi que l'extraction directe du CO_2 de l'atmosphère.

C'est aussi le cas de techniques qui visent non pas à pomper du CO_2 de l'atmosphère mais à en limiter les émissions au niveau des sources. L'enfouissement dans les sols de matière organique, de plus en plus souvent évoquée, et de biochar – produit par pyrolyse à partir de résidus végétaux non utilisés qui seraient sinon source de CO_2 – appartiennent à cette catégorie. S'y ajoute l'avantage potentiel d'améliorer les propriétés agronomiques de ces sols. Il en va de même du piégeage du CO_2 à la sortie de centrales à charbon ou utilisant d'autres combustibles, suivi de son stockage dans des réservoirs souterrains. Cette méthode s'avère constituer un maillon essentiel des scénarios qui intègrent, de façon plus ou moins importante, des émissions négatives.

Les émissions négatives : une grande part de rêve

Difficile d'y échapper dans le cas du scénario qui respecte 2 °C. Nos émissions futures étant alors limitées à 800 $GtCO_2$, un effort un peu tardif dans leur stabilisation ou un peu trop timide ensuite dans leur rythme de réduction fera que cette valeur cumulée sera dépassée bien avant 2100. Seule solution pour s'en sortir : imaginer des émissions négatives dans les dernières décennies du siècle. C'est ce que font la plupart des scénarios qui respectent les objectifs de l'Accord de Paris avec, pour certains, des émissions négatives très importantes, de 8 et 20 $GtCO_2$ en 2100. La combinaison de deux approches – utilisation de la biomasse, qui absorbe du CO_2 lorsqu'elle se forme, en vue de produire de l'énergie et captage et stockage du CO_2 en sortie – connue sous le sigle BECSC est au cœur de ces scénarios. D'autres approches, extraction directe de l'atmosphère et accélération des processus géologiques, sont simplement évoquées.

Le captage et stockage du CO_2 constituent une méthode déjà très largement mentionnée pour limiter les émissions des centrales thermiques, en priorité celles, alimentées au charbon et au fuel, des installations industrielles et des cimenteries. Le CO_2 est capté dès son point d'émission, comprimé sous forme liquide. Il est ensuite transporté dans des gazoducs pour être injecté dans des formations géologiques profondes, réservoirs d'hydrocarbures, réservoirs miniers ou aquifères salins, avec des capacités de stockage importantes, jusqu'à 10 000 $GtCO_2$, dont il faut néanmoins vérifier qu'elles ne sont pas sujettes à des risques de fuite. Le surcoût énergétique serait compris entre 10 et 40 % et les coûts globaux ne semblent pas prohibitifs. Mais pour le moment nous n'en sommes qu'à des opérations pilotes. Loin d'un déploiement à grande échelle qui serait déjà utile aujourd'hui pour limiter les émissions de CO_2 issues de centrales existantes et pour ouvrir la voie à la possibilité d'émissions négatives.

Et ce sont des surfaces extrêmement importantes qui devraient y être consacrées, de 250 à 400 millions d'hectares pour la production de biomasse et jusqu'à 900 millions d'hectares de forêts dont la production devrait également être utilisée. Et cela dans les dernières décennies de ce siècle à un moment où la sécurité risque d'être délicate, voire difficile, selon l'évolution démographique. Mettre les jeunes d'aujourd'hui dans l'obligation de « pomper » du CO_2 de façon de plus en plus importante à partir de 2060-2070 est pour le moins égoïste… Comme l'analysent Philippe Ciais et ses collègues[5], il faut tout faire pour éviter ces scénarios qu'à juste titre ils appellent « attendre et réparer ». Ces auteurs soulignent que l'élimination du CO_2 de l'atmosphère, voire quelques années avec des émissions négatives, apparaissent désormais quasiment indispensables pour respecter l'objectif 2 °C, et encore plus pour 1,5 °C. Ils recommandent que ces techniques soient déployées assez rapidement. Elles seront difficiles à mettre en œuvre tant qu'il n'y a pas de prix du CO_2 permettant d'en couvrir le coût. Mais cette proposition nous semble de bon sens.

5. Philippe Ciais, communication personnelle.

Les leviers de l'action

Évidemment, le mieux serait de limiter au maximum cette nécessité d'éliminer du CO_2 de l'atmosphère. Nous avons cité un premier objectif qui y contribuerait, stabiliser les émissions de gaz à effet de serre d'ici trois ans, en 2020.

C'est loin d'être gagné, mais le défi s'amplifie par la suite. Johan Rockström[6] et ses collègues ont essayé de définir une règle simple à retenir : tous les dix ans, il faut que les émissions de CO_2 soient divisées par 2, 40 $GtCO_2$ en 2020, 20 en 2030, 10 en 2040, 5 en 2050. Les émissions pourraient alors être compensées par une élimination équivalente de CO_2 par BECSC. Nous serions donc à zéro émission en 2050, ce qui, d'après ces auteurs, est nécessaire pour respecter l'objectif 2 °C. Ce scénario est beaucoup plus contraignant que ne le mentionne l'Accord de Paris dont, en 2030, le point de passage est proche de 40 $GtCO_{2eq}$, soit environ 30 $GtCO_2$. Nous n'allons pas discuter plus avant les différences entre les nombreux scénarios présentés dans les rapports du GIEC ou développés plus récemment. Mais redire, à travers cette règle simple, l'ampleur du défi : diviser par 2 les émissions de CO_2 tous les dix ans, c'est les diminuer d'un peu plus de 6 % en moyenne chaque année. Sans se permettre la moindre pause, c'est énorme.

Impossible de nier l'immense difficulté, mais le message du dernier rapport du GIEC nous permet de garder un peu d'optimisme. Il existe des scénarios qui permettent de respecter l'objectif 2 °C ; c'est clairement beaucoup plus difficile pour 1,5 °C. Pour illustrer ce propos nous avons adopté l'approche du GIEC qui répartit les émissions entre cinq grands secteurs économiques, production d'énergie, transports, bâtiment, industrie, agriculture et forêts.

Les leviers d'action sont présentés avec un certain détail dans l'ouvrage *Le Défi climatique. Objectif* : 2 °C ![7] et de façon documentée dans les rapports du GIEC consacrés à l'atténuation du réchauffement climatique. Nous n'en donnerons donc ici que les grandes lignes à l'échelle mondiale, en soulignant qu'un élément clé concerne l'efficacité

6. Rockström *et al.*, « A roadmap for rapid decarbonization », *Science*, 2017, 355 (6331), p. 1269-1271.
7. Jouzel et Debroise, *Le Défi climatique. Objectif* : 2 °C !, Dunod, 2014.

Figure 4.2. Répartition de l'ensemble des émissions anthropiques de gaz à effet de serre.

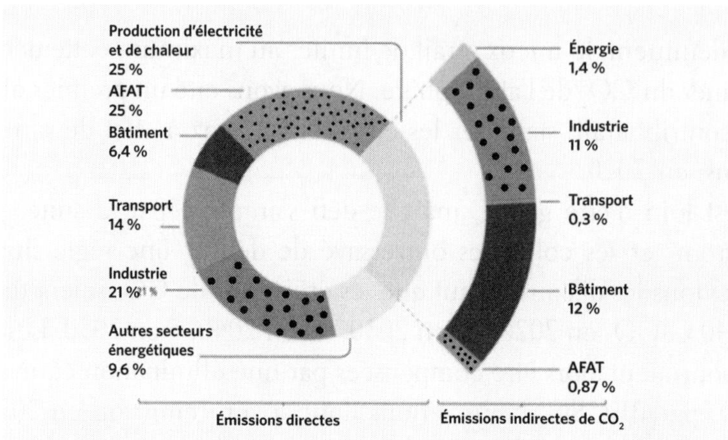

Exprimées en $GtCO_{2eq}$, entre les différents secteurs économiques, énergie, transports, bâtiment, industrie, et agriculture, forêts et autres utilisations des terres (AFAT). Pour évaluer les émissions de chacun d'entre eux, il faut y ajouter les émissions indirectes qui découlent de la production d'électricité et de chaleur utilisées dans un secteur donné.

énergétique et les changements de comportements permettant des diminutions à court terme de la demande d'énergie. En termes d'efficacité énergétique, le potentiel est important dans les secteurs de l'approvisionnement en énergie, du transport, du bâtiment et de l'industrie. Mais, il est aussi possible de réduire considérablement ces émissions en modifiant les habitudes de consommation, mobilité, énergie, choix des produits… Ainsi qu'en modifiant le régime alimentaire et en réduisant le gaspillage.

La décarbonisation de la production d'électricité en constitue un autre élément clé. Dans la majorité des scénarios 2 °C, la part d'électricité sobre en carbone, qui inclut les renouvelables, le nucléaire et les énergies fossiles avec captage et piégeage du carbone, passe de sa part actuelle, environ 30 %, à plus de 80 % en 2050. Les renouvelables représentent désormais plus de la moitié des nouvelles capacités de production installées mais nécessitent encore un soutien direct ou indirect et posent certaines difficultés d'intégration liées, en particulier, aux capacités de stockage de l'énergie. Le nucléaire pourrait apporter une contribution croissante à l'approvisionnement en énergie sobre en carbone, le GIEC soulignant que divers risques et obstacles y sont associés. Pour le piégeage et stockage du CO_2, le rapport rappelle qu'il n'a pas encore été utilisé à échelle réelle, qu'il ne peut se développer qu'au prix d'une réglementation incitative et qu'il présente aussi certains risques.

Si aucune mesure n'était prise dans les transports, les émissions de CO_2 devraient à peu près doubler d'ici à 2050. Des plans urbains intégrés, des aménagements axés sur le transport, des villes plus compactes, qui favorisent les modes de déplacement doux, conduiront à des transferts modaux. À plus long terme, ces transferts pourraient aussi être favorisés par des réaménagements urbains et de nouvelles infrastructures. De telles mesures sont difficiles à mettre en place et leurs résultats sont incertains mais elles pourraient conduire à une diminution des émissions du secteur qui pourraient s'établir entre 5 et 7 $GtCO_2$.

Comme pour le transport, les émissions de CO_2 dans le secteur du bâtiment pourraient, en l'absence de mesures, doubler d'ici à 2050. Et il en va de même pour la demande d'énergie, mais les progrès dans les technologies, le savoir-faire et les politiques offrent des possibilités de stabilisation aux niveaux actuels ou de réduction de la consommation mondiale d'énergie dans l'immobilier neuf et la rénovation, d'ici au milieu du siècle. Là aussi, le mode de vie, la culture et le comportement ont une influence considérable sur la consommation énergétique. Les obstacles sont de taille au niveau, par exemple, des oppositions entre locataires et propriétaires, de la fragmentation des marchés et de l'accès insuffisant à l'information et au financement. En 2050, les émissions associées à ce secteur pourraient être comprises entre 1 et 3 $GtCO_2$.

Sans une nette amélioration de l'efficacité énergétique, la consommation d'énergie finale de l'industrie pourrait doubler d'ici à 2050 dans un secteur qui, en 2010, a contribué pour un peu plus de 30 % aux émissions de gaz à effet de serre. Au-delà de l'efficacité énergétique, pourraient être mises en œuvre des améliorations touchant la réduction des émissions de gaz à effet de serre, l'utilisation et la réutilisation de matériaux et de produits, le recyclage, et une réduction globale de la demande de produits et de services. La réduction des déchets suivie de leur réutilisation, le recyclage et la récupération d'énergie offrent des solutions intéressantes dans le domaine de la gestion des déchets. Dans le secteur de l'industrie au sens large, les émissions pourraient, en 2050, se situer autour de 5 $GtCO_2$.

Le secteur agricole et forestier offre un très fort potentiel de réduction des émissions de gaz à effet de serre. L'augmentation des surfaces boisées, la gestion durable des forêts et la réduction de la déforestation constituent des leviers d'action efficaces. En agriculture, les actions de réduction peuvent s'appuyer sur une meilleure gestion des terres cultivées et des pâturages et sur une augmentation de la capacité des sols et de la biomasse à stocker du carbone. Dans le secteur de l'alimentation, des modifications des régimes alimentaires et la réduction du gaspillage offrent également des possibilités de réduction des émissions de gaz à effet de serre. Les mesures doivent également porter sur les émissions de méthane et de protoxyde d'azote auxquelles l'agriculture contribue, à travers une alimentation adaptée du bétail et une utilisation optimale de fertilisants. Enfin, la bioénergie peut jouer un rôle crucial en faveur de l'atténuation tandis que la possibilité d'émissions négatives s'appuie sur l'utilisation de la biomasse couplée avec le piégeage et le stockage du CO_2. Nous en avons évoqué les difficultés et les limites. Mais force est de constater que, sans ces émissions négatives, il est illusoire d'espérer respecter les objectifs de l'Accord de Paris.

Le coût de l'action et le rôle du secteur financier

Publié en 2006, le rapport Stern a fait l'effet d'une bombe dans le secteur économique et financier. Il met en évidence que, en matière de climat, le coût de l'inaction est beaucoup plus élevé que celui de l'action : les coûts et les risques globaux du changement climatique seront équivalents à une perte d'au moins 5 % du PIB mondial chaque année, aujourd'hui et pour toujours, tandis que les coûts de l'action, à savoir réduire les émissions de gaz à effet de serre pour éviter les pires conséquences du changement climatique, peuvent se limiter à environ 1 % du PIB mondial chaque année. Ces conclusions ont été contestées par une partie des économistes. Et, en 2007, le GIEC a estimé que la valeur de 5 % constituait plutôt une borne supérieure des pertes mondiales, qui pourraient être comprises entre 1 et 5 % du PIB pour un réchauffement de 4 °C.

En 2013, le GIEC conclut que les coûts économiques de l'atténuation, fortement variables selon les méthodes et les hypothèses, augmentent lorsque les mesures d'atténuation deviennent plus strictes. Dans l'hypothèse où tous les pays du monde entreprendraient immédiatement des actions d'atténuation, où un seul et même prix du carbone serait appliqué et où toutes les technologies clés sont disponibles, les scénarios 2 °C entraîneraient d'ici à 2100 une réduction moyenne de la croissance annuelle du PIB de 0,06 %. Cette réduction apparaît tout à fait marginale puisque les taux de croissance annuelle des différents scénarios sont compris entre 1,6 et 3 %, et qu'elle ne tient pas compte des cobénéfices éventuels de la lutte contre le réchauffement climatique. Retarder les mesures d'atténuation permet de réduire les coûts à court terme mais les augmente à moyen et à long terme. Par ailleurs, l'idée d'un prix unique du carbone ne verra probablement jamais le jour ; ainsi le récent rapport Stern-Stiglitz[8] propose un corridor de prix du CO_2 (40-80 dollars la tonne en 2020 croissant à 50-100 dollars la tonne en 2030), avec un niveau qui peut différer d'un pays à l'autre, serait ajustable dans le temps, et commencerait à une valeur inférieure à 40 dollars la tonne dans les pays à faible revenu.

Même s'il n'existe pas de définition bien établie de ce qui constitue la finance climatique, on dispose d'estimations portant sur les flux financiers dédiés chaque année à l'atténuation des changements climatiques et à l'adaptation. Ils seraient de l'ordre de 343 à 385 milliards de dollars, dont la plus grande partie va à l'atténuation. Le GIEC souligne que respecter l'objectif 2 °C conduit à des changements importants dans ces flux d'investissements. Les projections réalisées pour 2010-2029 pour le secteur de l'énergie sont illustrées dans la figure 4.3. Par rapport à 2010, elles montrent une baisse des investissements de l'ordre de 20 % dans les technologies liées aux combustibles fossiles et à leur extraction. Cette baisse s'accompagne d'une augmentation des investissements dans l'approvisionnement en électricité sobre en carbone (énergies renouvelables, nucléaire et production d'électricité associée au piégeage et au stockage du carbone). Mais le premier levier d'action, et de loin, est l'amélioration de l'efficacité énergétique dans les transports, le bâtiment et l'industrie, correspondant à une augmentation des investissements de 336 milliards de dollars par an. Pour mémoire, le total annuel mondial

8. *Report of the High-Level Commission on Carbon Prices*, publié le 29 mai 2017.

Figure 4.3. Variation des flux annuels d'investissements.

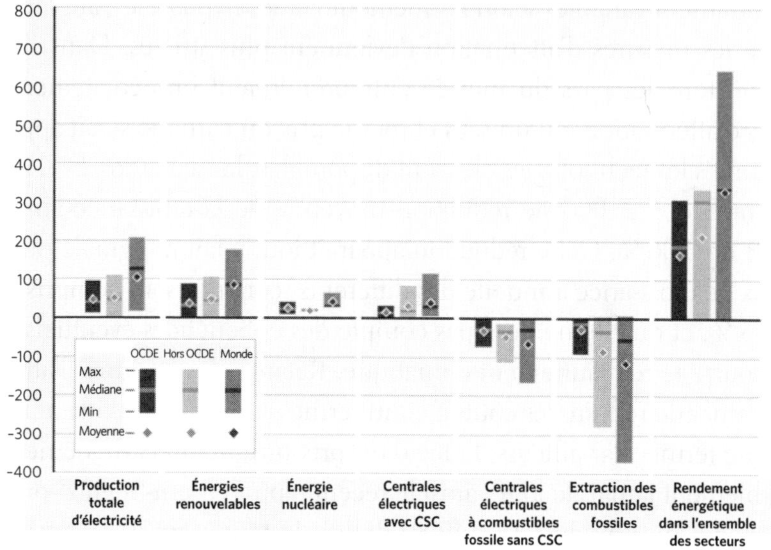

Pour les scénarios d'atténuation *a priori* compatibles avec l'objectif 2 °C. Ces variations (échelle verticale) sont exprimées en milliards de dollars par an. CSC : captage et stockage de dioxyde de carbone.

des investissements dans le système énergétique s'élève actuellement à environ 1 200 milliards de dollars par an. L'OCDE estime que le soutien public à la production et à la consommation de combustibles fossiles dans les pays de l'OCDE et les grandes économies émergentes est compris entre 160 et 200 milliards de dollars par an[9].

L'Accord de Paris reconnaît explicitement le rôle clé que peut jouer le secteur financier dans la lutte contre le réchauffement et l'adaptation puisque, à travers son article 2, cet accord vise à renforcer la riposte mondiale à la menace des changements climatiques, dans le contexte du développement durable et de la lutte contre la pauvreté, notamment en « rendant les flux financiers compatibles avec un profil d'évolution vers un développement à faible émission de gaz à effet de serre et résilient aux changements climatiques ». Et les sommes à mobiliser, même si elles sont extrêmement importantes, le sont largement moins que ce qui a été mis sur la table pour sauver les banques…

9. Rapport accompagnant l'inventaire OCDE des mesures de soutien pour les combustibles fossiles, 2015.

CHAPITRE 5

Facteur 4 : Pourquoi ? Comment ?

Facteur 4, c'est un engagement pris par la France en 2003, qui consiste à diviser par 4 nos émissions de gaz à effet de serre d'ici à 2050.

Le concept « facteur 4 » était apparu une première fois en 1997, dans un rapport au Club de Rome qui préconisait de multiplier par 2 le bien-être, en divisant par 2 l'utilisation des ressources naturelles[1]. À l'origine, il s'agissait donc d'un concept qui s'appliquait à un champ plus large que les émissions de gaz à effet de serre (GES). L'expression a été reprise ensuite presque uniquement dans le cas des émissions de GES, pour désigner un objectif commun à la plupart des pays occidentaux : diviser par 4 leurs émissions avant 2050.

Annoncée par le président de la République, Jacques Chirac, l'adhésion de la France à l'objectif Facteur 4 a été confirmée par le Premier ministre, Jean-Pierre Raffarin, qui, lors de l'ouverture de la 20e session plénière du GIEC, le 19 février 2003 à Paris, déclarait alors qu'« il faut diviser par 2 les émissions de GES avant 2050 à l'échelle de la planète [...]. Pour la France, pays industrialisé, cela signifie une division par 4 ou par 5. En vertu du principe de responsabilité commune mais différenciée, nous devons montrer l'exemple en matière de mise en œuvre des politiques domestiques de lutte contre l'effet de serre ».

---

1. *Factor 4 : Doubling Wealth – Halving Resource Use*, Londres, Earthscan Publications, 1997, par Ernst Ulrich von Weizsäcker (fondateur de l'Institut Wuppertal pour le climat, l'environnement et l'énergie, Allemagne), Amory B. Hunter et L. Hunter Lovins (Institut Rocky Mountain, Colorado, États-Unis).

Cet objectif a été repris dans la loi de programme de politique énergétique du 13 juillet 2005 sous la forme suivante : « Cette lutte devant être conduite par l'ensemble des États, la France soutient la définition d'un objectif de division par 2 des émissions mondiales de gaz à effet de serre d'ici à 2050, ce qui nécessite, compte tenu des différences de consommation entre pays, une division par 4 ou 5 de ces émissions pour les pays développés. »

« Diviser par 4 ou 5 nos émissions de gaz à effet de serre »

Diviser par 4 ou 5 nos émissions de gaz à effet de serre ? C'est un objectif clair. Un objectif qu'il est fondamental d'atteindre, en effet, si l'on veut éviter le chaos climatique. Un objectif très ambitieux. Mais, pour parler franchement, *on n'y est pas du tout !*

Certes, la production de CO_2 de notre pays a diminué depuis 1990 : les émissions de l'industrie, en particulier, ont baissé de plus d'un tiers. Mais, nous l'avons brièvement évoqué page 76, le bilan est nettement moins flatteur si l'on tient compte des services et des produits que nous importons de toutes les régions du monde, et en particulier ces milliers de containers qui arrivent en France remplis d'objets *made in China*, fabriqués avec une électricité produite essentiellement avec du charbon…

Les émissions de CO_2 « cachées » des Français

Vertueuse, la France, en matière d'émission de gaz à effet de serre ? Oui, si l'on s'en tient au seul inventaire national. Beaucoup moins si l'on considère l'empreinte carbone globale, qui intègre les rejets carbonés générés, à l'étranger, par les biens et les services importés. C'est ce que met en évidence une note, publiée le 6 novembre, du Commissariat général au développement durable, rattaché au ministère de l'Écologie.

L'inventaire national des émissions de GES est produit pour la Convention-cadre des Nations unies sur les changements climatiques (CCNUCC). Il comptabilise les rejets carbonés liés aux biens et services produits *à l'intérieur* du territoire français, pour la consommation intérieure comme pour l'exportation.

Figure 5.1. Empreinte carbone en France.

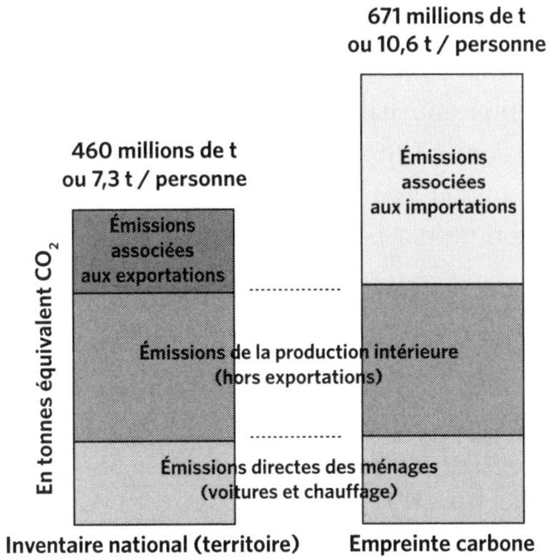

À cet égard, la France fait figure de bon élève : pour les trois principaux gaz à effet de serre – dioxyde de carbone, méthane et protoxyde d'azote –, ses émissions se sont élevées à 460 millions de tonnes équivalent CO_2 en 2012, soit une moyenne de 7,3 tonnes par habitant. Elles sont en baisse de 15 % par rapport à 1990, ce qui a permis de dépasser les objectifs du Protocole de Kyoto, qui prévoyait une stabilisation entre 1990 et 2012.

Mais le tableau est moins flatteur si l'on calcule l'*empreinte carbone* de la France, qui prend en compte l'ensemble des émissions induites par la consommation intérieure de biens et de services, qu'ils soient produits sur le sol français ou importés.

Les importations couvrent de multiples domaines : énergie (électricité et carburants), matières premières (minerais, alimentation animale et humaine...), produits semi-finis (matériaux de construction, pièces détachées...) et produits finis (voitures, équipements professionnels et ménagers, habillement...). En revanche, les émissions réalisées sur le territoire national attachées aux exportations sont exclues de cet ensemble.

En intégrant ces importations, l'empreinte carbone de la France a atteint en 2012 le total de 671 millions de tonnes équivalent CO_2, soit une moyenne de 10,6 tonnes par habitant. Elle a même légèrement progressé par rapport à 1990 (659 millions de tonnes).

Le Commissariat général au développement durable souligne que ces 211 millions de tonnes d'émissions cachées, dues aux importations, représentent désormais un tiers de l'empreinte carbone de la France. Cette part invisible, mais bien réelle dans l'atmosphère, a « augmenté de 54 % entre 1990 et 2012 ».

Pour contenir le réchauffement planétaire à 2 °C à l'horizon 2100, il faudrait limiter l'empreinte carbone moyenne de chaque Terrien à « environ 2 tonnes équivalent CO_2 par an d'ici à 2050 ».

La moyenne mondiale est aujourd'hui voisine de 7 tonnes par habitant. Avec ses 10,6 tonnes par personne, la France est encore loin du compte.

Pierre Le Hir, *Le Monde*, 10 novembre 2015

Pendant que l'Europe diminuait légèrement sa production de CO_2, l'atelier du monde, la Chine, a considérablement augmenté la sienne, à partir de son admission au sein de l'OMC (Organisation mondiale du commerce) à la fin 2001.

Entre 1990 et 2013, les émissions de CO_2 dans l'ensemble de l'OCDE ont *progressé* de 5 % selon l'approche territoire, et de 9 % selon l'approche empreinte.

Figure 5.2. Empreinte carbone de l'Europe et de la Chine.

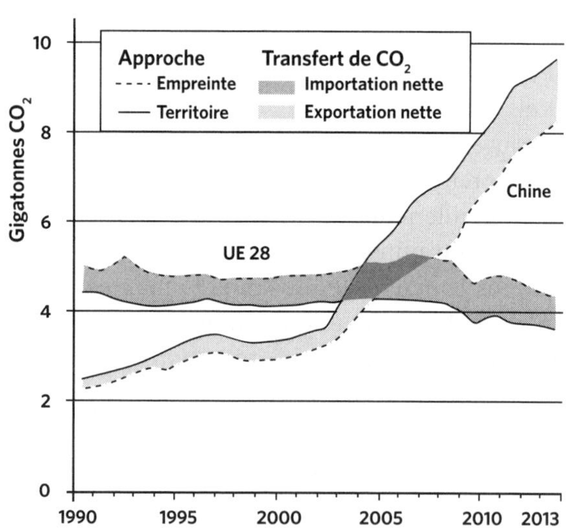

Source : I4CE à partir de Global Carbon Project.

Pour l'Europe, elles ont diminué de 18 % sur cette période suivant l'approche territoire, et de 14 % seulement suivant l'approche empreinte.

Elles ont quasiment triplé en Chine sur cette période, quelle que soit l'approche. Les émissions par habitant en Chine sont à présent équivalentes à celles de l'Union européenne, selon l'approche territoire. En revanche, selon l'approche empreinte (plus proche de la réalité de la consommation des personnes), les émissions par habitant sont 30 % plus faibles en Chine qu'en Europe (et plus de 50 % plus faibles que la moyenne de l'OCDE, à cause de la très forte production des États-Unis)[2].

On peut se rassurer en observant que l'empreinte CO_2 de la France est, depuis quelques années, sur une pente légèrement descendante après être passée par un sommet au milieu des années 2000. Mais il semble que les chiffres qui seront publiés bientôt pour 2016 ne prolongent pas cette courbe descendante et, de toute façon, nous sommes très loin d'une évolution qui rendrait crédible l'objectif de Facteur 4 – ou 5 – d'ici à 2050.

L'étude publiée fin 2015 par le ministère de l'Environnement français rappelait que, si l'on veut éviter que l'humanité sombre dans le chaos, chaque Terrien n'aura « le droit » de produire que 2 tonnes d'équivalent CO_2 par an en 2050. Or la France est en moyenne à 10,6 tonnes... En quelques mots, tout est dit. Et l'on comprend pourquoi, en 2005, la loi avait fixé comme objectif de diviser notre production de GES par 4... *ou par 5 !* C'est bien l'objectif en effet.

Diviser par 4 ou par 5 notre production de gaz à effet de serre ? L'effort à fournir est colossal et, franchement, si l'on ne change pas de braquet de toute urgence, on n'en prend pas le chemin. L'effort de la France et de l'Europe depuis le début des années 2000 est réel mais tout à fait insuffisant.

---

2. Sources OCDE, ministère français de l'Environnement, Ademe, I4CE. Pour en savoir plus, consulter les *Chiffres clés du climat France et monde*, édition 2017 sur le site Internet du ministère ou de l'Ademe.

Un effort réel mais totalement insuffisant

Sur l'isolation des bâtiments, qui constitue le gisement le plus immédiatement exploitable d'économies de GES, la mission Facteur 4 constatait déjà en février 2013 « une bonne acceptation des réglementations dans le neuf mais *des signes d'essoufflement* pour isoler les bâtiments dans le parc existant[3] ».

« On se moque parfois des Allemands en disant qu'ils font peu de rénovations thermiques mais eux, quand ils isolent, c'est pour de vrai. Ils font de vrais travaux, explique une experte du sujet. Tandis que nous, en France, on change une fenêtre par-ci et une chaudière par-là, mais cela ne sert pas à grand-chose. Quand ils financent des travaux d'isolation, le "minimum" des Allemands, c'est notre maximum à nous, poursuit-elle, assez remontée contre l'inertie de notre pays… Nous, en France, en matière d'isolation des bâtiments, on n'a ni le nombre ni la qualité ! »

« Et le décret Tertiaire ? s'inquiète un de ses collègues. Il avait été annoncé pour la première fois en 2010, avec la loi Grenelle 2. Il devait obliger les entreprises du secteur tertiaire (les plus grandes en tout cas) à réaliser les travaux d'isolation thermique qui sont à coup sûr rentables d'ici à cinq ans. C'est une très bonne idée, qui a déjà été inscrite dans deux lois, la loi de 2010 et la loi sur la transition énergétique de 2015 qui a repris l'idée. Mais rien ne bouge : attendu depuis 2010, le décret d'application pour la période 2012-2020 est paru au *Journal officiel* le 9 mai 2017… mais a été suspendu deux mois plus tard ! On nous explique que les lobbies bloquent sa sortie. Pourtant, il ne s'agit que d'obliger des entreprises à faire des travaux qui sont rentables à coup sûr d'ici à cinq ans… Si on laisse retomber l'ambition sur le logement et sur le tertiaire, on n'y arrivera jamais ! »

Et les énergies renouvelables ? Si l'on veut brûler moins de pétrole, il faut d'abord économiser l'énergie mais il faut aussi développer les énergies renouvelables. Est-ce bien le cas ? Les médias valorisent souvent ce qui est nouveau : beaucoup de journalistes qui couvrent les questions

---

3. *Rapport de la mission Facteur 4* du Commissariat général au développement durable publié en février 2013.

d'environnement sont convaincus qu'il est nécessaire de changer de modèle et préfèrent publier des articles sur ce qui donne de l'espoir plutôt que de ressasser des données déprimantes… Aussi, on parle de plus en plus d'énergies renouvelables dans les médias français. C'est évidemment une très bonne chose. Mais l'arbre ne doit pas cacher la forêt : le retard pris par la France est important et rien ne dit, aujourd'hui, qu'on va se donner les moyens de rattraper ce retard.

Au 1er semestre 2017, par exemple, la puissance installée en éolien a été 6 % *plus faible* que la puissance installée sur la même période un an plus tôt[4]. Le moins qu'on puisse dire, c'est qu'on n'est pas en train d'accélérer le mouvement…

Puissance installée de l'éolien en France

Éolien	Nombre d'installations	Puissance installée (en mégawatts, MW)
Parc raccordé au 31 décembre 2016	1 519	11 815 MW
Parc raccordé au 30 juin 2017	1 559	12 333 MW
Nouvelles installations du premier semestre 2017	54	+ 519 MW
Nouvelles installations du premier semestre 2016	56	+ 551 MW
Évolution 2017/2016	– 4 %	**– 6 % en un an**

Et c'est pire pour le photovoltaïque, où la puissance installée en France au premier semestre 2017 est un tiers plus faible que la puissance installée sur la même période en 2016…

Puissance installée du photovoltaïque en France

Photovoltaïque	Nombre d'installations	Puissance installée (en mégawatts, MW)
Parc raccordé au 31 décembre 2016	383 013 panneaux	7 166 MW
Parc raccordé au 30 juin 2017	391 571 panneaux	7 399 MW
Nouvelles installations du premier semestre 2017	8 558	+ 233 MW
Nouvelles installations du premier semestre 2016	9 374	+ 343 MW
Évolution 2017/2016	– 9 %	**– 32 % en un an**

4. Source *Stat Info* du ministère, août 2017. *Via* le compte Tweeter de Paul Neau, l'un des piliers de l'association négaWatt.

Figure 5.3. Europe : Investissements dans les énergies renouvelables de 2004 à 2015.

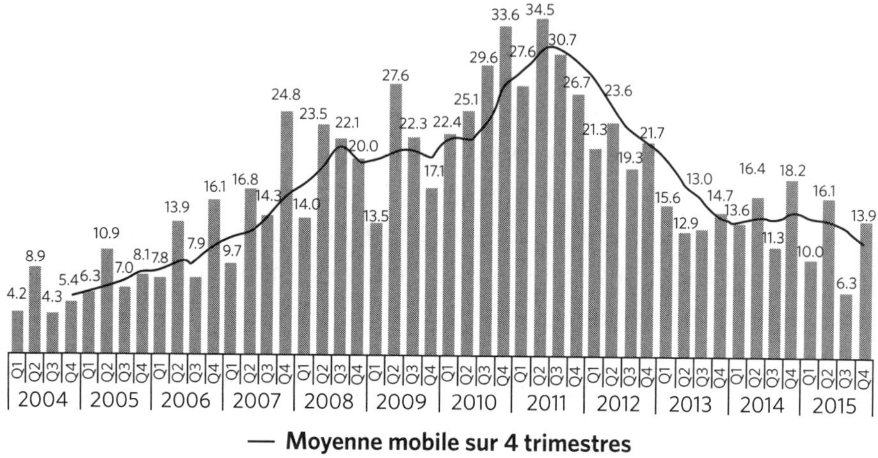

Source : OCDE – Bloomberg Énergies nouvelles.

La France n'est pas une exception : c'est toute l'Europe, en fait, qui semble baisser les bras. Depuis 2011, les investissements européens dans les énergies renouvelables ne cessent de diminuer.

Dans le même temps, la Chine, elle, ne cesse d'investir pour rattraper son retard, encore plus considérable que celui de l'Europe.

La Chine investit 360 milliards dans les énergies renouvelables

Jeudi, le gouvernement chinois a présenté un plan quinquennal ambitieux sur le développement énergétique. Ce plan, qui couvre la période 2016-2020, prévoit d'investir 361 milliards de dollars dans l'électricité à base de renouvelables d'ici à 2020, avec à la clé 13 millions de nouveaux emplois.

L'engagement du gouvernement porte surtout sur la réduction de la consommation de charbon, qui représente toujours 64 % du mix énergétique chinois et reste une des énergies les plus polluantes au monde. Ils prévoient de passer sous les 58 % pour 2020. « Quand il fixe un objectif, le gouvernement chinois sait qu'il peut l'atteindre », assure Gabrielle Desarnaud, chercheuse au centre Énergie de l'Ifri.

« Contrairement à la conception majoritaire en Europe, le développement des énergies renouvelables, en Chine, est vu comme un moyen de faire d'une pierre deux coups, développe la chercheuse. En misant sur ce secteur, ils créent des emplois, élargissent la filière, gagnent des parts de marché à l'étranger et garantissent un environnement plus sain pour la population. » Le pays est devenu le premier producteur mondial d'énergie solaire en 2016.

Aude MASSIOT, *Libération*, 7 janvier 2017

Une grande partie de la population chinoise souffre régulièrement des problèmes de pollution de l'air liés à la forte consommation de charbon. Cette pollution, qui atteint des niveaux inconnus en Europe, a provoqué ces dernières années un grand nombre de manifestations dans plusieurs régions industrielles, ce qui pousse les dirigeants du pays à investir réellement dans les énergies renouvelables.

La consommation de charbon a commencé à baisser depuis 2013-2014, mais les pics de pollution restent fréquents. Le plan quinquennal publié début 2017 prévoit d'arriver à 15 % d'énergies non fossiles dans le mix énergétique d'ici trois ans.

Après l'élection de Trump, certains craignaient que la Chine « profite de l'occasion » pour, elle aussi, dénoncer ses engagements Climat. Ce ne fut pas le cas : lors de la COP22, à Marrakech en novembre 2016, la Chine a redit solennellement sa volonté d'agir dans le cadre de l'Accord de Paris, et durant l'été 2017 on a appris que les objectifs qu'elle s'était fixés pour 2020 en matière de photovoltaïque étaient déjà atteints avec trois ans d'avance.

Hélas, même si la Chine dispose du plus grand parc solaire du monde, d'une superficie de plus de 30 km^2, et du plus grand parc solaire flottant du monde, situé sur une ancienne mine de charbon qui a été noyée, seul 1 % de la demande chinoise en énergie est satisfaite aujourd'hui grâce à l'énergie solaire. Le charbon tient encore une place écrasante dans le bouquet énergétique chinois.

Même si les esprits évoluent sur tous les continents en faveur d'un modèle énergétique nettement moins carboné, les investissements dans les énergies renouvelables restent encore tout à fait insuffisants pour rattraper le retard, après des années de surinvestissement dans les énergies brunes, charbon et pétrole.

Malgré la création du GIEC en 1988, malgré le sommet de Rio en 1992, malgré Johannesburg en 2002 (« Notre maison brûle et nous regardons ailleurs »), on a continué à investir dans les énergies fossiles

Figure 5.4. Investissements dans les énergies fossiles et les renouvelables.
Volumes moyens entre 2000 et 2013 pour l'ensemble de la planète.

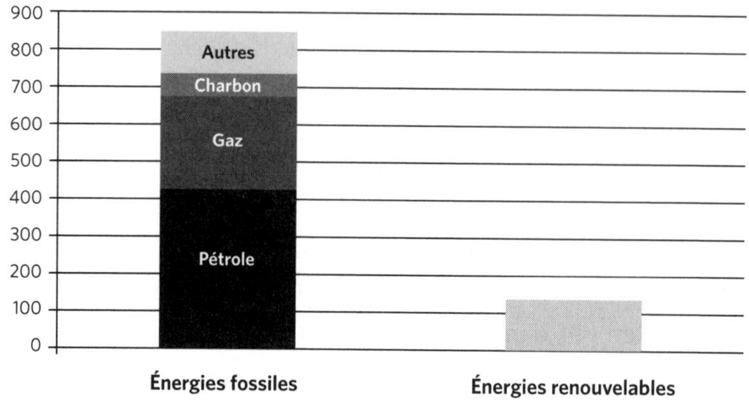

et à produire du CO_2 comme si la planète pouvait indéfiniment digérer ce surcroît de pollution.

Entre 2000 et 2013, au niveau mondial, les chiffres de l'Agence internationale de l'énergie (AIE) indiquent que l'on a investi en moyenne chaque année 846 milliards de dollars dans les énergies brunes contre seulement 153 milliards dans les énergies renouvelables. Entre 5 et 6 fois moins !

« OK, OK ! mais ça, c'est le passé, nous diront certains. Maintenant, en Europe, tout le monde a compris qu'il fallait passer à la vitesse supérieure. C'est le seul intérêt des déclarations de Trump : elles vont servir d'électrochoc et tous les pays d'Europe vont faire le maximum. »

C'est ce que nous espérons, évidemment, mais rien ne prouve que ce sera le cas si les citoyens ne se font pas entendre haut et fort pour pousser les politiques à l'audace. Il ne faut pas sous-estimer en effet l'inertie de la société, en général, et de l'appareil d'État, en particulier…

Un exemple ? On a vu plus haut que le secteur du bâtiment (logement et tertiaire) constitue en même temps un secteur fortement émetteur de CO_2 et un gisement facilement exploitable d'économies de GES. Qui plus est, la rénovation massive des logements et de l'ensemble des bâtiments publics ou privés est l'un des secteurs où les créations d'emplois seraient les plus massives si l'on décidait de prendre le taureau par les cornes pour lutter contre le dérèglement climatique.

De ce point de vue, le Plan Climat annoncé en juillet 2017 par Nicolas Hulot semble tout à fait satisfaisant car l'objectif affiché est volontariste : le ministre a annoncé la rénovation en dix ans des 7 000 000 « passoires thermiques », soit 700 000 par an, en moyenne, alors que le rythme actuel est certainement inférieur à 200 000 par an. Et pour financer ce chantier, le dossier de presse distribué par le ministère prévoit « 4 milliards d'euros pour la rénovation thermique ».

« C'est 4 milliards par an ? », demandons-nous à une source proche du dossier. « Non, non, répond-il en souriant. Ce qu'on vise c'est 4 milliards sur cinq ans. Il y aura 0,8 milliard par an en moyenne, mais sur l'ensemble du mandat, cela fera 4 milliards, qui viendront des 50 milliards d'investissements dont s'occupe Jean Pisani-Ferry. »

« Quatre milliards sur cinq ans ? Si l'on veut rénover 700 000 logements par an, ce n'est pas du tout suffisant, regrette un spécialiste de ces questions, poursuivant. Si on veut faire une vraie rénovation, qui diminue vraiment la consommation d'énergie, il faut compter en moyenne entre 25 000 et 30 000 euros par logement. Faites le compte : 700 000 × 25 000 ou 30 000, il faut entre 17 et 21 milliards d'euros. Entre 17 et 21 milliards par an… Avec 0,8 milliard par an, on ne va pas aller très loin ! »

Même si ce n'est pas suffisant et même si cette somme doit être étalée sur cinq ans et non pas disponible chaque année, on se renseigne sur ces 4 milliards « qui viennent des 50 milliards dont s'occupe Jean Pisani-Ferry », et on constate hélas que leur financement est encore flou :

Un plan d'investissement de 50 milliards d'euros… qui reste à financer

La promesse est forte mais s'annonce compliquée à mettre en œuvre. Pour préparer l'avenir, le Premier ministre, Édouard Philippe, a confirmé mardi 4 juillet un « grand plan d'investissement de 50 milliards d'euros dans les domaines de la transition écologique, du développement des compétences, de la santé, des transports, de l'agriculture et de la modernisation de l'État ».

C'était l'une des mesures fortes contenues dans le programme d'En marche ! dévoilé début mars. Jean Pisani-Ferry, qui était le coordinateur du programme, a d'ailleurs été missionné par le Premier ministre « pour le concevoir et préparer son déploiement ».

Selon le programme d'En marche !, le plan d'investissement « montera en régime à partir de 2018 et s'achèvera en 2022 ». Initialement, la ventilation des investissements a été arrêtée par grandes masses. Quinze milliards d'euros sont

fléchés vers la transition écologique, dont 4 milliards d'euros pour « diviser par deux le nombre de passoires thermiques dont les propriétaires sont précaires ». Ensuite, 15 milliards d'euros seront consacrés à la formation, notamment des jeunes peu qualifiés. Plusieurs enveloppes de 5 milliards d'euros iront à l'agriculture (plan de transformation agricole), à la santé (plan numérique pour l'hôpital), aux transports et, enfin, à la modernisation de l'action publique.
Où trouver ces moyens ? Rien ne filtre encore. « C'est trop tôt !, confie Jean Pisani-Ferry. Ma mission est précisément de faire des propositions pour le montage de ce plan, pour servir ses finalités dans le contexte budgétaire que nous connaissons. Je connais l'équation à résoudre, pas encore la solution. »

Philippe JACQUÉ, *Le Monde*, 5 juillet 2017

En résumé, là où il faudrait entre 17 et 20 milliards par an, le gouvernement a prévu moins de 1 milliard. Et le financement de ce milliard n'est pas encore assuré…

Stop !

Si l'on veut éviter le chaos climatique, si l'on veut vraiment que l'Europe tienne ses engagements et fasse sa part dans l'effort collectif, on ne peut pas continuer comme ça. Il faut totalement « changer de braquet ». Il faut des investissements bien plus massifs. Ce n'est pas avec 0,8 milliard par-ci ou 1,2 milliard par-là qu'on va y arriver.

Pour parvenir au Facteur 4, une Stratégie nationale bas carbone a été définie en 2015. Fruit du travail collectif issu du Grenelle de l'environnement, organisé en 2007, et qui s'est poursuivi d'une façon ou d'une autre sous tous les gouvernements depuis cette date, cette Stratégie nationale bas carbone donne une feuille de route assez précise de ce qu'il faut faire pour éviter le chaos climatique. On peut sans doute vouloir faire mieux, ou aller plus vite (on y reviendra), mais il serait souhaitable de nous donner au moins les moyens de mettre en œuvre les préconisations de ce travail collectif.

Sa mise en œuvre a été chiffrée par l'Ademe et l'OFCE[5]. Pour agir efficacement, les experts de ces deux agences estiment qu'il faut trouver

5. Ademe : Agence de l'environnement et de la maîtrise de l'énergie. OFCE : Office français des conjonctures économiques.

chaque année entre 1,9 et 2,7 % du PIB en *financements supplémentaires par rapport à l'existant.*

Même si c'est insuffisant, il y a déjà en effet des investissements de particuliers, d'entreprises, de collectivités ou de l'État qui sont réalisés pour diminuer les consommations d'énergie et développer les énergies renouvelables. L'effort actuel n'est pas à la hauteur mais il n'est quand même pas négligeable : le panorama réalisé par I4CE estime que l'ensemble des dépenses actuelles représente quelque 20 milliards par an[6]. Un peu moins de 1 % du PIB.

Si l'on veut mettre en œuvre la Stratégie nationale bas carbone, l'Ademe et l'OFCE estiment qu'il faut, en gros, tripler l'effort financier et porter l'ensemble des dépenses à un niveau supérieur : 60 à 75 milliards d'euros par an.

2 % du PIB par an

Chaque année, 2 % du PIB, c'est aussi l'ordre de grandeur des investissements nouveaux nécessaires que suggère Nicholas Stern, l'ancien chef économiste de la Banque mondiale, si l'on veut tenir l'engagement Facteur 4.

Pour la France, c'est chaque année entre 40 et 55 milliards qu'il faut dégager pour ce vaste chantier, pendant vingt ans au moins. Voilà l'ordre de grandeur de ce qui est nécessaire.

Tous les chantiers listés dans la Stratégie nationale bas carbone sont rentables à moyen ou à long terme : si on brûle moins de pétrole, que ce soit pour se chauffer, pour se déplacer ou pour produire et transporter notre alimentation, on va faire baisser nettement nos dépenses aussi bien personnelles que collectives. C'est bon pour nos finances personnelles mais c'est bon aussi pour la balance commerciale du pays : les travaux qu'on va financer vont nourrir l'emploi sur notre territoire pendant quelques années puis vont nous permettre de faire des économies « définitives », ce qui va, pour très longtemps, diminuer les flux

6. I4CE, l'Institut for Climate Economics, a été créé par la Caisse des dépôts et l'Agence française du développement. Ses études sont très précieuses pour qui tente d'y voir clair dans le maquis des dispositifs existants tout en ayant une vision d'ensemble du sujet.

financiers qui partent à l'étranger pour payer le pétrole des pays arabes ou le gaz russe.

Et si on fait des économies sur ces dépenses contraintes, cela nous permettra d'utiliser autrement ces sommes disponibles, ce qui est bon pour notre « pouvoir d'achat » et donc favorable, à nouveau, pour l'emploi sur tous nos territoires.

À moyen ou à long terme, tous ces travaux sont rentables. Personne ne peut le contester sérieusement. Mais, à court terme, la question est de savoir comment on « amorce la pompe » : comment on finance la séquence durant laquelle les dépenses sont plus importantes que les économies.

Deux pour cent du PIB ou un peu plus ; 45 ou 50 milliards par an, pour la France. Un peu plus de 300 milliards, chaque année, pour l'ensemble de l'Europe... Comment trouver de telles sommes ?

Financer par la Taxe Tobin ?

La Taxe Tobin est revenue dans le débat public en juin 2017, après la décision de Trump de retirer les États-Unis de l'Accord de Paris : le 6 juin, devant un certain nombre de responsables d'associations, de scientifiques et d'économistes réunis à l'Élysée, Emmanuel Macron s'est engagé à soutenir l'instauration d'une taxe sur les transactions financières (TTF) au niveau européen. « Cela pourrait être finalisé d'ici à juillet », a déclaré à la presse Morgane Créac'h, directrice du Réseau Action Climat[7], en sortant de l'Élysée.

Ce projet de Taxe Tobin est discuté par une dizaine de pays depuis des années mais il était jusqu'ici resté dans les cartons. C'est évidemment une piste intéressante mais qui nous semble insuffisante.

Publié en 2015, le rapport Canfin-Grandjean estimait que la TTF pourrait rapporter chaque année 10 milliards de dollars au niveau européen, dont 2 milliards seulement pour la France.

Selon une estimation de la Commission européenne, qui a travaillé sur un scénario un peu différent (un prélèvement de 0,1 % sur les

7. Le Réseau Action Climat regroupe 16 organisations nationales de défense de l'environnement, d'usagers des transports, de promotion d'alternatives énergétiques et de solidarité internationale.

Tableau récapitulatif des recettes de la TTF

Recettes annuelles actuelles TTF en France.	Estimation minimale de la part française dans les financements additionnels en 2020 pour atteindre les 100 milliards de Copenhague.	Estimation de la part française des recettes supplémentaires résultant d'une TTF à onze (hypothèse 70 % d'allocation pour le climat pour la France) en 2020.	Estimation des recettes totales nécessaires provenant de la TTF à onze.	Recettes totales de la TTF pour la France en 2020 (hypothèse France = 20 % des recettes) en 2020.	Rythme possible de progression des recettes à onze États.
700 millions d'euros.	1 milliard de dollars soit 900 millions d'euros au taux de change actuel.	1,3 milliard d'euros.	10,5 milliards d'euros.	2 milliards d'euros.	2017 : 5 2018 : 7 2019 : 9 2020 : 10,5

Source : Rapport Canfin-Grandjean, 2015.

échanges d'actions et de 0,01 % sur les produits dérivés), la Taxe Tobin pourrait rapporter entre 20 et 22 milliards d'euros par an.

La TTF rapporterait donc entre 10 et 22 milliards par an, selon les estimations, à l'ensemble des dix pays qui se sont engagés dans une coopération renforcée sur ce sujet. Ce n'est pas négligeable mais ce montant est insuffisant (entre 0,1 et 0,2 % du PIB des pays concernés) pour financer la transition énergétique.

Il faut rappeler aussi que la TTF doit, en principe, être utilisée pour abonder le Fonds de soutien aux pays du Sud et non pas pour financer le chantier de la transition énergétique en Europe[8].

Mais, même si elle est insuffisante, la Taxe Tobin peut évidemment contribuer à financer le chantier colossal que nous avons devant nous, pays du Nord et pays du Sud rassemblés dans le même combat. C'est une idée qu'il faut mettre en œuvre, au plus vite, au niveau européen. Hélas, à peine relancé le 6 juin, le débat était déjà clos deux semaines plus tard.

L'exécutif renonce à défendre la taxe européenne sur les transactions financières

C'est une absence de taille pour tous les représentants de la société civile – économistes, entrepreneurs, responsables d'ONG, scientifiques – qui avaient participé à la table ronde sur le climat réunie par l'exécutif, début juin. Pas un mot sur la taxe sur les transactions financières européenne dans le plan détaillé jeudi 6 juillet par Nicolas Hulot.

Introduisant les débats à l'Élysée le 6 juin, une semaine après le retrait américain de l'Accord de Paris, le numéro trois du gouvernement expliquait que le moment était propice à la finalisation d'une TTF au service du changement climatique et de la solidarité internationale. Dans le sillage de son ministre, Emmanuel Macron promettait alors que l'accord sur cette TTF européenne serait conclu « d'ici à juillet ».

Lancée au lendemain de la crise financière de 2008, reprise par la Commission européenne en 2011, la Taxe Tobin bute sur la question de l'affectation de ses recettes, mais son principe est aujourd'hui validé par les États partenaires.

8. Ce fonds, parfois désigné comme « les 100 milliards de Copenhague », correspond à un engagement des pays du Nord pour aider les pays du Sud à lutter contre les émissions de gaz à effet de serre et à s'adapter aux conséquences déjà tangibles du réchauffement.

> La mesure figurait encore dans la feuille de route adressée par M. Hulot le 15 juin, à Matignon. Mais elle n'a pas résisté aux séances d'arbitrages interministériels menées autour du Plan Climat. C'est l'avis défavorable du ministère de l'Économie et des Finances qui a précipité l'abandon du projet.
> Pour le grand argentier de l'État, le Brexit se présente comme une aubaine pour la place financière de Paris, qui pourrait ravir des parts de marché à la City de Londres. En appliquant une TTF européenne, la France risquerait de perdre cet avantage compétitif, estime Bercy [...].
> Au Conseil européen du 23 juin, M. Macron a confirmé qu'une Taxe Tobin verrait difficilement le jour avant la fin des négociations sur le Brexit.
> Privé de ce nouvel outil financier, l'impératif de « solidarité avec les plus vulnérables, au Nord comme au Sud » répété par M. Hulot le 6 juillet risque de rester lettre morte.
>
> Simon ROGER, *Le Monde*, 8 juillet 2017

Résumons : la Taxe Tobin est une idée très importante. Nous sommes des dizaines de milliers à militer pour sa création depuis des années, mais...

1. Elle rapporterait un montant 10 ou 20 fois trop faible pour financer la transition énergétique.
2. Elle n'est pas destinée à financer le chantier que nous devons mener à bien sur nos territoires, puisqu'on a promis qu'elle contribuerait à aider les pays du Sud, ce qui est indispensable.
3. Il n'y aura pas de Taxe Tobin avant très longtemps : les chefs d'État qui s'y disent favorables ont décidé de repousser de deux ou trois ans le redémarrage des négociations. Et les lobbies qui ont bloqué le dossier depuis dix ans trouveront sans doute encore quelques moyens de retarder sa mise en œuvre quand les négociations reprendront...

Alors, que faire ? Faut-il se résigner ? On dit souvent que l'argent est le nerf de la guerre. C'est valable dans ce domaine comme dans bien d'autres : comment gagner la guerre contre le dérèglement climatique avec des bouts de ficelle ? Comment gagner en efficacité, comment diviser par 4 ou par 5 nos émissions de gaz à effet de serre d'ici à 2050, si nous n'avons que des budgets dramatiquement faibles ?

Et si la solution venait de l'Europe ?

CHAPITRE 6

« Mille milliards ? Ce n'est pas possible ! »

« Pour sauver les banques, on a mis 1 000 milliards sur la table. Il faut en faire autant pour sauver le climat. »

La première fois que nous avons porté cette idée dans le débat public, c'était en avril 2014. Beaucoup nous disaient qu'ils partageaient notre inquiétude face au réchauffement en cours, mais que nous étions des utopistes quand nous espérions un plan d'investissement de cette ampleur, financé par la Banque centrale européenne : « Les Allemands ne voudront jamais que la BCE fasse de la création monétaire. On ne l'a fait qu'une fois, en 2008, pour éviter un effondrement qui aurait pu être catastrophique. C'était tout à fait exceptionnel. Pour répondre à une crise historique ! Mais les dirigeants allemands n'accepteront jamais que la BCE se mette à faire du Quantitative Easing comme la Réserve fédérale aux États-Unis. »

Et chacun de nos interlocuteurs tentait de nous expliquer les raisons pour lesquelles, selon lui, « les Allemands » étaient tellement bloqués sur cette question : « Si Hitler est arrivé au pouvoir en 1933, c'est à cause de l'hyperinflation qu'a subie l'Allemagne après la guerre de 1914-1918 », affirmaient certains. Une hyperinflation provoquée par la création monétaire : « Vous avez vu, dans vos livres d'histoire, les brouettes utilisées à l'époque pour transporter les billets ? Il fallait des montagnes de billets pour faire ses courses ! Les Allemands ne veulent pas revivre ce cauchemar. »

Hélas, pour les tenants de cette thèse, tous les historiens savent que la période d'hyperinflation née après la Première Guerre mondiale a effectivement failli ruiner le pays (pour acheter une livre de pain, il fallait

3 milliards de marks ; pour une bière, 4 milliards, et 36 milliards pour une livre de viande !), mais que cette inflation fut terrassée en 1923. Presque dix ans avant l'arrivée de Hitler à la chancellerie.

À partir du mois d'août 1923, en effet, le gouvernement de grande coalition mené par Gustav Stresemann[1] a pris des mesures radicales pour casser l'inflation : l'interdiction de la création monétaire par les entreprises privées et la création d'une nouvelle monnaie, le Rentenmark, mise en circulation à partir du 16 novembre 1923[2], vont permettre le retour de la confiance dès le début 1924.

De 1925 à 1929, la croissance de l'économie allemande va être très importante. Progressivement, le nouveau mark devient une monnaie forte… si forte même que, en 1930, alors que le commerce mondial et la demande extérieure s'effondrent à cause du krach d'octobre 1929, l'Allemagne voit sa production s'affaisser brutalement. L'une des causes de l'arrivée des nazis au pouvoir en 1933, c'est cette politique du *mark fort* qui fut alors fatale au plein-emploi, et non pas l'inflation, terrassée dix ans plus tôt…

« Certes, vous avez raison pour le XXe siècle, reprenaient alors certains de nos interlocuteurs : l'accession de Hitler à la chancellerie vient de l'humiliation du traité de Versailles en 1918 et du chômage de masse des années 1930-1933, pas de l'inflation des années 1920-1923, mais la réticence des Allemands à la création monétaire vient de plus loin encore : savez-vous que c'est le même mot qui désigne le péché, *Schuld*, et les dettes, *Schulden* ? »

« Avez-vous lu Faust ?, demandaient les plus cultivés. Dans cette célèbre pièce de Goethe, un personnage tente de convaincre l'empereur

1. Gustav Stresemann, né le 10 mai 1878 et mort le 3 octobre 1929, est le fondateur du Deutsche Volkspartei, le Parti du peuple allemand. Chancelier en 1923 et ministre des Affaires étrangères de 1923 à sa mort, il mettra en œuvre une politique pragmatique pour casser l'inflation et diminuer le poids des réparations de guerre imposées à son pays après la Première Guerre mondiale. Avec Aristide Briand, il a été l'artisan d'un rapprochement franco-allemand, ce qui leur a valu de recevoir tous deux le prix Nobel de la paix. Malheureusement, ce rapprochement sera stoppé net à la mort de Stresemann, en octobre 1929, quelques jours avant qu'éclate la grande crise. Quelques semaines plus tard, pour éviter l'effondrement économique et le retour de la guerre, le jeune Pierre Mendès France propose « la création d'une monnaie unique européenne, placée sous un gouvernement politique » mais il n'y a plus personne au gouvernement allemand pour vouloir un sursaut européen…

2. Le nouveau gouvernement interdit tous les moyens de paiement émis par les entreprises, notamment celles des grands groupes industriels comme Thyssen, les coopératives (syndicats, chambres de commerce) et les institutions locales et régionales, par exemple les banques provinciales privées comme celle de la Bavière, une tradition allemande maintenue depuis 1871… Le Rentenmark sera remplacé par le Reichsmark le 30 août 1924.

du Saint Empire romain germanique qu'il y a une solution fort simple à ses soucis de dette publique : "Sire, il suffit d'imprimer des billets..." Celui qui suggère l'usage de la planche à billets pour résoudre les problèmes de surendettement public n'est autre que Méphistophélès. Le Diable ! Rien de pire que la création monétaire : bien des dirigeants allemands ont cette conviction chevillée au corps. Pour preuve, la réplique de Méphistophélès est inscrite sur les murs de la Bundesbank à Francfort. »

Les Allemands sont-ils tous allergiques à la dette et à la création monétaire ? Ce qu'a écrit Goethe en 1830 suffit-il à résumer leur vision du monde au début du XXIe siècle ? Sans doute la plupart des Allemands pensent-ils (comme bien des Français d'ailleurs) qu'accumuler des dettes n'est pas, en soi, un objectif très raisonnable. Mais de là à dire qu'une majorité d'entre eux serait hostile à un Plan Marshall pour éviter le chaos climatique, *en finançant des dépenses qui sont toutes rentables à moyen ou long terme*, il y a une grosse différence. On pourrait au moins leur en parler, au lieu de décider à leur place...

Qui plus est, si l'on en revient à des aspects plus concrets et plus récents que les dialogues entre Faust et Méphisto, la dette des ménages allemands est quasiment la même que celle des ménages français. C'est donc qu'ils ne souffrent d'aucun « blocage » particulier et savent, eux aussi, qu'il est parfois utile de s'endetter pour améliorer son quotidien ou préparer son avenir.

Si l'on compare la dette des ménages de différents pays occidentaux, on constate que les Allemands et les Français ont des comportements quasiment identiques : la dette des familles est presque la même dans nos deux pays et à des niveaux bien plus raisonnables que la dette des ménages accumulée dans d'autres pays amis.

Dette comparée des ménages en septembre 2014

Allemagne	83 % du revenu disponible
France	85 % du revenu disponible
Espagne	112 % du revenu disponible
Grande-Bretagne	135 % du revenu disponible
États-Unis	137 % du revenu disponible
Pays-Bas	230 % du revenu disponible
Danemark	269 % du revenu disponible

Source : Banque de France.

Nous en étions là, à essayer de convaincre tel ou tel décideur français de dépasser les « blocages » psychologiques – réels ou supposés – des Allemands, pour mettre à l'agenda des négociations européennes le projet d'un vaste Plan Marshal pour le climat, quand Mario Draghi décida de renverser la table, de casser un tabou et d'annoncer *urbi et orbi* que la BCE allait créer 1 000 milliards d'euros.

Super Mario renverse la table

« La BCE va créer 1 000 milliards pour relancer la croissance. » En novembre 2014, l'événement est à la une de toute la presse européenne.

Les Echos

LE QUOTIDIEN DE L'ÉCONOMIE // VENDREDI 7 ET SAMEDI 8 NOVEMBRE 2014 // LESECHOS.FR

1.000 milliards d'euros pour sauver la croissance européenne

- La BCE est prête à injecter des sommes massives.
- L'Allemagne annonce une rallonge de son plan d'investissements publics.

Le ministre des Finances allemand a annoncé hier un plan d'investissement de 10 milliards d'euros dans l'économie outre-Rhin. De son côté, le président de la BCE a confirmé son objectif de rehausser de 1.000 milliards d'euros le bilan de la banque centrale. L'espoir de mesures antidéflation lancées par la BCE a fait chuter l'euro, qui traite sur ses plus bas depuis deux ans contre le dollar. Une bouffée d'oxygène bienvenue pour l'économie de la zone euro. Dans un entretien exclusif accordé aux « Echos », Robert Shiller, prix Nobel d'économie 2013, estime que la peur de la « grande stagnation » prend trop d'ampleur. // PAGES 7, 10, 30 ET L'ÉDITORIAL DE GUILLAUME MAUJEAN PAGE 11

Une Allemagne fière célèbre les 25 ans de la chute du Mur

RÉUNIFICATION C'était le 9 novembre 1989. Les Allemands sont fiers du chemin parcouru en vingt-cinq ans : un tour de force économique et politique. // PAGES 8-9 ET NOTRE SUPPLÉMENT WEEK-END

« La BCE est prête à injecter des sommes massives pour venir au secours d'une croissance européenne toujours fragile. Super Mario renverse la table ! » La nouvelle étonne un grand nombre d'observateurs car « les Allemands », supposés hostiles, ne disent rien. S'ils ne disent rien c'est que, en réalité, cette décision était en préparation depuis plusieurs années…

Chez les dirigeants allemands, une grande partie du cheminement intellectuel avait été faite durant l'été 2012, quand l'Europe était à deux doigts du K.-O. Le 30 juillet 2012, le secrétaire américain au Trésor, Tim Geithner, avait fait dix heures d'avion pour aller rencontrer en tête à tête le ministre des Finances allemand, Wolfgang Schäuble, dans sa résidence de vacances afin de le convaincre de la nécessité d'un changement de politique monétaire.

Quand Tim Geithner rend visite à Wolfgang Schaüble

« Je vais lire quelques livres et tenir les journalistes quelque temps à l'écart » : voilà les souhaits formulés par Wolfgang Schäuble avant de prendre ses quartiers d'été dans sa résidence de l'île de Sylt, la perle des îles allemandes de la mer du Nord, face à la frontière du Danemark. Une île dont la longue façade de plages de sable blanc contraste avec ses falaises couleur ocre et ses dunes recouvertes de buissons d'églantier…

Mais l'éloignement n'aura pas suffi à assurer sa quiétude. Le porte-parole de la Chancellerie a eu beau minimiser la portée de la rencontre – « rien d'inhabituel, des discussions informelles » –, Timothy Geithner est venu spécialement de Washington s'entretenir avec le ministre des Finances, au bout de l'île la plus septentrionale d'Allemagne.

Signe que les grandes manœuvres se poursuivent au cœur de l'été, le secrétaire d'État au Trésor aura fait dix heures d'avion pour une heure d'entretien. Dans le communiqué commun publié à l'issue de leur rencontre, les deux responsables ont exhorté les responsables politiques à « adopter et mettre en œuvre les réformes nécessaires pour résorber la crise financière et la crise de confiance, tout en prenant note de la déclaration des décideurs européens qui se sont dits prêts la semaine dernière à prendre toutes les mesures nécessaires à la préservation de la stabilité de la zone euro ».

Alors que des députés d'un parti allié d'Angela Merkel menacent de déposer plainte contre la BCE auprès de la Cour européenne de justice si la Banque centrale achète des obligations de tel ou tel pays membre, le ministre d'Obama est venu convaincre le vieux lion de la politique allemande de l'extrême tension régnant à Wall Street et sur toutes les places boursières.

La chancelière Merkel affiche sa solidarité avec les leaders européens, déterminée comme eux « à tout faire pour sauver la zone euro ». À coups de communiqués expédiés depuis le Tyrol italien, où elle est en vacances, Merkel semble adouber le plan Draghi de rachat d'obligations espagnoles et italiennes par la BCE.

Pivot de la manœuvre, le patron de la BCE a également reçu la visite du secrétaire d'État Geithner dans la soirée à Francfort. Ce lundi, les Anglo-Saxons ont lancé une offensive de grande ampleur, diplomatique et médiatique, pour pousser Berlin à céder, malgré l'opposition catégorique de la Bundesbank.

En écho à la visite du haut responsable américain, Tony Blair a appelé les Allemands à « sauver l'euro, même au prix de compromis déplaisants », dans une tribune publiée lundi par le quotidien populaire *Bild*. Comme un député européen espagnol, l'ancien Premier ministre britannique a usé de parallèles avec l'époque nazie pour justifier son appel : « La crise que traverse l'euro est une expérience nouvelle, qu'on pourrait au mieux comparer avec celle des années 1930. »

David PHILIPPOT, *Le Figaro*, 30 juillet 2012

Il n'est pas certain que le parallèle avec les années 1930 employé par Tony Blair était indispensable, ni qu'il ait franchement ravi les dirigeants allemands, mais ils sont pressés de toutes parts d'approuver le plan concocté par Draghi : depuis quelques semaines, les marchés financiers sont de plus en plus nerveux. Certains craignent une explosion de la zone euro.

Ce n'est que depuis quelques jours, ce jeudi 26 juillet, que les marchés ont retrouvé un peu de sérénité. Depuis que le président de la Banque centrale européenne, Mario Draghi, s'est dit prêt à prendre toutes les mesures nécessaires pour préserver la zone euro : « La BCE est prête à faire tout ce qui est nécessaire pour préserver l'euro. Et croyez-moi, ce sera suffisant. »

Ces quelques mots ont produit l'effet escompté : les taux sur la dette espagnole, qui caracolaient à 7,69 %, ont chuté immédiatement. Les marchés ont compris que la BCE n'allait pas laisser les spéculateurs attaquer l'Espagne et, à travers elle, l'intégrité de la zone euro. Mais Berlin va-t-elle accepter la stratégie de la Banque centrale ?

Schaüble et Merkel ont conscience des dangers : ils ne veulent prendre aucun risque avec l'unité de la zone euro. Qui plus est, la croissance allemande donne quelques signes de ralentissement. Dans ce contexte, un geste en faveur de l'Europe serait plus facile à expliquer à une opinion publique rétive à tout plan d'aide supplémentaire, que ce soit pour la Grèce ou pour l'Espagne…

Certes, ce dont il est question, officiellement, durant l'été 2012, ce n'est pas de faire tourner la planche à billets pour alimenter la croissance, comme Mario Draghi le décidera fin 2014, mais c'est déjà de briser un tabou et de s'éloigner très nettement du mot à mot des traités européens : ce que prévoit le président de la BCE, c'est une intervention du Fonds européen de stabilité financière (FESF) sur le marché de la dette. Le FESF, créé pour répondre à la crise, pourrait acheter directement de la dette publique (obligations, bons du Trésor...), ce qui est évidemment contraire aux traités.

Il ne l'a encore jamais fait car cela suppose la mise en place de nouvelles « réformes structurelles », que Madrid et Rome se sont refusés à mettre en œuvre jusqu'ici. En outre, cette solution se heurte toujours à un non catégorique de la Bundesbank, la banque centrale allemande, et d'une partie des responsables politiques du pays.

Le communiqué publié à l'issue de la visite de Geithner à Schaüble vaut bien les dix heures d'avion du bras droit d'Obama, puisqu'il affirme que les deux dirigeants « prennent note de la déclaration des décideurs européens, qui se sont dits prêts la semaine dernière à prendre toutes les mesures nécessaires à la préservation de la stabilité de la zone euro ». Le message est clair : alors qu'il semblait y être hostile, Wolfgang Schaüble soutient à présent le plan de Mario Draghi et accepte qu'on oublie, momentanément, les traités européens.

Son ministre des Finances est donc d'accord avec la chancelière allemande : mieux vaut casser quelques tabous et froisser les gardiens du temple que de laisser la zone euro retomber dans la crise.

Quelques mois plus tôt, c'était Barack Obama lui-même qui avait demandé à Angela Merkel d'accepter un changement des politiques européennes. Depuis la crise de 2008, Barack Obama, à plusieurs reprises, a incité fortement les dirigeants allemands à être plus *cool* dans leur vision des règles budgétaires : alors que les États-Unis se sont autorisé des déficits allant jusqu'à 9 % du PIB pour relancer leur économie, pourquoi l'Europe serait-elle obligée de revenir aussi vite à un déficit inférieur à 3 % du PIB ?

« Je me souviens d'une réunion du G20 durant laquelle Barack Obama et Angela Merkel ont eu un échange assez vif à ce sujet, rapporte un témoin de la scène. La discussion était tendue. Obama demandait à Merkel d'accepter beaucoup plus de souplesse au niveau européen, pour régler la crise grecque et pour relancer la croissance, mais Merkel était comme tétanisée et répondait : “Mon peuple ne comprendrait pas. Mon peuple ne comprendrait pas.” »

Mais vu les risques d'explosion de la zone euro, les dirigeants allemands acceptent en 2012 des entorses aux traités, entorses présentées d'abord comme exceptionnelles et de courte durée.

Figure 6.1. Évolution comparée du PIB en France et en Allemagne entre 1990 et 2012.

Base 100 en 1990

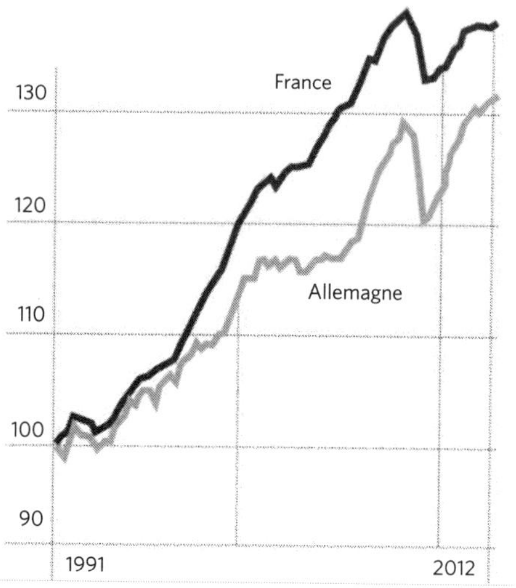

Source : Financial Times Deutschland.

Contrairement à ce que l'on entend parfois en France, il y avait déjà en Allemagne, en 2012-2013, un débat public sur la nécessité – ou non – d'améliorer la politique économique du pays. Et les critiques ou les conseils ne venaient pas seulement de l'opposition ou des économistes hétérodoxes : le 12 novembre 2012, par exemple, c'est le très classique *Financial Times Deutschland* qui remarque, dans son éditorial, que la croissance a été plus faible en Allemagne qu'en France depuis un bon nombre d'années.

Le patronat de l'industrie bouge lui aussi. Les ventes de voitures sur le territoire allemand n'ont-elles pas baissé de 7 % en deux ans ? Certes, l'Allemagne a des excédents commerciaux de plus en plus importants, mais si la demande intérieure recule aussi nettement, que signifient ces excédents ? N'est-on pas allé trop loin ? Si toute l'Europe suit la même politique de compression des salaires, l'ensemble de la zone euro ne va-t-elle pas tomber en récession ?

Angela Merkel est une femme pragmatique. Nettement plus pragmatique qu'on le dit parfois en France :

• En 2012, elle accepte que la BCE annonce des achats directs de dettes publiques pour casser la spéculation et renforcer l'unité de la zone euro.

• En 2013, elle accepte la création d'un Smic que demandent ses nouveaux alliés socialistes.
• En 2014, après deux années de croissance quasi nulle, elle accepte que la BCE se lance dans un processus de création monétaire régulière.

Après avoir subi une très grave récession en 2009 (l'économie allemande dépend nettement plus du commerce mondial que l'économie française), l'Allemagne semblait se remettre de la crise et affichait en 2010-2011 des taux de croissance tout à fait honorables. Mais en 2012 et 2013, la croissance est à nouveau très faible. Certes, on a évité l'effondrement, mais, doucement, l'ensemble de la zone euro est en train de glisser vers la récession.

Croissance du PIB en Allemagne et dans l'ensemble de la zone euro 2008-2013

	2008	2009	2010	2011	2012	2013
zone euro	+ 0,5 %	- 4,5 %	+ 2 %	+ 1,6 %	- 0,8 %	- 0,4 %
Allemagne	+ 1,1 %	- 5,6 %	+ 4,1 %	+ 3,6 %	+ 0,4 %	+ 0,1 %

Source : Eurostat.

La croissance était quasi nulle en Allemagne en 2013. Au premier trimestre 2014, elle est carrément négative : - 0,1 %, suivi d'un maigre + 0,1 % au second trimestre. Et le reste de la zone euro est en territoire négatif... Mario Draghi ne veut pas qu'on lui reproche d'avoir trop attendu. Il faut tout faire pour donner un maximum d'oxygène à l'économie européenne. Il décide de lancer une vaste opération de Quantitative Easing.

Non pas une opération-exceptionnelle-pour-éviter-l'effondrement, comme en 2008, ou une menace – jamais mise à exécution – d'acheter ponctuellement de la dette publique pour casser la spéculation, comme en 2012, mais une création monétaire régulière et de longue durée, pour alimenter la croissance.

On disait autrefois qu'on allait « faire tourner la planche à billets ». Il n'y a plus besoin, aujourd'hui, de planche à billets mais seulement de quelques ordinateurs dans les bureaux de la BCE à Francfort. Et pour faire plus chic et un peu mystérieux[3], on parle de Quantitative Easing,

3. Adopter un vocabulaire compliqué ? Cela donne une apparence de sérieux et cela évite que le peuple et ses élus viennent voir de trop près ce que fait la Banque centrale.

ou d'assouplissement quantitatif en franglais… Fin 2014, Mario Draghi annonce donc une nouvelle phase d'assouplissement quantitatif[4]. La BCE va créer 1 000 milliards : 60 milliards tous les mois, qui seront fournis aux banques privées, en échange des dettes publiques qu'elles ont achetées aux États membres.

Certains observateurs s'étonnent : « Les banques privées achetaient déjà ces dettes publiques sans aucun problème puisqu'elles étaient *déjà* garanties par le mécanisme européen de sécurité. Est-il vraiment nécessaire de les leur racheter (au second marché) juste après que les banques les ont achetées aux Trésors des pays concernés ? »

Mais la BCE n'entend pas ces critiques. Ses dirigeants pensent que plus on fournira de liquidités aux banques, plus elles s'engageront dans une action de relance de l'économie européenne. La mise en œuvre effective de l'opération commence en avril 2015. Un an après, en mars 2016, la BCE annonce de nouvelles mesures.

> **La BCE déploie un nouvel arsenal pour réanimer l'économie européenne**
> Elle a frappé fort. Jeudi 10 mars, la Banque centrale européenne a annoncé une série de nouvelles mesures destinées à soutenir l'économie européenne : une baisse des taux directeurs et une hausse de ses rachats de dettes publiques. Des mesures destinées à relancer le crédit et l'inflation. Mais dont l'efficacité est mise en question par les économistes.
> « Cet ensemble a été calibré pour stimuler l'offre de nouveaux crédits et, donc, renforcer la dynamique de la reprise en zone euro et accélérer le retour de l'inflation », a déclaré Mario Draghi lors de sa traditionnelle conférence de presse.
> Au lieu de créer tous les mois 60 milliards *ex nihilo* pour racheter aux banques privées de la dette publique, la BCE va passer à un rythme de 80 milliards par mois. Dans le même temps, elle baisse le niveau de ses principaux taux d'intérêt[5].

4. Un premier QE avait été lancé par la BCE dès le début 2009. Mais il posait moins de problème politique car il avait été lancé alors que l'émotion de la crise n'était pas encore retombée, que les montants émis étaient plus faibles et concernaient d'autres achats (rachats de crédits titrisés [ABS] et d'obligations sécurisées…).

5. Le taux principal est passé de 0,05 à 0 %, ce qui signifie que, désormais, les banques peuvent se refinancer gratuitement à ses guichets. Le taux de prêt marginal (celui auquel la BCE prête aux banques au jour le jour) est passé de 0,3 à 0,25 %. Et surtout, le taux

« Ces mesures ont une ampleur bien plus massive que ce que nous attendions », juge Bruno Colmant, chef économiste de la banque Degroof Petercam. De quoi, en théorie, inciter les établissements financiers à augmenter leurs prêts à l'économie.

Marie CHARREL, *Le Monde Économie*, 11 mars 2016

Deux mois plus tard, la BCE fait encore preuve de créativité et annonce qu'elle va non seulement racheter des obligations aux banques, mais prêter directement de l'argent à des grandes entreprises…

La BCE commence à acheter des dettes d'entreprises

C'est un petit événement sur les marchés : mercredi 8 juin 2016, la BCE a commencé à racheter des obligations d'entreprises. Cette mesure viendra en complément des rachats de dettes publiques que la BCE mène déjà depuis plus d'un an.

Au total, ces rachats de titres – publics et privés – s'élèvent à 80 milliards d'euros chaque mois. Ils devraient s'étendre jusqu'au printemps 2017 au moins. Avec un objectif, relancer l'inflation, le crédit et la croissance de la zone euro.

Après avoir baissé son taux directeur au maximum, 0 %, la BCE a commencé, en mars 2015, à racheter des titres de dettes publiques des pays membres de la zone euro sur le marché secondaire, où s'échangent les obligations déjà émises. C'est ce qu'on appelle l'« assouplissement quantitatif », ou Quantitative Easing (QE) en anglais.

L'objectif était alors de déjouer la menace déflationniste pesant sur le Vieux Continent en relançant le crédit et l'activité. En achetant ces dettes, la BCE contribue en effet à faire baisser les taux souverains et, par ricochet, les autres taux pratiqués dans l'économie. Comme ceux des prêts aux entreprises et aux ménages.

Mais en achetant ces titres, elle fait également augmenter la quantité d'euros en circulation – de quoi faire baisser le cours de la monnaie unique face au dollar, favorisant, au passage, les exportateurs européens.

Problème. En dépit de ces mesures, le crédit aux entreprises peine toujours à repartir. Voilà pourquoi la BCE a décidé de racheter également leurs obligations[6]. Là aussi, l'idée est d'en faire baisser les taux : les entreprises

---

de dépôt est tombé de - 0,3 à - 0,4 %, ce qui équivaut à augmenter la taxe sur les banques qui laissent dormir des liquidités à court terme auprès de la BCE.

6. Ces achats ont commencé le 8 juin 2016 sur le marché primaire (dès l'émission des titres par les entreprises) et sur le marché secondaire (à la revente). Ce n'est pas la BCE

pourraient ainsi se financer moins cher ; ce qui peut les inciter à investir et à embaucher…

Quelles entreprises en profiteront ? Principalement les grands groupes. Or, soulignent les économistes, ces derniers n'ont aujourd'hui guère de difficulté pour trouver des financements. Le problème se situe plutôt du côté des TPE et PME qui, pour leur part, n'ont guère accès au marché obligataire […].

Marie Charrel, *Le Monde Économie*, 8 juin 2016

Fin 2014, Draghi annonçait qu'il allait « créer 1 000 milliards » mais en septembre 2016, quand la BCE annonce qu'elle a acheté plus de 1 000 milliards d'euros de dette, quand le seuil symbolique est franchi, tous constatent que l'effet sur la croissance de la zone euro reste assez mince. La BCE décide pourtant de continuer cette politique d'assouplissement quantitatif et décide de continuer aussi l'usage d'une autre arme de sa politique « non conventionnelle » : les prêts à taux négatifs.

233 milliards empruntés en un jour… Les banques se ruent sur le prêt à taux négatif de la BCE

Le dernier prêt de long terme de la BCE à taux négatif a attiré deux fois plus de demandes que prévu. C'était l'une des mesures emblématiques du dispositif antidéflation de la Banque centrale européenne : les prêts de très longue durée à taux très avantageux accordés aux banques qui s'engagent à faire crédit à l'économie (ou « TLTRO » dans le jargon monétaire).

Ce dispositif a démarré en septembre 2014. Il prend fin ce jeudi. Pour cette dernière opération, les établissements bancaires ont emprunté 233,5 milliards aux guichets de la BCE… Un montant deux fois plus élevé que prévu. Au total, 474 banques sont venues solliciter des liquidités à un taux allant de 0 % pour les établissements qui ne remplissent pas leurs engagements en matière de prêt, jusqu'à - 0,4 %, c'est-à-dire le taux de dépôt de la BCE. Dans ce cas, les banques gagnent de l'argent en empruntant à la BCE.

Isabelle Couet, *Les Échos*, 23 mars 2017

Des prêts à taux négatifs ? On en parle peu mais c'est une autre innovation de la BCE. Quand vous et nous devons emprunter de l'argent à la banque, pour acheter une voiture ou faire des travaux dans notre

---

elle-même qui procède aux achats. Ils sont menés par six banques centrales nationales : la belge, l'allemande, l'espagnole, la française, l'italienne et la finlandaise.

appartement, nous payons des taux d'intérêt « normaux », c'est-à-dire positifs : 2 ou 3 %... Si nous empruntons 100, nous devons rembourser 102 ou 103, et même nettement plus avec les intérêts qui se cumulent sur plusieurs années...

Mais pour aider les banques, la BCE innove et met à disposition des prêts à taux négatif ! « Les banques gagnent de l'argent en empruntant à la BCE, soulignent *Les Échos*. Elles se ruent » sur ces TLTRO.

Les TLTRO, késako ?

Vous n'avez jamais entendu parler des TLTRO ? Voilà l'explication disponible sur le site de la Banque de France.

« Afin de stimuler la distribution de crédit dans la zone euro, l'Eurosystème a mis en place des opérations ciblées de refinancement de long terme ou TLTRO (Targeted Long Term Refinancing Operations).

Lancées en septembre 2014 avec une maturité allant jusqu'en septembre 2018, les premières opérations ciblées de refinancement de long terme (TLTRO I) se sont poursuivies en 2015 et au début de l'année 2016 pour stimuler l'octroi de crédits en faveur des acteurs économiques (prêts aux ménages hors immobilier et prêts aux entreprises non financières).

En mars 2016, afin de renforcer de façon significative le caractère accommodant de sa politique monétaire, l'Eurosystème, dans le respect de son mandat de maintenir une inflation inférieure à, mais proche de 2 % sur le moyen terme, a annoncé le lancement d'une deuxième série de quatre opérations ciblées de refinancement de long terme (chacune avec une maturité de quatre ans), les TLTRO II, conduites trimestriellement de juin 2016 à mars 2017. Les montants que les banques peuvent emprunter dépendent de leurs encours de crédits accordés aux entreprises non financières et aux ménages (hors prêts immobiliers).

Dans le cadre des TLTRO I, les établissements dont la distribution de crédit au secteur privé était inférieure à une cible donnée étaient tenus de rembourser par anticipation l'intégralité de leurs emprunts.

Dans le cadre des nouvelles opérations TLTRO II, le taux d'intérêt appliqué dépend de la performance des établissements participants en matière d'octroi de crédit. Ainsi, les établissements ayant augmenté leur encours de prêts d'au moins 2,5 % sur une période de référence (janvier 2016-janvier 2018) bénéficieront d'un taux particulièrement avantageux, puisque ce taux correspond au taux de la facilité de dépôt de l'Eurosystème, qui est négatif. »

Les émissions des prêts à taux 0 et à taux négatifs de la BCE

Références	Type	Date d'émission	Date de maturité	Durée (en jours)	Montant (en milliards d'euros)
20170066	MRO	12/07/2017	19/07/2017	7	7,1
20170062	LTRO	29/06/2017	28/09/2017	91	2,67
20170051	LTRO	01/06/2017	31/08/2017	91	3,05
20170040	LTRO	27/04/2017	27/07/2017	91	1,47
20170028	LTRO	29/03/2017	24/03/2021	1456	233,47
20160133	LTRO	21/12/2016	16/12/2020	1456	62,16
20160103	LTRO	28/09/2016	30/09/2020	1463	45,27
20160063	LTRO	29/06/2016	26/09/2018	819	6,72
20160065	LTRO	29/06/2016	24/06/2020	1456	399,29
20160026	LTRO	30/03/2016	26/09/2018	910	7,34
20150125	LTRO	16/12/2015	26/09/2018	1015	18,3
20150097	LTRO	30/09/2015	26/09/2018	1092	15,55
20150065	LTRO	24/06/2015	26/09/2018	1190	73,79
20150034	LTRO	25/03/2015	26/09/2018	1281	97,85
20140242	LTRO	17/12/2014	26/09/2018	1379	129,84
20140189	LTRO	24/09/2014	26/09/2018	1463	82,6

Les contraintes imposées aux banques sont très légères : il suffit que les encours des prêts qu'elles accordent aient augmenté de 2,5 % pour qu'une banque puisse bénéficier de taux négatifs. Même si elle utilise l'essentiel des sommes reçues de la BCE à d'autres usages ? Oui. Et si la banque n'a pas augmenté ses encours de prêts, elle n'a plus à rembourser les montants empruntés comme c'était la règle avec les TLTRO I. Une banque qui n'a pas augmenté ses prêts doit seulement payer un taux nul (voir l'article des *Échos*). On a déjà vu des sanctions plus contraignantes !

Au total, si l'on en croit le site Internet de la BCE, c'est plus de 1 200 milliards qui ont été ainsi mis à disposition des banques *via* des LTRO ou des TLTRO[7].

7. Pour suivre les crédits distribués à taux négatifs par la BCE, https://www.ecb.europa.eu/mopo/implement/omo/html/top_history.en.html.

Faisons un rapide bilan :

- Avec le Quantitative Easing, la BCE a fourni aux banques privées quelque 1 450 milliards d'euros[8].
- Avec les TLTRO, *un peu plus* de 1 200 milliards.

Au total, et sous réserve d'autres opérations que nous n'aurions pas identifiées[9], c'est un peu plus de 2 600 milliards que la BCE a mis à disposition des banques depuis trois ans.

Si l'on tient compte des remboursements anticipés réalisés par certaines banques (quand les taux deviennent négatifs ou quand les critères de la BCE sont encore plus souples, les banques remboursent des prêts à taux 0 contractés quelques mois plus tôt...), le bilan net du Quantitative Easing au sens large (QE + TLTRO) s'élève à 2 200 milliards à la fin août 2017[10].

Entre avril 2015 et juillet 2017, la BCE a créé *ex nihilo* et mis à disposition des banques un peu plus de 2 200 milliards d'euros.

---

8. On a vu plus haut que, comme son action vers les banques tardait à faire ses preuves, la BCE a décidé d'acheter *aussi* des obligations d'entreprises. En 2017, elle a acheté pour 105 milliards d'euros d'obligations (chiffres publiés le 18 août 2017). Mais, là encore, certains se demandent à quoi servent ces achats puisque, pour rassurer les observateurs sur le fait qu'elle ne prend pas de risque, la BCE n'achète que des obligations d'entreprises « très bien notées ». Ce sont donc des entreprises qui n'ont aucun problème pour accéder à des prêts bancaires ou des financements à taux très faibles sur les marchés financiers...

9. En 2010, il a fallu que deux journalistes de Bloomberg portent plainte contre la Réserve fédérale et qu'un juge leur donne accès aux archives de la Banque centrale américaine pour que, après qu'ils eurent épluché 20 000 pages de documents divers, on apprenne que la Réserve fédérale avait secrètement prêté aux banques en difficulté la somme de 1 200 milliards au taux incroyablement bas – à l'époque – de 0,01 % (voir Michel Rocard et Pierre Larrouturou, « Pourquoi faut-il que les États paient 600 fois plus cher que les banques ? », *Le Monde*, 2 janvier 2012).
De même, en 2012, alors que, dans une discussion privée, l'un des auteurs de ce livre indiquait à Denis MacShane, ancien ministre de Tony Blair, que la dette totale du Royaume-Uni dépassait les 600 % de son PIB, en raison d'abord de la dette colossale de son secteur bancaire, l'ancien ministre répondait avec flegme : « Tu as raison. Mais tu sais que nous sommes déjà allés discrètement frapper à la porte de quelques banques centrales pour colmater ce qui devait l'être ? »
Les chiffres de création monétaire rendus publics par les banques centrales sont déjà colossaux mais il serait sans doute naïf de penser que les banques sont totalement transparentes sur l'ensemble de leurs actions...

10. Voir en annexe l'encadré technique sur le bilan de la BCE.

2 200 milliards créés en un peu plus de deux ans

Revenons à l'objet fondamental de ce livre : obtenir la mise en œuvre d'un Plan Marshall pour lutter contre le dérèglement climatique… « Mille milliards pour le climat ? Ce n'est pas possible ! Les Allemands ne voudront pas », nous disait-on au printemps 2014. Mais trois ans plus tard, on constate que la BCE a mis à disposition des banques plus de 2 200 milliards d'euros, et les dirigeants allemands n'ont quasiment rien dit !

2 200 000 000 000 euros… La somme est rondelette ! Dans tous nos pays, on peine à trouver des financements conséquents pour la transition énergétique mais, au vu de ces chiffres, il est difficile de dire que les caisses sont vides.

D'autant que, dans une économie mondialisée, les banques privées – comme les États – peuvent se financer sur tous les continents et la BCE n'est pas la seule à avoir créé un volume très important de liquidités : la Réserve fédérale des États-Unis, la Banque d'Angleterre, la Banque du Japon et la Banque de Chine, entre autres banques centrales, ont elles aussi voulu « donner de l'oxygène » à leurs économies.

Certes, pour prouver son sérieux, chaque banque centrale annonce, au début de chaque épisode de création monétaire, que son action va être limitée dans le temps. Ainsi, la BCE avait stoppé la planche à billets après une « première saison » entre 2009 et 2013. Elle avait même diminué assez nettement son bilan.

Comment une banque centrale peut-elle diminuer son bilan ? On sait qu'elle peut créer de la monnaie, mais comment décréer de la monnaie ?

C'est assez simple : si la BCE a créé 10 milliards pour les prêter à une banque, elle a évidemment fixé une échéance (trois mois, six mois, un an, deux ans, trois ans…). Vient un moment où cette banque doit donc rembourser ces 10 milliards. Il y a alors trois scénarios possibles :

- Si la BCE veut encore augmenter le volume de monnaie en circulation, elle récupère les 10 milliards mais prête à nouveau ces 10 milliards à une banque (la même ou une autre) et prête 10 ou 20 milliards de surcroît…

Figure 6.2. Évolution du bilan de la Banque centrale européenne entre janvier 2008 et juillet 2017.

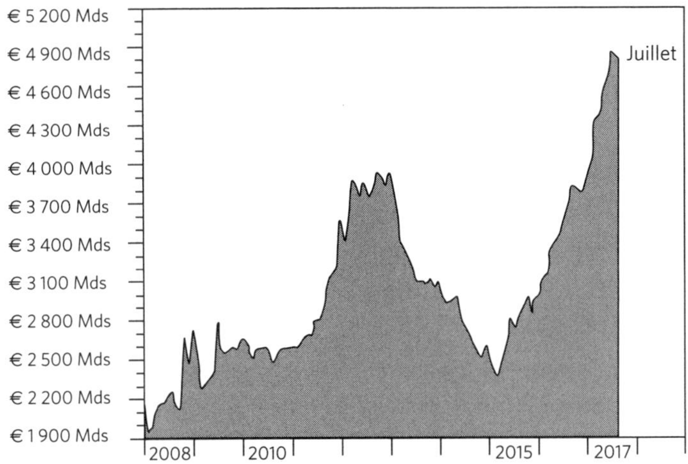

• Si la BCE veut stabiliser le volume de monnaie en circulation, elle récupère les 10 milliards et les prête à nouveau mais sans augmenter les sommes disponibles.

• Si la BCE veut réduire son bilan, elle récupère les 10 milliards qu'elle a prêtés il y a un an ou deux, mais ne prête plus d'argent ce jour-là, ou prête des sommes plus faibles. Le volume de monnaie banque centrale diminue. C'est ce qu'a fait la BCE durant deux ans, avant de relancer le QE massivement fin 2014.

Figure 6.3. Bilan de la Réserve fédérale américaine entre janvier 2008 et juillet 2017.

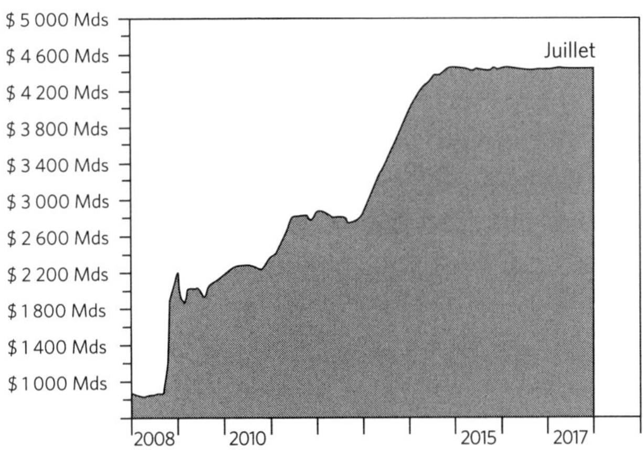

Si l'on regarde seulement le bilan de la BCE, l'affaire semble parfaitement sous contrôle : la Banque crée de l'argent quand c'est nécessaire et elle en détruit quand c'est utile... Dormez tranquilles, honnêtes citoyens. Tout va bien !

Mais un doute surgit sur la stabilité du système quand on observe l'ensemble de la création monétaire des grandes banques centrales. On voit ainsi que, lorsque la BCE diminuait son bilan, la Réserve fédérale américaine appuyait au contraire sur l'accélérateur... Et inversement, quand la Réserve fédérale annonçait qu'elle calmait le jeu et stabilisait son bilan, c'est la Banque européenne qui se remettait au travail.

« Entre 1913, date de sa création, et 2007, la Réserve fédérale avait créé 600 milliards de dollars. On en est aujourd'hui à 2 700, notait *Le Figaro* du 7 février 2011. En quatre ans seulement, la Réserve fédérale a créé quatre fois plus de dollars qu'en quatre-vingts ans d'existence ! »

« On a appris cette semaine sans surprise mais avec effroi que la Réserve fédérale est passée devant la Chine comme le plus gros détenteur d'emprunts américains, relevait *La Tribune* le même jour. Madoff était un petit joueur. Geithner et Ben Bernanke[11] sont aujourd'hui dans une fuite en avant qui mène les États-Unis dans le mur. »

« Les États-Unis vont dans le mur », écrivait *La Tribune* en février 2011, mais, depuis cette date, la Réserve fédérale a encore créé 2 000 milliards de plus... Et comment oublier la Banque du Japon qui, depuis 2008, n'a jamais vraiment cessé d'inonder les marchés ?

Au total, il apparaît que, depuis 2008, le bilan total des grandes banques centrales[12] n'a *jamais* cessé de croître. Les dirigeants des banques centrales n'ont *jamais* tenté de sevrer l'économie mondiale de sa dose mensuelle de « liquidités ».

Au total, en moins de dix ans, *le bilan conjoint des principales banques centrales de la planète a plus que triplé*, passant de 4 000 milliards à

11. Ben Bernanke fut le président de la Banque centrale américaine du 1er février 2006 au 31 janvier 2014. À cette date, Janet Yellen lui succède à ce poste. Son premier mandat expire fin janvier 2018. Et nul ne sait encore si Donald Trump lui proposera ou non un second mandat.

12. On ne tient pas compte ici de la Banque de Chine, qui a pourtant créé, elle aussi, une quantité considérable de monnaie. Les échanges entre le système chinois et le reste des marchés financiers sont moins fluides qu'au sein des marchés irrigués par la BCE, la Fed, la Banque du Japon et la Banque d'Angleterre.

Figure 6.4. Bilan total des grandes banques centrales entre janvier 1990 et juillet 2017.

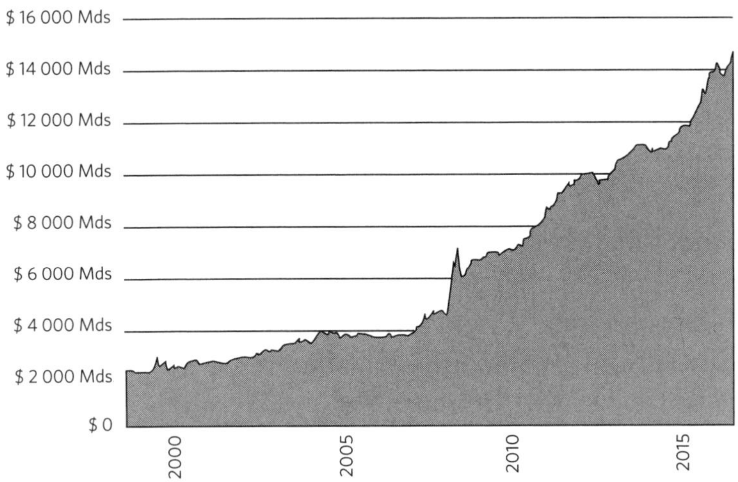

14 000 milliards de dollars[13]... C'est colossal. Angoissant. Du jamais-vu dans l'histoire de nos sociétés.

Plus de 10 000 milliards ont ainsi été créés en quelques années. Où sont-ils allés ? Puisque l'objectif affiché par les banques centrales était de pousser les banques commerciales à prêter davantage aux entreprises et aux ménages pour relancer l'activité, il faut analyser l'évolution de ces prêts pour mesurer l'efficacité de l'action des banques et, pour ce qui nous concerne plus spécialement, l'efficacité du Quantitative Easing de la BCE.

Comme la BCE a annoncé des Target Long Term Refinancing Operations, des opérations de refinancement *« ciblées » et de long terme*, et comme Mario Draghi utilise toujours un vocabulaire très choisi pour présenter sa stratégie, en donnant le sentiment d'une médecine de grande précision, il est légitime de vérifier que les « cibles » visées ont bien été atteintes et que ces prêts ont bien été dirigés vers des investissements de long terme, utiles au bien commun, ou – au moins – au développement économique.

---

13. Il est intéressant de noter à quel point les banques centrales, censées être totalement « indépendantes », sont en réalité étroitement coordonnées entre elles. Depuis dix ans, en effet, la BCE et la Fed, chacune à tour de rôle, pour montrer sans doute le sérieux de sa gestion, décide de fermer le robinet de la création monétaire présentée toujours comme une action limitée dans le temps, mais en vérifiant d'abord que sur un autre continent (moins d'un dixième de seconde pour les marchés financiers interconnectés), une autre banque centrale va immédiatement prendre le relais.

Les chiffres d'Eurostat montrent que les crédits au secteur privé (entreprises et ménages) dans la zone euro avaient commencé à redémarrer début 2014. Un an avant la mise en œuvre effective du QE de la BCE. Il est donc difficile d'imputer le – léger – redressement du crédit à l'action de la seule BCE et il est difficile de dire ce qui se serait passé sans le QE.

La baisse du prix du pétrole a libéré du pouvoir d'achat pour les ménages, ce qui a contribué à remplir un peu les carnets de commandes des entreprises et a rendu nécessaires quelques investissements et donc quelques emprunts : le baril de Brent, qui coûtait 112 dollars en juin 2014, ne valait plus que 48 dollars six mois plus tard. Et il s'est maintenu à un très faible niveau depuis.

Une baisse de 50 % du prix du pétrole, cela a évidemment un effet considérable sur l'économie mondiale et sur l'économie européenne, et donc sur la demande de prêts[14].

De même, l'action de la BCE sur les taux d'intérêt, qu'elle a fait tomber à 0 (avant même de commencer l'épisode de QE), a eu un effet moteur sur le secteur de l'immobilier et donc sur les prêts au logement, avant que la BCE ne décide de son programme de création monétaire[15]...

Figure 6.5. Évolution du prix du pétrole d'août 2012 à août 2017.

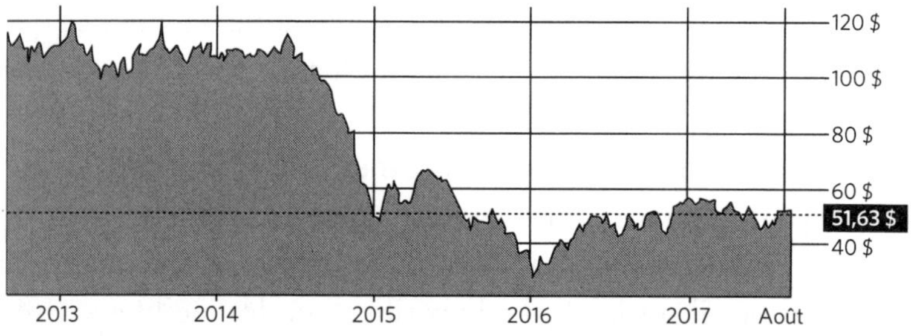

14. On se souvient en France des précédents « contre-chocs » pétroliers : quand Michel Rocard arrive à Matignon en 1988, le prix du pétrole est à un plus bas historique et la croissance dépasse les 4 % pendant trois ans. De même, quand Lionel Jospin arrive au pouvoir, de nouveau, « les planètes s'alignent » (baisse du prix du pétrole et baisse des monnaies européennes, qui favorisent les exportations) et la croissance s'établit en moyenne à 3,6 % pendant trois ans... Avec des croissances de l'ordre de 1,5 ou 1,8 % en Allemagne comme en France, le contre-choc pétrolier des années 2014-2017, accompagné pourtant d'une politique de taux d'intérêt très faibles et d'une création monétaire considérable, a finalement un effet assez faible sur la croissance de l'activité...

15. Augmentation des mises en chantier et/ou augmentation des prix des logements, selon un équilibre qui dépend des pays...

Pour toutes ces raisons, il est difficile d'évaluer et d'isoler parfaitement l'effet de la création monétaire elle-même. Mais une chose est certaine : alors que la BCE a mis à disposition des banques privées quelque 2 200 milliards en un peu plus de deux ans, le surplus de nouveaux crédits distribués par ces banques sur cette période représente à peine 230 milliards, soit moins de 11 % des sommes colossales mises à disposition par la Banque centrale.

Nouveaux crédits : moins de 11 % des sommes créées par la BCE

Où est passé le reste ? À quoi ont servi les 2 000 milliards d'euros créés par la BCE ? L'essentiel est parti alimenter la spéculation sur les marchés financiers.

Depuis 2014, en effet, il ne se passe pas un mois sans que les principaux marchés financiers de la planète dépassent de nouveaux records : en 2008, le Dow Jones (le CAC40 new-yorkais) avait culminé à 14 000 points avant de s'effondrer à moins de 7 000 points en 2009. Mais depuis que les banques centrales ont entamé leur QE, c'est tous les jours la fête à Wall Street : le Dow Jones a atteint 17 000 points au printemps 2014 puis 18 000 points à la fin de la même année. Il dépasse les 19 000 points en 2016.

Le seuil des 20 000 points est explosé en janvier 2017 et, en août 2017, le Dow Jones franchit la barre des 22 000 points… Plus de 230 % de hausse par rapport au point bas de 2009 !

Août 2017. Donald Trump exulte : le Dow Jones vient de passer les 22 000 points…

« Le business va mieux que jamais », se réjouit Donald Trump. Il est le digne héritier du président Hoover qui déclarait en septembre 1929, quelques jours avant le krach d'octobre : « La prospérité est au coin de la rue. »

« Les marchés à un plus haut historique. Ça n'était jamais arrivé ! » Trump met évidemment ces 22 000 points au crédit de sa politique mais le *Financial Times* rappelle qu'en avril 2016, le même Donald Trump critiquait Barack Obama et affirmait que les États-Unis étaient assis sur une bulle (« *I think we're sitting on an economic bubble. A financial bubble* »).

« Une bulle grande, grosse et laide », insistait-il lors de son premier débat avec Hillary Clinton pour ternir le bilan de l'administration sortante[16], affirmant que cette bulle allait « exploser dès que la Réserve fédérale serait obligée de remonter ses taux d'intérêt à un niveau normal »...

On aimerait en rire, tant les déclarations de l'hôte de la Maison Blanche sont contradictoires, mais sur ce point il a, hélas, raison : nous sommes bel et bien en présence d'une énorme bulle financière, qui peut exploser n'importe quand. Et les États-Unis ne sont ni une exception, ni une petite région isolée dont l'avenir importe peu pour la stabilité mondiale...

Figure 6.6. Un siècle de Dow Jones en dollar constant[17].

16. « A *big, fat, ugly bubble* ».
17. En dollar constant signifie « en enlevant l'effet de l'inflation ».

C'est l'ensemble de la planète qui risque une nouvelle crise, pire que celle de 2008. Une crise économique, pas seulement une crise financière : si les marchés financiers retombaient dans leurs erreurs passées mais que les fondamentaux de l'économie étaient solides, on pourrait dormir tranquille (« ils font ce qu'ils veulent mais ce sont eux qui paieront les conséquences de leur manque de sérieux »). Hélas, ce n'est pas du tout le cas : c'est bien le système économique mondial et pas seulement les marchés financiers qui est de plus en plus déséquilibré. Et cette fois-ci, on ne pourra pas dire qu'on ne savait pas car, depuis quatre ans, le FMI, la Banque mondiale, la BRI ou l'IIF ne cessent de tirer la sonnette d'alarme.

Brève histoire du Dow Jones, le CAC40 new-yorkais[18]

- 1884 : fondation de l'indice par Charles Dow. Sur onze sociétés, neuf sont des compagnies de chemins de fer. Les deux autres, Western Union et Pacific Mail, opèrent dans la télégraphie et la marine à vapeur.
- 26 mai 1896 : début de la publication de l'indice, où entre General Electric, dopé par les découvertes de Thomas Edison. Un des titres est US Leather, une société qui produit des courroies en cuir pour machines agricoles et qui disparaîtra en 1952.
- 1899 : sur douze sociétés de l'indice, trois produisent de l'acier et trois autres du cuivre ou du plomb, soit la moitié du total.
- Entre août 1921 et septembre 1929, l'indice grimpe de 468 %.
- 24 octobre 1929 : le grand krach de 1929.
- 1931 : perte record de 52,67 % sur l'année.
- 19 octobre 1987 : krach d'octobre 1987. L'indice s'effondre de 22 %.
- 29 mars 1999 : l'indice termine pour la première fois au-dessus des 10 000 points.
- 1er novembre 1999 : Intel et Microsoft sont les premières sociétés du Nasdaq à entrer au Dow Jones.
- 14 janvier 2000 : record à 11 722 points (immédiatement avant l'éclatement de la bulle des valeurs technologiques).
- 11 octobre 2007 : plus haut historique avant « la crise des *subprimes* », 14 198 points.
- 29 septembre 2008 : chute de 7 % en une séance.
- 9 octobre 2008 : chute de 7,33 % et 7e séance de baisse consécutive en raison de la crise financière.

18. Brève histoire largement alimentée par Wikipédia.

- 9 mars 2009 : le Dow Jones clôture à son plus bas niveau depuis 1997 : 6 547 points.
- À partir du printemps 2009, les marchés financiers reprennent leur hausse.
- 15 juillet 2014 : Janet Yellen, la présidente de la Fed, commence à s'inquiéter de la valorisation excessive de certaines actions, à l'occasion de son témoignage devant le Comité bancaire du Sénat américain.
- 16 juillet 2014 : le Dow Jones clôture à son plus haut niveau historique à 17 138 points. Sa valeur a plus que doublé en l'espace de cinq ans.
- 23 décembre 2014 : le Dow Jones atteint pour la première fois de l'histoire les 18 000 points.
- 22 novembre 2016 : le Dow Jones dépasse les 19 000 points.
- 25 janvier 2017 : le Dow Jones dépasse les 20 000 points.
- Août 2017 : le Dow Jones passe les 22 000 points.

Le Monde

Alertes sans précédent sur la dette des économies occidentales

L'endettement américain placé sous surveillance
Fortes pressions pour restructurer la dette grecque

New York
Correspondant

Sylvain Cypel

« Alerte sans précédent sur la dette des économies occidentales », titrait déjà *Le Monde* au printemps 2011. Les États-Unis ont retrouvé un peu de croissance, dont profitent tous les pays occidentaux *via* leurs exportations, mais à quel prix ? En dix ans seulement, la dette publique des États-Unis a presque doublé, passant de 55 % à 100 % du PIB. « Depuis 2008, on n'a réglé aucun problème, déplore Joseph Stiglitz, prix Nobel d'économie. *On s'est contentés de déplacer les fauteuils sur le pont du* Titanic. »

« Les systèmes tiennent souvent plus longtemps qu'on ne le pense, mais ils finissent par s'effondrer beaucoup plus vite qu'on ne l'imagine », s'inquiète de son côté Kenneth Rogoff, l'ancien chef économiste du FMI, qui voit monter le niveau des dettes sur tous les continents sans qu'on n'ait vraiment cherché ni à calmer les spéculateurs, ni à s'attaquer aux racines de la crise : pourquoi tous nos pays ont-ils besoin de toujours plus de dette pour éviter la rechute ?

En avril 2014, c'est Raghuram Rajan, l'ancien gouverneur de la Banque centrale d'Inde, qui tire la sonnette d'alarme : « Alors que le monde se débat pour sortir de la crise économique mondiale, les politiques monétaires non conventionnelles adoptées par nombre de pays avancés sont de plus en plus largement acceptées. Mais cette contagion pourrait mettre l'économie mondiale sur la pente dangereuse d'une politique monétaire œil pour œil, dent pour dent[19] et l'on peut se demander si les bénéfices sur le plan intérieur des mesures non conventionnelles compensent les inconvénients de leur contagion à d'autres pays. »

Le 15 juillet 2014, Janet Yellen, la présidente de la Réserve fédérale américaine, s'inquiète de la valorisation excessive de certaines actions, à l'occasion de son témoignage devant le Comité bancaire du Sénat américain. Mais elle n'en tire aucune conséquence concrète… Un peu comme son prédécesseur Alan Greenspan qui, le 5 décembre 1996, avait critiqué dans un discours resté célèbre « l'exubérance irrationnelle des marchés financiers », affirmant très clairement que cette exubérance irrationnelle risquait d'entraîner une crise, qui aurait des effets prolongés sur l'économie américaine. Greenspan l'a dit. Une fois. Et il a ensuite repris une politique de *laisser-faire*… jusqu'à ce qu'éclate une première crise sur les marchés financiers.

« Le FMI redoute une nouvelle crise mondiale », avertissent *Les Échos* en avril 2016… Les États-Unis sont surendettés mais la situation n'est pas plus brillante ni au Japon ni en Chine.

---

19. La création monétaire massive a pour effet de baisser le coût de l'argent pour les entreprises et d'augmenter le volume de monnaie en circulation, ce qui fait baisser le taux de change et favorise donc les exportations de la zone mettant en œuvre cette politique de QE. C'est pour cela que, si une zone met en œuvre cette politique un peu longuement, les autres zones sont poussées à le faire pour, elles aussi, baisser leur monnaie (ou ne pas la laisser se réévaluer)…

Les Echos

LE QUOTIDIEN DE L'ÉCONOMIE // MERCREDI 13 AVRIL 2016 // LESECHOS.FR

Le FMI redoute une nouvelle crise mondiale

Depuis la mi-2016, il ne se passe pas un mois sans qu'un organisme officiel ne publie un rapport très alarmant sur la situation économique et financière de la planète. Essayant sans doute d'obliger les banques centrales et les chefs d'État à changer de politique. Mais en vain jusqu'à ce jour…

La dette de la Chine risque d'exploser, affirme la BRI

La dette de la Chine risque d'exploser, s'alarme la Banque centrale des banques centrales. La « différence entre le ratio crédit/PIB de la Chine et sa tendance à long terme » a atteint 30,1 % au premier trimestre 2016, un niveau jamais vu et inquiétant, montre un rapport trimestriel publié dimanche soir par la Banque des règlements internationaux (BRI), basée à Bâle, en Suisse.

L'institution souligne ainsi la possibilité d'une crise financière en Chine lors des trois prochaines années.

La Chine, deuxième économie mondiale, est confrontée à une difficile transition économique, à l'heure où Pékin facilite l'accès au crédit pour doper une croissance au ralenti. Mais de l'avis des experts, la récente stabilisation économique dopée au crédit devrait être de courte durée.

Les risques financiers pourraient s'aggraver, sur fond de défauts de paiement en cascade sur des prêts bancaires ou obligations d'entreprises non honorées. Le niveau d'endettement de la Chine calculé par la BRI est le plus élevé des quarante-trois pays étudiés, parmi lesquels figurent les États-Unis, la Grèce et le Royaume-Uni.

La dette totale de la Chine a atteint 168 480 milliards de yuans (25 000 milliards de dollars) à la fin 2015, soit l'équivalent de 249 % du PIB national, avait estimé l'Académie chinoise des sciences sociales, un centre de réflexion gouvernemental.

En août, les quatre plus grandes banques commerciales chinoises, contrôlées par l'État, ont fait état d'une hausse sensible des créances douteuses à leur bilan au premier semestre 2016. Les banques chinoises

> ont par ailleurs effacé pour plus de 300 milliards de dollars de ces créances douteuses en trois ans, avait déclaré fin juin un haut responsable chinois.
>
> *Le Figaro*, 19 septembre 2016

En février 2017, c'est Standard & Poor's qui convoque la presse pour dire son inquiétude. Les agences de notation ont souvent été montrées du doigt pour n'avoir pas anticipé la crise de 2008 et pour avoir peut-être couvert quelques pratiques fort peu catholiques. Il ne sera pas dit que, cette fois-ci, elles cachent la gravité de la situation : « L'encours de la dette souveraine mondiale est bien parti pour atteindre le montant sans précédent de 44 300 milliards de dollars cette année, suivant une estimation publiée vendredi par Standard & Poor's, explique Reuters. L'agence de notation a calculé que les nouveaux emprunts souverains devraient représenter cette année dans les 6 800 milliards de dollars, soit 9 % du PIB mondial. En valeur absolue, la dette augmenterait toutefois de près de 1 000 milliards de dollars à 44 300 milliards, soit 2,3 % de plus suivant les taux de change projetés. Les États-Unis, avec un montant de 2 200 milliards de dollars de dette nouvelle, et le Japon (1 800 milliards) seront une fois de plus les plus gros emprunteurs cette année, représentant 60 % du total, suivis par la Chine, l'Italie et la France. Le double déclassement post-Brexit de la Grande-Bretagne implique que le pourcentage de la dette mondiale dotée de la meilleure note de crédit, soit AAA, tombera à un plus bas sans précédent de 7 % contre 13 % environ un an auparavant[20]. »

En juillet 2017, c'est l'Institut international de la finance (IIF) qui publie à son tour un bilan accablant de la situation financière mondiale. L'Institut international de la finance est un organisme qui regroupe la quasi-totalité des grandes banques internationales. Créé en 1983 « en réponse à la crise de la dette internationale » (*no comment !*), l'IIF compte actuellement plus de quatre cent cinquante membres (banques, *hedge funds* et autres institutions financières…) ayant leur siège dans plus de soixante-dix pays sur l'ensemble des continents. C'est le « syndicat » des banques et des institutions financières privées. En rassemblant les

20. Reuters, 24 février 2017.

informations que lui remontent les banques privées de tous les continents, il arrive à des conclusions assez inquiétantes :

• Aux États-Unis, la dette des ménages est revenue, depuis six mois, à un niveau supérieur au pic atteint en 2008.

Figure 6.7. Dette des ménages américains entre 2001 et 2017.

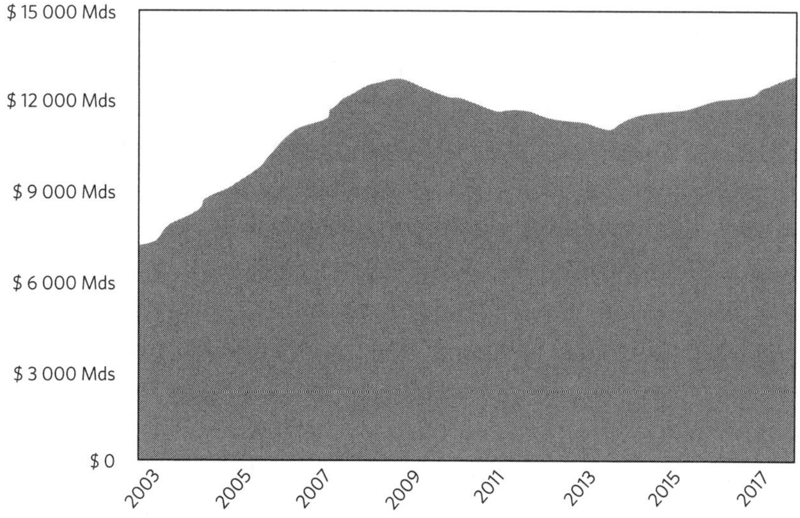

Source : Réserve fédérale.

Les chiffres publiés par la Federal Reserve Bank of New York montrent que la dette des ménages américains a atteint un nouveau pic au deuxième trimestre 2017 : 12 840 milliards. Après la crise financière, la dette passe d'un sommet de 12 700 milliards à un « plus bas » de 11 300 milliards, en 2013, avant de reprendre sa progression et de passer un nouveau sommet...

• Plus inquiétant : la dette des entreprises a nettement augmenté, passant de 10 099 à 13 735 milliards sur la même période.

• Mais c'est la dette publique des États-Unis qui atteint les proportions les plus importantes : 20 000 milliards ! En juillet, le secrétaire d'État a écrit au Congrès pour rappeler que le pays allait atteindre avant la mi-octobre le plafond de la dette autorisée et qu'il fallait un vote très large du Congrès pour repousser ce plafond avant la date limite, si l'on voulait éviter la faillite du gouvernement qui sera incapable de payer ses fonctionnaires... Beaucoup craignaient le blocage quand, à la fin du

Figure 6.8. Dette publique des États-Unis entre 1980 et 2016.

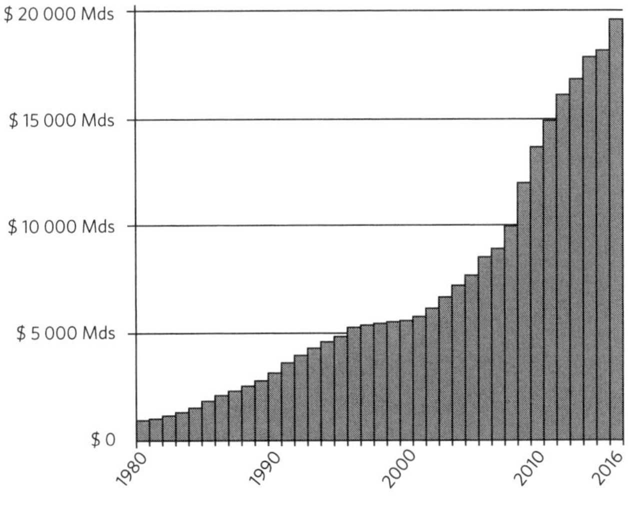

Source : US Treasury Department, Federal Reserve.

mois d'août, la catastrophe Harvey a poussé le Congrès à un accord temporaire pour que le gouvernement puisse envoyer des secours d'urgence au Texas. Mais, sur le fond, le problème reste entier…

Certes, c'est la 70e fois dans son histoire que le Congrès doit augmenter le plafond de dette autorisée, mais le niveau devient vraiment considérable et, vu le désordre qui règne à la Maison Blanche et donc au Congrès, certains se demandent si la dette totale des États-Unis ne peut pas devenir un très, très gros problème pour la stabilité de l'économie mondiale[21].

21. La limite d'endettement autorisé a été atteinte en mars 2017, à 19 800 milliards de dollars, et le gouvernement américain a impérativement besoin de continuer à emprunter pour payer les intérêts sur la dette, les fonctionnaires, leurs retraites, les aides sociales et toutes les dépenses de fonctionnement…
En 2011, l'impasse sur la dette avait déjà fait trembler les marchés financiers lorsque Standard & Poor's avait abaissé la note de solvabilité du pays. À l'automne 2013, faute d'accord entre l'administration démocrate et les républicains au Congrès, les services du gouvernement avaient dû fermer pendant deux semaines. Le 16 octobre 2013, le plafond de la dette avait finalement été porté à 16 700 milliards. En novembre 2015, après un nouveau long bras de fer entre l'administration Obama et le Congrès, l'obligation pour l'État fédéral de ne pas dépasser le plafond légal de la dette (porté entre-temps à 19 800 milliards) avait été suspendue jusqu'au 16 mars 2017… Depuis cette date, et pour permettre à l'administration Trump de « prendre ses marques », le Trésor américain utilise des manœuvres comptables pour rester sous le plafond autorisé : le secrétaire au Trésor a décidé de suspendre temporairement la contribution du gouvernement à plusieurs fonds de retraite de fonctionnaires, sans que cela ait pour le moment des conséquences réelles sur le paiement des pensions (si cette suspension ne dure pas trop

La dette totale des États-Unis (publique et privée, mais *hors* secteur financier) dépasse les 47 900 milliards à la fin du deuxième trimestre 2017, soit 258 % du PIB[22]. Elle a augmenté d'un peu plus de 14 300 milliards en dix ans, dont un peu plus de 2 000 milliards sur la dernière année… 4 fois plus vite que le PIB !

Bilan 2016 des États-Unis

Augmentation de la dette	+ 2 030 milliards
Augmentation du PIB	+ 530 milliards

Il faut 4 doses de dette nouvelle pour obtenir 1 dose de croissance… Pas besoin d'être prix Nobel d'économie pour comprendre que le système n'est pas franchement durable : comme une voiture qui aurait besoin qu'on lui rajoute un litre d'huile tous les 3 kilomètres,

Figure 6.9. Dette totale de la Chine entre 1995 et 2017 en % du PIB de la Chine.

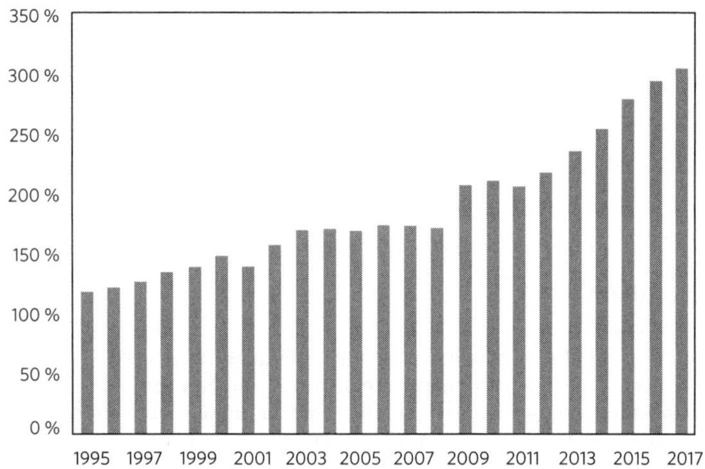

Source : IIF.

longtemps, ces fonds peuvent tirer sur leurs trésoreries). Mais durant tout l'été, le secrétaire au Trésor a pressé le Congrès d'« accroître dès que possible la limite d'endettement ». « Nul doute qu'à l'issue d'un nouveau bras de fer, le Congrès et la Maison Blanche devraient trouver un accord », affirmaient en septembre la plupart des commentateurs. « Jusqu'ici, tout va bien… »

22. Total de la dette des États-Unis au 30 juin 2017 : 63 645 milliards, si l'on tient compte de la dette du secteur financier qui a, elle aussi, recommencé à croître depuis la fin 2012 (source Réserve fédérale, Financial Accounts of the United States du 21 septembre 2017).

l'économie américaine continue à croître, certes, mais avec un ratio « croissance de la dette/croissance de l'économie » assez inquiétant.

• En Chine, les derniers chiffres publiés par l'IIF montrent que, quelles que soient ses déclarations, le gouvernement n'arrive pas, lui non plus, à sevrer le pays de son addiction à la dette. Fin 2015, l'Académie chinoise des sciences sociales estimait que la dette représentait 249 % du PIB national. La dette totale dépasse à présent les 300 % du PIB et les crédits douteux n'ont jamais été aussi importants.

• Au niveau mondial, selon l'Institut international de la finance, la dette totale[23] atteint le niveau record de 217 000 milliards de dollars, soit 327 % du PIB mondial. Et même si l'on enlève la dette du secteur financier, le total reste impressionnant : 242 % du PIB mondial au 30 mars 2017.

Au-delà même du montant, le plus inquiétant est sans doute la pente de la courbe : la dette totale de notre petite planète monte encore plus vite qu'avant 2008. Comme le dit Joseph Stiglitz, on n'a réglé aucun des problèmes qui avaient conduit à la crise de 2007-2008. On continue à « faire des perfusions de dette à un malade qui souffre d'une hémorragie interne » sans avoir trouvé l'hémorragie.

Figure 6.10. Dette totale « mondiale » hors secteur financier en proportion du PIB mondial.

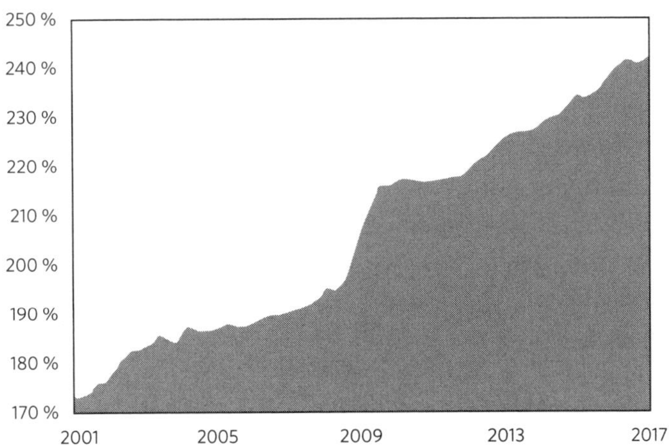

Sources : IIF, BIS, Haver.

23. On parle ici de la dette financière. L'IIF ne tient jamais compte de la dette écologique…

« *Une crise financière brutale* »

En cet été 2017, l'IIF n'est pas le seul à s'inquiéter : le 5 juillet, le FMI a publié un rapport soulignant les « risques négatifs » qui pèsent sur l'économie globale, en mettant en avant « l'incertitude sur les politiques dans les économies avancées, les vulnérabilités du secteur financier et un soudain durcissement des conditions financières[24] ».

« Si on n'agit pas, cet ensemble de préoccupations pourrait constituer une recette pour *une crise financière brutale* », avertit la directrice générale du FMI, Christine Lagarde. « Une crise plus brutale que celle de 2008 », insiste la Banque des règlements internationaux.

Des voix de plus en plus nombreuses s'élèvent pour critiquer le rôle des banques centrales depuis 2007 : les « Incendiaires », comme les appelle Patrick Artus[25], sont-elles capables d'adapter leurs politiques aux changements de l'économie mondiale ou sont-elles prisonnières de dogmes des années 1960 ou 1970 ?

« De plus en plus, les déclarations, les actions, les analyses des banques centrales sont décalées par rapport aux attentes des citoyens, aux questions posées par la recherche économique, aux mécanismes qui gouvernent les économies contemporaines », écrit Patrick Artus. Les banques centrales ont été créées pour faciliter le bon fonctionnement des économies en faisant en sorte qu'il y ait juste ce qu'il faut d'argent en circulation ; et pour éviter les crises financières en surveillant les risques. Aujourd'hui, c'est échec sur toute la ligne : elles se comportent comme des pompiers pyromanes.

Elles continuent à raisonner comme si elles devaient gérer des économies fermées, où toute hausse du crédit entraîne une hausse de la demande et de l'emploi. Or, avec la mondialisation, la robotisation et la financiarisation de l'économie, ce n'est plus du tout le cas.

À juste titre, Patrick Artus réclame des banques centrales moins indépendantes, qui devraient décider avec les gouvernements et les Parlements des objectifs de la politique monétaire. « Si rien ne

24. Le 5 mai 2017, le FMI avait déjà publié un rapport sur le risque d'une nouvelle crise financière. Cette fois-ci, contrairement à 2007, on ne pourra pas dire que le FMI n'a rien vu venir…
25. Patrick Artus est directeur des études à la Caisse des dépôts, CDC Natixis. Il est également professeur d'économie à l'École polytechnique.

bouge, prophétise Artus, on risque des crises financières à répétition[26]. »

« Les bulles financières sont un peu partout. Il ne tient qu'aux banquiers centraux et aux régulateurs de les laisser ou non prospérer », dénonce lui aussi Jean-Michel Naulot, qui connaît très bien le système financier puisqu'il a été banquier (pendant quarante ans chez Indosuez) avant d'être nommé par le gouvernement français à l'Autorité des marchés financiers (AMF) où il a exercé dix ans.

Fort de sa connaissance accomplie de la finance, Jean-Michel Naulot est catégorique : tous les éléments objectifs d'une crise sont désormais réunis. Mais derrière l'hypertrophie de la finance, il dénonce une autre menace, celle de « l'idéologie de ces dirigeants qui ne veulent pas reconnaître leurs erreurs... Or, plus ils maintiendront le cap d'une déréglementation financière à marche forcée, plus ils feront monter les populismes », affirme-t-il[27].

Le pire est devant nous

Mon expérience de banquier et de régulateur des marchés financiers me fait dire que le pire est malheureusement devant nous. Nous avons eu un aperçu de ce que pouvait être un effondrement avec la crise de 2008 mais les risques d'un véritable effondrement sont là.

Le pire est devant nous. Si nos dirigeants refusent tout examen de conscience, veulent à tout prix « maintenir le cap », continuent à faire des discours comme on récite un catéchisme, ils nous emmèneront tout droit dans le mur.

Par leur obstination, ce sont eux qui font monter les populismes ! Et ils ont en outre l'audace de nous dire que si la crise est là, c'est parce qu'on les a empêchés d'en faire davantage ! La crise financière est indissociable d'une crise bien plus profonde, celle d'un libéralisme économique à bout de souffle.

Ce n'est pas en corrigeant à la marge le système financier que nous sortirons des crises. La responsabilité des dirigeants est évidente. Tenir un

26. Voir en particulier l'analyse proposée par Christian Chavagneux dans *Alternatives économiques* du livre de Patrick Artus, *Les Incendiaires. Les banques centrales dépassées par la globalisation* (Perrin, 2007).

27. « Dans ce livre, j'espère ne pas choquer, notamment ceux qui ont l'habitude de s'exprimer avec élégance et modération, écrit Jean-Michel Naulot. Mais compte tenu de la gravité de la crise que nous traversons et de celle qui se prépare, j'ai éprouvé le besoin de parler directement, sans langue de bois », *Éviter l'effondrement*, Seuil, janvier 2017.

> discours modéré, comme le font la plupart des politiques, alors que nous sommes face à une situation d'une gravité exceptionnelle, c'est prendre le risque d'un effondrement futur, explique celui qui fut l'un des proches de Michel Barnier quand il était commissaire européen.
> Pour ces dirigeants, les crises financières sont inhérentes au système capitaliste. Les crises en seraient « le prix à payer ». S'intéressent-ils vraiment au sujet ? Ont-ils compris la gravité de ce qui se prépare ?
>
> Propos recueillis par Vittorio DE FILIPPIS, *Libération*, 7 février 2017

Il suffit souvent d'une « petite aiguille » pour crever une bulle financière et provoquer un krach, explique Naulot. Les « petites aiguilles » sont malheureusement nombreuses aujourd'hui. Comme en 1929, comme en 2007, les conditions objectives d'une gigantesque crise financière sont là : des liquidités abondantes, une dette à un niveau historique et une régulation très insuffisante… Et Donald Trump est l'une de ces petites aiguilles qui peuvent crever la bulle. D'abord parce qu'il est totalement imprévisible, ce que détestent les marchés financiers. Mais aussi parce que déréglementer la finance et baisser massivement les impôts risque d'aggraver les déséquilibres américains et de faire flamber les taux d'intérêt…

Aux États-Unis aussi, nombreux sont ceux qui se demandent s'il n'est pas urgent de changer de logique : à qui profite l'action des banques centrales ? Wall Street ou *Main Street* ? Les marchés financiers ou le grand public ? Tous les mois, Wall Street bat de nouveaux records mais le taux d'activité (la proportion des adultes qui sont actifs sur le marché du travail) n'a jamais été aussi bas !

Donald Trump peut se féliciter des 22 000 points franchis par le Dow Jones, mais pour l'homme et la femme de la rue, il y a quelque chose de terriblement indécent à voir qu'une minorité, qui a les moyens de jouer en Bourse, peut s'enrichir sans rien faire, alors qu'il est toujours aussi difficile de trouver un emploi de qualité pour l'immense majorité des citoyens qui ne peuvent vivre de leurs rentes.

Certes, le taux de chômage officiel a baissé en dessous de 5 %, mais, tous les mois, 300 000 ou 400 000 adultes cessent de chercher du travail. Ils cherchent, en vain, depuis trop longtemps. Ils n'ont plus aucune réponse quand ils envoient un CV, et, puisqu'ils n'ont plus droit à aucune aide, à quoi bon aller s'inscrire encore au Pôle emploi local ?

Figure 6.11. Évolution comparée des marchés financiers (sur l'échelle de droite) et du taux de participation sur le marché du travail (échelle de gauche).

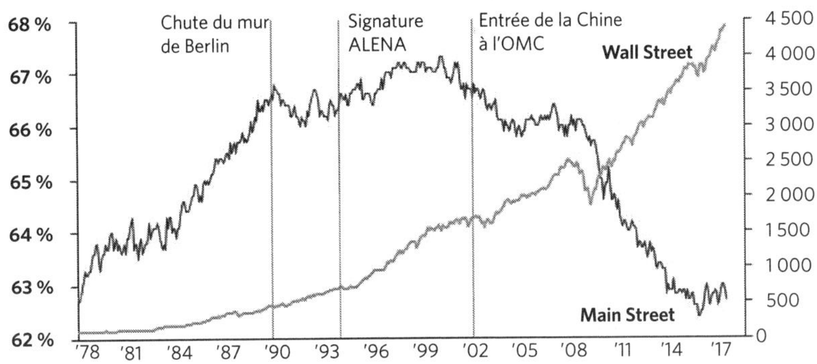

C'est humiliant. Ils sont découragés et quittent le marché du travail. C'est ainsi que le taux de participation est tombé à moins de 63 % (58 % qui sont au travail et 5 % au chômage…).

En Europe aussi, le sous-emploi continue à faire des ravages malgré les sommes colossales créées par la Banque centrale pour relancer l'activité.

Si Angela Merkel a fait du « plein-emploi en 2025 » la promesse phare de sa campagne pour les législatives du 24 septembre 2017, c'est que le sous-emploi continue en Allemagne à frapper un très grand nombre de personnes et de familles.

Le marché du travail allemand reste précaire

Au sein de l'Union européenne, l'économie allemande fait figure de bonne élève mais, derrière un taux de chômage et une croissance enviés par beaucoup de ses voisins européens, le marché du travail est en réalité particulièrement touché par la précarité.

Un actif allemand sur cinq occupait en 2016 une activité dite « atypique » (20,7 %), soit un total de 7,65 millions de travailleurs. C'est ce que révèle une étude réalisée par Destatis, l'Office fédéral de la statistique allemande – l'équivalent de l'Insee en France.

Sur le papier, l'embellie de l'emploi se confirme d'année en année outre-Rhin mais la réduction du nombre de demandeurs d'emploi s'est accompagnée d'une montée des inégalités sociales et de la précarité sur le marché du travail.

Alors qu'il y avait moins de 5 millions d'emplois atypiques en 1996, il y en a plus de 7,5 millions aujourd'hui. L'étude rappelle que les activités atypiques se sont notamment accrues après les lois de libéralisation du travail initiées par Gerhard Schröder au début des années 2000. Par ailleurs, selon Eurostat, en 2014, l'Allemagne comptait 22,5 % de travailleurs à bas salaire (c'est-à-dire inférieur aux deux tiers du salaire horaire brut médian), contre 8,8 % en France.

Au total, 7,7 millions de personnes occupaient des activités dites « atypiques » l'an dernier, soit une hausse de 121 000 sur un an. [...] Les activités « atypiques » prennent en compte une grande variété de situations : emplois intérimaires, contrats à durée déterminée ou encore emplois à temps partiel de moins de 20 heures par semaine (qui concernent 4,8 millions de personnes) de même que les fameux mini-jobs à 450 euros par mois, qui concernent toujours 2 100 000 travailleurs.

Emmanuelle Oesterlé, *Le Figaro*, 19 août 2017

L'Allemagne compte aussi 3,6 millions de travailleurs indépendants, qui n'étaient pas concernés par l'introduction d'un salaire minimum au 1er janvier 2015. Parmi eux, 2 millions d'autoentrepreneurs sont particulièrement exposés au risque de pauvreté.

L'enjeu que représente le marché du travail était au cœur des débats pendant l'été 2017, juste avant l'élection fédérale allemande. Angela Merkel promet le « plein-emploi » d'ici à 2025 et met en avant, dans son bilan, l'instauration d'un salaire minimum, obtenu grâce aux efforts du parti social-démocrate...

Quoi qu'en disent certains, l'Allemagne comme les États-Unis est encore très loin du plein-emploi. Et la France n'a évidemment aucune leçon à donner dans ce domaine : moins de travailleurs pauvres qu'en Allemagne, certes, mais bien plus de chômeurs ou de chômeurs découragés. Au total, le sous-emploi concerne 18 % des adultes selon une étude... de la BCE.

Selon la BCE, 18 % des Français sont chômeurs, en sous-emploi ou découragés de chercher un poste

En prenant en compte les personnes inactives ne remplissant pas les conditions pour être considérées comme des chômeurs et les travailleurs à temps partiel, le « taux de chômage élargi » augmente en France.

Estimé à 9,5 % au deuxième trimestre par l'Insee, le taux de chômage est bel et bien repassé sous la barre des 10 % cette année. Est-ce à dire toutefois que le marché du travail français se porte bien ?

Le bilan est bien plus mitigé, voire inquiétant, si l'on prend en compte le « chômage caché », qui n'est pas comptabilisé par l'Insee. L'institut s'en tient en effet à la définition, jugée très stricte, du Bureau international du travail. Le « taux de chômage élargi » grimpe, lui, globalement à 18 % de la population, a évalué la BCE dans un rapport rendu public en mai qui a fait beaucoup de bruit.

Pour parvenir à ces résultats, la BCE a pris en compte, en plus des chômeurs au sens de l'Insee, deux autres catégories de personnes : la première concerne les personnes inactives ne remplissant pas les conditions de l'Insee pour être chômeur (par exemple, être disponible pour travailler sous 2 semaines) mais qui souhaitent un poste. Elles sont 1 500 000 au deuxième trimestre, selon l'Insee. La seconde catégorie concerne les travailleurs à temps partiel, qui veulent travailler plus et qui représentent 6,1 % des personnes en emploi.

« Il y a toujours eu un écart entre le taux de chômage officiel et le taux élargi mais cet écart s'est accentué depuis la crise, explique Thibault Mercier, économiste à BNP Paribas. Ces résultats jettent un regard plus négatif sur l'état du marché du travail. »

Pour la BCE, ce chômage élargi permet de comprendre pourquoi, en France comme en zone euro, la croissance des salaires demeure trop faible malgré la baisse du chômage officiel.

Si les entreprises avaient des contraintes d'embauche sur un marché du travail réellement dynamique, « elles seraient en concurrence entre elles et proposeraient des salaires plus élevés » pour attirer les personnes chez elles, explique Patrick Artus, économiste en chef chez Natixis.

En France, le bilan est d'autant plus inquiétant qu'il faut ajouter à ce taux de chômage élargi les jeunes qui ne sont ni en emploi ni en formation. Et qui représentaient, en 2015, 14,7 % des jeunes entre 15 et 29 ans[28].

Manon MALHÈRE, *Le Figaro*, 18 août 2017

Dette des États-Unis à un niveau record, dette de la Chine hors de contrôle, marchés financiers qui défient les lois de la gravité, précarité massive sur tous les continents… « La prochaine crise risque d'être plus grave que celle de 1930 », affirmait déjà Mervyn King, le gouverneur de la Banque d'Angleterre, en 2012. Mais aucun des déséquilibres qu'il dénonçait il y a cinq ans n'a, hélas, été résorbé depuis. Bien au contraire !

28. Il faut compter aussi tous ceux et celles qui tombent en fin de droit. Ils ont cherché du travail pendant deux ans, en vain, et quittent les fichiers de Pôle emploi sans avoir repris un emploi. Ils étaient 1 million en 2012 selon un décompte réalisé par *Le Monde*…

Et le parallèle avec 1930 est assez justifié : la crise de 1930 ne venait-elle pas, elle aussi, après une première crise, celle de 1920-1921 ? Cette première crise avait commencé par un krach : entre le 3 novembre 1919 et août 1921, le Dow Jones va perdre 40 % de sa valeur et la production industrielle chuter de 30 % entre janvier 1920 et juillet 1921… Le chômage est multiplié par 3 ou 4 (selon les statistiques).

La crise est sévère mais de courte durée… et en quelques années, elle est oubliée : la confiance revient, qui fait place ensuite à l'euphorie et, petit à petit, beaucoup d'investisseurs se croient tout permis et oublient jusqu'aux règles de prudence les plus élémentaires, jusqu'au Grand Krach d'octobre 1929. Dix ans après le premier krach…

L'histoire ne se répète jamais exactement et les réponses des banques centrales au début du XXIe siècle ne sont pas les mêmes que dans le premier quart du XXe, mais nul ne peut nier aujourd'hui que :

- aucun des déséquilibres qui avaient conduit à la crise de 2008-2009 n'a été traité ;
- le niveau de dettes (privée et publique) s'est même considérablement accru ;
- le chômage et le sous-emploi sont partout à des niveaux très élevés ;
- ce qui conduit dans tous nos pays à de hauts niveaux d'abstention et de votes protestataires… ;
- nos dirigeants semblent très peu actifs pour s'attaquer à ces problèmes : ils ne parlent jamais des questions de dette et de création monétaire. Ils sous-traitent la question aux dirigeants des banques centrales, qui semblent de plus en plus dépassés par la situation…

Banques centrales dans le brouillard

« Si vous avez compris ce que j'ai dit, c'est que je me suis mal exprimé », avait coutume de dire Alan Greenspan, le président de la Banque centrale américaine d'août 1987 à janvier 2006. Son laisser-faire, habillé par le flou intelligent de sa communication, fut une des causes fondamentales de la crise de 2007-2008. Mais dix ans après, on peine souvent à comprendre ce que veulent dire les dirigeants des grandes banques centrales.

Les « minutes » du Federal Open Market Committee (FOMC), le comité directeur de la Banque centrale américaine, sont toujours rendues publiques trois semaines après qu'a eu lieu la réunion. La lecture de ces comptes rendus permet de mesurer le trouble croissant qui s'exprime dans les débats internes à cette haute assemblée.

Lors de leur réunion des 13 et 14 juin 2017, les responsables de la Réserve fédérale ont certes voté à la quasi-unanimité une (très légère) remontée de leur principal taux d'intérêt, destinée à « témoigner de leur confiance dans la reprise de l'économie », mais ils semblent de plus en plus divisés sur la politique monétaire à mener pour renforcer la prospérité de l'économie américaine.

« La plupart des participants ont considéré la récente faiblesse des indicateurs de prix comme étant essentiellement le reflet de facteurs idiosyncratiques [...] cependant, plusieurs participants ont exprimé leur inquiétude sur le fait que les progrès de la croissance pourraient avoir ralenti et que la faiblesse récente de l'inflation puisse persister », est-il écrit dans le compte rendu de la réunion de juin.

En juin, Janet Yellen, la présidente de la Réserve fédérale, avait qualifié de provisoire le ralentissement de l'inflation et la Fed avait maintenu sa prévision d'une nouvelle hausse de taux d'ici la fin de l'année. Les « minutes » des 13 et 14 juin indiquent que plusieurs responsables voulaient même que la Fed annonce avant la fin du mois d'août 2017 le début de la réduction de son bilan. Ce qui ne s'est pas fait.

Le compte rendu de la réunion suivante – la FOMC des 25 et 26 juillet – a renforcé les doutes des observateurs. Plusieurs responsables de la Fed ont nettement exprimé leurs inquiétudes face aux difficultés de la banque centrale à ramener l'inflation vers son objectif de 2 % : l'inflation a reculé à 1,4 % seulement en mai...

Que se passe-t-il ? Avec plusieurs milliers de milliards de dollars injectés en quelques années, l'économie américaine devrait être en pleine surchauffe et l'inflation devrait être très élevée. Mais il n'en est rien ! L'inflation ne redécolle pas. Et les dirigeants de la Fed se demandent publiquement s'il n'y a pas quelque chose qui cloche (« *something wrong* ») et s'ils disposent des bons indicateurs pour suivre le marché de l'emploi[29].

29. « *The possibility that slack may be better measured by labor market indicators other than unemployment.* » Si les États-Unis s'approchaient du plein-emploi, les salariés pourraient

« Je suis troublé, reconnaît un économiste cité par Bloomberg. Les dirigeants de la Fed semblent n'avoir pas confiance dans leurs décisions, ni même dans les outils sur lesquels ils appuient ces décisions. » « Les dirigeants de la Fed ont admis que les modèles qui guident leurs choix sont faux. Cela leur a pris seulement cinq ans », ricanent certains.

Troublés, les observateurs attendaient des éclaircissements lors de la rencontre annuelle de toutes les banques centrales, à Jackson Hole, les 25 et 26 août.

Janet Yellen pressée de sortir de l'ambiguïté à Jackson Hole

Les grands argentiers ont eux aussi leur université d'été. Elle se tient chaque année depuis 1981 à Jackson Hole, une station perchée à 1 966 mètres d'altitude, dans l'État du Wyoming. Les banquiers centraux de toute la planète s'y retrouvent et ils y convient également quelques rares universitaires, plus une poignée de journalistes, obligés d'acquitter un droit d'entrée.

Ces derniers sont priés d'« assurer un minimum de transparence mais sans écraser ou influencer les débats », selon les termes de l'organisateur, la Banque de réserve fédérale du Kansas.

Absente l'an dernier, Janet Yellen sera la vedette de cette édition. Et elle sera obligée de préciser sa stratégie pour les mois à venir.

Jean-Pierre Robin, *Le Figaro*, 25 août 2017

Alors que le FMI craint une nouvelle crise financière, alors que les dirigeants de la Fed semblent de plus en plus hésitants sur la voie à suivre, beaucoup attendaient cette rencontre pour y voir plus clair sur les intentions des grandes banques centrales. Beaucoup attendaient des paroles fortes. Hélas, Draghi et Yellen décidèrent de ne rien dire. Absolument rien !

Motus et bouche cousue. Lors de sa dernière intervention à Jackson Hole, en 2014, Mario Draghi avait préparé les marchés à la mise en place du QE. Il avait indiqué qu'il envisageait de suivre l'exemple de la Fed pour mener une politique d'« assouplissement quantitatif ». Mais cette année, Draghi n'a rien laissé filtrer de ses intentions !

---

exiger des augmentations de salaire, ce qui ferait monter l'inflation. Or, visiblement, ce n'est pas le cas… C'est pourquoi, comme un nombre croissant de personnes, les dirigeants de la Fed se demandent si l'indicateur officiel de chômage est encore pertinent.

« La reprise mondiale s'affirme », a déclaré Mario Draghi alors que Janet Yellen a estimé que « nous avons des raisons d'espérer que le système financier et l'économie affronteront moins de crises et s'en remettront plus rapidement ». Mais elle a aussi mis en garde contre tout « optimisme excessif » des marchés[30]. « Les politiques monétaires de la Fed et de la BCE n'ont pas été abordées. Ceux qui attendaient des éclaircissements sur la politique monétaire à venir seront déçus, écrit aussi Nicolas Rauline dans *Les Échos*. Ni Janet Yellen ni Mario Draghi n'ont abordé le sujet dans leurs discours ! »

« Tout ça pour ça ! écrit Denis Lantoine dans *Investir*. La présidente de la Réserve fédérale a clairement laissé les investisseurs financiers sur leur faim. Elle n'a fait aucune déclaration de politique monétaire, ni sur l'évolution des taux d'intérêt ni sur la réduction de la taille de son bilan, s'en tenant à souligner que personne ne peut affirmer qu'il n'y aura pas de nouvelle crise et que les algorithmes sont de plus en plus présents sur les marchés financiers… Elle a aussi mis en garde contre les risques de retour, tôt ou tard, d'un optimisme excessif. Pas de quoi rassasier les opérateurs… »

Durant son intervention, Janet Yellen a critiqué, sans le nommer mais très clairement, Donald Trump et sa volonté de déréguler les marchés financiers, alors que c'est lui qui peut – ou non – la prolonger à la tête de la Banque centrale, début 2018. « C'est courageux, disent certains. Peut-être n'a-t-elle pas envie de gérer la suite, suggèrent d'autres, comme Greenspan, qui avait laissé sa place à Ben Bernanke début 2006, et n'était pas mécontent qu'un autre que lui ait à gérer son bilan. »

Le 12 janvier 2006, quelques jours avant son départ, *The Economist* représentait Greenspan en train de transmettre à Bernanke un bâton de dynamite allumé.

The Economist avait raison : six mois à peine après le départ du « maestro Greenspan », comme certains l'avaient surnommé, on commençait en effet à voir augmenter très nettement les impayés sur les crédits *subprimes* et, début 2007, HSBC annonçait 10 milliards de pertes. C'était le début de la crise financière que Greenspan avait largement contribué à préparer par sa politique de laisser-faire.

30. *latribune.fr*, 26 août 2017.

Que dire de l'héritage de Janet Yellen si elle quitte la Fed début 2018 ? La dette totale des États-Unis, qui était de 28 400 milliards quand Greenspan a rendu son tablier, sera passée à 49 000 ou 50 000 milliards début 2018. Le taux d'emploi est à un plus bas historique : moins de 63 % ! Plus de 90 millions d'hommes et de femmes en âge de travailler ne sont plus sur le marché du travail, et le pays est dans une impasse politique inédite.

En écrivant cela, on mesure la gravité de la situation et on mesure aussi tout ce qu'il y aurait d'injuste à critiquer seulement les banquiers centraux : certes, ce sont eux qui sont à la manœuvre depuis dix ans. Certes, ce sont elle et eux qui ont décidé de bloquer les taux d'intérêt à 0 – ou même un peu moins – et de faire tourner la planche à billets comme jamais on ne l'avait fait en cinq siècles de capitalisme… Mais que font les chefs d'État et de gouvernement et les partenaires sociaux pour aider nos pays à sortir de la crise ?

Y a-t-il un pilote dans l'avion ?

« Draghi et Yellen évitent soigneusement de parler de politique monétaire… » Les observateurs sont troublés quand les patrons de deux des plus grandes banques centrales qui se retrouvent à Jackson Hole avec leurs collègues bottent en touche, comme s'ils étaient incapables de fixer un cap à leur action. On ressent le même trouble quand on lit avec attention le communiqué du FMI publié en juillet 2017 : le FMI s'inquiète de l'énormité des liquidités créées par les banques centrales mais il souligne aussi que le resserrement des conditions monétaires pourrait provoquer une crise brutale… En résumé : si les banques centrales continuent à créer massivement des liquidités, on va vers la crise. Mais si elles diminuent ces liquidités, on va aussi vers la crise, « une crise brutale » !

« Le roi est nu. »

Les dirigeants du FMI et des grandes banques centrales tournent en rond.

Ils ne sont pas les seuls : en 2010, un spécialiste des crises financières, Nouriel Roubini, a publié un livre important dans lequel il retrace l'histoire des grandes crises qui ont marqué nos sociétés. Dans ce livre (*Économie de crise, une introduction à la finance du futur*), Roubini explique que tous les plans de relance massifs utilisés pour lutter contre la crise depuis 2007 ne font que préparer la prochaine crise, qui verra nos sociétés s'effondrer sous le poids de la dette publique.

Et quand un journaliste lui demande si, pour éviter la catastrophe qu'il annonce, il faut stopper les plans de relance, la réponse de Roubini illustre pleinement l'impasse dans laquelle s'enferment nos dirigeants[31] : « Le risque, à court terme, c'est que cela ait un effet négatif sur la croissance. Mais un État qui ne ferait pas l'effort d'assainir ses comptes publics ne pourrait plus emprunter, ou dans des conditions insoutenables. La situation aujourd'hui, c'est "*Damned if you do, damned if you don't.*" [Tu seras damné si tu le fais, mais damné aussi si tu ne le fais pas.] »

Nouriel Roubini comprend qu'on va vers une crise majeure mais il ne voit absolument pas comment l'éviter. Comme l'écrivait aussi l'économiste Élie Cohen dans la revue *Commentaire* du printemps 2011, « c'est une équation insoluble ».

31. *Le Nouvel Observateur*, 10 juin 2010.

Une équation insoluble ?

N'y a-t-il vraiment aucune solution ? Faut-il continuer à offrir des milliers de milliards aux marchés et accumuler des dettes insoutenables pour maintenir un peu de croissance ou, sinon, replonger dans la récession ? *La peste ou le choléra ?* Est-ce vraiment comme cela que se pose la question ?

Comment sortir de ce dilemme ? Comment éviter « une crise plus grave que celle de 1930 » ? Y a-t-il un lien entre la crise financière et la crise climatique ? Y a-t-il un moyen pour s'attaquer, simultanément et efficacement, à ces deux dérèglements ?

En 2007-2008, on a agi dans l'urgence, sans prendre le temps de chercher les causes profondes de la crise, car il fallait éviter un effondrement financier. Et, mois après mois, année après année, comme le danger semblait écarté, nos dirigeants sont retournés à leurs habitudes et ont laissé passer l'occasion d'une réflexion de fond sur notre modèle de développement... Mais dix ans plus tard, on se rend compte que rien n'est réglé et que le monde risque un effondrement global : crise climatique, crise sociale, crise financière, crise démocratique, dans tous ces domaines nos sociétés approchent d'un point de basculement, de non-retour. Face à la crise financière, le remède administré par les banques centrales pourrait se révéler pire que le mal, et ni la crise sociale ni la crise climatique ne sont en voie de résorption. Au contraire !

« Là où croît le péril, croît aussi ce qui sauve[32]. » C'est parfois en arrivant à quelques mètres du précipice qu'on se rend compte qu'il faut changer de direction...

Et si, enfin, nous prenions le temps de réfléchir vraiment ? Et si, enfin, nous décidions de nous attaquer aux racines du mal ?

Et si, enfin, parce que sur bien des fronts, nous sommes proches d'une situation catastrophique, les esprits étaient mûrs pour le changement de logique que nous sommes nombreux à espérer ? Et si, au lieu de faire les autruches en voyant s'accumuler sur nos têtes des risques de

32. Une affirmation du poète Hölderlin (1770-1843) souvent reprise par notre ami Edgar Morin.

plus en plus graves, nous décidions enfin d'agir avec force pour apporter une réponse globale à toutes les crises qui nous menacent ?

Comment sortir du dilemme de Roubini ? Comment résoudre l'« équation insoluble » de Cohen ? Comment casser les cercles vicieux qui font que la crise climatique et la crise financière risquent de bientôt échapper à notre contrôle ? Comment apporter une réponse globale à la crise qui touche tous les domaines de notre vie collective ? En changeant notre grille d'analyse. En apportant un diagnostic nouveau et des propositions nouvelles.

CHAPITRE 7

Aux racines de la crise financière

Pour répondre à la crise climatique, on a vu plus haut d'où venait le problème (nos émissions de plus en plus massives de CO_2, méthane et autres gaz à effet de serre) et d'où peut venir la solution (diviser par 4 ou 5 notre production de gaz à effet de serre).

De même, si l'on veut éviter une crise financière « plus grave que celle de 1930 », il faut être capable de construire un consensus assez large sur les causes du problème et sur les moyens de le régler.

La crise qui s'annonce n'est évidemment pas imputable seulement aux banques centrales : elles ont été appelées à l'aide en 2007-2008 quand avait éclaté déjà une première crise de la dette. À l'époque, tout le monde affirmait que cette crise était l'occasion de revoir notre modèle, de « remettre la finance à sa place »... Il n'en a rien été, hélas !

Mais la question posée en 2008 est plus que jamais d'actualité : pourquoi nos sociétés sont-elles *addicts* à la dette ? Comment un tel niveau de dette a-t-il été rendu possible ? Pourquoi est-il si difficile aujourd'hui de sortir de ce piège ?

C'est en regardant l'évolution de la dette totale aux États-Unis (dette privée + dette publique) depuis 1950 que l'on peut proposer un diagnostic sur le mal qui mine les économies occidentales.

On voit sur cette courbe une augmentation très forte et quasi linéaire de la dette depuis le début des années 1980, alors que le rapport dette/PIB était remarquablement stable auparavant.

Figure 7.1. Dette totale aux États-Unis depuis 1952 (hors dette du secteur financier).

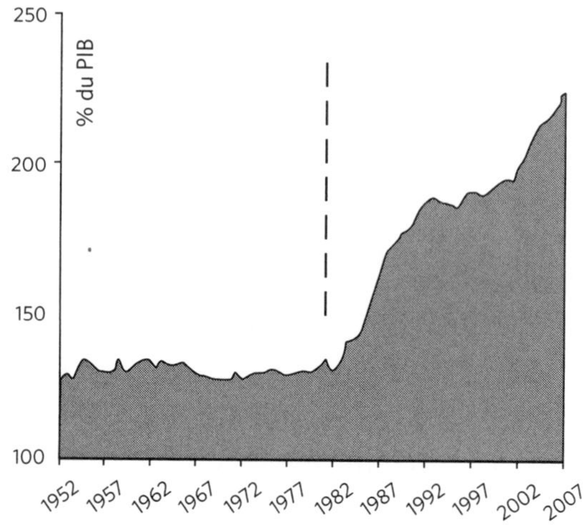

Source : Réserve fédérale.

D'où deux questions :

- Comment cette augmentation de la dette, très importante, a-t-elle été possible, alors que, on l'a vu plus haut, les banques centrales n'avaient quasiment pas fait tourner la planche à billets avant 2007 ?
- Pourquoi les banques centrales ont-elles tellement peur que nos économies retombent en récession si elles ferment le robinet du crédit ? Pourquoi cette dette nouvelle semble-t-elle si « vitale » pour la croissance alors que, pendant trente ans, avant 1980, nos sociétés avaient pu très bien se développer sans dette supplémentaire ?

Pour répondre à la première question, il faut sans doute revenir sur ce qu'est la création monétaire. Ce fut pendant très longtemps une fonction régalienne[1] : c'est le roi, et lui seul, qui avait le pouvoir de battre monnaie. C'était l'effigie de César ou, bien plus tard, celle de Saint Louis qui était visible sur les pièces permettant le commerce sur le territoire qu'ils contrôlaient.

Et si les banques faisaient des prêts à certains de leurs clients, c'était en puisant dans l'argent que d'autres clients avaient préalablement déposé dans leurs caisses : « les dépôts font les prêts » fut la règle pendant plusieurs siècles.

1. Régalien, du latin *rex, regis*, « le roi ».

Mais le capitalisme ne se serait pas développé avec autant de vigueur et de rapidité depuis la Renaissance si les banques n'avaient pas grandement innové dans ce domaine : si les clients ont besoin qu'on leur prête de l'argent pour financer des projets qui paraissent solides, pourquoi s'en tenir strictement à l'argent qui est déjà en dépôt ? Pourquoi ne pas ouvrir une ligne de crédit ou prêter plus que ce que l'on a en caisse ?

C'est ainsi que les banques privées ont progressivement gagné le pouvoir de créer de la monnaie, non pas les billets et les pièces que nous avons dans nos poches, mais des sommes qui peuvent être considérables : si un particulier a besoin de 100 000 euros pour acheter un appartement ou faire construire une maison, si un patron de PME ou un paysan a besoin de 100 000 euros pour lancer son affaire, la banque peut lui prêter la totalité de cette somme, même si elle n'a pas ces 100 000 euros dans ses dépôts.

Les règles de prudence lui imposent seulement d'avoir 8 % des sommes prêtées dans ses fonds propres. Ceux qui ont défini les règles du jeu font confiance aux banques commerciales pour ne pas miser d'argent sur des projets fragiles. Certains débiteurs auront peut-être des difficultés pour rembourser les sommes avancées, mais la banque a pris des garanties, des cautions et va gagner beaucoup sur certains dossiers. Ce serait dommage de brider le développement du crédit en le limitant aux dépôts existants…

Les banques privées ont donc le droit de prêter 100 alors qu'elles n'ont que 8 en réserve. De ce fait, chaque fois qu'une banque prête 100 000 euros, elle peut avoir créé jusqu'à 92 000 euros.

Du coup, ce ne sont plus les dépôts qui font les prêts mais les prêts qui nourrissent les dépôts[2] : les 100 000 euros prêtés pour faire construire une maison sont au début de l'argent virtuel (un chiffre sur un dossier), mais vont devenir du « vrai argent » quand ils serviront à payer des maçons, des architectes, un carreleur, un menuisier, un électricien ou un peintre…

Pendant longtemps, nos pays ont donc vécu avec un pouvoir de création monétaire qui était partagé, *de facto*, entre l'État et les banques

2. On est passé du « *deposit make loans* » au « *loans make deposits* », expliquent tous les manuels d'économie.

privées : l'État était le seul à créer des pièces et des billets mais les banques pouvaient créer de la monnaie par leur capacité de crédit. Et, dans certaines circonstances, l'État, ou plutôt sa banque centrale (la Banque de France, par exemple), pouvait prêter de l'argent à l'État, souvent à taux 0...

Mais la règle change dans les années 1970. Les banques centrales n'ont plus le droit de prêter à l'État. Certains considèrent que cette capacité de prêt favorise le laxisme budgétaire ou peut être l'une des causes de l'inflation. Dorénavant, si les États ont besoin de s'endetter, qu'ils le fassent « comme tout le monde » auprès des banques privées[3] !

Certains économistes doutent du bien-fondé des raisons mises en avant pour couper le canal qui reliait les Trésors publics aux banques centrales : « L'activité de prêt au secteur privé commençait à ralentir. Les banques privées voulaient trouver de nouveaux relais de croissance et les États qui faisaient face au premier choc pétrolier étaient confrontés à une baisse de leurs ressources – et donc à des déficits –, mais restaient évidemment tout à fait solvables. Les États étaient donc de très bons clients pour les banques », explique l'un d'eux[4].

C'est à partir du tournant des années 1980, que les banques privées accélèrent la création monétaire pour répondre à la demande croissante de dette privée et publique.

Et quand, après la « bulle des années 2000 », le marché des clients solvables commence à saturer, certaines banques n'hésitent pas à innover et à vendre des crédits à des citoyens en situation de grande précarité : aux États-Unis, ce sont les crédits *subprimes*.

---

3. Certaines banques centrales peuvent prêter à l'État. C'est le cas de la Federal Reserve et Barack Obama s'en est publiquement réjoui. En Europe, c'est sous l'influence de la Bundesbank que l'interdiction du financement monétaire s'est progressivement étendue. Elle a été confirmée par l'article 104 du traité de Maastricht (devenu l'article 123 du TFUE). Cet article a été rendu applicable dès la deuxième phase préparatoire de l'UEM, donc avant l'introduction de la monnaie unique.

4. Dans *La Monnaie dévoilée* (L'Harmattan, 1996), Alain Grandjean montre comment la dette publique aurait augmenté nettement moins vite si les États avaient pu continuer à s'endetter auprès des banques centrales dans des volumes évidemment limités mais à taux 0 ou à des taux très faibles... Qu'il faille éviter le laxisme budgétaire, c'est évident, mais qu'il faille alourdir la dette publique en améliorant les dividendes des banques, c'en est une autre, explique Grandjean.

Pour pousser les pauvres à s'endetter, on va leur proposer un système diabolique : s'ils font un emprunt pour acheter une maison, ils n'ont besoin d'aucun apport en capital. Pas besoin non plus de prouver des revenus réguliers. Ils peuvent emprunter 100 % des sommes nécessaires et même un peu plus (ce qui permet de rembourser d'autres dettes ou d'améliorer le quotidien) et, pendant deux ans, ils n'ont pas à rembourser le capital mais seulement des intérêts à taux réduits... Et après ces deux ans, s'ils remboursent, ce sera avec des taux élevés (justifiés par le fait qu'ils sont mal notés, « des clients à risques »), et s'ils ne remboursent pas, on pourra saisir leur maison et la revendre avec une bonne plus-value, puisque, en deux ou trois ans, son prix aura bien augmenté... *Pile, je gagne. Face, tu perds !*

Sur le papier, l'invention de ces crédits *subprimes* semble absolument géniale : elle permet en même temps de relancer le marché du crédit et le marché de l'immobilier et donc l'activité du logement. Qui plus est, en faisant monter les prix des maisons, elle donne à une majorité d'Américains un sentiment d'enrichissement et la possibilité de négocier de nouveaux découverts...

Et c'est ainsi que les États-Unis servent de modèle à une grande partie de la planète : « Je veux développer le crédit hypothécaire en France. C'est ce qui a permis de soutenir la croissance économique des États-Unis, affirmait Nicolas Sarkozy dans *Les Échos* le 9 novembre 2006. En France, l'État est trop endetté, mais les particuliers ne le sont pas assez. Culpabiliser les acteurs économiques sur l'endettement est une erreur grave, car un pays qui n'emprunte pas pour investir est un pays qui ne croit pas à son avenir... »

Peut-on toujours augmenter la dette sans limite ? Faut-il pousser les particuliers à s'endetter comme le voulait Nicolas Sarkozy ?

En 2003, une première alerte de la BRI

En 2003, la Banque des règlements internationaux (BRI) tire la sonnette d'alarme sur le niveau inquiétant de la dette et sur le déséquilibre que révèle ce besoin croissant de dette : la planète risque une récession mondiale. Sans la dette (privée pour l'essentiel), la planète serait déjà en récession.

Mais qui écoute la BRI ? Pourquoi changer un système qui assure une croissance assez forte et permet aux pauvres d'accepter leur précarité et de rêver qu'eux aussi vont devenir propriétaires de leur maison ? « Ce qui est bon pour Goldman Sachs est bon pour l'Amérique… »

Fin 2005, les crédits *subprimes* représentent près de 25 % des crédits distribués sur le territoire américain et l'effet de richesse, lié au boom des prix des logements, pousse un grand nombre de citoyens à augmenter leurs encours de prêts. En un an, la dette totale augmente 4 fois plus vite que le PIB[5]. Mais ceux qui tirent la sonnette d'alarme sont bien peu nombreux et souvent taxés de pessimistes[6].

Hélas, les arbres ne montent pas jusqu'au ciel. Il y a des limites à tout. À la mi-2006, les impayés se multiplient chez les ménages américains surendettés qui ont passé le seuil des deux années de non-remboursement et doivent de surcroît faire face à une augmentation des dépenses de la vie quotidienne à cause, en particulier, de l'augmentation du prix de l'énergie.

Durant l'été et l'automne 2006, l'euphorie est toujours de mise sur les marchés financiers qui volent de record en record mais, dans les agences bancaires, sur le terrain, le vent est en train de tourner… En février 2007, en présentant ses comptes pour 2006, HSBC annonce des pertes pour la première fois de son histoire. Et ces pertes sont très lourdes : 10 milliards de pertes sur l'activité de crédits *subprimes* !

Tous les acteurs savent que le système peut s'effondrer mais chacun retient son souffle et fait comme si tout allait bien. Ce n'est pas aux États-Unis mais en Europe que va se produire l'étincelle : le 9 août 2007, c'est une banque française, BNP Paribas, qui annonce qu'elle doit fermer trois fonds gorgés de crédits *subprimes* « par manque de liquidités ». La mèche lente est allumée qui conduira, un an plus tard, à la faillite de Lehman Brothers…

Cette crise historique aurait dû être l'occasion de faire un vrai bilan de la situation des États-Unis et du reste du monde.

---

5. Voir *Le Livre noir du libéralisme*, Pierre Larrouturou, préface de Michel Rocard (Éditions du Rocher, 2007).
6. « Larrouturou s'inquiète pour rien. Larrouturou est pessimiste. Il n'y a aucun risque de crise aux États-Unis ! », affirmait Dominique Strauss-Kahn lors d'un débat aux universités d'été du PS en août 2005. Aucun risque de crise !

1980-2007 : évolution de la dette aux États-Unis

	Ménages	Entreprises hors secteur financier	Dette publique État et coll. locales	Dette totale hors secteur financier
1980	1 414 Mds	1 475 Mds	1 156 Mds	4 045 Mds
2007	14 171 Mds	10 099 Mds	9 009 Mds	33 279 Mds
Variation	+ 12 757 Mds	+ 8 624 Mds	+ 7 853 Mds	**+ 29 234 Mds**

Source : Réserve fédérale.

On constate que la dette publique, si souvent critiquée par les libéraux, est moins élevée que la dette des ménages et que la dette des entreprises. Ce constat est vrai aussi bien en 1980 qu'en 2007, où la dette publique représente moins de 28 % de la dette totale.

On constate surtout que, en moins de trente ans, la dette totale des États-Unis a augmenté de plus de 29 000 milliards... Essentiellement par la création monétaire des banques privées puisque les banques centrales n'ont quasiment pas créé de monnaie nouvelle avant 2007.

Et les États-Unis ne sont évidemment pas une exception : « en zone euro, en dix ans, la dette privée est passée de 75 à 145 % du PIB », écrivent les économistes de Natixis[7].

Sur la courbe page suivante, on distingue très clairement 3 périodes :

- Entre 1999 et la fin 2007, alors que la BCE ne fait rien pour pousser les banques commerciales à distribuer des crédits, les prêts au secteur privé (entreprises et ménages) explosent en zone euro, passant de 4 844 milliards en 1999 à 9 720 milliards fin 2007.
- Entre 2008 et 2014, on observe une très légère diminution du volume total des prêts.
- Entre 2015 et juillet 2017, alors que la BCE aura mis à disposition plus de 2 200 milliards, le total des prêts au secteur privé n'augmente que de 230 milliards.

On parle souvent de l'indépendance des banques centrales mais, au vu de ces chiffres, on doit reconnaître que les banques centrales sont

7. Patrick Artus, étude 2007.

Figure 7.2. Évolution comparée du montant total des prêts au secteur privé et du stock total de QE zone euro 1999-2017.

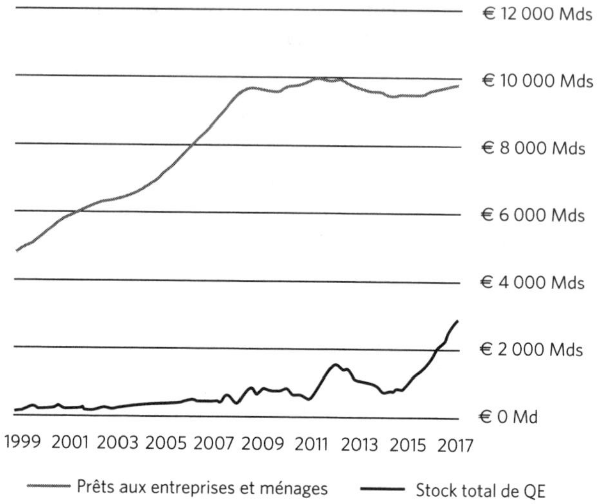

Source : BCE.

peut-être moins « centrales » qu'on le dit[8] et que c'est l'indépendance des banques commerciales qui est très remarquable puisque, quand elles le souhaitaient, les banques commerciales de la zone euro ont créé presque 5 000 milliards – en neuf ans seulement ! –, quasiment sans avoir besoin d'aucune aide de la BCE, et que, inversement, elles n'ont accordé quasiment aucun prêt nouveau quand la BCE utilisait pourtant tous les outils possibles pour les inciter à le faire...

Zone euro : prêts au secteur privé et liquidités de la BCE

	Janvier 1999 > décembre 2007	Avril 2015 > juillet 2017
Augmentation des prêts au secteur privé accordés par les banques commerciales	+ 4 876 milliards	+ 230 milliards
Augmentation des liquidités mises à disposition par la BCE	+ 192 milliards	+ 2 200 milliards

8. Autant l'action des banques centrales peut être très efficace quand elles veulent ralentir l'activité et décident de remonter fortement les taux d'intérêt, ce qui va ralentir la distribution de prêts et peut contribuer à faire exploser une bulle (bulle immobilière ou bulle financière), autant leur action reste de peu d'effet quand elles veulent relancer l'activité.

L'observation de ces chiffres permet de « tordre le cou » à un mythe selon lequel les banques commerciales auraient absolument besoin de liquidités venues des banques centrales pour pouvoir prêter de l'argent aux entreprises ou aux ménages : entre 1999 et 2007, alors que le volume des liquidités mises à disposition par la BCE n'augmentait que de 192 milliards, les banques commerciales de la zone euro ont augmenté le volume des prêts de presque 5 000 milliards !

Depuis 2008, on l'a vu, le volume de la dette privée est globalement stable en zone euro (à la différence des États-Unis, où il a repris sa course folle), mais c'est la dette publique qui a augmenté, passant de 65 % du PIB fin 2007 à 90 % PIB fin 2016...

De 1999 à 2007, près de 5 000 milliards d'euros créés par les banques privées

On reviendra sur ce point plus tard car il est fondamental : avant que les banques centrales créent quelque 10 000 milliards entre 2007 et 2017, les banques privées avaient déjà créé, aux États-Unis comme en Europe ou au Japon, plusieurs dizaines de milliers de milliards de dollars (ou équivalents dollars) en moins de trente ans...

Mais revenons à la question qui hante Nouriel Roubini et les dirigeants des banques centrales : dette publique ou dette privée, pourquoi nos pays sont-ils devenus *addicts* à la dette ? Pourquoi retombent-ils en récession si l'on diminue la perfusion ?

C'est en analysant les statistiques de la Banque centrale américaine *avant* le tournant du début des années 1980 qu'on comprend les causes profondes de la crise. Revenons pour cela à cette courbe qui représente l'évolution de la dette totale des États-Unis depuis 1952[9].

9. Ratio dette/PIB. Le PIB étant entendu comme toute la richesse « économique » produite chaque année par l'économie américaine. Le PIB est un indicateur très fruste (voir à ce sujet les travaux de Patrick Viveret, Dominique Méda ou Joseph Stiglitz, entre autres, qui dénoncent tous les insuffisances graves de cet indicateur) mais cette courbe est quand même très éclairante.

Figure 7.3. Dette totale aux États-Unis depuis 1952 (hors dette du secteur financier).

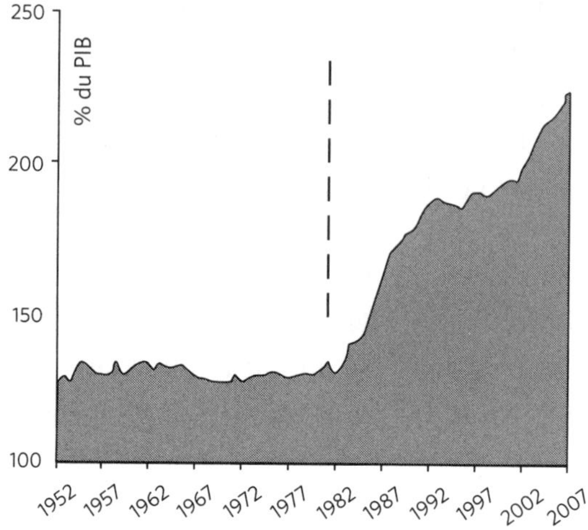

Source : Réserve fédérale.

Sur cette courbe, on suit l'évolution de la dette totale qui se décompose comme suit : dette des collectivités + dette de l'État fédéral + dette des familles + dette des entreprises (hors dette du secteur financier).

La partie la plus récente de cette courbe est angoissante car elle monte de façon presque verticale. Mais la bonne nouvelle, c'est que pendant trente ans, jusqu'en 1981, il n'y a pas eu besoin de dette pour nourrir l'économie américaine. Ce n'est donc pas une idée totalement « farfelue » que de penser que l'économie peut fonctionner sans être en permanence sous perfusion, puisque ce fut le cas pendant trente ans, entre 1950 et 1980 !

C'est une bonne nouvelle, une nouvelle fondamentale à partager le plus vite possible avec tous ceux qui pensent, comme Roubini, que nous sommes *damned* de toute façon. Mais non ! On peut s'en sortir : pendant trois décennies, nos économies ont fonctionné sans avoir besoin d'augmenter ni la dette publique ni la dette privée. C'est donc possible ! Pourquoi ? Comment ? Qu'est-ce qui a permis à tous nos pays de vivre pendant trente ans sans la fuite en avant qui, aujourd'hui, nous mène dans le mur ?

Jusqu'en 1981,
pas besoin de nouvelles dettes

Jusqu'en 1981, jusqu'à l'arrivée de Ronald Reagan à la Maison Blanche, les États-Unis fonctionnaient avec un compromis « fordiste » : entre 1907 et 1917, Henry Ford, le patron des automobiles Ford, avait profondément réorganisé ses usines et doublé leur productivité. Pour assurer ses débouchés, il s'était convaincu qu'il fallait absolument respecter deux règles du jeu :

1. Assurer le plein-emploi : que tous ceux qui le veulent aient un emploi et un salaire.
2. Augmenter régulièrement les salaires des ouvriers afin qu'ils soient toujours plus nombreux à pouvoir acheter les voitures qu'ils produisent.

« Une société de consommation a besoin de consommateurs », disait Ford. Ce n'est pas très subtil, pas très profond philosophiquement, ce n'est ni du Kant ni du Heidegger, mais c'est assez peu contestable. Pour Henry Ford, les salaires ne peuvent pas être fixés uniquement par les règles de la concurrence entre entreprises : « Le salaire est considéré par chaque entreprise comme un coût qu'il faut diminuer autant que possible, alors que c'est un élément essentiel de la demande globale. La croissance va s'étouffer si l'on ne fixe pas des règles du jeu collectives. » C'est le plein-emploi qui fait la prospérité et non l'inverse. C'est quand tous ont un travail et un bon salaire que l'économie connaît la prospérité la plus forte.

Constatant que les nouvelles formes d'organisation du travail conduisent à des gains de productivité colossaux, Ford passe ses usines à « la semaine de 5 jours payés 6 ». Travailler moins et gagner autant qu'avant ? Les idées que Ford applique dans ses usines et qu'il diffuse dans tout le pays lors de ses conférences ne séduisent guère les autres patrons américains. C'est le moins que l'on puisse dire ! La mode est au libéralisme et à la nouvelle économie : la Bourse flambe et le discours des « partageux » comme Ford ou Kellogg[10] est marginalisé.

10. Kellogg passe ses usines de céréales à 30 heures en maintenant le salaire des ouvriers « pour donner du travail à 300 pères de famille ».

La plupart des grands patrons préfèrent garder pour eux et pour leurs actionnaires tous les profits réalisés grâce aux nouvelles méthodes de travail. Ce partage déséquilibré des gains de productivité fut l'une des causes majeures de la crise de 1929.

Après la Seconde Guerre mondiale, dans tous nos pays, on va construire les règles collectives que demandaient Ford et Kellogg. Par des lois et/ou des conventions collectives, on veille partout à un juste équilibre dans la répartition des revenus et gains de productivité. La régulation fordiste est LA régulation fondamentale pour expliquer les Trente Glorieuses, ces trente années de prospérité sans augmentation du stock de dette[11].

Mais, en 1981, c'est Ronald Reagan qui arrive à la Maison Blanche. On oublie Ford et les règles sociales issues du New Deal de Roosevelt. Avec Reagan, comme avec Thatcher qui vient d'arriver au pouvoir à Londres, tout ce qui ressemble à une régulation collective du marché du travail est présenté comme une atteinte insupportable à la liberté individuelle. Et, au nom de la liberté individuelle, on supprime – ou on laisse se scléroser – toutes les règles collectives mises en place durant le New Deal ou dans l'après-guerre.

1981 : le tournant Reagan

C'est à partir de l'arrivée de Ronald Reagan que la dette augmente. Les libéraux baissent les impôts sur les plus riches, ce qui favorise la dette publique. Mais c'est surtout la dette privée qui augmente parce que la dérégulation et la précarité du marché du travail amènent progressivement à une baisse de la part des salaires dans le PIB et qu'un

11. Voir une analyse plus développée de cette période dans *La gauche n'a plus droit à l'erreur*, Michel Rocard et Pierre Larrouturou (Flammarion, 2013). Il ne s'agit évidemment pas d'idéaliser les Trente Glorieuses : il y avait déjà des problèmes d'exclusion sociale, des problèmes de surconsommation, des dégâts causés à l'environnement et de graves déséquilibres entre pays du Nord et pays du Sud. On l'a vu plus haut : l'augmentation du CO_2 dans l'atmosphère n'a pas attendu 1980… On peut même dire que le réchauffement climatique mesuré en 1988, quand le GIEC est créé, est le résultat de la surconsommation d'énergie de ces Trente Glorieuses. Il est donc exclu de présenter ces trente années comme une période admirable. Mais, du point de vue social, économique et financier, ces trente années montrent « grandeur nature » qu'il est possible de vivre sans fuite en avant financière. Il est donc possible de sortir du piège de la dette si l'on respecte quelques régulations un peu robustes.

nombre croissant de ménages américains sont obligés de s'endetter pour maintenir leur pouvoir d'achat[12].

Dans un contexte de chômage de masse, quelle est la véritable liberté d'un salarié ? Quand les plans sociaux se multiplient dans sa région, qui peut négocier une augmentation de salaire ? Qui peut « donner sa démission » en espérant trouver assez vite un autre emploi ? « Si tu n'es pas content, tu peux aller voir ailleurs. » La peur du chômage est dans toutes les têtes et ce qui va aux salaires dans la richesse nationale diminue chaque année.

Les États-Unis ne sont pas une exception : pour les quinze pays les plus riches de l'OCDE, la part des salaires qui représentait 67 % du PIB en moyenne en 1982 n'en représente plus que 57 % en 2007 quand éclate la crise : 10 points de moins, c'est considérable !

Figure 7.4. Évolution de la part des salaires dans le PIB pour quinze pays de l'OCDE.

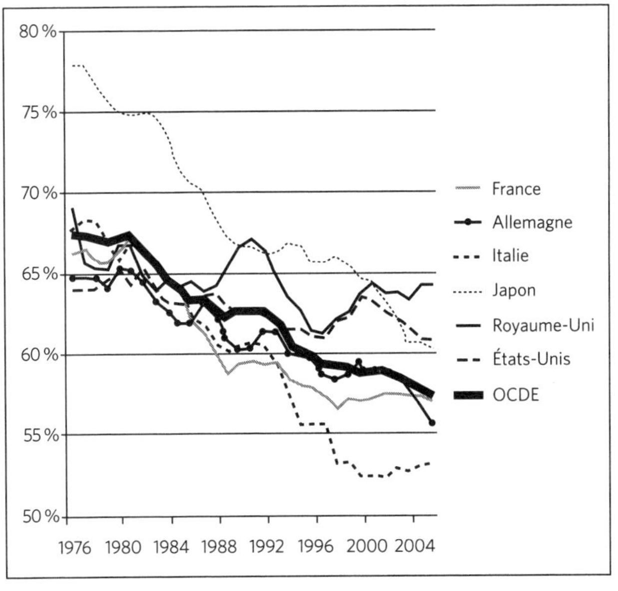

12. À noter : c'est bien à partir de 1981 que la dette augmente aux États-Unis et non « à partir de la sortie de Bretton Woods » en 1971 comme le disent beaucoup d'observateurs. C'est le 15 août 1971 que Nixon suspend la convertibilité du dollar en or et décide de faire du dollar une monnaie flottante. C'est évidemment une décision importante mais on constate en regardant les données de la Réserve fédérale que ce n'est pas à partir de cette date que la dette augmente mais, dix ans plus tard, avec les politiques néolibérales mises en œuvre par Reagan.

Dans un livre publié en 2007[13], Patrick Artus, professeur d'économie à Polytechnique et directeur des études à la Caisse des dépôts CDC-Ixis, soulignait lui aussi le déséquilibre considérable qui se creuse sous nos yeux entre bénéfices et salaires : « Dans la zone euro, chaque année, les entreprises prennent l'équivalent de 1 % du PIB dans la poche de leurs salariés, en plus de ce qu'elles ont fait les années précédentes. Dû à la perte de pouvoir de négociation des salariés, le transfert en faveur des profits est considérable. »

Pendant des années, l'économie a continué à croître seulement parce qu'on distribuait par la dette le pouvoir d'achat qu'on ne donnait pas en salaire : « Dans la zone euro, en dix ans, la dette privée est passée de 75 à 145 % du PIB. Si les ménages n'avaient pas augmenté leurs dettes, la croissance de la zone euro serait nulle depuis 2002, continue Patrick Artus. Et avant, entre 1998 et 2002, c'est l'endettement des entreprises qui nourrissait la croissance. »

La crise de la dette n'est donc pas un incident de parcours dû à l'inconscience de quelques traders isolés : pour garantir aux actionnaires des bénéfices colossaux tout en assurant un haut niveau de consommation de l'ensemble de la population, le néolibéralisme a structurellement besoin chaque année d'un niveau de dette toujours plus élevé pour continuer à prospérer (ou, en tout cas, en maintenir l'illusion).

Vers une déflation mondiale généralisée ?

Certains n'osent plus parler du déséquilibre du partage salaires/bénéfices. Ils ont peur de passer pour d'affreux marxistes. Patrick Artus, pourtant directeur des études d'une grande banque, Natixis, n'a pas la même pudeur : il n'hésite pas à écrire que « chaque année, en zone euro, les entreprises prennent l'équivalent de 1 % du PIB dans la poche de leurs salariés, en plus de ce qu'elles ont fait les années précédentes ».

En juillet 2003 déjà, on l'a vu plus haut, le rapport annuel de la BRI, la Banque des règlements internationaux – la Banque centrale des

13. *La Fin des banques centrales*, Perrin, 2007.

banques centrales –, peu suspecte elle non plus de dérive marxiste, était consacré au risque d'une « déflation mondiale généralisée » : « Le danger déflationniste est suffisamment alarmant pour que la BRI y consacre une section entière de son rapport, en étudiant les épisodes de déflation des deux derniers siècles », affirmaient *Les Échos* en rendant compte de la conférence annuelle du président de la BRI[14].

« Une déflation mondiale généralisée », qu'est-ce que cela signifie ? Quand les inégalités explosent, quand « la part des salaires dans le PIB américain est au plus bas depuis 1929 » et quand « la part des salaires perd 10 % en Europe comme au Japon », la crise sociale peut très vite déboucher sur une vraie crise économique par insuffisance de consommation.

De même qu'un avion qui ne va plus assez vite peut ne plus avoir assez de portance et tomber comme une pierre, une économie où la part des salaires (qui alimente la consommation) est trop faible peut, très vite, tomber en récession.

Dans l'un de ses premiers livres[15], Thomas Piketty comparait le recul de la part des salaires avec la dernière « grande réforme fiscale » votée par la gauche. C'était en 1982 : il avait fallu des semaines de débats assez musclés pour que l'Assemblée vote la réforme proposée par Pierre Mauroy. Une réforme qui allait améliorer de 0,3 % en moyenne le revenu des salariés. Mais, depuis cette date, sans un mot, sans une heure de débat à l'Assemblée, la part des salaires a reculé de 10 % du PIB – 30 fois plus que le gain obtenu en 1982 ! – comme le montre l'étude sur le partage de la valeur ajoutée réalisée dans le cadre du Rapport Cotis rédigé en 2009 à la demande de Nicolas Sarkozy[16].

Sans un mot. Sans un bruit, la peur du chômage et de la précarité, qui déséquilibre les négociations salariales, a provoqué la plus importante contre-réforme fiscale de tous les temps.

Au total, en trente ans, dans tous les pays occidentaux, ce sont des sommes considérables qui auraient dû aller aux salariés et donc aussi aux caisses de sécurité sociale et à l'État (*via* les impôts et les cotisations), qui sont partis vers les actionnaires.

---

14. *Les Échos* du 1er juillet 2003.
15. *L'Économie des inégalités*, La Découverte, 2008.
16. Mission présidée par Jean-Philippe Cotis, directeur général de l'Insee.

Figure 7.5. Part des salaires dans la valeur ajoutée des entreprises pour quinze pays de l'OCDE*.

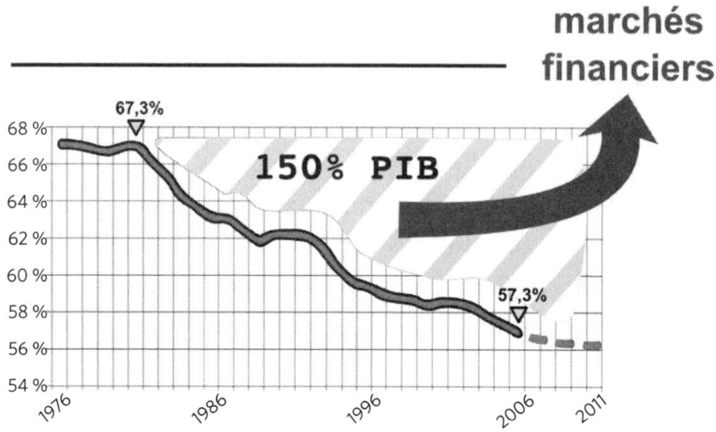

Source : OCDE.

* Allemagne, Suède, États-Unis, Japon, Royaume-Uni, Danemark, Italie, Espagne, France, Pays-Bas, Autriche, Belgique, Finlande, Grèce, Irlande.

En trente ans, ce « manque à gagner » pour les salariés représente, en cumulé, quelque 150 % du PIB de l'ensemble des pays occidentaux : 150 % du PIB, c'est colossal.

Certains s'étonnent parfois du désarroi des classes moyennes (qui a donné le vote Trump, entre autres joyeusetés), d'autres se demandent comment on peut expliquer l'excès d'épargne actuel (« Jamais il n'y a eu autant d'épargne au niveau mondial. Jamais elle n'a été aussi concentrée, certes, mais jamais elle n'a été aussi abondante »), ils peuvent trouver une explication dans ces chiffres issus des statistiques de l'OCDE.

« Le capitalisme est en train de s'autodétruire »

En asséchant progressivement le revenu de l'ensemble des actifs au profit des seuls actionnaires, « le capitalisme est en train de s'autodétruire ». Tel est le titre du livre de Patrick Artus et Marie-Paule Virard[17] : « Partout des montagnes de cash s'accumulent mais on ne peut pas en dire autant

17. Grasset, 2005. Marie-Paule Virard était la rédactrice en chef d'*Enjeux-Les Échos*.

des investissements. Les profits supplémentaires ne sont guère investis : à 10 % environ du PIB, l'investissement des entreprises est pratiquement stable depuis dix ans. Comme un serpent qui se mord la queue, un capitalisme sans projet (et sans client) est condamné à s'autodétruire. »

« Après tout, diront certains, les salariés ont souffert, mais si cet argent est allé à la recherche ou au développement des PME, c'est peut-être une bonne chose. » Toutes les études montrent que cet argent n'est pas allé à la recherche ou au développement des PME, mais sur les marchés financiers.

Le rapport rédigé en 2009 par le directeur général de l'Insee, Jean-Philippe Cotis, à la demande de Nicolas Sarkozy (*Partage de la valeur ajoutée en France*) montre que les entreprises non financières ont versé 196 milliards d'euros de dividendes en 2007, contre 40 milliards en 1993. En quinze ans, les sommes versées aux actionnaires ont été multipliées par cinq.

« Les profits record des grandes entreprises ne nourrissent plus l'investissement. Dans de nombreux pays, les profits des entreprises sont à leur plus haut niveau depuis des décennies, indiquait la Banque de France dans son bulletin du mois d'août 2006. Mais à quoi servent les bénéfices ? Le ratio investissement/PIB est à son plus bas niveau depuis des décennies dans l'ensemble des pays du G7. »

Or, même en faisant huit repas par jour et en achetant une voiture neuve tous les six mois, les super-riches ne peuvent dépenser tous leurs revenus. Leur « propension à consommer », comme le disait Keynes, est plus faible que celle des pauvres qui, eux, consomment tout ce qu'ils gagnent.

Une étude de BNP Paribas montre que sur les huit dernières années avant qu'éclate la crise des *subprimes*, « seuls les 5 % d'Américains les plus riches ont vu leurs revenus réels augmenter » et 30 % ont vu leurs revenus diminuer. Ces 30 % auraient dû diminuer leur consommation. Si la consommation a continué d'augmenter, c'est uniquement parce qu'on a poussé les classes moyennes et les pauvres à s'endetter. Chaque année un peu plus. Au-delà du raisonnable. *En facilitant leur endettement, on a donné aux salariés le pouvoir d'achat qu'on ne leur donnait pas en salaire.*

« Depuis 2008, on s'est contenté de faire des perfusions de liquidités sans chercher l'hémorragie », affirmait Joseph Stiglitz récemment. Mais la voilà « l'hémorragie » que cherche Stiglitz : c'est la baisse de la part des salaires, qui rend nécessaire toujours plus de dette pour maintenir en vie l'économie.

En 2007-2008, tout le monde affirmait que la crise venait du capitalisme dérégulé et du niveau insupportable des inégalités. Joseph Stiglitz dénonçait « le triomphe de la cupidité ». Dans son discours de Toulon, Nicolas Sarkozy avait des mots très durs contre « le capitalisme qui récompense les fraudes et la spéculation » et il vantait les mérites du modèle social français qui amortissait les conséquences de la crise.

Dix ans plus tard, beaucoup semblent avoir oublié l'origine sociale de la crise. Car c'est bien le chômage de masse qui est la première explication des déséquilibres accumulés depuis le début des années 1980.

Des actionnaires un peu gourmands, il y en a toujours eu. Des banquiers intrépides, l'histoire en est pleine. Quant aux spéculateurs qui achètent à crédit en espérant faire très vite la culbute, ils étaient déjà à l'origine de la bulle de la tulipe qui a éclaté en 1636... Qu'y a-t-il de nouveau qui explique que la sphère financière ait pu prendre une telle ampleur, une telle force et une telle autonomie ?

Certes il y a eu des évolutions réglementaires[18], certes les financiers ont créé de nouveaux instruments, mais toutes ces évolutions ne peuvent suffire à expliquer l'exubérance de la finance au début du XXe siècle. Le seul changement assez considérable pour expliquer ce basculement du partage de la richesse mondiale au profit du capital, c'est la gravité de la crise sociale et les conséquences très lentes mais très lourdes que cette crise a depuis la fin des années 1970 dans toutes nos sociétés...

Quand Patrick Artus écrit : « Dans la zone euro, chaque année, les entreprises prennent l'équivalent de 1 % du PIB dans la poche de leurs salariés, en plus de ce qu'elles ont fait les années précédentes. Dû à la perte de pouvoir de négociation des salariés, le transfert en faveur des profits est considérable », il soulève un problème fondamental : la perte de pouvoir de négociation des salariés due à la peur du chômage. Voilà la véritable origine de la crise : nous ne sommes pas seulement dans une crise financière. Nous sommes d'abord et avant tout dans une crise sociale.

---

18. Le crédit à risque (*subprime mortgage*) n'aurait pas connu un tel développement aux États-Unis si l'on n'avait pas autorisé les banques à sortir ces créances de leurs bilans et si Alan Greenspan avait interdit qu'on prête 125 % du prix d'une maison à un ménage sans revenu régulier.

Ceci n'est pas une crise financière

Il faut cesser de dire que nous vivons, depuis 2008, une crise financière. Il y a évidemment une dimension financière au gigantesque dérèglement en cours. Mais, si on s'en tient à ce discours, on cherchera une réponse essentiellement financière (« il faut aider les banques » ou « il faut réguler les banques ») et la crise ne peut que s'aggraver.

Les racines de la crise financière, ce sont trente ans de chômage et de précarité. C'est à cause du chômage de masse que la part des salaires a tant diminué (« Si tu n'es pas content, va voir ailleurs »). C'est à cause du chômage que nos économies ont tant besoin de dette. Le chômage n'est pas seulement une des conséquences de la crise. Il en est l'une des causes premières.

Pour éviter l'explosion, pour stopper « l'hémorragie », il faut donc s'attaquer frontalement au chômage et à la précarité. C'est seulement en donnant au plus grand nombre un *vrai emploi* et une vraie capacité de négociation sur les salaires qu'on sortira de la crise.

On ne trouvera pas d'issue à la « crise financière », on ne sortira pas du dilemme de Roubini, on ne permettra pas aux banques centrales de débrancher la perfusion si on ne s'attaque pas, d'abord, à la cause fondamentale de la crise : le chômage !

À crise globale, réponse globale

Pour sortir de notre dépendance à la dette, il faut évidemment réguler les marchés financiers, lutter contre l'évasion fiscale et séparer les banques de dépôt et les banques d'affaires. Évidemment ! Et on ne peut que déplorer que ces questions fondamentales ne soient pas davantage prioritaires aujourd'hui chez les dirigeants européens. Séparer banques de dépôt et banques d'affaires permettrait immédiatement de calmer la spéculation et de pousser les banques à financer davantage l'économie réelle.

Oui, pour sortir de notre dépendance à la dette, pour rompre avec la financiarisation croissante du monde, il faut réguler les marchés financiers, lutter contre l'évasion fiscale et séparer les banques de dépôt et les banques d'affaires. Mais il faut aussi et surtout s'attaquer frontalement au chômage : c'est seulement en donnant au plus grand nombre un vrai emploi et une véritable capacité de négociation sur les salaires que nous sortirons durablement de la crise, en sortant de notre dépendance à la dette.

Voilà pourquoi nous pensons que c'est le bon moment pour pousser des idées nouvelles au niveau européen. Voilà pourquoi nous pensons qu'il y a « une fenêtre de tir » pour négocier un vaste Pacte finance-climat.

Puisque tous les dirigeants politiques s'inquiètent du haut niveau de chômage et de précarité, puisque même la BCE insiste maintenant sur la gravité du chômage et sur les conséquences qu'il fait peser sur toute l'économie[19], puisque la majorité des économistes dénoncent les effets pervers, potentiellement gravissimes, d'une création monétaire qui va à 90 % sur les marchés financiers, et puisque la plupart des chefs d'État européens cherchent les moyens de financer la transition énergétique, n'est-il pas urgent de décider au niveau européen que la création monétaire de la BCE ne va plus être mise à la libre disposition des marchés mais qu'elle va être fléchée, pendant trente ans, pour financer un Plan d'investissement dans les économies d'énergie et le développement des énergies renouvelables ?

On a vu précédemment que nous avons déjà vécu deux périodes de forte création monétaire : la création de quelque 10 000 milliards par les banques centrales entre 2007 et 2017 a été précédée de la création de plusieurs dizaines de milliers de milliards par les banques privées depuis le début des années 1980.

On a vu également que jamais il n'y a eu autant d'épargne disponible. On ne pourra donc pas nous dire qu'il n'y a pas de marge de manœuvre. On ne pourra pas nous dire, en particulier, que toute création monétaire serait impossible…

Soyons clair : *il ne s'agit pas de créer plus de monnaie*. Mais d'utiliser au mieux la création monétaire des banques centrales en la réorientant pour lutter contre le dérèglement climatique, tenir nos engagements Facteur 4 ou Facteur 5, et créer massivement des emplois de qualité.

---

19. C'est le chômage de masse qui pèse sur la négociation sur les salaires et empêche une majorité de salariés d'obtenir des augmentations. Voilà pourquoi les banques centrales n'arrivent pas à faire remonter l'inflation malgré les milliers de milliards injectés dans le système.

Ce sont nos objectifs fondamentaux et c'est sans doute aussi, à terme, la meilleure façon de limiter les risques de crise financière, renforcer la résilience de nos sociétés (meilleure cohésion sociale et baisse des risques climatiques), diminuer nettement le besoin de création monétaire et redonner sens au projet européen.

CHAPITRE 8

Planet first ! Une ambition nouvelle pour l'Europe

« La crise, c'est quand le vieux monde se meurt, et que le neuf est empêché de naître », écrivait Gramsci. Pour sortir de la crise climatique, il faut permettre à une société nouvelle de naître enfin, une société plus sobre en énergie, plus équilibrée.

America first ! C'est au nom de l'emploi américain que Donald Trump a décidé que les États-Unis se retiraient de l'accord de Paris et renonçaient à lutter contre le dérèglement climatique.

Planet first ! Nous voulons que l'Europe soit la première région du globe à faire naître cette société nouvelle, plus sobre et plus équilibrée. Nous voulons que l'Europe soit la première à prouver « grandeur nature » (belle expression !) que, non seulement la sauvegarde du climat n'est pas un obstacle au bien-être social, mais que le Facteur 4 est un levier puissant pour créer de l'activité, innover dans de nombreux domaines et lutter contre le chômage.

Certes, l'Europe ne produit que 10 % des gaz à effet de serre émis chaque année sur l'ensemble de la planète : même si elle parvient à diviser par 4 ses émissions, cela ne va donc pas changer la face du monde. C'est vrai ! Mais nous pensons que si l'Europe se donne les moyens de tenir effectivement cet engagement fondamental, il y a aura un « effet domino » très important.

On parle souvent de l'effet domino quand on craint une catastrophe : la faillite d'une banque pourrait entraîner la faillite d'une dizaine d'autres institutions financières et, par conséquent, la chute de plusieurs milliers d'entreprises… Mais nous sommes persuadés qu'il peut aussi y avoir un effet domino *positif* : tous les pays du monde sont en recherche de solutions pour sortir de la crise. Tous, nous tâtonnons. Tous, nous sommes enlisés dans des modèles que nous savons dépassés mais dont nous n'arrivons pas à nous extraire, à nous désengluer… Partout, pour des raisons multiples, le Neuf est empêché de naître.

Mais si un pays ou, mieux !, un morceau de continent et ses 510 millions d'habitants montrent, non pas sur le papier mais *pour de vrai !*, qu'il est possible de rompre avec le modèle ancien et de diviser par 2, par 3 et puis par 4 ses émissions de gaz à effet de serre, sans revenir à l'âge de pierre et en créant massivement des emplois de qualité, nous sommes persuadés que, les unes après les autres, les autres grandes régions du monde auront envie de suivre un chemin assez semblable…

Voilà pourquoi nous voulons que soit négocié sans tarder un traité qui organiserait, au niveau européen, le financement d'un vaste Plan Marshall pour « sauver le climat ».

Pourquoi un traité ?

« Pourquoi un nouveau traité ? », demanderont certains. Parce que si l'on veut que l'ensemble de la société se mette en mouvement, il faut un cap, une boussole commune, mais il y a aussi un énorme besoin de stabilité et de pérennité dans les financements.

En France comme en Belgique, en Espagne et ailleurs en Europe, les politiques publiques sont souvent trop instables pour que les acteurs de terrain puissent agir en confiance et que des dispositifs lourds, qui supposent une évolution des comportements et donc un temps long, puissent monter en charge sereinement.

On l'a vu pour le photovoltaïque : en Belgique comme en France, on a mis une grosse « carotte » financière pour pousser les particuliers et les PME à s'équiper en photovoltaïque. Puis, au bout de dix-huit mois, quand l'information commençait à se diffuser assez largement, quand un bon nombre de particuliers avaient compris qu'ils avaient intérêt à réfléchir vraiment à cet investissement, quand les fournisseurs avaient formé des salariés et augmenté leurs stocks pour faire face à la demande, quelques « responsables » ont décidé (sans prévenir quiconque) que la carotte était trop grosse, mal calibrée, et qu'il fallait tout stopper en attendant d'avoir mieux calibré le dispositif…

Effet catastrophique garanti ! Un grand nombre d'acteurs de terrain ont été mis K.-O. debout. Écœurés ou en faillite…

De même, quand durant l'été 2017 le gouvernement français annonce qu'il gèle 300 millions sur les dotations des collectivités, la somme paraît sans doute assez faible pour ceux qui ont pris la décision (300 millions ? Ce n'est même pas 0,015 % du PIB !), mais l'effet est terriblement négatif auprès des 36 000 élus qui gèrent toutes les communes de France. Le 17 juillet, en effet, lors de la conférence des territoires, le Premier ministre et le président de la République s'étaient engagés tous les deux, devant plusieurs centaines d'élus, à ne pas baisser les dotations aux collectivités en 2018. Tous ceux qui avaient interrompu leurs vacances pour venir les écouter étaient repartis rassurés : on est tranquilles jusqu'en 2019… Mais trois jours plus tard, tous les élus de terrain apprenaient qu'un décret venait de couper 300 millions, non pas en 2018 mais dans les dotations de 2017 !

Effet catastrophique garanti à nouveau : comment prévoir un chantier, comment sortir du quotidien, comment se projeter un minimum vers l'avenir, si l'on apprend au milieu de l'été que les crédits qui ont été votés par le Parlement à la fin de l'an dernier peuvent être annulés sans préavis ? Si plus rien n'est solide, tangible, ni la parole du président ni le vote du Parlement, comment construire sur du sable ? Comment parler de « développement durable » si la durée d'un engagement du gouvernement ne dépasse pas les trois jours ?

On pourrait aussi citer le coup de Jarnac subi par les paysans français durant ce même mois de juillet 2017. Au printemps déjà, certains agriculteurs bios commençaient à se plaindre car les aides qu'ils devaient recevoir avaient deux années de retard. Deux ans de retard ! La filière demandait alors à l'État d'accélérer les paiements, mais loin d'apporter le réconfort attendu, le communiqué du ministre de l'Agriculture publié le 27 juillet qui organisait une « nouvelle répartition des aides » a provoqué la colère de la quasi-totalité des agriculteurs et aura des effets dramatiques sur la filière bio.

Constatant une insuffisance de crédits, le ministre a décidé, sans aucune consultation, de « réorienter » quelques centaines de millions.

Là encore, pour les responsables du dossier au ministère, cela semblait peut-être des sommes limitées, mais pour les acteurs de terrain concernés, ce sont des aides qui conditionnent leur survie.

Ces coupes ont déstabilisé complètement l'agriculture biologique : en effet, une exploitation qui décide de « passer en bio » a besoin d'aide pendant quelques années car elle ne peut pas encore valoriser ses productions avec le label Bio (il faut attendre que toute trace de pesticide ait disparu pour avoir droit au label) alors que les rendements ont déjà un peu baissé… C'est pourquoi un agriculteur qui prend cette décision a besoin d'être épaulé techniquement et d'être certain que les aides financières vont durer au moins trois ans.

Début 2017, pendant la campagne électorale, le futur président de la République avait promis l'introduction de produits bios dans les cantines pour améliorer la nourriture des enfants et assurer des débouchés réguliers aux paysans. De même, le ministre de l'Environnement avait fait du bio une de ses priorités dans sa conférence de presse du 6 juillet : l'agriculture bio émet moins de gaz à effet de serre que le modèle standard et un sol plus vivant peut même devenir un « puits de carbone » et fixer une bonne quantité de CO_2…

Ayant le soutien du président et du ministre d'État, les agriculteurs concernés pouvaient être rassurés. Mais le 27 juillet, le communiqué du ministre de l'Agriculture tombe, comme un coup de massue, déstabilisant *de facto* toute la filière : « Aucune nouvelle conversion biologique ne sera possible dans les trois prochaines années », écrit la Fédération nationale de l'agriculture biologique dans un communiqué désespéré[1].

Photovoltaïque, budgets des collectivités, aide aux agriculteurs bios… Voilà trois exemples, parmi d'autres, de décisions qui ont miné très gravement la confiance de celles et ceux qui devront être les acteurs de terrain d'une transition énergétique réussie : « Le chantier va être colossal. On sait tous qu'on va en baver, explique le responsable d'une association d'élus. Mais si, en plus, on se fait tirer dessus, dans le dos, par ceux qui devraient être nos alliés et si, n'importe quand, le sol peut se dérober sous nos pieds et qu'on se retrouve ensuite sans financement, ce n'est même plus la peine d'y penser. On arrête tout, tout de suite ! »

---

1. Sur cette question, voir l'analyse de Rachida Boughriet dans *Actu Environnement* du 28 juillet 2017.

« Chat échaudé craint l'eau froide. » Il n'y aura pas de transition énergétique réussie si on continue à avoir des financements publics aussi instables. Si l'on veut effectivement isoler 700 000 logements par an, puis 900 000 puis 1 200 000 (car c'est bien l'objectif, on y reviendra), il faut que le secteur du bâtiment fasse un effort considérable de formation.

Un effort colossal. Du jamais-vu depuis les années de reconstruction, dans l'immédiat après-guerre. Et sans doute le besoin de formations techniques pointues était-il nettement plus faible à l'époque qu'il ne va l'être dans les prochaines années.

Cet effort gigantesque ne sera possible que si les responsables de la filière, à tous les niveaux, sont motivés, franchement motivés, et s'ils sont certains, *absolument certains*, d'avoir du travail à donner à leurs nouveaux salariés pendant un temps très long. Sinon, ils ne se lanceront pas dans ce chantier inouï.

De même, on ne pourra pas rendre obligatoire l'isolation de tous les bâtiments publics (mairies, écoles et lycées, gymnases, salles des fêtes, universités et ministères…) si les collectivités locales ne sont pas assurées d'avoir des financements dédiés à ces obligations qui seront pérennes et si elles craignent, chaque année, que le mois de juillet soit fatal à leur budget.

On l'a vu plus haut : puisque les travaux sont rentables à moyen ou à long terme (et c'est évidemment le cas dans l'isolation des bâtiments), il n'y a pas vraiment de contrainte financière. Les seules contraintes concernent la motivation des acteurs, qui doivent décider – ou non – d'engager les travaux et les compétences disponibles pour les réaliser correctement.

Aucun des deux auteurs de ce livre n'est capable d'isoler les immeubles dans lesquels ils vivent ou travaillent. Et c'est sans doute le cas aussi de la plupart de nos lecteurs… Pour avoir une chance de diviser par 4 ou 5 nos émissions de GES d'ici à 2050, un des points essentiels est de mettre en mouvement tous les acteurs et de réussir un vaste chantier de formation (et pas seulement dans le secteur du bâtiment : dans les transports, l'industrie et l'agriculture aussi). Ce n'est possible que s'il n'y a aucun doute, *aucun !*, sur la pérennité des financements.

C'est l'intérêt d'un traité, qui pourrait être adopté par référendum, le même jour dans tous les pays d'Europe : il assure une très grande stabilité des financements qu'il organise, puisqu'il faudrait négocier un autre traité et organiser un autre référendum pour changer les règles du jeu, qui seront « gravées dans le marbre » ce jour-là par les peuples d'Europe.

Pourquoi un traité européen ?

Parce qu'on a vu plus haut que nos budgets nationaux ne peuvent pas dégager des marges de manœuvre suffisantes alors que, au niveau européen, la BCE a créé plus de 2 000 milliards en un peu plus de deux ans sans aucun problème.

Parce que tous les pays d'Europe sont confrontés aux mêmes difficultés pour trouver des financements à la hauteur des enjeux climatiques.

Parce que le projet européen est de moins en moins clair et de moins en moins populaire. Angela Merkel et Emmanuel Macron ont annoncé en juin 2017 que, après le Brexit et pour créer une nouvelle dynamique européenne, ils voulaient négocier de nouveaux traités.

Parce que la question du climat est un enjeu de civilisation et que l'Europe a été créée pour répondre à des enjeux de civilisation. Elle ne peut pas se contenter de gérer sa survie ou sa lente décomposition.

À l'heure où beaucoup en doutent, à l'heure où les États-Unis semblent guettés par le chaos et la déréliction, l'Europe doit témoigner de la dignité de l'Homme. Elle doit prouver, en actes et pas seulement en paroles, que l'Homme est encore maître de son avenir, capable d'agir avec force pour refuser le chaos. Capable de vivre en équilibre avec la biosphère.

Née en 1950, d'une logique de coopération, l'Union européenne doit plus que jamais réaffirmer cette logique de coopération entre États membres. Alors que les États-Unis de Donald Trump semblent tentés par un isolationnisme destructeur, l'Europe doit aussi renforcer la coopération avec les pays voisins et tous les pays du Sud, sur la question du climat comme sur toutes les questions qui conditionnent leur prospérité et la paix mondiale.

C'est ensemble que nous gagnerons ou ensemble que nous périrons : si le dérèglement climatique échappe à notre contrôle, il n'y aura pas de frontières pour arrêter la furie des éléments.

Parce que beaucoup de citoyens se demandent si l'Europe est au service des banques ou des peuples et de leur avenir, les dirigeants européens doivent prendre une décision historique en mettant la création monétaire au service du bien commun.

À deux reprises, Mario Draghi a brisé un tabou. À deux reprises, Draghi et les autres responsables de la BCE ont fait preuve de courage : en 2012, en affirmant que la BCE allait acheter directement la dette publique des pays du sud de l'Europe pour casser la spéculation, puis en 2014, quand ils ont décidé de lancer une politique de création monétaire massive.

Draghi a brisé deux tabous et personne n'en est mort. À leur tour, les chefs d'État et de gouvernement, qui l'ont soutenu *de facto* dans cette démarche, ont le droit et le devoir de briser quelques tabous et de faire preuve de courage. À leur tour, comme Adenauer et Schuman en 1950, ils doivent être capables d'*efforts créateurs, à la hauteur des dangers qui nous menacent.*

Alors que beaucoup de citoyens se demandent si l'Europe est une démocratie ou si c'est devenu « un machin » dont ils ne pourront jamais stopper la course vers l'abîme, il est temps pour nos dirigeants de permettre aux citoyens de reprendre la main en décidant, par référendum, de l'avenir de leur continent.

Parce que la création monétaire réalisée au niveau européen depuis 2015, *avec l'accord de tous les chefs d'État et de gouvernement*, accroît de plus en plus les risques d'une nouvelle crise financière, qui conduirait à une explosion du chômage et donc à une flambée des sentiments antieuropéens, alors que cette même création monétaire pourrait permettre la création de plus de 4 millions d'emplois si elle était mise au service du Plan Marshall que nous proposons, les dirigeants européens ne peuvent pas botter en touche sur ce sujet. Ils ne peuvent pas faire comme s'ils ne savaient pas, ou comme si la question ne se posait pas.

Il ne se passe pas une semaine sans que la presse économique ne s'interroge sur le devenir du Quantitative Easing. Il ne se passe pas un mois sans que le FMI ou la BRI ne souligne les risques d'une nouvelle crise financière, qui pourrait être plus brutale que celle de 2008. En 2015, tous les dirigeants européens ont accepté le lancement du Quantitative Easing. Ils doivent aujourd'hui décider de sa meilleure affectation.

« Notre maison brûle et nous regardons ailleurs », affirmait Jacques Chirac en 2002. Quinze ans plus tard, la quasi-totalité des dirigeants européens semble avoir pris conscience de la gravité de la situation. Après la décision de Trump, Angela Merkel a déclaré que l'Europe devait « prendre des initiatives plus décisives pour lutter contre le changement climatique ». Elle, qui a commencé sa carrière en étant ministre de l'Environnement, a prouvé après la catastrophe de Fukushima qu'elle savait prendre des décisions très fortes, comme la sortie du nucléaire.

Or le dérèglement climatique provoque chaque mois des catastrophes dont le coût humain est plus grave encore que Fukushima : plus de 2 000 morts au Pakistan à cause de la canicule, 1 000 morts en Inde à cause des inondations, des millions d'hommes, de femmes et d'enfants touchés par une famine due à la sécheresse en Afrique, Rome qui manque d'eau potable, Houston inondée et les petites Antilles ravagées par un ouragan « comme on n'en avait jamais vu »... Le cycle de l'eau est en train de se dérégler, avec des conséquences de plus en plus graves.

La décision prise par Angela Merkel après Fukushima n'a pas créé le chaos qu'annonçaient certains. Non seulement ce ne fut pas le chaos, mais cette décision a permis à l'Allemagne de créer massivement des emplois. Il est urgent de passer à l'étape suivante : permettre à toute l'Europe de respecter le Facteur 4.

Un référendum paneuropéen

Faire adopter le nouveau traité par un référendum organisé le même jour dans tous les pays d'Europe ? L'idée n'est pas de nous. Elle vient du philosophe Jürgen Habermas, un des philosophes les plus écoutés en Allemagne, qui l'a mise dans le débat public début 2012.

Pour sortir l'Europe de la crise, Habermas affirme qu'il y a urgence à lui donner une nouvelle impulsion, un nouvel espoir et donc des nouveaux traités. Pour être certain que les peuples sont consultés et sont d'accord, il demande que ces traités ne soient pas ratifiés par les Parlements mais par référendum. Et pour que ces référendums ne tournent pas au plébiscite ou au chamboule-tout (*Pour ou contre Macron ? Pour ou contre Merkel ? Pour ou contre Rajoy ?*), Habermas propose qu'ils soient tous organisés le même jour, dans tous les pays d'Europe. Ainsi, pour la première fois dans leur histoire, ce sont tous les Européens qui seront consultés sur une même question, concernant l'avenir de l'Europe et de la planète autant que leur vie quotidienne (transports, logement, nourriture...), et non pas sur des enjeux politiques – ou politiciens – nationaux.

L'idée d'Habermas, rendue publique en 2012, avait défrayé la chronique car jamais, depuis la chute du régime nazi, un référendum n'a été organisé en Allemagne. *Jamais !* Mais au bout de quelques semaines, la quasi-totalité des dirigeants de droite et de gauche l'ont soutenu, y compris Angela Merkel et Wolfgang Schaüble.

Certains, en France, ont peur du référendum : « Les Français ont voté non en 2005, disent-ils. Et les pro-Brexit ont gagné le référendum en 2016. L'heure est à la contestation. Il est plus facile de rassembler pour dire non que pour dire oui... » Certes, le non l'a emporté en 2005. Et alors ? Faut-il ne plus jamais donner la parole au peuple ? Si le peuple a perdu la raison, faut-il interdire aussi l'élection présidentielle et les législatives ?

« Si on avait donné la parole au peuple allemand, et non pas fait approuver le traité par le Parlement, sans doute le peuple allemand aurait-il voté non lui aussi », affirmait le porte-parole de la CDU en 2005 après le non français[2]. Mais les dirigeants allemands n'en tiraient pas la conclusion qu'il fallait bannir l'usage du référendum et construire l'Europe dans le dos des peuples. En 2007, au contraire, devant tous les dirigeants européens réunis à Berlin pour les cinquante ans du traité de Rome, Angela Merkel affirmait qu'il fallait entendre les inquiétudes des peuples et proposait de « compléter les traités avec un Pacte social européen ».

Hélas, à l'époque, c'est le président français qui avait refusé la proposition : Nicolas Sarkozy voulait aller vite et conclure la négociation sur ce qu'il appelait le « mini-traité ». Mais plutôt que d'avoir peur des peuples et de refuser définitivement l'utilisation du référendum, les dirigeants allemands étaient sur l'idée qu'il fallait compléter les traités avec un pacte social. Pourquoi ne seraient-ils pas d'accord, en 2018-2019, pour adopter un Pacte finance-climat massivement créateur d'emplois[3] ?

---

2. La CDU, Christliche Demokratische Union, est le parti d'Angela Merkel.
3. Cela n'épuise évidemment pas la question de l'Europe sociale. Voir par exemple, « 5 critères pour l'Europe sociale », Stéphane Hessel, Michel Rocard et Pierre Larrouturou, dans *Le Monde* du 5 juin 2004.

Plutôt que d'avoir peur du référendum, ce qui empêchera définitivement toute avancée vers une Europe politique, capable d'avoir une diplomatie et une défense[4], n'est-il pas urgent de réconcilier l'Europe avec ses peuples ? Pourquoi ne pas le faire sur un sujet aussi largement consensuel que la lutte contre le dérèglement climatique ?

Nous sommes persuadés que le oui pourrait l'emporter dans tous les pays si un plan d'investissement financé par la création monétaire et profitant à tous les pays de façon équitable était soumis à référendum : l'Allemagne comme l'Italie, la Pologne comme la Grèce ou le Luxembourg pourraient disposer d'une enveloppe correspondant à 2 % de leur PIB national pour économiser l'énergie, développer des énergies renouvelables et créer massivement des emplois sur leur territoire. Qui peut s'opposer publiquement à cette idée, sauf à passer pour un suppôt de Donald Trump et à croire, comme lui, que le réchauffement climatique est une invention des Chinois ?

Un traité qui facilite le respect des autres traités

Nous sommes persuadés que le oui pourrait l'emporter facilement. D'autant que ce traité, s'il était adopté et mis en œuvre, pourrait faciliter le respect d'autres traités européens plus contraignants.

Le respect d'un déficit public inférieur à 3 % ? Si chaque pays peut financer des travaux d'isolation de tous ses bâtiments, publics et privés, grâce à ce Plan Marshall, l'activité va redémarrer. Non pas comme un feu de paille, qui dure un an ou deux, mais pendant trente ans. Et si l'activité redémarre, c'est évidemment plus de rentrées fiscales… Le respect de la « contrainte européenne » des 3 % sera plus facile à tenir si l'Europe aide chaque pays à relancer son activité en luttant contre le réchauffement climatique.

De même, la question des travailleurs détachés qui empoisonne aujourd'hui les relations entre les pays de l'est de l'Europe et les pays

4. On n'imagine pas que ces compétences soient mises en commun avec quelques pays amis, pour retrouver une souveraineté plus forte dans ces domaines, sans que le peuple soit consulté…

de l'Ouest, sera plus aisée à régler si l'activité redémarre partout. Si la Pologne et ses voisins ont des financements garantis pour isoler tous leurs bâtiments et sortir au plus vite du charbon en développant des énergies renouvelables, il sera bien plus facile de trouver du travail en Pologne ou en Hongrie. Et la volonté des pays de l'Ouest de durcir les règles du travail détaché sera mieux acceptée par tous. Et les Polonais qui travailleront encore en France seront moins mal vus si l'on a créé 500 000 ou 600 000 emplois…

Le référendum permet une grande stabilité de la norme. On a déjà insisté sur ce point. Organisé le même jour dans tous les pays d'Europe, il permet aussi, politiquement, de « frapper fort » et de donner à l'Europe un nouveau départ. Tous les livres d'histoire parlent du 9 mai 1950, quand Adenauer et Schuman décident de créer l'Union Charbon Acier. Ils parlent tous du 9 novembre 1989, quand le peuple allemand a fait tomber le Mur. Ils parleront tous des 20, 21 et 22 mars 2020, si pendant ces trois jours[5] l'Europe a décidé d'ouvrir une nouvelle page de son histoire.

22 mars 2020, le Printemps de l'Europe

C'est un nouveau départ. On arrête de ressasser nos déceptions et toutes ces décisions « de Bruxelles » perçues parfois comme des trahisons. L'Europe redémarre. L'Europe retrouve ses valeurs. L'Europe cesse de singer le modèle anglo-saxon et invente un nouvel équilibre entre la finance et l'économie, un nouvel équilibre entre l'homme et la petite planète qui l'héberge. L'Europe se réconcilie avec ses peuples. L'Europe se réconcilie avec elle-même.

Le référendum permet aussi dans chaque pays, dans chaque parti, dans chaque entreprise, dans chaque famille et dans tous nos groupes d'amis un débat de fond sur les questions climatiques qui est indispensable pour faire évoluer nos comportements.

Tu votes oui ou tu votes non ? Souvenez-vous du référendum sur Maastricht et du référendum de 2005 : pour chacun, des centaines de

5. Pourquoi trois jours ? Parce que tous les pays ne votent pas le dimanche, comme on le fait en France.

milliers de Français ont lu le traité qui était soumis à leur approbation et des millions ont participé au débat même s'ils n'avaient pas tout lu. Pendant quelques semaines, on en a parlé partout : au travail, en famille, avec les amis, au café, sur la plage, dans les refuges de montagne, à Pôle emploi, à la faculté et dans les trains… De même, si les citoyens sont consultés sur un Plan Marshall européen, on peut penser qu'on aura, partout, un vrai débat, qui permettra d'en finir sans doute définitivement avec les arguments des climatosceptiques.

Ce sera l'occasion d'un beau débat, sur le climat, sur notre consommation d'énergie et donc sur nos modes de vie : « Tu votes oui mais tu prends encore l'avion pour descendre à Bayonne ? C'est de la folie ! » « Moi, j'ai divisé par 2 ma consommation de viande depuis le début de l'année. J'en mange moins, mais de meilleure qualité, et je m'en porte très bien. Et avec les économies que je fais, je vais au théâtre une fois par mois. » « Moi, réduire la viande, je n'y arrive pas. Mes enfants oui, mais pas moi… Tu manges quoi à la place de la viande ? » « Moi non plus, côté alimentation, ce n'est pas génial, mais dans mon village, on va créer une coopérative Énergies nouvelles. C'est comme ça qu'on va rattraper le coup : notre empreinte carbone va nettement diminuer. »

Dans des pays de plus en plus fracturés, le référendum sur le climat sera aussi l'occasion de rassembler très largement : des gens de droite et des gens de gauche[6]. Des patrons, des salariés et des chômeurs. Des retraités, des étudiants et des artisans. Des banquiers et des écolos. Ceux qui croient au ciel et ceux qui n'y croient pas. Ceux qui votent à chaque élection et ceux qui ne votaient plus depuis belle lurette…

Et tous ceux qui auront fait campagne pour le oui se sentiront responsables ensuite de la réussite du Plan Climat. Quand il faudra mettre de l'intelligence et de l'énergie humaine dans une entreprise, dans une copropriété ou dans un comité de quartier, ils se sentiront responsables puisqu'ils auront fait campagne en faveur de ce changement de société.

La question du climat ne sera plus « le truc de Nicolas Hulot » ou un sujet du bac en SVT. Le débat du référendum va faire entrer

6. « La pollution n'est ni de droite ni de gauche. L'avenir de la planète nous concerne tous », affirmait Schwarzenegger après la décision de Trump de quitter l'Accord de Paris.

le dérèglement climatique et notre capacité de le combattre dans toutes les salles à manger, tous les cafés, toutes les usines et tous les bureaux.

Traité européen et Pacte national

Le référendum sera l'occasion aussi d'approuver, le même jour et par un vote propre à chaque pays, un Plan d'action national. On a dit plus haut qu'en France, le décret qui doit accélérer les travaux dans le secteur tertiaire est attendu depuis 2010. Qu'il a été enfin publié en 2017 puis retiré au bout de deux mois, les mauvaises langues affirmant que quelques lobbies bloquent ce décret.

Si le peuple est appelé à voter un Plan Marshall qui débloque des financements pour les trente ans qui viennent, il serait bon que le peuple soit aussi consulté sur la loi organique qui organise concrètement la mise en œuvre de la Stratégie nationale bas carbone. Ainsi, le débat ne porte pas seulement sur des grands principes mais aussi sur des mesures qui touchent plus concrètement l'organisation de nos villes et de nos campagnes, de nos transports et de nos logements. Cette loi de programmation pourrait être rédigée par l'ensemble des acteurs (élus, experts, ONG…) qui ont participé au Grenelle de l'environnement.

Autant les lobbies peuvent bloquer tel ou tel décret, quand il est rédigé dans le secret des cabinets ministériels, autant ils auront du mal à le faire pour des textes de bon sens soumis au vote populaire en même temps qu'un Plan Marshall qui assure des financements avantageux.

Le premier RCM de l'histoire

La loi organique qui serait soumise au vote en France, en même temps que le vote sur le Pacte européen, serait rédigée par les acteurs du Grenelle de l'environnement. Les arbitrages seraient faits par le gouvernement sous le contrôle de l'Assemblée. Cette loi organique ne renverrait à la rédaction ultérieure d'aucun décret, afin d'être immédiatement opérationnelle.

Les années de travail collectif de tous les réseaux qui se connaissent depuis le Grenelle et ont appris à réfléchir ensemble font qu'on peut espérer un large consensus autour de la loi de programmation. Mais on peut imaginer, conformément à la volonté exprimée par quasiment tous les candidats à la présidentielle de 2017 qui ont affirmé leur souhait de « renouveler nos pratiques démocratiques », que telle ou telle proposition qui n'aurait pas été retenue par le gouvernement mais qui aurait reçu le soutien de 500 000 citoyens pourrait, elle aussi, être soumise au vote le jour du référendum.

Un peu comme en Suisse, ce serait le premier RCM organisé en France, un « référendum à choix multiples » : on peut approuver le Plan Marshall européen et approuver la loi organique mais vouloir accélérer, ou ralentir, le mouvement sur tel ou tel sujet qui touche aux transports, à la production d'énergie, à l'agriculture...

La loi organique fixerait un certain nombre d'obligations, pour les entreprises comme pour les particuliers ou les collectivités.

• Si tout le monde a compris que le dérèglement climatique peut conduire à un chaos général.

• Si l'Europe fournit durablement à chaque pays une enveloppe de 2 % de son PIB à taux 0, pour faciliter tant les investissements publics que les investissements privés.

• Si le gouvernement donne une prime correspondant à 30 % des travaux et que l'Europe en paie 20 % (on va y revenir), ce qui rend l'opération encore plus rentable.

• Si, sur chacun de nos territoires, un service public nous aide à nous repérer et à trouver facilement l'équipe qui peut faire le diagnostic thermique, puis l'entreprise qui peut faire les travaux à un prix correct et avec un résultat garanti.

On peut penser qu'il est possible de rendre obligatoires un certain nombre de travaux dans un calendrier raisonnable. Et si ce débat est public, on peut penser aussi que les lobbies auront du mal à bloquer les décisions !

De même, si on ne veut pas que quelques bonnets rouges empêchent la mise en œuvre effective d'une taxe qui va augmenter, progressivement mais nettement, le prix du CO_2 émis, le Pacte national soumis au vote le jour du référendum pourrait fixer le calendrier de la montée en charge de la taxe carbone : les citoyens savent quel est le problème.

Ils savent quels financements vont être disponibles pour les aider à diminuer nettement leur consommation d'énergie mais ils savent aussi comment le prix des énergies productrices de gaz à effet de serre va augmenter.

Un TDI, traité à durée indéterminée

Le premier traité européen, l'Union Charbon-Acier signé en 1951, avait une durée de cinquante ans. Quelle durée faut-il pour le Plan Climat ? Quand nous avons lancé l'idée, nous pensions qu'il fallait répondre « trente ans, jusqu'en 2050, puisque l'objectif de toute l'Europe est Facteur 4 en 2050 ». Mais il faut avoir l'humilité de reconnaître qu'aucun de nous ne sait exactement comment va se dérouler le chantier, ni en Europe, ni dans les pays voisins, ni dans les pays du Sud avec lesquels il est fondamental de travailler en étroite coopération…

Aussi, nous pensons qu'il n'est pas forcément utile de donner une date limite mais plutôt un objectif : les financements (et le contrôle de leur bonne utilisation) pourront se poursuivre jusqu'à ce que l'Europe et ses alliés aient effectivement atteint les objectifs mentionnés dans l'Accord de Paris et dans les traités internationaux qui s'inscriront dans sa continuité.

Le premier chantier est de réduire drastiquement nos émissions de gaz à effet de serre, mais peut-être que d'ici à 2050, on aura progressé sur la captation des gaz à effet de serre (CO_2, méthane, etc.) ou sur d'autres sujets touchant à la sauvegarde de la planète, qui demanderont, eux aussi, que l'Europe continue à se mobiliser.

50 % de la création monétaire suffirait

On l'a dit plus haut : il ne s'agit pas pour la BCE de créer plus de monnaie mais seulement d'utiliser mieux la création monétaire existante. A *priori*, il suffirait même d'utiliser 50 % de la création monétaire si la BCE décide de garder le rythme qui est le sien depuis 2015.

Figure 8.1. « La moitié suffirait. »

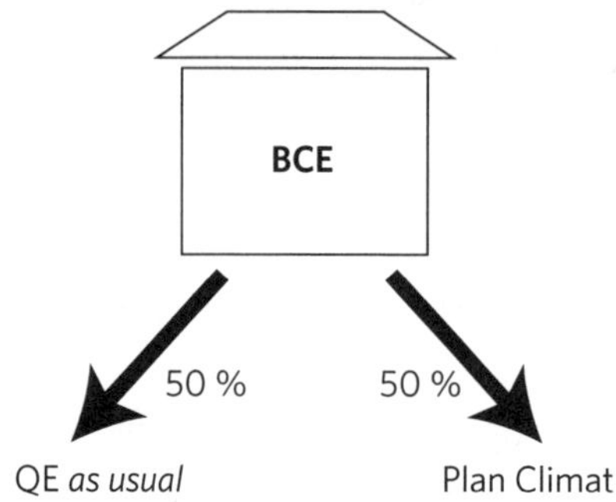

La BCE a créé un peu plus de 2 000 milliards en un peu plus de deux ans. Soit un peu moins de 1 000 milliards par an. Il suffirait que 50 % de ce flux aille soutenir des investissements publics et privés utiles contre le dérèglement climatique pour que l'Europe parvienne à ses objectifs de Facteur 4.

La BCE pourrait utiliser les 50 % restants pour continuer le QE existant, quitte à en diminuer le montant assez rapidement.

Si l'objectif de la BCE est de relancer l'activité (officiellement « pour parvenir à un taux d'inflation en dessous mais proche de 2 % »), on peut penser que l'effet sur l'emploi du Plan Climat va aider à tendre le marché du travail et donc à booster légèrement les salaires. Inversement, si les entreprises dépensent moins d'énergie, elles pourront baisser leurs prix… Personne n'est donc capable de prédire l'effet exact d'un tel Plan Marshall sur l'inflation mais toutes les études[7] montrent un impact clairement positif sur l'activité et sur l'emploi.

Si l'Europe, comme le reste du monde, doit bientôt traverser une nouvelle crise financière, elle sera nettement plus solide, plus résiliente, si elle a lancé un programme massivement créateur d'emplois et si le peuple a retrouvé confiance dans ses dirigeants.

Si l'objectif est que chaque pays dispose d'une enveloppe financière comprise entre 2 et 3 % de son PIB chaque année pour financer des investissements privés et publics, cela représente entre 300 et 450 milliards chaque année pour toute l'Europe. De plus, pour mettre en œuvre

7. Voir chapitre 10.

au plus tôt l'enveloppe des « 100 milliards de Copenhague » promise aux pays du Sud, l'Europe pourrait financer chaque année 50 milliards de prêts à taux 0 avec ce Plan Marshall.

Politique industrielle et innovation diffuse

La lutte contre le dérèglement climatique peut être la colonne vertébrale d'une nouvelle politique industrielle européenne. L'Europe, depuis cinquante ans, a été capable d'inventer Airbus et Ariane. Avec le Cern, le Centre européen de recherche nucléaire, l'Europe a été capable de rassembler des milliers de chercheurs pour mieux comprendre le fonctionnement intime de la matière. En partant à la recherche du boson de Higgs et des autres particules qui composent le monde qui nous entoure, les chercheurs ont inventé l'écran tactile et Internet[8].

On l'oublie parfois mais c'est en Europe, au Cern, en 1989, que le physicien britannique Tim Berners-Lee a inventé le World Wide Web, qui a révolutionné la communication sur la planète. Nous sommes aujourd'hui des milliards à utiliser quotidiennement ce réseau qui a été créé initialement pour faciliter la communication entre chercheurs.

Qui sait quelles inventions inattendues vont découler d'une politique industrielle européenne qui serait « tirée » par notre volonté de diviser par 4 ou 5 nos gaz à effet de serre et serait financée par le pacte que nous proposons ?

L'Europe a inventé Ariane et Airbus. Pourquoi ne se donne-t-elle pas comme objectif fondamental de développer, d'ici huit ou dix ans maximum, une voiture qui consommerait moins de 2 litres aux

8. Fondé en 1954, le Cern est situé de part et d'autre de la frontière franco-suisse, près de Genève. Il a été l'une des premières organisations à l'échelle européenne et compte aujourd'hui vingt-deux États membres. C'est l'un des plus grands et des plus prestigieux laboratoires scientifiques du monde. Il a pour vocation la physique fondamentale, la découverte des constituants et des lois de l'Univers. Il utilise des instruments scientifiques très complexes et gigantesques pour sonder les constituants ultimes de la matière : les particules fondamentales. En étudiant ce qui se passe lorsque ces particules entrent en collision dans des accélérateurs de plusieurs dizaines de kilomètres de long, les physiciens comprennent mieux certaines lois de la nature. C'est l'un d'entre eux qui a inventé le Web.

100 kilomètres (ou l'équivalent CO_2 de ces 2 litres, pour une voiture hybride ou électrique), à un prix vraiment abordable pour tous ?

Quand Kennedy décide que les États-Unis iront sur la Lune d'ici dix ans, plus de 400 000 Américains se mettent au travail et l'objectif est atteint en un temps record : sept ans à peine ! Sauver la planète Terre, n'est-ce pas un objectif plus important encore, et plus mobilisateur, que d'aller sur la Lune ?

Mais l'innovation ne concernera pas seulement les grands projets industriels. Toute l'Europe fourmillera d'initiatives, petites ou grandes, pour baisser notre consommation d'énergie. Nous serons des millions à mettre notre intelligence en mouvement pour consommer autrement, nous déplacer autrement. Nous chauffer autrement, travailler autrement et partir en vacances autrement. Manger autrement. Construire autrement…

L'Europe du soft power

Alors que ce qui fut l'empire américain menace ruine, nous sommes persuadés que l'Europe peut « prendre le leadership », si elle prend à bras-le-corps l'invention d'un nouveau modèle de développement, capable de concilier efficacité économique, justice sociale et respect de l'environnement (climat et biodiversité).

Prendre le leadership industriel évidemment : on a laissé le photovoltaïque aux Chinois, ce serait bien de prendre le leadership sur les transports, l'isolation, le stockage de l'énergie… Mais prendre aussi un leadership plus global.

Hard power ou *soft power ?* Depuis 1989, depuis la chute du Mur et la fin de la guerre froide, beaucoup se demandent de quelle nature sera le leadership au XXIe siècle. *Hard power*, leadership par les armes et par la contrainte financière, ou *soft power*, leadership de conviction et d'espérance ?

Si l'Europe se donne les moyens d'accoucher d'une société nouvelle, plus sobre, plus juste et plus conviviale, des millions d'hommes et de femmes à travers le monde regarderont vers l'Europe, non pas comme un modèle, mais juste comme une raison d'espérer.

CHAPITRE 9

Un chantier « jamais vu » !

Comme Guizot et Jules Ferry, comme Bienvenüe, Roosevelt et Kennedy...

« Mais si on y arrive, ça va se passer comment ? Si, effectivement, l'Europe se donne les moyens de financer le Facteur 4, on fait quoi, concrètement ? Ça va être un énorme chantier ! »

Oui, pour faire face à une menace « jamais vue », nous devons nous lancer dans un chantier colossal. Un chantier « jamais vu » lui non plus. Mais quand on sait tout ce qui a déjà été fait dans ce domaine, en France ou ailleurs, quand on voit l'intelligence et la créativité des milliers de pionniers qui, à « petite échelle », ont déjà apporté la preuve que le changement est possible, on ne peut qu'être optimiste sur notre capacité à mener à bien ce chantier : économies d'énergie et développement des énergies renouvelables, nous avons toutes les cartes en main pour réussir. Il faut seulement, mais complètement, et immédiatement, changer d'échelle.

Un énorme chantier ? Cela ne doit pas nous faire peur. Nous avons déjà été capables, dans notre histoire, de mener à bien un chantier colossal.

L'éducation pour tous, le chantier jamais vu de la IIIe République

Quand la IIIe République décide de rendre l'éducation accessible à tous, quand, à partir de 1833, la loi rend obligatoire la construction et l'entretien d'une école primaire de garçons pour chaque commune de plus de 500 habitants, notre pays, qui était pourtant nettement moins riche qu'il ne l'est aujourd'hui, va être capable de fournir un effort colossal. Les livres d'histoire décrivent très bien la dimension intellectuelle du combat : l'éducation pour tous, c'est évidemment un projet de société, un choix de valeurs (et un choix économique), et des heures de débats à l'Assemblée[1]. Mais ensuite, une fois que les lois sont adoptées, c'est un chantier colossal et très concret : dans tous les villages (ou presque), il faut trouver un terrain, au centre-bourg si possible, et construire l'école des garçons, puis l'école des filles, et la maison de l'instituteur…

On est loin des débats théoriques de l'Assemblée : ça sent le mortier et la sueur. Parfois, les esprits s'échauffent car on bute sur des difficultés inattendues : on a pris du retard et le maire est en désaccord avec l'architecte, le maçon ou le menuisier… Ça coince un peu, ici ou là. On fatigue et on manque de bras. Mais globalement, le pari est tenu : ce qui paraissait impossible à certains, aussi bien techniquement que financièrement, est devenu une réalité.

Au cœur du XIXe siècle, la République a construit plusieurs dizaines de milliers d'écoles. *Plusieurs dizaines de milliers !* Elle a aussi formé, salarié et logé les dizaines de milliers d'instituteurs nécessaires pour la réussite du premier « Facteur 4 » de son histoire : on a multiplié par 4 le nombre d'enfants scolarisés et divisé par 4 le nombre d'illettrés.

En moins de cinquante ans, dans un pays qui était pourtant nettement moins riche que nous ne le sommes aujourd'hui, répétons-le, le nombre d'enfants scolarisés a plus que quadruplé et la proportion de

1. En 1833, la loi Guizot rend obligatoire la construction et l'entretien d'une école primaire de garçons pour chaque commune de plus de 500 habitants. En 1850, la loi Falloux étend cette obligation aux écoles primaires de filles, pour les communes de plus de 800 habitants. Puis, en 1867, c'est la loi Duruy qui oblige les communes de plus de 500 habitants à créer une école de filles et encourage la gratuité de l'éducation, en incitant les communes pauvres à décréter cette gratuité, avec garanties de subventions de l'État. Et enfin, les « lois Ferry » de 1881 et 1882 rendent l'école laïque, gratuite et obligatoire.

ceux qui ont accès gratuitement à l'éducation est passée de 31 %, en 1832, à 100 % en 1882. L'école pour tous ? Un chantier *jamais vu* mais mené à bien en moins de cinquante ans. Impossible n'est pas français !

En dix ans, Bienvenüe a changé Paris

« Prochaine station : Montparnasse-Bienvenüe. » Parisiens ou non, nous sommes des millions à être passés par cette station de métro dont le nom est un hommage à Fulgence Bienvenüe, le père du métro parisien.

Né le 27 janvier 1852 à Uzel, en Bretagne, Bienvenüe est ingénieur de formation. Bien qu'amputé de son bras gauche, à la suite d'un accident de chantier, il est capable de déplacer des montagnes. Quand il arrive à Paris, il s'intéresse au problème des transports pour les quartiers en hauteur, comme Belleville. Pour aider les ouvriers qui doivent y remonter après leurs journées de travail, il conçoit le tramway funiculaire, inauguré en septembre 1890.

Pour résoudre un certain nombre de problèmes d'alimentation en eau potable, il dirige la construction de l'aqueduc de l'Avre de 1891 à 1893, et réalise l'étude de la dérivation des sources du Loing et du Lunain. En 1895, il réalise avec Edmond Huet l'avant-projet d'un réseau de chemin de fer métropolitain pour la Ville de Paris, à voie étroite et à traction électrique.

Un métro dans Paris ? Plus personne n'y croit ! C'est un vrai « serpent de mer ». Cela fait cinquante ans qu'on en parle : le projet a émergé en 1851 mais a été enterré très vite : « Impossible ! » Il est réapparu dans le débat public en 1871, puis en 1877 et encore en 1883… Le conseil municipal est favorable à cette idée d'un transport métropolitain qui serait adapté aux attentes de la population, mais il se heurte à l'opposition des grandes compagnies de chemin de fer, soutenues par l'État, qui souhaitent le simple prolongement de leurs lignes.

La situation est donc bloquée, mais l'Exposition universelle de 1900 est l'occasion de faire reculer ces lobbies. Et de rendre possible, en dix ans à peine, ce qui semblait impossible depuis cinquante ans.

Fulgence Bienvenüe présente un projet que le conseil municipal adopte le 9 juillet 1897. Huit mois plus tard, une loi déclare d'utilité publique le « Chemin de fer métropolitain ». Les travaux sont lancés le 4 octobre 1898 afin qu'il soit prêt avant l'Exposition universelle. La première ligne (Porte-de-Vincennes-Porte-Maillot) sera effectivement inaugurée le 19 juillet 1900. Trois mois à peine après le lancement des travaux, *Le Figaro* dresse un état des lieux du titanesque chantier du métropolitain[2].

Paris doit réinventer ses sous-sols

« L'éminent directeur administratif des travaux de la Ville de Paris, M. Defrance, passe maintenant sous terre une partie de ses journées. Il veut que, l'an prochain, à pareille époque, Paris ait pour étrennes son métropolitain. Il faut pour cela que, dès maintenant, les travailleurs soient ardemment stimulés. »

Tout est prévu pour tenir les délais. « Les entrepreneurs ont signé avec la Ville de Paris un traité d'après lequel les travaux doivent être terminés le 14 janvier 1900. Chacun aurait par jour de retard 2 000 francs d'amende. En revanche, chacun recevra par jour d'avance une prime de 2 000 francs. » « Le métropolitain, qui doit aller, on le sait, du cours de Vincennes à la porte Dauphine, avec deux branchements vers le Trocadéro et la porte Maillot, est attaqué partout à la fois », explique le reporter du *Figaro* qui a pu visiter le chantier.

Paris compte désormais réinventer ses sous-sols. « Déjà, certains morceaux de tunnels sont terminés, de larges souterrains attendent l'installation des gares. Mais ces choses sont faites inégalement, selon le zèle des entrepreneurs ou les difficultés que présente le sol. Ainsi, tel tronçon, absolument achevé, se trouve entre deux autres à peine commencés », précise le journaliste avant de passer en vue plusieurs sites. « Cours de Vincennes, point initial où les voies seront très nombreuses à cause du garage des trains, le tunnel est entrepris d'une façon inédite, qui est tout à fait amusante : sur les autres points, on creuse les tunnels avant de les maçonner. Ici, c'est tout le contraire. On gratte la surface du sol. On arrondit celui-ci en forme de dos-d'âne. Quand la terre est bien égalisée, on place d'abord sur elle les belles dalles enduites de vernis blanc que l'on verra plus tard à l'intérieur du tunnel. » Plus loin, la gare Diderot, « particulièrement

2. Ces archives ont été mises au jour, avec des photos impressionnantes et des commentaires amusants, par Jean-Bernard Litzler dans *Le Figaro* du 25 septembre 2017.

importante », où l'on « fera même quelques amorces en prévision des autres métropolitains que le conseil municipal pourra être incité à voter ». « À la Bastille, on a un mal inouï : de mètre en mètre, on rencontre de vieilles murailles, des égouts abandonnés, des fosses hors d'usage. » Et la visite se poursuit : « Mêmes travaux, même animation insoupçonnable jusqu'à l'Arc de Triomphe. Place de l'Étoile, M. Defrance a des ennuis avec l'État, qui ne veut pas lui permettre d'établir autant de chantiers qu'il en faudrait. » Pour finir, avenue du Bois-de-Boulogne, les travaux ont « une élégance spéciale grâce aux palissades peintes en vert ».

Un tableau quasiment idyllique, terni par un risque bien présent. « Une grève seule pourrait retarder le métropolitain, écrit *Le Figaro*. Or cette grève est prévue. Si l'on pousse tant les travaux, c'est afin de gagner du temps et de ne pas être en retard, même si on voit éclater en mai la grève que, très ouvertement, des malfaiteurs préparent. »

Le Figaro, 4 janvier 1899

La grève que préparaient « des malfaiteurs » a-t-elle eu lieu ? L'histoire ne le dit pas. Mais, malgré toutes les difficultés, la première ligne du métro fut livrée pour l'Exposition universelle qu'accueillait Paris en 1900. Le chantier, titanesque, fut mené à bien en un an et neuf mois seulement. En 2024, Paris va accueillir les Jeux olympiques. Et si on se donnait pour objectif de les accueillir en ayant divisé par 2, déjà, nos émissions de GES ?

En cinq ans, Bienvenüe, Defrance et leurs équipes construisirent aussi les 42 kilomètres des lignes 2 et 3. Adopté en 1903, le tracé de la ligne 4 est plus complexe : il faut passer sous la Seine, ce qui représente un important défi technique. Mais il en faut plus pour doucher l'enthousiasme de Bienvenüe et de ses hommes : ils vont utiliser des caissons préfabriqués en béton armé pour former les tronçons du futur souterrain, et parviendront à construire en zone inondable en congelant le sol à proximité du fleuve. Malgré les difficultés, la ligne 4 est ouverte au public en janvier 1910.

En dix ans, Paris est équipé d'un premier réseau de métro, qui va radicalement changer la vie quotidienne de millions d'hommes et de femmes. En dix ans seulement, Bienvenüe a réussi son pari, alors qu'on creuse le sol à la pelle et à la pioche. Pendant quelques mois, les uns après les autres, les quartiers concernés ont vécu au rythme des travaux, avec des rues défoncées, des ouvriers qui font du bruit trop tôt le matin et parfois trop tard le soir. Ici ou là, il y a quelques maisons à reconstruire car le sol s'est affaissé… Évidemment, ce fut un peu plus compliqué que dans les schémas dessinés par Bienvenüe et Huet dans le calme de leurs bureaux en 1895, mais, un an après la fin des travaux, tous avaient oublié les nuisances et ne voyaient plus que les gains de temps colossaux que permettait le métro !

Qui a financé le chantier ? Quels étaient les arguments de ceux qui s'y étaient opposés pendant cinquante ans ? Nul ne le sait plus aujourd'hui, mais nous sommes quotidiennement des millions à utiliser encore les voies et les tunnels construits à cette époque. Le chantier était utile et rentable, et l'intelligence humaine a su résoudre tous les problèmes à mesure qu'ils se posaient. Congeler le sol pour creuser sous la Seine ? Oui, c'est possible ! C'était déjà possible en 1907. Alors vous imaginez, aujourd'hui, de quelles prouesses techniques nous serions capables si nous nous mettions en mouvement ?

Un énorme chantier ? Cela ne doit pas nous faire peur. Certains pays ont été capables de se mettre en mouvement de façon encore plus rapide que la France de la IIIe République ou que les équipes de Fulgence Bienvenüe. C'est le cas, par exemple, des États-Unis entre 1941 et 1945.

Victory Program vs *America First*

Le 7 décembre 1941, l'aviation japonaise pilonne la flotte américaine à Pearl Harbor. Le bilan est dramatique : 2 403 morts et plus de 1 000 blessés. Les États-Unis attaqués sur leur propre sol, pour la première fois de leur histoire, entrent en guerre immédiatement aux côtés des Alliés contre les forces de l'Axe. Dès le 8 décembre 1941, le président Franklin Delano Roosevelt demande au Congrès de déclarer l'état de guerre contre le Japon. Roosevelt signa la déclaration le jour même. Le 20 décembre, la mobilisation s'élargit à tous les Américains entre 20 et 44 ans : 10 millions de conscrits et 5 millions de volontaires vont alors former l'armée américaine. À ces GI vont également se joindre plus de 250 000 femmes. Pour les armer, toute l'industrie américaine est mobilisée. C'est le début d'un effort de guerre incroyable, du *jamais-vu* !

Pour venger Pearl Harbor, le peuple américain soutient immédiatement Roosevelt alors que, jusqu'à cette date, quelles que soient les intentions du président, ni l'opinion publique américaine ni son armée n'étaient prêtes à entrer en guerre. Un comité isolationniste, America First, s'était formé en 1940 et faisait campagne activement pour que les États-Unis restent à l'écart du conflit[3].

Mais après Pearl Harbor, l'America First a du plomb dans l'aile… Dès le lendemain, Roosevelt décide de mettre tout le système économique américain au service de l'effort de guerre. Pour produire en quelques mois les dizaines de milliers de chars et d'avions de combat nécessaires, il oblige l'industrie automobile à cesser la production de voitures pour se consacrer exclusivement à la production des engins nécessaires au combat. Les patrons et les actionnaires de l'automobile ne sont pas immédiatement convaincus mais Roosevelt ne leur laisse guère le choix. En s'appuyant sur la partie la plus efficace de l'économie pour la mettre au service des objectifs politiques auxquels adhère une grande majorité des citoyens, Roosevelt réussit son pari : la production d'avions et de chars va dépasser les objectifs initiaux.

Annoncé par un discours du 6 janvier 1942, le Victory Program permet aux États-Unis de devenir « l'arsenal des Alliés » en produisant des quantités croissantes de matériel de guerre : en trois ans, les usines vont produire 275 000 avions, 6 340 000 véhicules légers, 90 000 chars, 65 millions de tonnes de navires…

La standardisation a permis de fabriquer des cargos en série : les liberty-ships vont sortir des chantiers au rythme d'un cargo tous les douze jours. Les objectifs de production étaient faramineux mais ils sont dépassés.

En quelques mois seulement, la *conversion* se produit : les principales fabriques de crayons se mettent à produire des bombes ! Les usines automobiles produisent des chasseurs, d'autres des armes, des munitions…

En 1942, Roosevelt crée le War Production Board (WPB, Bureau de la production de guerre) pour réglementer et répartir la production

3. Le temps nous a manqué pour enquêter sur le rôle d'un éventuel Donald Trump, premier du nom, dans la création de ce comité America First…

des matériaux et du combustible jusqu'à la fin de la guerre. Le WPB va organiser le rationnement de l'essence, du gazole, des métaux, du caoutchouc et des matières plastiques.

Le WPB coordonne l'ensemble de l'effort de guerre. Très vite, il décide d'interrompre tous les travaux sur les routes et les autoroutes, considérés comme non essentiels. Pour faire face aux chantiers de la Victoire, le nombre de fonctionnaires fédéraux va passer de 1 à 4 millions.

Le premier problème que le WPB doit résoudre est celui de la pénurie de matières premières car les États-Unis sont coupés de leurs sources d'approvisionnement en Extrême-Orient, et notamment du caoutchouc d'Asie du Sud-Est, indispensable aux véhicules automobiles de guerre.

Pour résoudre les problèmes d'approvisionnement, le WPB impose des restrictions à la production à usage civil : pour économiser le cuivre, on stoppe pratiquement la production d'appareils électroménagers. Ceux dont la machine à laver ne marche plus vont laver leur linge chez le voisin… De même, la production automobile est stoppée en 1942 car on a besoin des usines pour fabriquer des moteurs d'avions. Des grandes usines des constructeurs automobiles, il ne sort plus une seule voiture. Plus une voiture, mais des tanks ou des avions…

Pour économiser le caoutchouc, le WPB diffuse des posters qui invitent les citoyens à prendre les transports en commun ou à faire du « covoiturage entre voisins », plutôt que de prendre leurs voitures individuelles, pour ne pas user les pneumatiques. Le covoiturage ? En 1943 ? Alors qu'on n'a pas Internet ni Blablacar ? Mais oui, c'est possible ! Le WPB lance aussi une grande campagne de récupération du caoutchouc et organise la production du caoutchouc synthétique à grande échelle.

Roosevelt s'appuie sur la partie la plus solide de l'économie, l'industrie automobile, et il la « tord », il en change l'orientation pour la mettre au service du bien commun qui est, dans ces années de guerre, la lutte contre les armées de l'Axe.

Au total, le nombre de salariés augmente de 30 % (+ 65 % dans les usines !) alors que 12 millions d'Américains devaient quitter le marché du travail pour cause d'incorporation dans les forces armées. Pour résoudre les problèmes de main-d'œuvre, on embaucha beaucoup de « profils » nouveaux, notamment des Noirs et des femmes[4].

« Et la formation ?, diront certains. Beaucoup de ces femmes et de ces Noirs n'ont jamais travaillé. Comment peut-on, en même temps, vouloir accélérer les rythmes de production et embaucher des gens peu compétents ou qui n'ont jamais travaillé ? » Là aussi, on innove : on n'a pas le choix. Les salariés sont formés sur le tas, « les mains dans le cambouis ». Ils ont le droit à l'erreur mais, très vite, leur productivité est excellente.

Dans ces conditions, le chômage s'effondra et les salaires augmentèrent.

Le chantier colossal lancé par Roosevelt est un double succès :

- il permet aux alliés de vaincre les armées allemandes et japonaises ;
- il permet aux États-Unis de retrouver le plein-emploi, contrairement aux argumentaires d'America First, qui affirmait que la solidarité avec les Français, les Anglais ou les Chinois et l'entrée en guerre qu'elle supposait allaient ruiner l'Amérique…

Si nous voulons gagner la guerre contre le dérèglement climatique, n'est-il pas urgent de nous retrousser les manches et de lancer un chantier aussi gigantesque et aussi fructueux que le Victory Program ?

« Nous avons décidé d'aller sur la Lune »

Un énorme chantier, un chantier « jamais vu » ? C'est aussi le cas du chantier lancé par Kennedy en 1962, pour que les États-Unis puissent damer le pion aux Russes dans la course à l'espace : lorsqu'il arrive au pouvoir en janvier 1961, John F. Kennedy n'a pas prévu d'augmenter les moyens de la recherche spatiale. Mais le lancement du premier homme dans l'espace par les Soviétiques[5] le convainc qu'il faut frapper fort, en investissant dans un programme spatial très ambitieux pour sauver le prestige des États-Unis.

4. Pour la première fois dans l'histoire des États-Unis, le nombre de femmes mariées ayant un emploi va dépasser celui des célibataires ayant un emploi.
5. Youri Gagarine, 12 avril 1961.

Le 12 septembre 1962, devant plus de 30 000 personnes rassemblées dans le stade de football américain de l'Université Rice, à Houston, au Texas, Kennedy confirme l'annonce faite quelques mois plus tôt devant le Congrès. Son discours est resté célèbre sous le nom « We choose to go to the Moon » en raison du passage suivant :

> « *We choose to go to the Moon.*
> *We choose to go to the Moon in this decade and do the other things, not because they are easy, but because they are hard, because that goal will serve to organize and measure the best of our energies and skills, because that challenge is one that we are willing to accept, one we are unwilling to postpone, and one which we intend to win, and the others, too.* »
> « Nous avons choisi d'aller sur la Lune.
> Nous avons choisi d'aller sur la Lune au cours de cette décennie et d'accomplir d'autres choses encore, non pas parce que c'est facile, mais justement parce que c'est difficile. Parce que cet objectif servira à organiser et à offrir le meilleur de notre énergie et de notre savoir-faire, parce que c'est le défi que nous sommes prêts à relever, celui que nous refusons de remettre à plus tard, celui que nous avons la ferme intention de remporter, tout comme les autres. »

« Aller sur la Lune ? *C'est de la folie !* » Certes, les Russes ont été capables d'envoyer un homme dans l'espace, mais aller sur la Lune, ça n'a rien à voir. La mission de Youri Gagarine a duré moins de deux heures : onze minutes pour aller en orbite, un petit tour de la planète et on redescend tout de suite… Avec une arrivée en parachute, comme savent le faire des milliers de militaires. Certes, c'était une première mondiale et il fallait du courage à Gagarine pour monter dans la fusée, mais aller sur la Lune est 1 000 fois plus compliqué : il ne faut pas onze minutes mais quatre jours pour s'y rendre. Il ne suffit pas ensuite de rester en l'air, en apesanteur, mais d'atterrir, sans trop de violence, dans un endroit ni trop pentu, ni trop hostile, pour avoir une chance de redécoller le lendemain… Si on arrive à redécoller (assez d'énergie ? Rien de cassé à l'arrivée ?), il faut parvenir ensuite à rejoindre le module qui est resté à tourner autour de la Lune. Il faut réussir à s'y amarrer, dans des conditions de température, de pression et de gravité qu'on n'a jamais connues sur Terre. Puis revenir vers la Terre, avec une rentrée dans l'atmosphère des plus périlleuses et un atterrissage à maîtriser sans savoir dans quel état seront la capsule, ses réserves d'énergie et ses locataires...

Aller sur la Lune, c'est du jamais-vu. Peut-être impossible. Sans commune mesure avec le petit exploit des Russes. Mais Kennedy décide que, *avant la fin de la décennie*, des Américains iront sur la Lune. Et il reçoit un soutien enthousiaste des élus de tous horizons et de l'opinion publique, traumatisés par les succès soviétiques.

Budget multiplié par 15 et près de 400 000 personnes mobilisées

Le premier budget du nouveau programme, baptisé Apollo, est voté à l'unanimité par le Sénat américain. Les fonds alloués à la NASA vont passer de 400 millions de dollars en 1960 à 5,9 milliards en 1966 (l'équivalent de quelque 45 milliards actuels). Assassiné en 1963, JFK ne verra pas Neil Armstrong et Buzz Aldrin se poser sur la Lune le 21 juillet 1969 mais le programme est un succès incontestable. Il a bénéficié d'un budget total considérable (170 milliards de dollars américains actuels) et mobilisé jusqu'à 400 000 personnes !

L'école pour tous, ambition de la IIIe République, le métro de Fulgence Bienvenüe, le Victory Program de Roosevelt, l'homme capable d'aller sur la Lune, en moins de huit ans : voilà des exemples de chantiers « jamais vus » qui ont tous été menés à bien.

Qui peut croire que nous serions capables de réussir de tels chantiers pour entrer en guerre après une agression militaire, mais pas capables de faire la guerre au dérèglement climatique ? Qui peut croire qu'un pays pourrait engager des dizaines de milliards et 400 000 personnes pour aller sur la Lune mais que nous ne serions pas capables d'un effort comparable pour vivre bien sur la Terre ?

Oui, si l'Europe veut diviser par 4 ou par 5 sa production de gaz à effet de serre, le chantier va être énorme, comme un Plan Marshall 3.0.

« Un Plan Marshall, c'est quoi au juste ? », demanderont tous ceux et celles qui, en terminale, ont vu leur programme d'histoire s'arrêter à 1945. Avant de parler « technique », il faut dire qu'un Plan Marshall, c'est d'abord un changement complet dans l'état d'esprit des dirigeants. Une vraie « conversion » ! Au lieu de dire « l'Allemagne doit payer », comme après la guerre de 1914-1918, on assiste après la Seconde Guerre mondiale à une complète inversion des rôles : c'est le vainqueur qui va payer ! Au lieu de faire payer les vaincus, comme on l'a fait depuis des milliers d'années, dans toutes les guerres du monde, les États-Unis d'Amérique vont *donner* des milliards aux pays d'Europe, à une seule condition : que ces pays, autrefois ennemis, décident ensemble de l'usage des sommes destinées à la reconstruction.

Le Plan Marshall pour reconstruire l'Europe

Le bilan de la guerre était terrible : près de 40 millions de morts en Europe. La guerre totale a détruit un quart des logements en France et 40 % en Allemagne ! Le déficit budgétaire, l'inflation et la crise du commerce international contribuent à désorganiser l'économie : les pénuries d'aliments perdurent jusqu'en 1947-1948 dans la plupart des pays, y compris la France et l'Italie. Le déficit calorique dépasse les 25 % en Allemagne…

L'Europe est dévastée mais les États-Unis, au contraire, sortent de la guerre en situation hégémonique : ils représentent près de 50 % de la production industrielle mondiale. Politiquement, la doctrine du président Harry Truman est fondée sur l'*endiguement* du communisme. Le général Marshall, nommé secrétaire d'État, est chargé de préparer un plan d'aide. Le 5 juin 1947, il révèle son projet lors d'un discours à Harvard : permettre la reconstruction de l'Europe et faire face au danger communiste ne peut passer que par un plan général de lutte contre la pauvreté et un flux d'aide continu, d'où l'idée de programmer ce soutien sur quatre années. Extraits.

> « Notre politique n'est dirigée contre aucun pays, ni doctrine, mais contre la faim, la pauvreté, le désespoir et le chaos. Son but devrait être le rétablissement d'une économie mondiale saine de façon à permettre le retour à des conditions politiques et sociales dans lesquelles peuvent exister des institutions libres.

> [...] De plus, les gouvernements, partis politiques ou groupements qui cherchent à perpétuer la misère humaine, pour en profiter politiquement ou autrement, rencontreront l'opposition des États-Unis. »

L'Europe n'était évidemment pas la seule zone à reconstruire et à « stabiliser » politiquement : le Plan Marshall pour l'Europe ne représentait que 15 % du total des aides distribuées par les États-Unis entre 1945 et 1963. Ces aides représentaient 1,2 % du PIB américain annuel, soit environ 220 milliards de dollars actuels. Les prêts représentaient moins de 20 % de ces sommes. Plus de 80 % étaient des dons, purement et simplement.

Au total, seize États européens vont bénéficier du Plan Marshall[6]. La première Conférence sur la coopération économique en Europe les réunit à Paris en juillet 1947. Les États bénéficiaires s'engagent à la coopération mutuelle. Ils devront établir des rapports trimestriels. L'aide est communautaire afin de permettre un travail européen collectif.

Cent quarante-trois projets

Au total, cent quarante-trois grands projets sont financés en Europe par le Plan Marshall. Les États-Unis demandent aux États européens de s'accorder entre eux pour établir un plan de reconstruction mais, dans le cadre de cette coopération, chaque État gère assez librement son aide.

Le Plan a indéniablement rapproché les Européens entre eux, et rapproché les Européens des Américains. Il a créé un contexte favorable à la naissance des futures institutions européennes. Mais le Plan Marshall a aussi accéléré la partition de l'Europe, achevant de matérialiser le « rideau de fer » entre l'Est et l'Ouest. Dès le début, des critiques ont été formulées pour dénoncer la volonté prêtée à l'Oncle Sam de satelliser l'Europe de l'Ouest en face de l'Europe de l'Est des Soviétiques. Mais sans doute aurait-on entendu aussi quelques critiques

6. L'aide est proposée à l'Europe tout entière mais l'URSS et les pays de l'Est refusent. À noter les cas particuliers de la Tchécoslovaquie, qui accepte l'aide mais finit par renoncer sous la pression soviétique, et de la Pologne, qui apprend son refus par la presse...

si les États-Unis, sortis vainqueurs de la guerre, avaient laissé l'Europe souffrir de la famine et retomber dans le chaos…

Beaucoup d'historiens affirment que le Plan Marshall était un plan « gagnant-gagnant » : certes, la reconstruction européenne fut largement stimulée par l'aide américaine, mais l'économie américaine risquait la récession si, après la cessation des hostilités, elle avait dû gérer un effondrement de ses débouchés. Une bonne partie de l'aide donnée aux Européens va revenir aux États-Unis pour payer les salariés de l'industrie qui fabriquent les biens que l'Europe a besoin d'importer.

Et aujourd'hui ? L'expression « Plan Marshall » est souvent employée pour titiller l'imaginaire collectif et appeler à un saut qualitatif et quantitatif : les 12 et 13 juin 2017, des chefs d'État africains se sont réunis à Berlin pour participer à une conférence du G20 consacrée au partenariat avec l'Afrique. Angela Merkel a accueilli les dirigeants présents en appelant à développer des partenariats capables « d'apporter la paix, la stabilité, la sécurité ». Le président ivoirien, Alassane Ouattara, a rapidement employé le terme « plan Merkel » pour qualifier cette volonté. La référence directe au Plan Marshall n'a pas échappé aux médias présents[7].

Les États-Unis de Donald Trump se replient sur eux-mêmes alors que, plus que jamais, notre planète a besoin de coopération et de solidarité pour faire face à des défis immenses. L'Europe va-t-elle être à la hauteur ? En 1945, il avait fallu les millions de morts et les destructions massives de la Seconde Guerre mondiale (et la menace soviétique) pour qu'une conversion s'opère dans la tête des dirigeants américains et qu'ils décident d'une campagne massive de dons. Allons-nous attendre le chaos pour être capables, nous aussi, de changer notre vision du monde et passer des discours aux actes ?

Au-delà des beaux discours, au-delà de l'émotion que nous ressentons quand nous voyons ces réfugiés quitter leurs terres natales, devenues invivables, et trouver la mort parfois sur leurs chemins d'exil, au-delà du choc subi quand nous voyons les Antilles ou le Texas sous les eaux et les centaines de morts en Inde, au Népal et au Bangladesh, allons-nous enfin passer à l'action ?

---

7. Mordelet, « Le plan Marshall : soixante-dix ans d'influence en Europe », *Le Monde* du 21 juin 2017.

> « Notre maison brûle et nous regardons ailleurs.
> La nature, mutilée, surexploitée, ne parvient plus à se reconstituer et nous refusons de l'admettre. L'humanité souffre. Elle souffre de mal-développement, au nord comme au sud, et nous sommes indifférents. La terre et l'humanité sont en péril et nous en sommes tous responsables.
> Il est temps d'ouvrir les yeux. Sur tous les continents, les signaux d'alerte s'allument. Nous ne pourrons pas dire que nous ne savions pas !
> Prenons garde que le XXIe siècle ne devienne pas, pour les générations futures, celui d'un crime de l'humanité contre la vie.
> Dix ans après Rio, nous n'avons pas de quoi être fiers. La mise en œuvre de l'Agenda 21 est laborieuse. La conscience de notre défaillance doit nous conduire, ici, à Johannesburg, à conclure l'alliance mondiale pour le développement durable.
> Une alliance par laquelle les pays développés engageront la révolution écologique, la révolution de leurs modes de production et de consommation.
> Une alliance par laquelle ils consentiront l'effort de solidarité nécessaire en direction des pays pauvres. Une alliance à laquelle la France et l'Union européenne sont prêtes. »

« Notre maison brûle et nous regardons ailleurs », le discours prononcé par Jacques Chirac, le 2 septembre 2002, lors du sommet mondial du développement durable à Johannesburg en Afrique du Sud était magnifique. Il disait parfaitement la gravité de la crise. Il disait parfaitement les retards pris pour mettre en œuvre les engagements pris dix ans plus tôt, à Rio. Il disait le besoin d'une vraie métamorphose de nos modes de vie (« les pays développés engageront la révolution écologique, la révolution de leurs modes de production et de consommation ») et il appelait de façon émouvante à une alliance mondiale pour le développement durable, en affirmant que la France et l'Europe étaient prêtes à entrer dans cette alliance et à consentir les efforts de solidarité nécessaire.

Son discours avait été unanimement applaudi mais, en coulisse, certains s'inquiétaient de ses suites concrètes : « Chirac parle d'or mais il ne parle pas d'argent. » Au-delà d'un vague projet porté avec Tony Blair pour inciter les entreprises à investir davantage dans la transition verte, la délégation française était très floue, en effet, sur la question du financement de cette alliance mondiale.

Quinze ans plus tard, le réchauffement climatique a multiplié ses dégâts et il sera bientôt impossible de rattraper le temps perdu si l'Europe ne se donne pas les moyens de mettre en œuvre un vaste Plan Climat qui permette de tenir le Facteur 4 sur son territoire et d'aider activement les pays du Sud à financer leur lutte contre les émissions de GES, en même temps que l'effort indispensable d'adaptation au réchauffement, que nous n'arriverons évidemment pas à stopper net.

La population de l'Afrique devrait doubler d'ici à 2050

La population mondiale continue de croître. L'humanité devrait augmenter d'un tiers d'ici à 2050, passant de 7,5 milliards actuellement à 10 milliards, selon une analyse de l'Institut français d'études démographiques (Ined) publiée mercredi 20 septembre.

Cette étude biennale explique ainsi que l'un des « grands changements » à venir est l'accroissement de la population de l'Afrique : comptant 1,2 milliard d'habitants en 2017, le continent devrait avoisiner les 2,5 milliards en 2050. Et d'ici à 2100, sa population pourrait même quadrupler « pour atteindre 4,4 milliards d'habitants, cela, malgré le sida ». Alors qu'un homme sur six vit aujourd'hui en Afrique, plus d'un sur trois y vivrait dans un siècle.

La population mondiale, dont le nombre a été multiplié par 7 au cours des deux derniers siècles, devrait, elle, continuer de croître « jusqu'à atteindre peut-être 11 milliards à la fin du XXIe siècle », selon les projections.

Néanmoins, la croissance démographique décélère du fait de la diminution de la fécondité à 2,5 enfants en moyenne par femme aujourd'hui, contre 5 enfants en 1950. La fécondité la plus basse se retrouve à Taïwan et en Corée du Sud (1,2 enfant par femme), la plus élevée au Niger (7,3 enfants).

lemonde.fr avec AFP, 20 septembre 2017

La question du développement de l'Afrique mériterait au moins un livre à elle seule, et sans doute toute une bibliothèque ! Mais une chose est certaine : si le réchauffement climatique s'aggrave et si les pays d'Afrique n'ont pas les moyens de 1) diminuer leur production de CO_2 tout en améliorant leur accès à l'énergie et 2) s'adapter à la part du réchauffement que nous n'aurons pas pu éviter, on va vers une souffrance humaine considérable et nous allons connaître des mouvements de population aux conséquences potentiellement dramatiques.

Et si on regardait le globe autrement ? Et si l'on remettait l'Afrique au centre ? C'est ce à quoi nous invite cette carte, qui représente tous

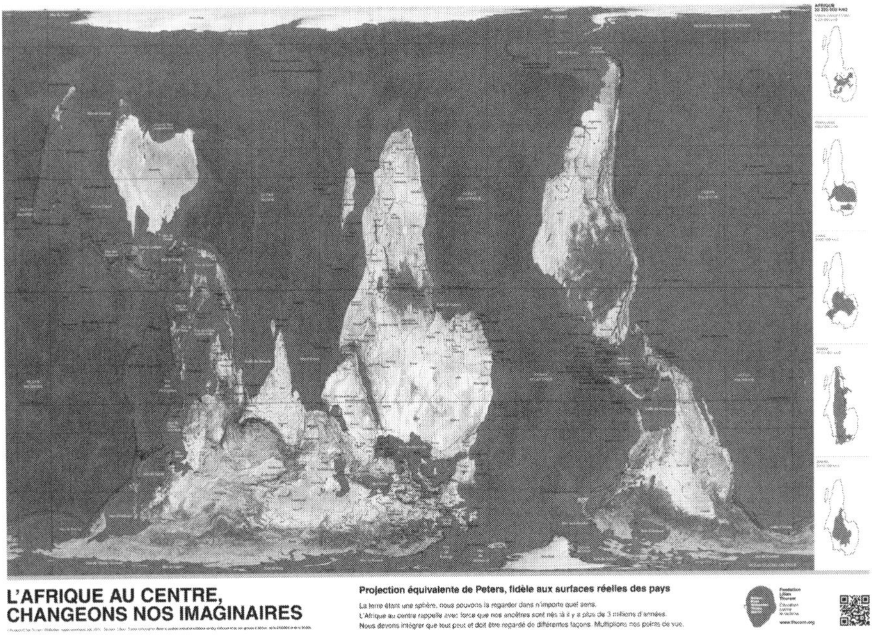

les continents en proportion de leur surface réelle, qui a été « inventée » par Lilian Thuram et Jean-Christophe Victor[8]. Il n'existe aucune représentation parfaite de notre planète mais celle-ci nous interroge bien plus que les cartes européocentrées que nous utilisons le plus souvent.

L'Afrique a des atouts considérables pour réussir une transition vers un modèle bas-carbone sans passer par le stade « charbon et énergies fossiles ». Elle pourrait utiliser beaucoup plus l'énergie solaire qui arrive sur son sol, dont une part de solaire thermodynamique par exemple[9].

---

8. C'est l'occasion pour nous de rendre hommage au travail magnifique accompli par Jean-Christophe Victor pour permettre au plus grand nombre de mieux comprendre la planète sur laquelle nous vivons, à travers son émission (*Le Dessous des cartes*), ses livres et ses conférences. L'occasion aussi de remercier Lilian Thuram pour cette carte et pour tout le travail de sa fondation.

9. Dans le solaire, il faut distinguer : 1) le photovoltaïque (les panneaux qu'on peut mettre sur le toit d'une maison ou, en très grand nombre, sur un champ réservé à cet effet), dont la puissance produite varie très fortement selon l'ensoleillement et qui s'arrête totalement la nuit ; 2) les grosses centrales solaires dites centrales thermodynamiques à concentration, dans lesquelles un grand nombre de miroirs renvoient et concentrent les rayons solaires vers une structure centrale, dans laquelle circule un fluide porté à très haute température, qui va chauffer l'eau d'un circuit secondaire. Cette eau, en s'évaporant, va faire tourner une turbine qui produit de l'électricité (comme dans une centrale à charbon ou une centrale nucléaire). Ces centrales peuvent produire de l'énergie de façon nettement plus continue, et même la nuit car le fluide (des sels fondus) reste très chaud très longtemps, mais les miroirs doivent être mobiles pour suivre le soleil dans sa course, ce qui en fait des

Mais il faut, pour cela, qu'elle ne bute pas sur une insuffisance de financements.

Voilà pourquoi il est urgent que l'Europe passe aux actes. Il est urgent et fondamental que l'Europe respecte enfin toutes les promesses faites depuis trente ans en matière d'augmentation de l'aide au développement, de reconnaissance du droit à la souveraineté alimentaire (des pays du Sud comme du Nord), de régulation du commerce mondial et de construction d'une Alliance pour le développement durable, dans laquelle un partenariat étroit avec tous les pays du pourtour méditerranéen et avec les États africains trouverait pleinement sa place.

En février 2003, alors qu'il affirmait l'engagement de la France à respecter un Facteur 4 d'ici à 2050, Jean-Pierre Raffarin affirmait qu'« en vertu du principe de responsabilité commune mais différenciée, nous devons montrer l'exemple en matière de mise en œuvre des politiques domestiques de lutte contre l'effet de serre ».

Responsabilité commune mais différenciée. Cette expression est très belle et très juste. Si on fait le bilan des émissions de gaz à effet de serre, on voit en effet une énorme *différence* entre l'Europe et le reste du monde. Certes, les États-Unis sont aujourd'hui le premier émetteur si on mesure la quantité de CO_2 émise par habitant. Mais si on fait le bilan des émissions depuis un siècle ou deux, l'Europe est bien la première responsable du réchauffement en cours. C'est indiscutable. La différence avec les pays du pourtour méditerranéen et avec l'Afrique est considérable.

Entre 1965 et 2016, les pays qui sont aujourd'hui membres de l'Union européenne ont émis 213 milliards de tonnes de CO_2. Dans le même temps, l'Afrique a émis 34 milliards de tonnes de CO_2. C'est 6 fois moins[10]. On n'a pas de statistiques fiables pour tous ces pays avant 1965 mais, si on remonte au début de l'ère industrielle, le rapport doit être de 1 à 10…

Pour la seule année 2016, l'Union européenne a produit 3 485 millions de tonnes de CO_2 pour 510 millions d'habitants alors que l'Afrique en produisait 1 209 millions de tonnes seulement malgré ses 1,2 milliard d'habitants.

---

mécaniques un peu fragiles, avec un besoin d'entretien plus fort que le photovoltaïque en particulier dans les régions soumises à des vents de sable…

10. Source *BP Statistical Review of World Energy* 2917. Merci à Matthieu Auzanneau qui nous a aidés à trouver ces données.

Figure 9.1. Émissions comparées de l'Europe et de l'Afrique entre 1965 et 2016, en milliards de tonnes CO_2.

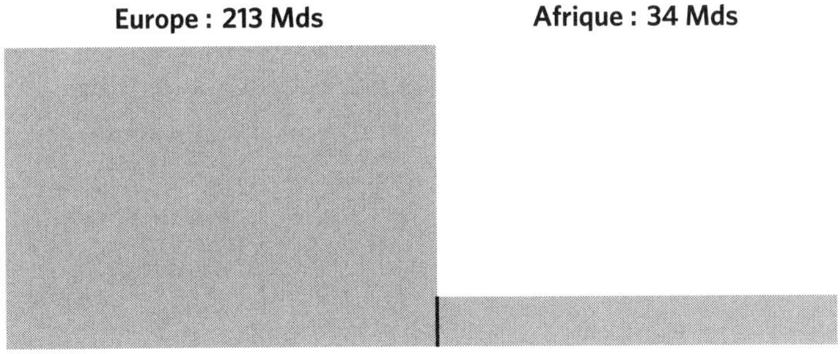

L'Europe, premier pollueur ? Il ne s'agit pas de chercher des « coupables » (battre sa coulpe en public ne fera pas baisser d'un gramme les émissions de CO_2) mais seulement d'acter que, *oui !*, nous avons une « responsabilité différenciée » qui nous oblige à intensifier notre politique de coopération.

L'Europe, premier responsable du réchauffement qui produit déjà des effets dramatiques en Afrique et risque de provoquer des drames sans nom si nous ne sommes pas capables de respecter en Europe le Facteur 4 et d'aider massivement l'Afrique à s'adapter au réchauffement que nous n'aurons pas pu éviter. L'Europe aussi aux premières loges si l'Afrique s'effondre. L'Europe qui doit faire face au désengagement des États-Unis et « remplacer » l'Oncle Sam aujourd'hui défaillant. Pour toutes ces raisons, il est urgent que l'Europe change de braquet dans sa politique de lutte contre le dérèglement climatique.

Dans un rapport publié le 20 septembre 2017, la Cour des comptes européenne (après avoir souligné les retards accumulés dans ce domaine) mettait en avant les sommes considérables nécessaires à la lutte contre le dérèglement climatique sur le territoire européen :

1 115 milliards chaque année

« Entre 2021 et 2030, il sera nécessaire d'investir chaque année 1 115 milliards d'euros dans les secteurs suivants pour atteindre les objectifs de l'Union à l'horizon 2030 :

- 736 milliards d'euros dans le secteur des transports ;
- 282 milliards d'euros dans le secteur résidentiel et dans le secteur des services ;

– 78 milliards d'euros dans les réseaux, dans la production et dans les chaudières industrielles ;
– 19 milliards d'euros dans l'industrie.

Dans un scénario de *statu quo*, si aucune mesure publique d'adaptation n'est prise, les changements climatiques anticipés à l'horizon 2080 coûteraient chaque année 190 milliards d'euros, à prix constants, aux ménages de l'ensemble de l'UE, c'est-à-dire presque 2 % du PIB actuel de l'Union. Retarder l'adaptation, ou ne pas agir du tout, pourrait faire substantiellement augmenter le coût total du changement climatique. »

Comment faire ?

Comment faire pour financer à la fois le chantier intra-européen et aider les pays du Sud à financer leur propre chantier ? Nous avons besoin non pas d'un « Plan Marshall », car le monde a bien changé depuis 1945 et, à court terme, il n'y a pas grand-chose à attendre des États-Unis, mais d'un vrai Pacte finance-climat, qui permette de financer une transition énergétique accélérée.

Pour tous les travaux qui seront rentables à moyen et long terme, la BCE peut faire des prêts à taux 0 aux acteurs privés ou publics qui vont réaliser les travaux. Vu le volume de création monétaire observé depuis le début des années 1980, il est difficile de croire que la BCE, *via* la Banque européenne d'investissement (BEI), ne peut pas prêter les sommes nécessaires à l'Europe, aux États membres, aux collectivités, aux entreprises et aux particuliers[11]. Et on verra plus loin que la collectivité peut prendre en charge 30 à 50 % de ces travaux.

Mais il y a besoin aussi d'investir de l'argent « à fonds perdus ». Certes, l'inaction serait moralement scandaleuse et nous coûterait très cher[12], mais l'action n'est pas gratuite. Quand les États-Unis décident

11. Comme la BCE n'a pas le droit de prêter directement aux États ou aux particuliers, on peut passer par le canal de la BEI pour mettre à disposition, très massivement, des prêts à taux 0.

12. Quand la Cour des comptes européenne affirme que le coût du dérèglement climatique serait équivalent, pour l'Europe, à 190 milliards chaque année d'ici soixante ans, c'est déjà un chiffre très important mais sans doute très optimiste au vu des études les plus récentes publiées sur ce sujet par les compagnies d'assurances et de réassurances, qui envisagent d'augmenter nettement les tarifs d'assurances pays par les particuliers et les entreprises, et même de ne plus assurer certaines zones du territoire, au vu de la multiplication des catastrophes attendues.

de consacrer plusieurs centaines de milliards pour aider tous les pays touchés par la guerre à se reconstruire, les prêts représentent moins de 20 % des sommes en jeu. L'essentiel correspond à des dons.

Si l'Europe tarde à mettre en œuvre une Taxe Tobin ou si elle rapporte des sommes trop faibles, quelles sont les ressources disponibles pour dégager chaque année les fonds qui pourront être utilisés sans retour immédiat en Europe et qui pourront être donnés aux pays du Sud pour accélérer leur transition ?

À plusieurs reprises depuis son élection, Emmanuel Macron a affirmé qu'il fallait doter l'Europe d'un budget « de plusieurs centaines de milliards ». Il a raison. Que ce soit pour ses politiques « intérieures » (agriculture, fonds de soutien, recherche, sécurité et défense…) ou pour les politiques de coopération internationale, il est urgent en effet que l'Europe trouve de nouveaux moyens[13]. Quelles sont les solutions possibles ?

Taxer les émissions de CO_2 ?

C'est la version moderne du principe du pollueur-payeur. Pour faciliter la transition vers des économies postcarbone, le ministre de la Transition écologique et solidaire, Nicolas Hulot, a affirmé sa volonté d'augmenter le coût des émissions de CO_2 et a affiché comme une priorité la mise en place, au niveau européen, d'un « corridor » de prix carbone. C'est une idée très importante pour relever le défi du Facteur 4.

Pourquoi une taxe Carbone ? Pour trois raisons au moins :

1. Pousser tous les acteurs à réduire le plus rapidement possible leur consommation d'énergies fossiles en augmentant leur prix de façon régulière, programmée et définitive. S'ils savent que produire une tonne de CO_2 va leur coûter 30 euros en 2020 puis 40 euros quelques années plus tard et 50 euros en 2030, et si, *dans le même temps*, on leur apporte une aide financière et technique pour avoir des comportements et des investissements nettement plus responsables, on peut penser que tous les acteurs (citoyens, entreprises, collectivités…) vont avancer plus vite vers des modèles bas-carbone.

13. Il est exagéré de dire que, aujourd'hui, l'Europe ne dispose d'aucune ressource propre. Certes, le budget européen est alimenté à près de 80 % par les contributions des États membres, mais s'y ajoutent la ressource propre fondée sur la TVA statistique et les droits de douane prévus par le tarif extérieur commun.

« La carotte et le bâton », ce n'est pas très original. C'est même vieux comme le monde, mais ça marche. La carotte, c'est l'aide financière et l'accompagnement technique (on va en reparler plus loin). Le bâton, c'est le coût de plus en plus élevé des comportements dangereux.

2. Dégager des ressources complémentaires pour financer la transition. L'essentiel du chantier « intra-européen » peut être financé grâce aux liquidités de la BCE mais, vu l'état de nos finances publiques et vu l'énormité du chantier, en Europe et ailleurs, on doit absolument trouver des recettes supplémentaires.
3. Garder sur nos territoires les sommes considérables qui, sinon, partiraient dans les coffres des pays pétroliers ou gaziers : à chaque flambée des prix de l'énergie, nos économies sont gravement déstabilisées et l'augmentation des prix est une ponction importante opérée sur nos revenus individuels et sur notre richesse nationale au profit des entreprises et des États producteurs... En créant une taxe carbone de plus en plus forte mais progressive (mais qui pourrait être diminuée, si besoin, en cas de choc pétrolier), on évite l'effet déstabilisateur de l'évolution brutale des prix et on garde sur nos territoires européens le fruit de cette taxe, pour financer la transition et donc développer l'emploi local.

Pourquoi un « corridor » de prix et non une taxe unique ? Parce qu'il faut renoncer à l'utopie d'un prix unique du CO_2 (que ce soit au niveau mondial ou au niveau européen), sans pour autant renoncer à l'idée d'augmenter nettement le coût des comportements climato-dangereux. « Un prix mondial n'existe pas, explique Gaël Giraud, économiste en chef de l'Agence française de développement et membre de la commission Stern-Stiglitz. Compte tenu de l'hétérogénéité de leurs systèmes électriques et industriels, pourquoi le coût pertinent d'émission du CO_2 serait-il le même à Stockholm et à Calcutta ? Dès lors, ce qui importe vraiment, c'est de borner les différents prix que chaque pays signataire de l'Accord de Paris voudra imposer à son économie, par un prix plancher pour être sûr que tout le monde fournisse l'effort minimal, et par un prix plafond pour donner un signal sûr et sur le long terme aux investisseurs[14]. »

L'idée de mettre en place un « corridor de prix » plutôt qu'un prix unique du CO_2 avait déjà été défendue dans un rapport remis à François

14. *Le Monde* du 30 mai 2017.

Figure 9.2. Taxer les émissions de CO_2.

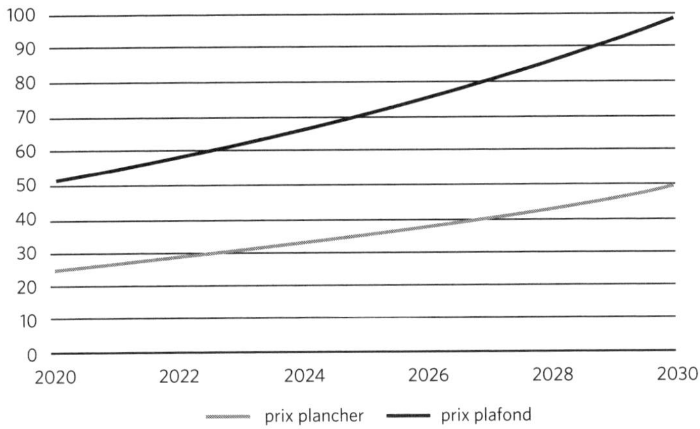

Hollande en juillet 2016 : pour accélérer la transition vers les solutions les moins carbonées, notamment dans le secteur de l'énergie[15], Pascal Canfin, Alain Grandjean et Gérard Mestrallet proposaient que l'Europe mette en place un corridor de prix destiné à guider les comportements de tous les acteurs : « Le prix plancher pourrait être fixé entre 20 euros et 30 euros la tonne en 2020, écrivaient-ils, avec une augmentation annuelle de 5 à 10 % afin de dépasser 50 euros en 2030. Dans le même temps, le prix plafond serait fixé à 50 euros en 2020 avec une croissance annuelle similaire à celle du prix plancher. La pente de la trajectoire est centrale pour donner de la visibilité aux acteurs économiques sur les investissements. »

Cette proposition a été appuyée par la commission internationale présidée par Sir Nicholas Stern et Joseph Stiglitz, constituée lors de la COP22 à Marrakech en novembre 2016, à l'initiative de Ségolène Royal et de la Banque mondiale.

Il est fondamental que l'Europe décide effectivement de mettre en place une taxation de plus en plus ambitieuse des émissions de carbone. Cela poussera tous les investisseurs à long terme – Caisse des dépôts, compagnies d'assurances… – à stopper totalement les investissements dans des projets « sales » et investir leurs abondantes liquidités dans des projets porteurs d'avenir. Et cela renforcera les budgets disponibles pour financer la transition énergétique, en Europe et dans le reste du monde.

15. Accélérer la fermeture des centrales à charbon, en particulier.

Une taxe aux frontières ?

À la Sorbonne, le 26 septembre 2017, en présentant son projet pour l'Europe, Emmanuel Macron a rappelé qu'il fallait augmenter nettement le prix du carbone et a proposé la création d'une taxe aux frontières, qui concernerait tous les produits importés en fonction de leur empreinte CO_2.

Cette idée est excellente et tout à fait réaliste, quoi qu'en disent ceux qui pensent que « l'OMC nous interdit toute taxation aux frontières ». Pour se protéger du dumping social de la Chine, les États-Unis taxent (en moyenne) à 250 % l'acier chinois et l'OMC ne trouve rien à redire à cette taxation. Il est donc faux d'affirmer que l'OMC nous interdit toute taxe aux frontières. Et il est tout à fait cohérent que, dans la suite de l'Accord de Paris, un système de taxe CO_2 soit mis en place aux frontières de l'Europe : on comprendrait mal que l'Europe veuille « pénaliser » les productions réalisées sur son territoire dont le bilan carbone serait mauvais (avec le corridor prix évoqué plus haut) mais laisse entrer sans aucune taxe des produits dont le bilan serait pire encore. Nous ne pouvons donc que soutenir cette proposition. Mais nul ne sait quand elle sera mise en œuvre, ni combien elle rapportera[16]...

Pour trouver, sans attendre, des ressources nouvelles pour l'Europe, certains proposent qu'elle ait recours à l'endettement, en mettant en avant que l'Union européenne, en tant que personne juridique, a une dette nulle, alors que les États-Unis ont une dette de 20 000 milliards de dollars et que la dette publique du Japon dépasse les 240 % du PIB.

16. Une taxe carbone aux frontières est une idée très intéressante sur le fond mais elle soulève beaucoup de difficultés pratiques : comment savoir avec quelle électricité (charbon ou éolien) a été fabriqué cet ordinateur assemblé en Chine ? Dès lors, on devine les innombrables contentieux qu'elle ne manquerait pas de provoquer. Voilà pourquoi le calendrier et le montant espéré nous semblent flous.

Donner à l'Europe une capacité d'endettement ?

« Un budget de la zone euro qui dispose d'une capacité d'endettement » : l'idée était dans le programme d'Emmanuel Macron. Pour les raisons évoquées ci-dessus et au vu de la gravité de la situation, on peut effectivement plaider pour que l'Union européenne et/ou la zone euro puissent s'endetter. Mais l'idée va sans doute faire tousser beaucoup de citoyens. Même si c'est pour financer un nombre très limité de priorités très importantes. Et pas seulement en Allemagne.

Si l'Europe veut trouver de nouvelles ressources pour financer, en particulier, l'Alliance pour le développement durable que Jacques Chirac appelait de ses vœux en 2002, il faut relancer le débat sur la création d'un impôt européen sur les bénéfices. C'est le meilleur moyen de stopper le dumping fiscal en cours et de dégager très vite de nouvelles ressources à la hauteur des enjeux.

Un impôt européen sur les bénéfices ?

Depuis une trentaine d'années, au nom de « la compétitivité », un certain nombre de pays européens tirent vers le bas la fiscalité des entreprises : pour attirer les investissements, ils diminuent les impôts sur les bénéfices et obligent les pays voisins à en faire autant s'ils ne veulent pas subir de trop lourdes délocalisations... Au niveau européen, le taux moyen d'impôt sur les bénéfices des entreprises, qui était d'environ 45 % en 1985, est tombé à moins de 25 % aujourd'hui, et la Commission européenne indique que le taux effectif moyen[17] est inférieur à 20 %.

Cette baisse considérable de la fiscalité des bénéfices s'est souvent accompagnée d'une augmentation des impôts (directs ou indirects) payés par les personnes : les personnes étant moins mobiles que les investissements, c'est sur elles que l'on fait reposer une part croissante du financement des besoins collectifs[18].

17. Ce que paient réellement les entreprises, une fois déduites les différentes exonérations, est inférieur au taux nominal affiché.
18. Sur la même période, le taux global de « prélèvements » progressait de 39 à 42 % du PIB.

Figure 9.3. Évolution du taux moyen de l'impôt sur les bénéfices en Europe.

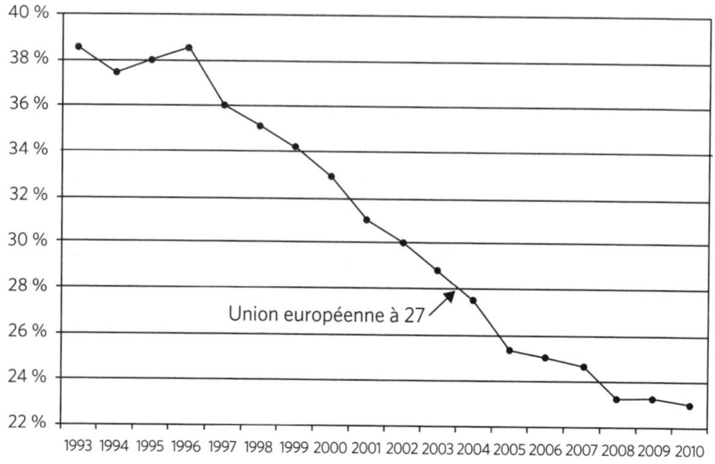

Source : KPMG.

Mais faire payer plus les personnes en baissant les impôts des entreprises n'est pas une idée très populaire. Aussi les gouvernements ont-ils souvent préféré augmenter la dette publique ou diminuer les investissements collectifs, plutôt qu'augmenter les impôts des actifs.

Cette façon de faire n'est heureusement pas la seule possible : aux États-Unis, les impôts fédéraux (prélevés par « Washington ») représentent 60 % des impôts alors que les impôts prélevés par les États fédérés (le Texas, la Floride, l'Arkansas…) et les communes n'en représentent que 40 %. Cette répartition des prélèvements limite fortement le risque de concurrence fiscale entre États voisins. Le taux de l'impôt fédéral sur les bénéfices est de 35 %, auxquels s'ajoutent quelques « petits » impôts des États fédérés, ce qui amène à un impôt moyen sur les bénéfices de l'ordre de 38 %.

38 % aux États-Unis contre moins de 25 % en Europe… C'est le monde à l'envers ! Les États-Unis, modèle des néolibéraux du monde entier, taxent nettement plus les bénéfices que le vieux continent. Donald Trump voudrait baisser nettement cet impôt, hérité de Roosevelt, mais pour le moment, il n'y est pas parvenu.

Quand F. D. Roosevelt arrive à la Maison Blanche en 1933, les caisses sont presque vides car tous les États se livrent à un dumping fiscal acharné : le Texas baisse son impôt pour attirer les entreprises,

Figure 9.4. Évolution du taux d'impôt sur les bénéfices en Europe et aux États-Unis entre 1993 et 2010.

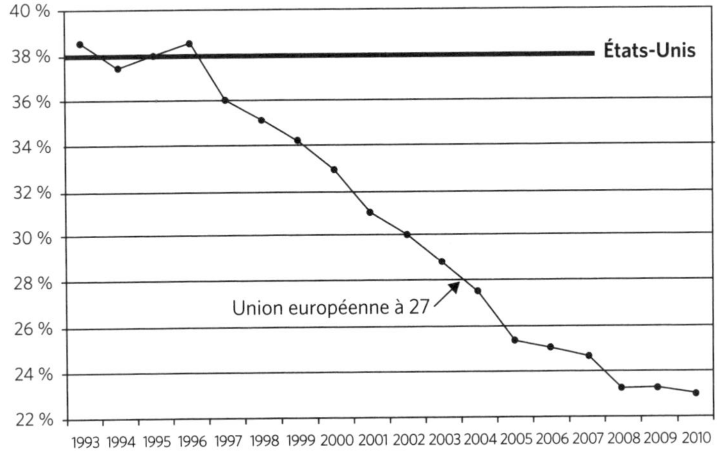

puis c'est la Floride et l'Arkansas qui font de même, et les entreprises font du tourisme fiscal et délocalisent leur production là où l'impôt est le plus faible…

Roosevelt décide de rompre avec cette logique et, *en quelques semaines seulement*, fait voter la création d'un impôt fédéral sur les bénéfices. Les actionnaires sont évidemment furieux et hurlent au loup. À les écouter, Roosevelt serait un communiste qui va ruiner les États-Unis… mais le peuple fait confiance à Roosevelt et le président tient bon : qu'elles soient en Floride ou au Texas, les entreprises vont payer un impôt fédéral correspondant à 35 % de leurs bénéfices. C'est Washington qui prélève l'impôt et qui en rend une grande partie aux États membres de l'Union.

Tous les historiens insistent sur l'importance décisive du « saut fédéral » opéré en quelques mois par les États-Unis après la crise de 1929[19]. Sans ce sursaut fédéral, s'ils étaient restés dans une logique de concurrence et de dumping, les États-Unis se seraient peut-être effondrés, incapables de financer la politique de lutte contre le chômage du New Deal et incapables aussi de financer l'effort de guerre.

19. Un saut fédéral réalisé, certes, avec quatre ans de retard à cause de l'inaction du président Hoover dont l'un des surnoms était Do Nothing (J'ne fais rien), mais, très rapidement, Roosevelt arrive aux manettes en 1933 et fait adopter quinze réformes fondamentales en trois mois seulement…

Dans un monde de plus en plus instable et dangereux, n'est-il pas urgent que l'Europe soit capable, elle aussi, de décider – *dans certains domaines*[20] – d'un saut fédéral ?

Stop ou encore ? L'impôt sur les bénéfices est aujourd'hui 15 points plus faible, en moyenne, en Europe qu'aux États-Unis. Aucun pays ne peut, tout seul, lutter contre ce dumping mais rien ne nous empêche, au niveau européen, de créer un impôt sur les bénéfices (de l'ordre de 5 ou 10 %) qui alimenterait un vrai budget européen, dont une partie significative permettrait de lutter contre le réchauffement climatique en Europe et dans les pays du Sud.

Les résultats nets des entreprises de la zone euro (avant impôt sur les bénéfices et dividendes) ont été d'environ 1 500 milliards d'euros en 2016 pour les entreprises non financières et de 410 milliards pour les entreprises financières[21].

Résultats nets des entreprises en zone euro avant impôt sur les dividendes[22]

	2013	2014	2015	2016[23]
Entreprises non financières	1 355 milliards	1 402 milliards	1 514 milliards	1 536 milliards
Entreprises financières	388 milliards	458 milliards	412 milliards	415 milliards
Total	**1 743 milliards**	**1 860 milliards**	**1 926 milliards**	**1 951 milliards**

Source : BCE.

20. « Il faut élaguer les compétences. L'Europe ne doit pas s'occuper de tout », affirmait Joschka Fischer en 2000. Avant même de démocratiser l'Europe en proposant de mettre fin à la règle de l'unanimité et en renforçant nettement le rôle des citoyens et du Parlement, c'était la première condition que mettait en avant le ministre allemand des Affaires étrangères pour refonder l'Europe. L'Europe ne doit pas s'occuper de tout mais il est des domaines où un pays seul n'a plus de souveraineté réelle. C'est en étant unis qu'on retrouvera souveraineté et efficacité.

21. Source BCE. Pour les entreprises non financières : http://sdw.ecb.europa.eu/reports.do?node=10000041, ligne « Net entrepreneurial income ». Et pour les entreprises financières http://sdw.ecb.europa.eu/reports.do?node=10000042. Merci à Laurent B. pour l'aide qu'il nous a apportée pour nous repérer dans le labyrinthe du site de la BCE.

22. Nous n'avons pas trouvé les chiffres correspondants pour l'ensemble de l'Union européenne. Le PIB de la zone euro représente 72 % du PIB européen.

23. Pour 2016, les chiffres ne sont pas encore disponibles sur le site de la BCE au moment où ce livre est fini de rédiger. La BCE indique le total sur 4 trimestres glissants associant le 4e trimestre 2015 et les 3 premiers trimestres de 2016. Cela permet d'avoir un ordre de grandeur très proche sans doute de la réalité.

Comme le suggèrent Gaël Giraud et Jean-Baptiste de Foucauld, la création d'un impôt européen pourrait être l'occasion d'innover et de mettre en place un impôt simple et en même temps vraiment progressif, qui tienne compte de la taille des entreprises et de leur rentabilité (bénéfices/fonds propres).

Un impôt dont le taux moyen serait de 10 % rapporterait quelque 200 milliards chaque année. Avec 5 %, c'est 100 milliards par an. On est dans l'ordre de grandeur de ce qui est nécessaire pour financer l'Alliance mondiale pour le développement durable qu'appelait de ses vœux Jacques Chirac à Johannesburg, qui est, à nos yeux, une des priorités du « budget de plusieurs centaines de milliards chaque année » dont Emmanuel Macron souhaite doter la zone euro.

Oui, il faut donner des ressources propres bien plus importantes à l'Europe. Pour le climat bien sûr, mais aussi pour renforcer la politique de recherche et la politique de défense et de sécurité. Il faut des ressources propres car, sinon, comme le dit Alain Lamassoure « à chaque discussion budgétaire, il y a vingt-sept Mme Thatcher autour de la table ».

Créé en 2014, un groupe de travail de haut niveau animé par Mario Monti, l'ancien président du Conseil italien, a travaillé pendant trois ans sur la question du financement du budget de l'UE. Son constat est sévère : actuellement, le système budgétaire européen est opaque, complexe, pas assez équitable, pas suffisamment démocratique. Le Brexit est l'occasion de revoir, de refonder le financement de l'Europe et d'augmenter ses ressources propres. Le groupe de travail envisage plusieurs solutions mais c'est la création d'un impôt européen sur les bénéfices qui a sa préférence.

On ne peut proposer la création d'un impôt européen sur les bénéfices sans passer d'abord par une harmonisation de la base imposable. C'est ce que propose la Commission qui veut définir une « assiette commune et consolidée à l'impôt des sociétés » (Accis). Cette proposition est techniquement solide, même ses adversaires doivent le reconnaître. Elle est actuellement en discussion avec les États membres. Cette assiette commune pourrait être décidée en 2018 et un impôt de 5 % pourrait être prélevé à partir de 2019 ou 2020. Chaque État membre continuant à fixer librement le taux national (au-dessus d'un minimum qui pourrait être décidé ensemble), auquel viendrait s'ajouter les 5 % de Contribution Climat du niveau européen.

Stopper le dumping fiscal ? Créer un impôt fédéral sur les bénéfices ? Les actionnaires vont sans doute hurler un peu, au début[24], mais, au total (impôts nationaux + impôt européen), ils ne paieront pas plus qu'aux États-Unis. Et ils ne paieront pas plus, non plus, qu'ils ne le faisaient en Europe il y a trente ans. On ne se souvient pas que les actionnaires dormaient tous sous les ponts quand l'impôt était à 45 ou à 50 %. Et si le dérèglement climatique échappe à notre contrôle, les actionnaires en souffriront vraiment, dans leur business comme dans leur vie personnelle…

« Et les entreprises en difficulté ?, demanderont certains. Vous pensez vraiment que c'est en augmentant les impôts qu'on va les aider ? » Il se trouve que, par définition, les entreprises en difficulté ne paient pas d'impôt sur les bénéfices (puisqu'elles n'en font pas…). Elles ne sont donc pas affectées par notre proposition. Il se trouve aussi que beaucoup d'entreprises sont en difficulté parce que l'activité économique ne redémarre pas vraiment : l'OCDE annonce déjà que la croissance va ralentir en 2018 ou 2019 et on a dit plus haut qu'une nouvelle crise financière peut éclater n'importe quand… L'une des meilleures choses à faire pour les entreprises en difficulté est probablement, à court terme, de relancer l'activité de façon forte et pérenne et, à moyen terme, d'éviter le chaos climatique. Et ce sont bien les objectifs du Pacte finance-climat que nous proposons. Qui plus est, dans le cadre de ce pacte, ces entreprises vont bénéficier d'aides pour diminuer leur propre consommation d'énergie, ce qui va améliorer leur compte de résultats.

Créer un impôt européen sur les bénéfices, l'idée n'est pas neuve[25]. En 2005 déjà, une semaine avant le référendum sur le traité européen, Christine Ockrent organisait sur France 3 un « grand débat » entre José Bové et Jacques Delors. Partisan du non, Bové avait lancé le débat en expliquant, courbe à l'appui, que l'Europe favorisait le dumping fiscal, qu'il fallait rompre avec cette logique et donc créer un impôt européen.

Jacques Delors avait immédiatement appuyé cette idée : « Un impôt européen, c'est le prochain chantier que doivent soutenir ensemble les pro-Européens du oui et les pro-Européens du non. » Christine Ockrent s'était dite « très étonnée » de voir Jacques Delors soutenir José Bové et le qualifier de « pro-européen » malgré son refus du traité, mais

24. C'est de bonne guerre. On ferait la même chose à leur place.
25. Voir « Pour un impôt européen », Michel Rocard et Pierre Larrouturou, dans *Libération* du 19 mars 2004.

Delors avait argumenté : « Si José Bové veut un impôt européen, il est proeuropéen. Il est déçu par le contenu de ce traité, mais ça n'en fait pas un antieuropéen… » Et un certain Jean-Claude Junker, présent lui aussi sur le plateau, opinait du bonnet en souriant : « Je ne savais pas qu'on pouvait apporter une courbe[26] ! »

C'était en 2005. Mais douze ans plus tard, le dumping continue : en France, par exemple, la baisse du taux de l'impôt sur les sociétés de 33,3 à 25 %, annoncée récemment par le gouvernement au nom de la « convergence européenne », devrait coûter « entre 15 et 17 milliards d'euros par an » selon les documents du ministère des Finances, dans un contexte où les recettes de l'impôt sur les sociétés ont déjà baissé de 20 milliards d'euros depuis dix ans, soit un recul de 40 %[27].

Le débat qui s'ouvre, en France, sur les perspectives budgétaires pour les cinq prochaines années doit permettre de comparer ce que le gouvernement va investir dans la lutte contre l'effet de serre (« Après plusieurs années de diminution, le budget de l'Environnement va progresser de 4 %, passant de 9,7 à 10,2 milliards ») et ce que nous coûte le dumping fiscal européen.

Certes, une progression, même de 0,5 milliard seulement, c'est mieux que de continuer la baisse. Certes, le Plan d'investissement piloté par Jean Pisani-Ferry doit permettre de trouver chaque année 3 milliards de plus. Mais « l'alignement sur la moyenne européenne » va nous coûter, chaque année, entre 15 et 17 milliards !

Financements supplémentaires pour la transition énergétique	**Coût de « l'alignement sur la moyenne européenne »**
+ 0,5 milliard dans le projet de budget 2018. + 3 milliards par an prévus dans le grand Plan d'investissement.	- 15 à - 17 milliards chaque année quand la réforme sera mise en œuvre complètement.

Alors que jamais les bénéfices n'ont été aussi importants, alors que la Banque de France affirme qu'un grand nombre d'entreprises « ne savent pas quoi faire de leur *cash flow* », est-il normal de continuer à baisser

26. Jean-Claude Junker est aujourd'hui président de la Commission. Nous allons évidemment demander à le rencontrer pour lui parler de notre projet.
27. « Une tendance en décalage avec l'évolution des bénéfices des entreprises françaises qui, au contraire, ont augmenté de 57 milliards d'euros ces dix dernières années (+ 10 %) », note l'ONG Oxfam dans un récent rapport.

le taux d'impôt sur les bénéfices alors qu'on ne parvient pas à financer certains investissements fondamentaux pour notre avenir, simplement parce que nos voisins et amis font pareil ? Non. Cela n'a pas de sens !

Si elle veut retrouver la confiance des peuples, si elle veut muscler sa capacité d'action, sur le climat comme sur d'autres questions, il est urgent que l'Europe se décide à rompre avec la logique de dumping en cours depuis trente ans.

Emmanuel Macron a souvent expliqué durant sa campagne qu'il voulait un vrai budget pour la zone euro. Dans *Les Échos* du 23 avril 2017, il affirmait : « Nous devons créer un vrai budget, contrôlé démocratiquement… Ce budget sera doté de ressources propres, qui se chiffreront en centaines de milliards. » À Athènes, le 7 septembre 2017, il a redit que l'Europe avait besoin d'un budget doté de plusieurs centaines de milliards d'euros et d'« une capacité de lever de la dette en commun sur les marchés[28] ». À plusieurs reprises, depuis l'élection française, Angela Merkel a dit qu'elle était favorable à l'idée d'un budget renforcé… mais en précisant, amicalement, « un petit budget », « quelques milliards », car les « centaines de milliards » annoncés par Emmanuel Macron ont assez vite inquiété une bonne partie de la presse allemande.

« L'Allemagne doit payer » ?

Le 13 mai, *moins d'une semaine après son élection*, le nouveau président français était à la une du *Spiegel*. Sa photo était accompagnée d'un énorme « Cher ami » (*Teurer Freund*) assez ambigu puisque l'adjectif a les deux mêmes acceptions en allemand qu'en français. Mais il ne restait aucune ambiguïté après avoir lu le sous-titre : « Emmanuel Macron sauve l'Europe et l'Allemagne doit payer ». *Der Teuer Freund* était déjà à la une de la *Frankfurter Algemeine Zeitung* le 3 mai. Avec une question assez semblable : « Qui va payer ? De l'argent allemand pour la France ? »

Dès le lendemain des législatives allemandes, le lundi 25 septembre, le président du FDP, un parti avec lequel Angela Merkel doit composer

28. Rappelons que le budget de l'Union européenne est, en 2017, de 158 milliards (à peine 1 % du PIB européen) et que l'Europe ne dispose d'aucune ressource propre : ce sont les États membres qui doivent alimenter le budget.

si elle veut gouverner, mettait les pieds dans le plat : « Nous ne voulons pas de nouveaux budgets pour des transferts financiers en Europe », a prévenu Christian Lindner en ciblant directement la France et l'Italie : « Un budget de la zone euro – M. Macron parle de plusieurs points de PIB, ce qui représenterait plus de 60 milliards d'euros pour l'Allemagne – où l'argent atterrirait en France pour les dépenses publiques ou en Italie pour réparer les erreurs de [Silvio] Berlusconi, serait impensable pour nous et représenterait une ligne rouge. »

« L'Allemagne doit payer. » Ces mots font mal. Toutes générations confondues, ils rappellent à beaucoup l'humiliation subie après la guerre de 1914-1918 : l'Allemagne a commis des horreurs et l'Allemagne a perdu la guerre. L'Allemagne doit payer…

Comment éviter le blocage ? Comment éviter de monter les peuples les uns contre les autres alors que ce n'est évidemment pas l'objectif ? Comment dégager les moyens nécessaires à un vrai Plan Marshall, intégrant une forte composante de dons et pas seulement de prêts, sans faire renaître des sentiments d'humiliation qui n'ont aucune raison d'être ?

Il faut clarifier le débat. Au plus vite ! « Faire de la politique, c'est dire des choses simples, qu'on répète simplement, jusqu'à ce que tout le monde ait compris que ça peut marcher, qu'il n'y a pas de piège », disait le grand Jaurès. Lui qui était pourtant agrégé de philosophie et n'avait donc pas peur de la complexité, disait à ses amis : « Il faut répéter des choses simples. Répéter. Il faut user le doute comme on fatigue la salade. » « La simplicité est un don de Dieu », disait aussi le grand Helmut Kohl.

Alors, avec Jaurès et Kohl, répétons des choses simples : aujourd'hui, l'Europe ne dispose quasiment d'aucune ressource propre. Ce sont les États membres qui financent le budget. Donc, augmenter le budget sans avoir *au préalable* dégagé de nouvelles sources de financements qui ne pèsent pas sur les peuples, c'est effectivement augmenter ce que l'Allemagne va payer…

Or les Allemands ont déjà payé quelque 900 milliards pour leur réunification (sans que les États voisins ne proposent jamais de les aider…) et, pour la plupart, ils ont vu leur niveau de vie stagner ou reculer à cause des réformes des années 2000. On peut donc comprendre qu'un bon nombre de salariés, de chômeurs, de retraités, d'artisans, de patrons de PME ou de paysans allemands n'aient pas spécialement envie de « payer pour les autres ».

Si la question est : « Voulez-vous qu'on taxe votre petite retraite pour financer les erreurs de Berlusconi ? », la réponse sera évidemment négative. Mais ce n'est pas du tout de cela qu'il s'agit, et la situation (du climat et de l'Europe) est trop grave pour accepter que le débat soit pollué par des caricatures ou des mensonges. Dans le schéma que nous proposons, ce ne sont pas les Allemands qui paient pour les voisins : les Allemands vont profiter comme les Français, les Italiens et les Polonais d'un Plan Marshall qui sera financé, pour partie, par des prêts de la BCE et, pour partie, par un impôt européen sur les bénéfices ; 100 % des Allemands vont en profiter (et verront leurs charges de chauffage diminuer) alors que moins de 5 % seront touchés par l'augmentation de l'impôt sur les bénéfices.

C'est radicalement différent du schéma qu'ont en tête ceux qui s'opposent *a priori* à une augmentation du budget européen. Et si certains libéraux critiquent cette idée, on pourra leur rappeler que les États-Unis, qu'ils admirent tellement, vivent depuis 1933 avec un impôt fédéral sur les bénéfices à 35 %, que même Ronald Reagan n'a pas remis en cause. On pourra aussi leur rappeler que, lorsque le sud de l'Allemagne a été touché en 2016 par des pluies diluviennes, dont le cumul dépassait par endroits 1 mètre de haut, une dizaine de personnes ont trouvé la mort et des dizaines de milliers de familles et d'entreprises ont vécu un vrai cauchemar. Le gouvernement allemand et les assurances ont dû payer plusieurs milliards pour les secours et la reconstruction…

On pourrait aussi rappeler que l'accueil d'un million de réfugiés en Allemagne depuis deux ans a coûté plusieurs dizaines de milliards au gouvernement et aux collectivités locales. Et la présence de ces réfugiés, que l'Allemagne a su accueillir bien mieux que la France, commence à avoir des conséquences politiques assez visibles[29]. Que fera l'Allemagne quand il faudra accueillir non pas 2 millions de réfugiés en Europe mais 20 millions ou nettement plus ? Si l'Afrique se disloque par manque d'eau, l'Europe sera en première ligne pour accueillir un nombre considérable d'hommes, de femmes et d'enfants qui devront quitter leurs pays… Alors évitons les caricatures.

29. L'extrême droite allemande a rassemblé 13 % des suffrages lors des législatives du 24 septembre 2017.

Grosse Karikatür	Projet sérieux
« L'Allemagne doit payer. »	Un impôt sur les bénéfices (sur les bénéfices non réinvestis), payé dans tous les pays d'Europe.
100 % des Allemands vont y perdre.	Moins de 5 % vont y perdre financièrement. Et peut-être seront-ils heureux que le dérèglement climatique soit enfin combattu : « Tous les riches ne sont pas aveugles et cyniques. »
« C'est pour payer les erreurs de Berlusconi et les dettes de la France. »	C'est pour investir, en Europe et dans le reste du monde. Pour éviter le chaos climatique et donc préparer notre avenir.
Ça va nuire à l'économie allemande.	Ça peut créer 900 000 emplois directs en Allemagne et diminuer la facture de chauffage et de transport de tous les Allemands (des Italiens, des Polonais et des Grecs aussi d'ailleurs...). Et l'industrie allemande va voir augmenter ses commandes de machines-outils si, partout dans le monde, on construit plus d'éoliennes et de pompes à chaleur.

S'ils entrent au gouvernement[30], les libéraux ne pourront pas se contenter de dire ce qu'ils ne veulent pas. Ils devront dire aussi, très clairement, ce qu'ils veulent faire avec des partenaires écologistes, qui ont réalisé un score très proche du leur, et une Angela Merkel qui reste la patronne, puisque son parti a rassemblé 3 fois plus de voix que les libéraux, et dont les convictions écologistes et européennes n'ont jamais fléchi.

Oui, il est urgent de lancer un débat puis une négociation sur la création d'un impôt européen sur les bénéfices. Si le taux de l'Impôt européen était à 10 % en moyenne, le taux total d'imposition sur les bénéfices resterait plus faible en Europe qu'aux États-Unis. Il n'y aurait donc pas à craindre une fuite des investissements (d'autant que l'Europe est le premier bassin de consommation du monde : les entreprises ne vont pas fuir le premier débouché et le moins instable de la planète). Et un impôt sur les bénéfices de 10 % rapporterait quelque 200 milliards chaque année, 20 fois plus que la Taxe Tobin[31]. Une Contribution Climat de 5 % seulement rapporterait 100 milliards d'euros par an ; 10 fois plus que la Taxe Tobin.

30. Nous avons fini de rédiger ce livre alors que les négociations pour une possible coalition commençaient à peine.
31. Si l'on reprend l'estimation faite par Pascal Canfin et Alain Grandjean d'une Taxe Tobin qui rapporterait 10,5 milliards par an pour la zone euro.

Taxe sur les transactions financières dite Taxe Tobin	Impôt européen sur les bénéfices **Hypothèse 5 % de taux moyen**	Impôt européen sur les bénéfices **Hypothèse 10 % de taux moyen**
10,5 milliards par an	**100 milliards par an**	**200 milliards par an**

« Je peux garder le graphique ? Il est vraiment très parlant. Et puis, un impôt fédéral pour un budget fédéral, ça devrait plaire aux Allemands… J'en parle demain au président et on se revoit dimanche. Si on le met assez vite sur la table de négociation, on peut l'obtenir d'ici un an. »

C'était en juin 2012. L'un de nous venait de passer une heure à l'Élysée avec celui qui n'était encore que le secrétaire général adjoint de la présidence et avec l'un des conseillers diplomatiques. Au bout d'une heure, celui qui est maintenant président de la République semblait bien convaincu de la nécessité de donner à l'Europe une nouvelle ambition et des nouveaux financements…

Certes, il eût été plus facile de lancer la négociation il y a cinq ans, quand l'Allemagne était gouvernée par une alliance des amis de Mme Merkel et des socialistes, sans aucun ministre néolibéral ou eurosceptique. Mais François Hollande n'a pas voulu le faire[32]. Cinq ans plus tard, la situation politique s'est un peu compliquée en Allemagne mais dans tous les pays d'Europe, un nombre croissant de citoyens (citoyens et ministres) comprend que la lutte contre le dérèglement climatique devient une urgence absolue et mérite de rompre avec nos timidités et nos habitudes parfois trop confortables.

Les libéraux allemands sont, *a priori*, hostiles à une augmentation du budget européen mais Mme Merkel n'a aucune envie d'abdiquer. Elle sait que la popularité des libéraux est assez fluctuante[33] et a rappelé au lendemain de l'élection que l'Allemagne avait « besoin d'une bonne Europe, d'une Europe forte pour les emplois, la compétitivité et la sécurité. Une Europe qui convainc les citoyens. Nous soutiendrons tout ce qui soutient cet objectif et nous discuterons, *de manière controversée si nécessaire*, de tout ce qui ne le sert pas ».

32. « Mon action est très souterraine. C'est à vous de faire ce travail de pédagogie », a-t-il expliqué un jour quand nous lui proposions de mettre ce projet à l'agenda européen.

33. Ils ont rassemblé 10 % des suffrages le 24 septembre mais avaient été complètement éliminés aux dernières élections, en passant sous la barre des 5 %. Cela peut se produire à nouveau s'ils bloquent des réformes qui deviennent populaires…

N'ayons pas peur de la controverse, en effet. N'ayons pas peur du débat. En Allemagne aussi beaucoup s'inquiètent du dérèglement climatique et du peu de moyens consacrés à le combattre. En Allemagne aussi, beaucoup s'inquiètent de voir les dividendes enfler et le nombre de millionnaires augmenter chaque année alors que, chaque année, la pauvreté progresse dans toutes les tranches d'âge... Il peut suffire de quelques mois pour convaincre une majorité de citoyens (et de députés) que créer un impôt européen sur les bénéfices est une bonne façon de muscler le budget européen et de créer massivement des emplois, sans qu'aucun peuple n'ait à payer pour les voisins.

Ainsi financé d'un côté par des prêts de la BCE et de l'autre par un Impôt européen sur les bénéfices, l'Europe pourrait mettre en œuvre une politique de lutte radicale contre le dérèglement climatique.

Un Pacte finance-climat, qui permettrait de diviser par 4 nos émissions de gaz à effet de serre et permettrait aussi à chacun de diminuer ses dépenses de chauffage et de transport, voilà de quoi réconcilier l'Europe avec ses citoyens.

Et voilà de quoi aider tous nos pays à faire reculer le chômage et la précarité car ce Plan Climat va être massivement créateur d'emplois.

Figure 9.5. Le Pacte finance-climat.

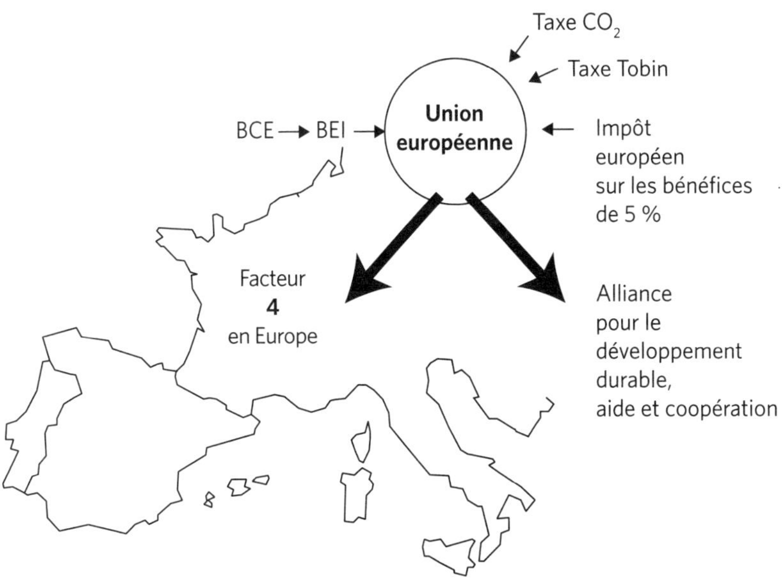

CHAPITRE 10

En France, plus de 600 000 emplois

Cent quarante-trois projets. Le Plan Marshall des années 1946-1950 a permis de financer cent quarante-trois projets. Pour diviser par 4 nos émissions de gaz à effet de serre d'ici à 2050, il faudra sans doute financer un nombre de projets plus important encore à travers toute l'Europe. Il est donc impossible de les lister, ou même de les imaginer tous.

Nous vous proposons seulement de dessiner à grands traits ce que sera ce chantier, en faisant un « zoom », en mettant l'accent sur quelques questions qui nous semblent trop peu présentes dans le débat public, mais sans aucune prétention à l'exhaustivité.

En préambule, il nous semble utile de rappeler les objectifs de l'Europe, dont nous avons dit le rôle clé dans l'émergence de l'objectif 2 °C, et de la France en matière de lutte contre le réchauffement climatique.

En 2007, le 4e rapport du GIEC définit les conditions qui apparaissent compatibles avec le maintien du réchauffement climatique à long terme en deçà de 2 °C. Pour respecter cet objectif, il faudrait que, à horizon 2050, les émissions de gaz à effet de serre des pays occidentaux soient réduites de 80 à 95 % par rapport à leur niveau de 1990. Cette division par 5 au minimum, très ambitieuse, est adoptée par l'Europe dans une feuille de route destinée à « la transformer en une économie à haute efficacité énergétique et à faible émission de carbone[1] ».

1. Commission européenne, *The Roadmap for Transforming the EU Into a Competitive, Low-Carbon Economy by 2050*, 2011 (https://ec.europa.eu/clima/sites/clima/files/2050_roadmap_en.pdf).

Figure 10.1. Évolution des émissions de gaz à effet de serre envisagée en Europe pour les différents secteurs de l'économie dans le cas de la feuille de route 2050.

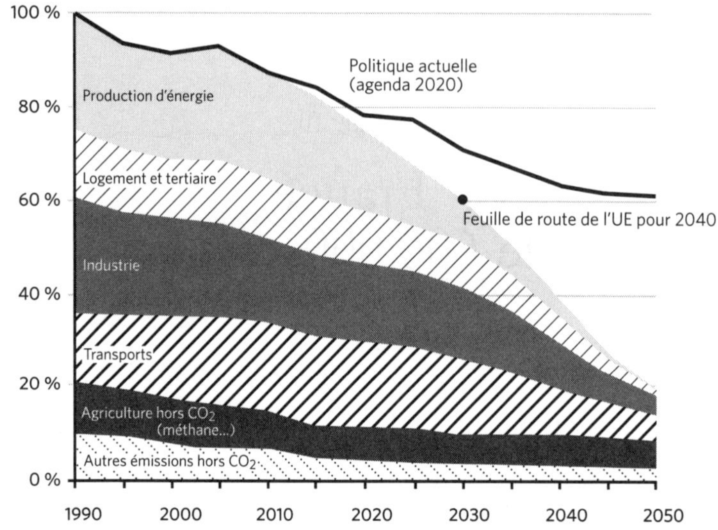

Nous l'avons mentionné, ce niveau d'ambition est absolument nécessaire et tous les secteurs de l'économie sont appelés à y contribuer (Figure 10.1) et la « décarbonisation » du secteur de l'énergie devrait pratiquement être achevée en 2050. D'après l'UE, une telle transformation apparaît techniquement possible et économiquement viable *si les innovations et les investissements sont au rendez-vous*. Et de souligner la nécessité d'accroître très significativement les investissements dans l'ensemble des domaines concernés, en y consacrant chaque année, en moyenne, au moins 1,5 % supplémentaire du PIB.

Un premier ensemble de mesures de l'UE avait été adopté en 2008, sous la présidence française assurée par Nicolas Sarkozy. Cet accord se focalisait sur des objectifs pour 2020, en vue de la conférence climat de Copenhague qui, l'année suivante, aurait dû se conclure par des objectifs ambitieux de réduction des émissions mondiales de GES sur la période 2013-2020. Avec une règle simple, celle des « 3 fois 20 » : diminution de 20 % des émissions de gaz à effet de serre, augmentation de la part des énergies renouvelables à hauteur de 20 % et amélioration de l'efficacité énergétique de 20 %. Ce sont ces 3 fois 20 que l'Europe a affichés dans le cadre de la Convention climat.

En 2014, elle s'est dotée d'objectifs à horizon 2030 : réduction de 40 % des émissions et 27 % pour les énergies renouvelables. Mais sans véritable objectif pour ce qui concerne l'efficacité énergétique qu'il s'agit simplement d'« améliorer ».

En 2003, la France était l'un des premiers pays à adopter l'objectif Facteur 4. C'est un véritable défi même si cet objectif est un peu moins ambitieux que les 80 % de l'Europe. Il se traduit en 2005 par une loi sur l'énergie, votée à la quasi-unanimité qui, par la suite, va prévaloir avec une remarquable continuité. Annoncé sous la présidence de Jacques Chirac, cet objectif est repris dans le Grenelle de l'Environnement lancé par Nicolas Sarkozy. Il est ensuite inscrit sous la présidence de François Hollande dans la loi de transition énergétique pour la croissance verte (TECV) préparée par Ségolène Royal. Cette loi est adoptée en août 2015, à la quasi-unanimité, quelques mois avant l'Accord de Paris dont la réussite à long terme requiert des engagements 2050 de ce type pour les pays développés. Certes, il y a eu quelques couacs depuis une dizaine d'années – de « L'environnement, ça commence à bien faire » de Nicolas Sarkozy à l'abandon de l'écotaxe par Ségolène Royal – mais sur le plan de la législation, et au-delà du jeu des alternances politiques, notre pays s'est clairement inscrit dans une lutte ambitieuse contre le réchauffement climatique.

Cette continuité est pleinement assurée par Emmanuel Macron dont le discours, « *I want to make our planet great again*[2] » prononcé le 1er juin 2017, à la suite de l'annonce par Donald Trump de l'intention des États-Unis de se retirer de l'Accord de Paris, a eu un indéniable écho sur le plan international. Et le président français souhaite fortement s'impliquer dans la mise en œuvre de cet accord, y compris sur les aspects financiers : ils seront au cœur du sommet international organisé à Paris le 12 décembre 2017 « pour faire un point d'étape sur l'avancée de l'Accord de Paris et mobiliser les financements indispensables ». Sur le plan national, cette volonté s'est concrétisée dans le cadre du Plan Climat présenté par le ministre Nicolas Hulot. Avec, notamment, l'annonce d'un objectif de neutralité carbone à l'horizon 2050, encore plus ambitieux que celui fixé dans la loi de 2015.

2. « Je veux que notre planète soit grande, à nouveau. »

Législation appropriée, volonté affirmée sur le plan international, objectif de réduction des émissions à horizon 2050 véritablement ambitieux : toutes les cases d'un pays très engagé dans la lutte contre le réchauffement climatique peuvent être cochées. Mais il ne suffit pas de promulguer des textes pour que la réalité se plie aux objectifs. Et ce même si beaucoup de collectivités – régions, villes, métropoles, territoires ruraux – ont mis en place des politiques volontaristes, que de nombreux secteurs économiques s'engagent ou sont prêts à s'engager dans des politiques de réduction des émissions car ils perçoivent qu'écologie peut rimer avec économie. Et que de nombreux citoyens – pour beaucoup d'entre eux, au sein d'associations – ne demandent qu'à aller de l'avant.

Mais comment faire concrètement ? Comment faire, en France, pour diviser par 4 ou par 5 nos émissions de CO_2 et autres gaz à effet de serre, tous gaz confondus ? Dans le cadre du débat national sur la transition énergétique organisé par le ministère de l'Environnement de novembre 2012 à juillet 2013, onze scénarios venant de tous horizons (*think tanks*, entreprises, ONG, administrations, etc.) ont été testés.

Ils sont classés en quatre grandes catégories : DEC pour « demande forte et DECarbonation par l'électricité » ; DIV pour « demande moyenne et DIVersité des vecteurs » ; EFF pour « EFFicacité énergétique et diversité des vecteurs » ; et enfin SOB pour « SOBriété énergétique et sortie du nucléaire ».

Les travaux de ces experts se sont focalisés sur les émissions de CO_2 liées à l'utilisation de combustibles fossiles qui, en 2011, représentaient 69 % des émissions de gaz à effet de serre, 9 % étant liés à des processus industriels hors combustion tandis que 22 % concernent les pratiques agricoles et les déchets. La réduction des émissions étant soumise à de fortes contraintes dans le secteur agricole, il semble difficile, même en faisant évoluer très sensiblement les productions et les pratiques, d'atteindre d'ici à 2050 plus qu'un facteur de l'ordre de 2 à 3 de réduction dans ce secteur. Avec pour conséquence qu'une division par 4, tous gaz confondus, requiert que les émissions liées à l'énergie soient divisées par 5 ou même par 6.

Figure 10.2. Évolution des émissions de gaz à effet de serre pour les quatre familles de scénarios, avec pour chacune d'entre elles le facteur de division des émissions de GES CO_2 seul et tous gaz confondus.

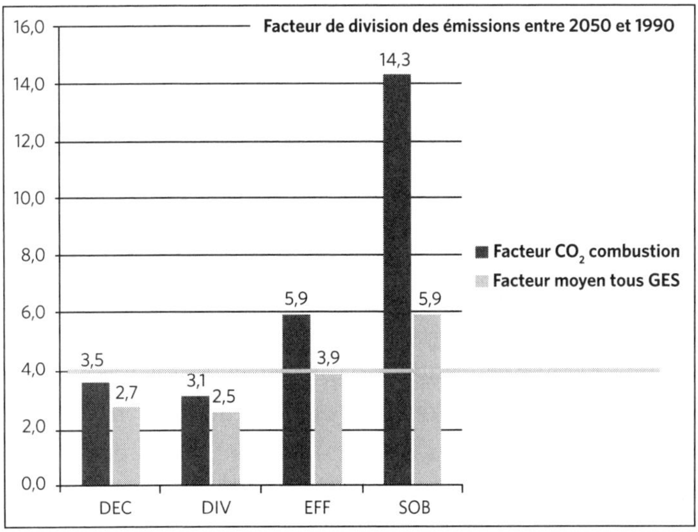

Depuis juillet 2017, la barre est placée plus haut encore avec l'objectif « neutralité carbone » mis en avant, avec raison, par Nicolas Hulot. Il faut alors envisager, au niveau national, des émissions négatives de CO_2 telles que nous les avons évoquées au chapitre 4, de façon à contrebalancer les émissions des autres gaz à effet de serre, liées notamment au secteur agricole.

Les onze scénarios apportent des idées intéressantes, qui mériteraient d'être retenues et mises en œuvre. C'est un scénario que nous pourrions qualifier d'« hybride » qui est dessiné dans la loi TECV. À horizon 2050, s'ajoute au Facteur 4 l'objectif d'une réduction de la consommation énergétique finale de 50 % par rapport à 2012. Et des objectifs à plus courte échéance sont également inscrits dans cette loi : diminuer la consommation énergétique de 20 % en 2030, porter la part des énergies renouvelables à 23 % de la consommation finale brute d'énergie en 2020 puis à 32 % en 2030, et réduire la part du nucléaire dans la production d'électricité à 50 % à l'horizon 2025. Cet objectif sur le nucléaire et celui d'une division par 2 de notre consommation d'énergie en 2050 ont fait et font toujours l'objet d'intenses débats. Diminuer la part du nucléaire ne sera pas facile, mais cela favorisera un véritable développement, dans notre pays, des énergies renouvelables qui sont appelées à prendre une place de plus en plus importante à l'échelle mondiale[3] ; en ce sens la loi apparaît équilibrée[4]. Ce n'est pas non plus si simple de diminuer nos consommations d'énergie : certes la consommation d'énergie primaire, corrigée des variations climatiques, se replie légèrement depuis dix ans[5] mais nous sommes très loin des 3 % de baisse annuelle envisagés dans la loi de 2005.

Comment faire concrètement pour aller plus loin, plus vite ? Des mesures simples, tout au moins au premier abord, comme la fermeture immédiate des dernières centrales à charbon en fonctionnement, peuvent être prises rapidement. Mais pour diviser par 2 notre consommation, il faudra puiser des idées dans les scénarios tels négaWatt, qui rappellent que la meilleure énergie est *celle que l'on ne consomme pas* car il n'y a aucune énergie totalement propre. Le premier objectif de ce scénario, qui répond à l'objectif Facteur 4 tous gaz confondus, est de consommer nettement moins d'énergie.

Pour faire des éoliennes, il faut du béton et de l'acier. Et pour produire et transporter ce béton et cet acier, on produit du CO_2... De même, pour faire des cellules photovoltaïques, il faut de l'énergie et des terres rares, qui, comme leur nom l'indiquent, ne sont pas en quantité illimitées... Il n'y a pas de solution magique. Il n'y a pas de solution technique qui permette de diviser par 4 nos émissions de GES sans changer nos modes de vie. Penser qu'il suffirait de remplacer toutes les voitures à moteur thermique par des voitures électriques, sans changer nos comportements, est un doux rêve – ou un rêve dangereux. Comment produire toute l'électricité nécessaire ? Comment produire toutes les voitures et toutes les batteries nécessaires ?

3. Sur l'ensemble des scénarios d'émissions analysés dans le rapport spécial du GIEC intitulé « Sources d'énergie renouvelable et atténuation du changement climatique » paru en 2012, plus de la moitié prévoient qu'en 2050 les renouvelables pourraient contribuer pour plus de 27 % à l'approvisionnement en énergie primaire, et jusqu'à 77 % pour les scénarios les plus optimistes.

4. Tissot-Colle et Jouzel, rapporteurs, *La Transition énergétique 2020-2050 : un avenir à bâtir, une voie à tracer*, Avis du CESE, 2013. Hézard et Jouzel, rapporteurs, *Projet de loi de programmation pour un nouveau modèle énergétique français*, Avis du CESE, 2014.

5. Ministère de l'Environnement, de l'Écologie et de la Mer, *Chiffres clés de l'énergie. Édition 2016*, février 2017.

Cobalt, la peur de manquer

À l'origine du « dieselgate », Volkswagen a récemment choisi d'accélérer le développement de ses voitures électriques. Bien décidé à concurrencer Tesla sur le marché de la grande consommation, le constructeur allemand cherche à sécuriser son approvisionnement en cobalt, un matériau essentiel à la fabrication des batteries.

Reuters a révélé fin septembre que le groupe avait demandé aux producteurs de cobalt de lui soumettre des propositions pour le fournir pendant dix ans à partir de 2019. Avec l'ambition de sortir jusqu'à 3 millions de véhicules propres d'ici à 2025, et à raison de 10 kilos de cobalt en moyenne par batterie, Volkswagen aurait besoin de 30 000 tonnes par an, soit environ... 25 % de la production mondiale actuelle.

Muryel JACQUE, *Les Échos*, 3 octobre 2017

Pour produire 3 millions de voitures électriques, il faut 25 % de la production mondiale de cobalt. Combien en faudrait-il pour passer au tout-électrique, sachant que les constructeurs pensent vendre 109 millions de voitures en 2020 à travers le vaste monde ?

Sachant que, pour équiper en batteries 3 millions de voitures seulement, il faut 25 % de la production mondiale de cobalt, combien faut-il de planètes si l'on veut progressivement remplacer les 1 200 000 000 voitures qui roulent aujourd'hui à travers le monde[6] ?

Du point de vue arithmétique, le problème est facile à régler. Mais, « dans la vraie vie », il est insoluble (totalement insoluble !) si on ne change rien de notre rapport à la voiture et si nous voulons tous garder une voiture individuelle. Et si ceux qui ont des « grosses voitures » à essence veulent tous des « grosses voitures » électriques...

Bien sûr, si l'Europe donne plus de moyens à la recherche (on va y revenir plus loin), on peut espérer développer de nouvelles technologies, moins gourmandes en métaux rares ou moins consommatrices d'énergie. C'est vrai et c'est urgent, fondamental. Mais il ne faut pas rêver : nous sommes sur une planète finie et le modèle de consommation qui s'est généralisé depuis quelques décennies n'est absolument pas durable.

6. Les ventes mondiales de voitures, qui étaient de 71 millions d'unités en 2007, sont retombées à 64 millions en 2009 (les trois quarts étaient des voitures destinées aux particuliers et le reste des véhicules utilitaires) avant de remonter à 76 millions en 2011. Et on en prévoit 109 millions en 2020. Qui peut croire qu'on va stopper le dérèglement climatique si on continue ainsi ?

Repeindre la devanture en vert sans rien changer au fond à notre modèle de production et de consommation ne réglera aucun problème.

Pour éviter le chaos climatique, il y a besoin de changements radicaux. La solution tient en trois idées fondamentales. Il faut :
- économiser l'énergie ;
- économiser l'énergie ;
- remplacer les énergies fossiles par des énergies décarbonées.

Sobriété, efficacité et renouvelables

Ce sont les trois mots clés du scénario négaWatt. On aurait pu penser qu'un *think tank* qui regroupe un grand nombre d'experts, d'ingénieurs, de techniciens et de chercheurs allait nous vanter les mérites de telle ou telle avancée technologique. Ce n'est pas le cas. La priorité est d'économiser l'énergie par un double mouvement de sobriété et d'efficacité.

Le premier message, c'est que nous devons changer nos comportements et faire preuve de sobriété, de frugalité, comme le disent aussi Pierre Rabhi ou Jean-Baptiste de Foucauld.

« À 50 ans, si tu n'as pas une Rolex, tu as raté ta vie », affirmait un publicitaire bien connu. *Je dépense, donc je suis*, est-ce cela l'avenir de l'homme ? N'est-il pas urgent de changer d'imaginaire ? Rompre avec le « toujours plus ». Rompre avec le rêve de Donald Trump d'une société où tout est *great*, grand, démesuré, brillant… Une société de l'avoir, qui pousse chacun à consommer plus, sans vraiment vivre mieux.

Aux champs comme à l'usine, dans nos fonctionnements collectifs comme dans nos modes de vie personnels, Pierre Rabhi nous invite au contraire à « renoncer à la croissance illimitée qui conduit à une forme d'anéantissement personnel et collectif. À rompre avec un système économique de plus en plus prédateur, qui a coupé le lien qui l'unissait à la nature et considère que cette dernière n'est plus qu'un gisement de ressources à exploiter – et à épuiser[7] ».

« Au fil des expériences, une évidence s'impose, écrit Pierre Rabhi. Seul le choix de la modération de nos besoins et de nos désirs, le

7. Rabhi, *Vers la sobriété heureuse*, Actes Sud, 2010.

choix d'une sobriété libératrice et volontairement consentie, permettra de rompre avec cet ordre anthropophage. Ainsi pourrons-nous remettre l'humain et la nature au cœur de nos préoccupations, et redonner enfin au monde légèreté et saveur. »

C'est aussi ce que propose Jean-Baptiste de Foucauld quand il plaide pour « l'abondance frugale[8] ». Inspecteur des finances et ancien conseiller de Jacques Delors, Foucauld est un « technocrate » franchement atypique. Pour éviter un effondrement de nos sociétés, il nous pousse à inventer une solidarité d'un nouveau type : l'abondance frugale. Deux termes qui semblent antagonistes mais que la société et l'individu doivent réconcilier :

> « Afin de passer d'une abondance illusoire, qui exclut et qui saccage, à une abondance partagée qui inclut, en mobilisant les ressources d'une frugalité choisie et appropriée ; pour que chacun ait ce qui lui est essentiel, sans pour autant priver l'autre de ce qui lui serait nécessaire, voire vital, il faut que certains renoncent, librement, à leur superflu. »

Renoncer au superflu ? Pour relever le défi du Facteur 4, nous devons tous être capables d'une certaine sobriété de nos comportements, nos achats, nos investissements… « La première Fiat 500 pesait 450 kilos. Maintenant une Fiat 500 pèse 1 300 kilos, constate un des membres de la SFP, la Société française de physique, qui travaille sur ces questions. Presque 3 fois plus ! Est-ce vraiment nécessaire ? Et Fiat n'est évidemment pas une exception. Au total, ce sont des millions de tonnes d'acier qu'il faut produire en plus, chaque année, pour construire nos voitures et qu'il faut ensuite propulser sur nos routes… Est-ce qu'on ne peut pas avoir des voitures plus légères, même si elles vont un peu moins vite ? »

« Personnellement, je n'aime pas trop le mot de sobriété, reprend un de ses collègues physicien. J'ai peur qu'il soit mal compris : ça fait idéologie, religion. Mais sur le fond, je suis totalement d'accord : si on ne veut pas aller vers des restrictions autoritaires ou violentes (la voiture sera totalement interdite ou trop chère, et donc réservée à un tout petit nombre), il faut être capable de diminuer volontairement notre consommation. »

---

8. Foucauld, *L'Abondance frugale. Pour une nouvelle solidarité*, Odile Jacob, 2010.

La sobriété ou la frugalité, c'est en même temps une série de choix personnels (je mange moins de viande, je ne prends plus l'avion ou de façon exceptionnelle, je continue à porter une chemise dont le col est un peu élimé, je recycle tout le papier – à la maison comme au travail –, je participe au compost créé dans le jardin public du quartier…) et un ensemble de démarches collectives pour sortir d'une économie dont l'empreinte écologique est insupportable.

« Extraire, fabriquer, jeter. » Le modèle de développement économique actuel, fondé sur la consommation de matériaux et d'énergie peu chers et facilement accessibles, atteint aujourd'hui ses limites. Aller vers une plus grande sobriété, c'est par exemple développer des formes d'économie circulaire comme certaines collectivités, certaines associations et certaines entreprises ont déjà commencé à le faire à petite échelle.

Nous avons atteint un niveau de gaspillage inacceptable. « En 2012, l'Européen moyen a consommé 16 tonnes de matières, souligne la Fondation Ellen-MacArthur ; 60 % des matières jetées ont été mises en décharge ou incinérées, seulement 40 % étant recyclées ou réutilisées. En termes de valeur, l'Europe a perdu 95 % de la valeur des matières et de l'énergie utilisées pour les produire. Le recyclage des matières et la valorisation énergétique des déchets n'ont, quant à eux, représenté que 5 % de la valeur initiale des matières premières. Même dans des cas exemplaires de recyclage comme l'acier, le PET (plastique) ou le papier, 30 à 75 % de la valeur de la matière a été perdue lors du premier cycle d'utilisation. »

En moyenne, l'Europe n'utilise qu'une seule fois les matières. L'analyse fait également apparaître d'importants gaspillages dans des secteurs pourtant considérés comme optimisés : la voiture européenne est stationnée 92 % du temps, en moyenne. Et quelque 31 % de la nourriture sont gaspillés sur l'ensemble de la chaîne « du champ à l'assiette ». Un bureau européen n'est occupé que 35 à 50 % du temps, en moyenne, y compris pendant les heures de travail, mais il est chauffé ou climatisé et éclairé bien plus longtemps. Un bien manufacturé (meuble, machine à laver, voiture…) ne dure que neuf ans en moyenne alors que, autrefois, on se transmettait des meubles de génération en génération… Au total, ce mode de production et d'utilisation des produits et des ressources coûte très cher à l'Europe :

1 800 milliards d'euros par an pour les trois secteurs analysés en détail par la Fondation Ellen-MacArthur (mobilité, alimentation et environnement bâti). Sans compter les externalités, telles que les embouteillages, le CO_2, la pollution, le bruit, etc.

La voiture électrique ou, mieux sans doute, la voiture hybride[9], qu'elle soit partagée ou autonome, la réduction du gaspillage alimentaire, les chaînes alimentaires en circuit court, la maison passive, l'urbanisme et les énergies renouvelables, la lutte contre l'obsolescence programmée sont les principaux facteurs possibles de réduction des émissions. Dans les trois secteurs cités plus haut, les émissions de CO_2 pourraient diminuer de 48 % d'ici à 2030 par rapport aux niveaux de 2015. Une économie circulaire aurait pour effet de « découpler » très nettement la croissance économique de la consommation de ressources.

Ce serait un facteur de compétitivité pour nos économies. Actuellement, les matières et les composants représentent 40 à 60 % du coût de base des entreprises manufacturières européennes, ce qui constitue souvent un désavantage concurrentiel. L'Europe importe 60 % de ses combustibles fossiles et de ses ressources en métaux, et l'UE a dressé une liste de 20 matières considérées comme critiques du point de vue de la sécurité des approvisionnements. Dans le scénario circulaire proposé par la Fondation Ellen-MacArthur, la consommation de matières premières (mesurée par les quantités de matières pour l'automobile et le bâtiment, d'engrais de synthèse, de pesticides, d'eau d'irrigation, de combustibles et sources d'électricité non renouvelables et de terrains à bâtir) pourrait diminuer de 32 % d'ici à 2030 et de 53 % d'ici à 2050.

Réparer, recycler, réutiliser

Quand une machine à laver tombe en panne, il est classique d'entendre que « ça va coûter plus cher à réparer que d'en acheter une nouvelle ». Si l'on a conscience que nous vivons sur une planète finie, pouvons-nous continuer à raisonner de la sorte ? Le législateur

9. Électricité d'origine largement renouvelable et gaz d'origine renouvelable, par exemple. On y reviendra.

l'a compris en consacrant un des « titres » de la loi TECV à la lutte contre les gaspillages et à la promotion de l'économie circulaire.

À Lyon, les salariés d'Envie récupèrent tout l'électroménager que les habitants de la région seraient tentés de jeter. Ils réparent et revendent tout ce qui peut être réparé. Et quand le four ou la machine à laver n'est pas réparable, ils récupèrent tout ce qui peut l'être : le cuivre, les circuits électroniques, l'acier, le plastique…

Cette entreprise d'insertion a déjà créé des centaines d'emplois. Plutôt que de gaspiller des ressources limitées, plutôt que de jeter ce qui ne devrait pas l'être et d'acheter une nouvelle machine *made in China*, fabriquée et transportée dans des conditions sociales et écologiques plus que douteuses, on peut créer de l'emploi local et contribuer à une meilleure utilisation des ressources rares. Dans toutes les régions, dans les réseaux de l'économie sociale et solidaire, de telles structures se développent. Pourquoi ne pas accélérer ce mouvement ? Il y a des dizaines de milliers d'emplois à la clé.

On peut aller plus loin et développer, dans certains secteurs, une économie de la fonctionnalité. L'économie de la fonctionnalité, c'est la vente de l'*usage* d'un bien et non du bien lui-même. Le fabricant a donc intérêt à faire durer le produit au maximum au lieu d'organiser son obsolescence rapide pour en vendre un autre au bout de quelques années.

La société Xerox, par exemple, a décidé depuis de nombreuses années déjà de ne plus vendre des photocopieurs, mais de les mettre à disposition des clients moyennant une facturation à l'usage. Restant propriétaire des appareils, Xerox a revu la conception de ses machines en appliquant le principe de la « démontabilité-réparabilité-récupérabilité » de telle sorte que les nouvelles générations de machines sont aujourd'hui composées de 70 à 90 % des composants des anciennes machines. Cela génère d'importants gains environnementaux, qui se traduisent par d'importants gains financiers (un gain net de plus de 250 millions de dollars annuellement).

De même, Michelin a multiplié par 2,5 la durée de vie de certains pneus, en passant d'un modèle de vente aux transporteurs routiers professionnels à un modèle de mise à disposition de pneumatiques, facturée aux kilomètres parcourus par les camions. Michelin a plus que doublé la durée de vie des pneus, tout en augmentant son chiffre d'affaires et ses bénéfices, et en diminuant nettement la quantité de caoutchouc et d'énergie consommés par l'entreprise.

Pourquoi ne pas appliquer ce que Xerox fait avec ses photocopieurs au marché de l'automobile ? Au lieu d'acheter une automobile, le consommateur achèterait le service consistant à pouvoir utiliser une automobile soit toute l'année, soit seulement quand il en a besoin. Le nombre de véhicules construits chaque année sur la planète, et les coûts (dont frais d'assurance) et pollutions directes ou indirectes pourraient ainsi être réduits et mieux partagés.

Pour diminuer notre besoin d'énergie, d'acier, de terres rares, on peut développer dans certaines zones géographiques des systèmes d'autopartage : certains ont besoin d'une voiture tous les jours ou presque, c'est incontestable, mais d'autres n'en ont besoin qu'exceptionnellement. Acheter une voiture et l'assurer toute l'année est une dépense importante rapportée au petit nombre de jours où elle est utilisée. Qui plus est, il serait plus utile et plus agréable d'avoir parfois l'usage d'une petite voiture pour transporter une ou deux personnes, et d'autres fois l'usage d'une voiture plus grande pour transporter plus de monde ou des objets encombrants... Ce qui conduit à privilégier des systèmes de location de voitures en libre service.

« C'est impossible !, diront certains, vous rêvez complètement. » Mais ils disaient la même chose il y a trente ans quand on parlait de mettre des vélos en libre service à Toulouse, à Lyon ou à Paris. « Votre truc, ça marche à La Rochelle parce que c'est une ville de vacances et une ville toute plate. C'est très sympa, mais ça ne marche nulle part ailleurs ! Nulle part ! » Ils pensaient que c'était impossible mais aujourd'hui, nous sommes plusieurs millions, chaque jour, dans des dizaines de villes d'Europe, à nous déplacer à vélo sans être propriétaire de vélo (et sans avoir besoin de le réparer quand la roue est crevée ou que la chaîne a déraillé...). Ce qui est très bon pour la planète, très bon pour notre portefeuille et très bon pour la santé !

Trente-trois ans pour aller des vélos jaunes au Vélib'

En France, les « vélos jaunes », mis à disposition par la municipalité de La Rochelle et son maire Michel Crépeau dès 1974, sont souvent considérés comme les premiers « vélos en libre service ». S'inscrivant dans une politique visant à favoriser le développement de modes de transport urbains alternatifs à la voiture individuelle, 350 vélos répartis sur 3 stations dans le centre-ville étaient alors proposés aux habitants et aux touristes.

Vingt ans plus tard, le programme Bycykler København à Copenhague fut l'un des premiers systèmes à grande échelle. Il fut lancé en 1995 avec 1 000 vélos. Le service Vélo à la carte mis en place à Rennes en juin 1998 est le premier service de vélos en libre service « informatisé » dans le monde. Il offrait 200 vélos répartis sur 25 stations. Puis, en mai 2005, c'est Lyon qui met à disposition des habitants 4 000 Vélo'v, répartis sur plus de 300 stations. Le principe des vélos en libre service atteint alors à nouveau une nouvelle échelle.

En 2007, trente-trois ans après La Rochelle, Paris inaugure son Vélib' (une abréviation de Vélo et Liberté). Il compte aujourd'hui plus de 14 000 vélos et 41 000 bornes pour les garer. Plus de 300 000 habitants de l'Île-de-France y sont abonnés et plusieurs millions de voyages à vélo sont réalisés chaque mois par les résidents et par des touristes.

En 2017, la mise à disposition de vélos en libre service est pratiquée par trente-trois villes ou ensembles de villes en France et se développe sur tous les continents. Avec parfois des systèmes encore plus souples que Paris : « À Shanghai, tu peux laisser ton vélo n'importe où. Pas besoin de trouver une borne libre pour le garer. Et tu as une application sur ton téléphone qui te permet de trouver un vélo quand tu en cherches un. C'est génial ! »

On pourrait remplir un énorme livre avec toutes les expériences concrètes, mises en œuvre déjà par des particuliers, des associations, des entreprises ou des collectivités, pour aller vers une plus grande sobriété. Ceux qui ont vu le film *Demain* se souviennent de cette entreprise qui a considérablement réduit sa consommation d'énergie ou de la ferme du Bec Hellouin qui a une productivité impressionnante, sans un seul tracteur et aucun intrant chimique. De même, ceux qui ont déjà participé à un week-end d'Alternatiba sont repartis avec des dizaines de solutions concrètes en tête… Il reste à les évaluer et, le plus souvent, à les démultiplier, au plus vite. Elles apportent déjà la preuve indiscutable qu'on peut consommer moins d'énergie, nettement moins, sans vivre moins bien. Quoi qu'en disent certains, choisir la sobriété, ce n'est pas revenir à l'âge de pierre !

Décider de réduire notre consommation d'énergie par une plus grande sobriété demande aussi un certain nombre de choix politiques (et financiers) majeurs. « En Suisse, on met tous les camions sur des trains, rappelle un expert du domaine. Et ça marche très bien. En France, c'est le contraire : le fret ferroviaire a été divisé par 2 en vingt ans en proportion du trafic. C'est un cercle vicieux : moins d'investissements, donc moins de fiabilité dans le service au client, donc moins de clients, donc moins d'investissements… Et la SNCF va encore supprimer plusieurs centaines d'emplois dans le fret ferroviaire et, à la demande de sa tutelle, elle développe des offres de voyage par autobus à prix cassés. En Suisse, les camions sont obligés de monter sur les trains mais, en France, la SNCF investit dans des bus… De même, les collectivités sponsorisent, de façon indirecte, des compagnies d'aviation low cost, ce qui conduit à des billets d'avion moins chers que des billets de train sur le même parcours ! Si on utilise nos impôts pour fausser les prix et favoriser un des modes de transport les plus polluants, on ne va jamais arriver au Facteur 4. »

Vouloir limiter l'usage de la voiture individuelle suppose d'améliorer encore nettement la fiabilité des transports en train dans certaines régions. « Quand tu es arrivé en retard deux fois de suite au travail, après t'être gelé sur le quai de la gare pendant quarante minutes, à cause d'un défaut d'alimentation, et que ton patron te l'a fait remarquer devant les collègues, tu renonces au train et tu prends ta voiture. Certes, il faut se lever trente minutes plus tôt, mais tu es bien au chaud, sans personne qui se colle contre toi, et tu vas arriver à l'heure. » Dans certaines régions, de gros progrès ont été faits par la SNCF en coopération avec les conseils régionaux. Mais il reste des régions où les problèmes récurrents de transport en commun poussent un grand nombre d'actifs à prendre la voiture individuelle. Cela multiplie le nombre de voitures et la longueur des bouchons… Le bilan carbone et le bilan pour nos poumons sont très mauvais. « Aux heures de pointe, 10 % de voitures en plus, c'est 20 ou 30 % de CO_2 et de particules fines en plus, on le sait tous. Mais si on n'a pas le choix, on prend sa voiture », continue le même banlieusard, piégé par l'irrégularité de son RER.

L'intérêt du pacte européen que nous proposons, c'est qu'il va donner à la SNCF, à la RATP et à toutes les régies de France et de Navarre une grosse bouffée d'oxygène pour des investissements qui permettront de désengorger les routes et les autoroutes. Ce pacte va aider aussi au financement de tel ou tel canal qui permettra de transporter des pondéreux (céréales, sable, acier…) sur des péniches, en émettant très peu de CO_2. Et le débat précédant le référendum, fin 2019 ou début 2020, sera l'occasion de médiatiser un grand nombre d'expériences innovantes, en France et ailleurs.

Choisir de consommer des fruits, des légumes et de la viande venant de circuits courts, cela suppose de tenir compte de ce besoin dans nos plans d'aménagement et de laisser de la place au maraîchage et à l'élevage à proximité des centres urbains.

Limiter l'usage de la voiture, c'est favoriser le covoiturage (avec des voies réservées ou des tarifs réduits ?). C'est aussi développer des lieux de travail à distance pour toutes celles et ceux qui pourraient ne pas se mettre tous les jours dans les embouteillages de la ville centre, si des espaces de travail agréables étaient créés dans des villages de la « périphérie ». Cela suppose d'accélérer et fiabiliser les investissements qui doivent permettre l'accès de tous au haut débit car, dans la plupart des métiers, il est difficile voire impossible de travailler à distance si l'on n'a pas un très bon accès au Web.

Avec la sobriété, vient l'efficacité économique. Ce doit être notre deuxième priorité. Dans certains cas, on sait très bien ce qu'il faut faire (isoler mieux nos maisons, nos écoles et nos bureaux) et le Pacte finance-climat va permettre de donner un gigantesque coup d'accélérateur aux dynamiques existant déjà. Dans d'autres domaines, le pacte va financer des travaux de recherche : un des domaines où notre consommation d'énergie a franchement augmenté depuis dix ans, c'est tout ce qui touche aux nouvelles technologies. Nul ne propose de renoncer aux ordinateurs et aux réseaux sociaux, mais il est urgent d'inventer des techniques nouvelles qui nous permettront d'avoir des ordinateurs moins voraces en énergie, à la fabrication comme dans l'usage quotidien.

Le logement est un des secteurs où les gains en efficacité sont les plus évidents à diagnostiquer et les plus faciles à faire (si on a les financements idoines).

Performance énergétique des logements et coût moyen du chauffage

Classe	Consommation kWh/m² par an	Performance du logement	% des logements dans la catégorie	Dépense moyenne (par mois)
A	Moins de 50	Zéro consommation	1 %	20 euros
B	De 51 à 90	Basse consommation	3,1 %	50 euros
C	De 91 à 150	Haute performance énergétique	14,2 %	90 euros
D	De 151 à 230	Moyenne basse	27,5 %	150 euros
E	De 230 à 330	Moyenne haute	28,9 %	220 euros
F	De 331 à 450	Énergivore	14,1 %	300 euros
G	Plus de 450	Très énergivore	11,2 %	400 euros

Source : Ademe.

Des dépenses de chauffage qui varient de 20 à 400 euros par mois, selon l'isolation du logement, c'est colossal ! Alors que 40 % des Français n'ont aucune capacité d'épargne et ont des problèmes de fins de mois (« à partir du 10, chaque mois », comme aurait dit Coluche…), ce chantier devrait être prioritaire, même s'il n'y avait pas à combattre le dérèglement climatique.

On voit très bien sur ce tableau comment l'intérêt de la collectivité (diviser par 4 nos émissions de gaz à effet de serre) et l'intérêt strictement individuel (vivre bien en évitant les dépenses inutiles) peuvent converger : si des travaux d'isolation (et un peu de production domestique d'eau chaude solaire) permettent à un logement de passer de la classe F à la classe B, l'économie sera chaque mois en moyenne de

300 - 50 = 250 euros. En moyenne, 250 euros d'économie, chaque mois, soit 3 000 euros sur l'année…

On verra plus loin comment la collectivité doit tout faire pour faciliter ces travaux d'efficacité énergétique. Et pas seulement du point de vue financier. Et pas seulement dans le logement, mais aussi dans les bâtiments publics, l'industrie, chez les artisans et les paysans…

Une plus grande sobriété et une meilleure efficacité doivent nous permettre de diviser par 2 notre consommation d'énergie. Il restera ensuite (mais en réalité, en même temps) à décarboner l'énergie utilisée. Reprenons l'exemple précédent : si le logement a été correctement isolé, sa consommation moyenne est passée de 350 à 90 kWh/m²/an. C'est très bien. Mais comment a été produite cette énergie ? Combien de CO_2 émis pour les 90 kWh/m²/an restants ?

C'est là qu'intervient le développement massif des énergies renouvelables, qui doit nous permettre de laisser sous terre l'essentiel du pétrole, du gaz et du charbon qui y sont encore. Ce qui nous rend optimistes dans ce domaine, ce sont les incroyables progrès réalisés en quelques années pour faire baisser le coût des énergies renouvelables : le coût du kilowattheure produit par l'éolien a été divisé par 2 en dix ans et le coût de l'électricité venant des panneaux photovoltaïque a été divisé par 10 en dix ans. C'est une vraie révolution.

« C'est très bien, le solaire et l'éolien. C'est vrai qu'on a fait des progrès colossaux en moins de dix ans, mais le problème des énergies renouvelables, c'est leur intermittence, objecteront nos Schtroumpfs grognons. Une centrale nucléaire produit 24 heures sur 24 et 365 jours par an. Une centrale au gaz produit quand on le lui demande. Tandis

Figure 10.3. Coût moyen de l'électricité renouvelable en dollars par mégawatt/heure.

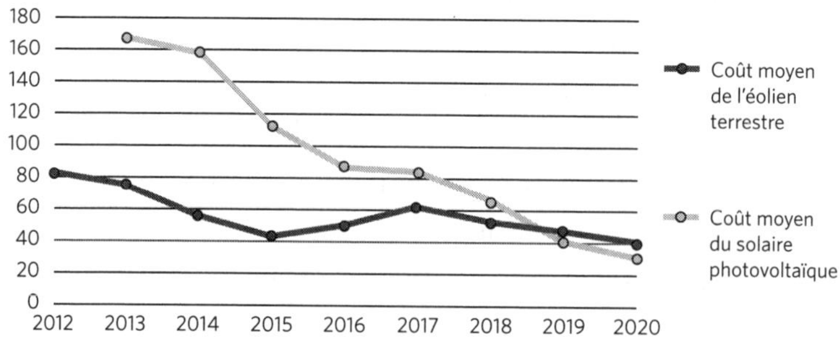

que le solaire ou l'éolien ne sont ni permanents ni modulables à la demande. Il y a des moments où ils produisent trop, et on ne sait pas quoi faire du surplus, et il y a des moments où le vent ne souffle pas ou le soleil ne brille pas. Que faire pendant ce temps-là ? »

Nos amis Schtroumpfs grognons ont raison et soulignent une des limites bien connues des énergies renouvelables. Que leur répondre ?

1. Si on diminue nettement notre consommation (sobriété et efficacité), les pointes de consommation, qui nécessitent aujourd'hui de lancer les centrales thermiques les plus polluantes, devraient disparaître. Si, dans quinze ans, il n'y a plus aucun logement en catégorie D, E, F et G, les responsables des réseaux d'électricité pourront faire face à la tranche 18-21 heures (quand tout le monde rentre du travail et remet le chauffage en hiver, tout en allumant la télé et le four...) sans avoir besoin de centrales au fuel.
2. Il n'y a pas que l'éolien et le photovoltaïque. Si on développe franchement toutes les énergies renouvelables, y compris l'eau chaude solaire qui a un très bon rendement, les pompes à chaleur, la géothermie et (massivement) la biomasse, on arrive à un bouquet d'énergie assez équilibré et moins dépendant de l'insolation ou du vent. Toutes les énergies renouvelables ne sont pas intermittentes : la biomasse et la géothermie, par exemple, ne sont pas des énergies irrégulières dans leur production.

Figure 10.4. Coût moyen des batteries stockant l'énergie photovoltaïque en dollars par mégawatt/heure, entre 2010 et 2015.

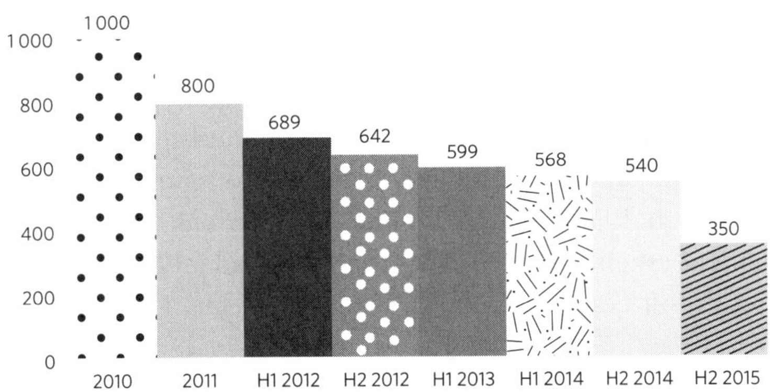

Source : Bloomberg New Energy Finance.

3. On a fait des progrès colossaux dans le stockage des énergies renouvelables. En cinq ans seulement, le coût du stockage de l'énergie dans une batterie a été divisé presque par 3. En cinq ans seulement !

« Baisse du coût de production et baisse du coût du stockage… On voit qu'un basculement est en cours, explique un expert des énergies renouvelables. Dans les DOM-TOM, des îles où, jusqu'ici, l'électricité avait toujours été produite avec des centrales thermiques à énergies fossiles basculent vers le renouvelable qui est moins cher, même en intégrant les coûts d'installation et les frais liés au stockage. »

Et le stockage par batterie n'est pas le seul moyen de stocker l'énergie produite en excès, à certains moments, par l'éolien ou le photovoltaïque. « Quand le Danemark produit trop d'électricité car le vent souffle très fort, il l'envoie en Norvège. La Norvège se sert de cette électricité pour faire remonter l'eau dans ses barrages (turbiner en marche arrière). L'eau stockée en hauteur servira à faire de l'électricité quand le vent sera insuffisant… »

Il y a d'autres façons de stocker l'énergie : l'électricité en excès peut être utilisée pour produire de l'hydrogène, par une hydrolyse tout à fait classique, comme on l'a tous appris au collège[10]. Cet hydrogène peut être utilisé tel quel, pour produire de l'acier (ce qui évite d'utiliser du charbon dans la réaction transformant la fonte en acier), ou pour le chauffage en étant ajouté au gaz de ville en petite quantité (jusqu'à 4 %), ou pour alimenter des transports urbains avec une flotte de bus ou de camions-poubelles roulant à l'hydrogène…

Mais l'hydrogène produit quand l'éolien ou le photovoltaïque produisent trop d'électricité peut aussi servir à produire du méthane, par une réaction qui fixe du CO_2 de l'air. Et ce méthane servira lui aussi, directement ou en étant transformé en méthanol, à propulser des voitures hybrides (électricité renouvelable et gaz renouvelable).

Quiconque a eu la chance de passer deux ou trois heures avec des chercheurs qui travaillent sur ces questions comprend qu'on vit une vraie révolution. Et que nous n'en sommes, sans doute, qu'au début ! Un basculement est en cours… Jamais il n'y a eu autant de chercheurs qui ont travaillé sur ces questions. N'en déplaise à Donald Trump, même

10. Souvenez-vous : on fait passer de l'électricité dans de l'eau. D'un côté, dans un tube à essai, on récupère de l'oxygène et de l'autre, on récupère de l'hydrogène, dont le volume est 2 fois plus important, ce qui confirme la formule de l'eau, H_2O !

Figure 10.5. Nombre de brevets déposés chaque année aux États-Unis.

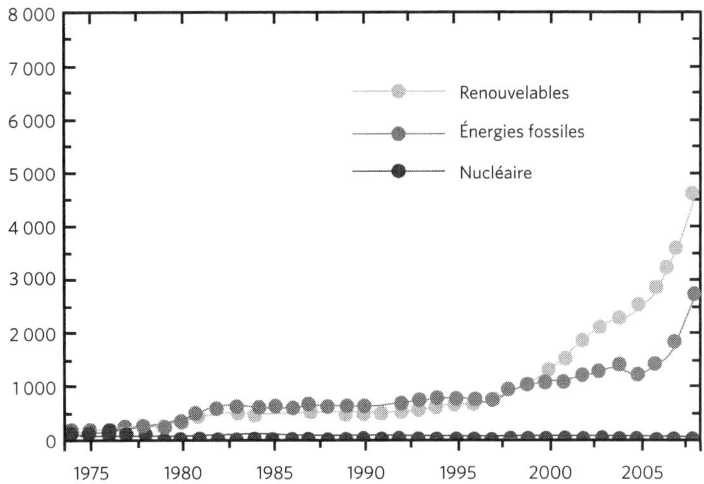

aux États-Unis, le nombre de brevets déposés concernant les énergies renouvelables est plus important que ceux concernant les énergies fossiles. Les problèmes d'hier sont les solutions de demain…

Il reste encore un effort important de recherche à accomplir. Nul ne peut éluder les difficultés qu'il faut encore surmonter, mais il est probable que nous sommes à deux doigts de vivre, en matière énergétique, une révolution comparable à ce que fut la révolution Internet.

Au début, quelques centaines ou quelques milliers de chercheurs, qui semblent un peu coupés de la vie normale : quelques *geeks* passionnés par leurs sujets, qui reviennent parfois au labo après avoir dîné car ils ont eu une idée nouvelle en buvant un apéritif avec un ami… Et puis, en moins de vingt ans, des milliards d'hommes, de femmes et d'enfants qui utilisent ce qui a été conçu dans des petits laboratoires par des chercheurs inconnus. Nul ne peut plus nier la puissance de transformation, qui concerne quasiment tous les domaines de la vie, de la révolution Internet. Il est probable qu'une révolution semblable se prépare dans le domaine des énergies. Et on verra à la fin de ce livre comment Michel Spiro, ancien président du Cern, président de l'Union internationale des physiciens, envisage l'avenir : au-delà de ce qui existe déjà et si on veut vraiment gagner la course de vitesse contre le dérèglement climatique, il est urgent de créer une vraie communauté de chercheurs dédiée à ce combat, comme le Cern avait été dédié à la recherche sur les particules fondamentales de la matière…

Sobriété, efficacité, renouvelables… Ce sont effectivement trois mots clés pour une transition énergétique réussie. Et les progrès de la recherche nous rendent optimistes sur notre capacité à relever le défi. Mais il faut sans doute ajouter quatre idées-forces pour que la France et l'Europe tirent pleinement profit du Pacte finance-climat que nous proposons :

1. Internaliser les bénéfices.
2. Simplifier et accompagner.
3. Miser sur les collectivités et les citoyens.
4. Décider ensemble de changer les règles du jeu.

Internaliser ? Le mot est un peu barbare mais il est très simple à comprendre. Jean Tirole, prix Nobel d'économie et président de la Toulouse School of Economics, l'explique très bien dans son dernier livre[11] :

> « En l'absence d'un sursaut de la part de la communauté internationale, le changement climatique risque de compromettre de manière dramatique et pérenne le bien-être des générations à venir. Le *statu quo* serait catastrophique.
> Le changement climatique est un problème de bien commun : à long terme, chaque pays (chaque citoyen) devrait tirer un bénéfice important d'une réduction massive des gaz à effet de serre car le réchauffement aura des effets sociaux et géopolitiques considérables, mais les incitations individuelles à cette réduction sont négligeables.
> Les bénéfices liés à l'atténuation du changement restent essentiellement globaux et lointains, tandis que les coûts sont locaux et immédiats. »

En quelques mots, tout est dit : les bénéfices restent essentiellement globaux et lointains, tandis que les coûts (de l'action contre le réchauffement) sont locaux et immédiats.

Comment résoudre ce problème ? « Il faut forcer les acteurs économiques à internaliser les externalités négatives, répond Jean Tirole. En mettant en œuvre le principe du pollueur payeur et en créant de nouvelles normes. »

11. Tirole, *Économie du bien commun*, PUF, 2016.

Cette question est fondamentale si l'on veut accélérer puissamment la mise en œuvre d'une politique de lutte contre le réchauffement climatique. On a vu plus haut quelle économie pourrait représenter, chaque année, une meilleure isolation. Mais a-t-on bien conscience de ce que coûtent le pétrole et le gaz à la collectivité ?

Plus de 90 % du déficit commercial de la France

La balance commerciale de la France est déficitaire. Un déficit en grande partie lié aux importations énergétiques, et notamment au pétrole. D'après le bilan énergétique de la France pour 2015, « le solde en valeur du commerce extérieur de produits pétroliers s'est réduit de 30 % en 2015, à 31,6 milliards d'euros ». La facture gazière s'élève à 9 milliards d'euros. Et la facture de l'uranium s'élevait à moins d'un milliard. Au total, si l'on additionne pétrole, gaz et uranium, cela représente plus de 41 milliards d'euros, soit 91 % du déficit commercial, qui était de 45 milliards.

La facture énergétique a une grande influence sur le déficit commercial. Les résultats 2016 du commerce extérieur montrent que la facture énergétique de la France a diminué de 21 % entre 2015 et 2016, grâce à la baisse des cours mondiaux du pétrole (et le recul des quantités de pétrole importées), mais représente encore 87,7 % du déficit global.

Jeanne LAUDREN, 3 mars 2017, FactoScope 2017[12]

Figure 10.6. Évolution de la facture énergétique en France (en milliards d'euros).

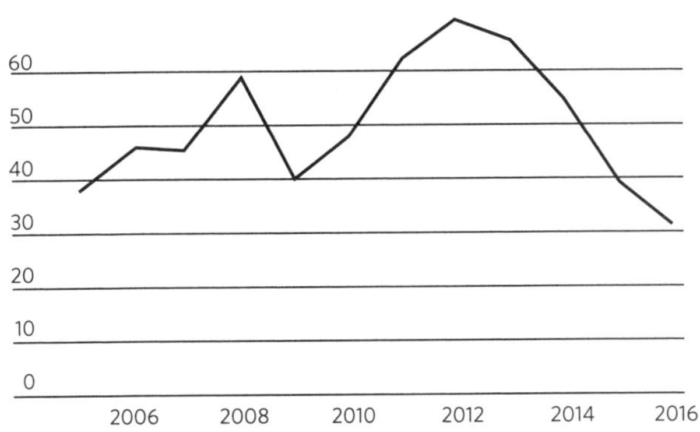

12. Hébergé par *lemonde.fr*, le FactoScope 2017 « propose des articles de *fact-checking* inédits, réalisés par les journalistes-étudiants de l'École publique de journalisme de Tours (EPJT) ».

« 90 % du déficit en 2015 et un peu plus de 87 % en 2016. » Ces chiffres, déjà impressionnants, ont été calculés pour deux années où le prix mondial du pétrole était au plus bas. Si on observe l'évolution comparée du déficit énergétique et du déficit commercial sur les dix dernières années, on constate que, en moyenne, le déficit énergétique représente plus de 95 % du déficit commercial global de notre pays.

C'est considérable. Le déficit énergétique représente en moyenne plus de 95 % du déficit commercial global de notre pays[13]. Au total, sur les dix dernières années, ce sont 510 milliards d'euros qui sont partis de nos portefeuilles vers les entreprises et les États qui nous alimentent en gaz, en pétrole et en uranium. Plus de 500 milliards, excusez du peu !

On nous parle souvent du déficit de notre balance industrielle, mais il est compensé presque à 100 % par les revenus de l'agroalimentaire, du tourisme et d'autres services. S'il n'y avait pas le pétrole, le gaz et l'uranium, nous n'aurions quasiment aucun déficit commercial…

Le 5 octobre 2017, Vladimir Poutine et le roi Salman d'Arabie saoudite se sont longuement rencontrés au Kremlin et ils ont décidé d'agir ensemble pour « booster les prix du pétrole »… On voit donc évidemment le bénéfice économique que chacun de nous et l'ensemble de la communauté (nationale autant qu'européenne) tireraient d'un Pacte finance-climat qui nous permettrait de rompre avec notre dépendance aux énergies fossiles.

L'avantage économique se double d'un intérêt stratégique évident. Si un jour la Russie renforce son partenariat avec la Chine et s'oppose à l'Europe dans telle ou telle zone du monde (un scénario que personne ne souhaite mais que nul ne peut exclure), que pourra faire l'Europe si elle dépend très fortement du gaz russe pour se chauffer, s'éclairer et produire de l'électricité pour son industrie ? Rien, ou pas grand-chose ! Par contre si, d'ici à 2040 ou 2050, l'Europe se donne les moyens d'être non dépendante des énergies importées de Russie ou des pays du Golfe, elle renforce considérablement son autonomie et sa crédibilité stratégique.

Si l'on veut pousser les individus et les entreprises à tenir compte des avantages que va retirer la collectivité de leur action (c'est cela

13. Et la France n'est évidemment pas une particularité en Europe. À l'exception de la Norvège, aucun pays n'a réellement de réserve de gaz, de pétrole et d'uranium sur son territoire.

Déficit commercial global de la France et déficit énergétique (en milliards d'euros)

	2007	2008	2009	2010	2011	2012	2013	2014	2015	2016	Moyenne 2007-2016
Déficit commercial global	42	56	45	52	74	38	62	59	45	48	52,1
Déficit gaz, pétrole et uranium	45	59	40	48	62	69	65	55	40	32	51,5

l'internalisation), il faut aussi parler de l'effet sur l'emploi qui est attendu de la mise en œuvre d'un programme de lutte radicale contre le réchauffement climatique. Quand l'Ademe et le CNRS annoncent plus de 600 000 créations d'emplois (on y reviendra), c'est 600 000 familles dont le revenu va augmenter et qui vont payer plus de TVA et peut-être plus d'impôt sur le revenu. C'est 600 000 personnes qui vont cotiser pour les caisses de Sécurité sociale.

Et s'il y a 600 000 créations d'emplois, on peut espérer entre 300 000 et 400 000 chômeurs de moins : certes, il y aura un effet d'appel (des chômeurs découragés qui se remettent en recherche d'emploi, et des étudiants qui quittent la faculté parce qu'on leur propose un emploi utile et bien payé...), mais l'effet sur le chômage devrait être très net malgré tout. Pôle emploi va faire des économies sur les indemnités versées et sur le coût des formations.

Comment faire pour que celui ou celle qui doit décider de faire – ou non – des travaux d'isolation (de sa résidence principale, de sa mairie ou de son entreprise) tienne compte en même temps des bienfaits globaux (si on reste en dessous de 1,5 °C, on évite le chaos climatique et des centaines de millions de réfugiés) et des avantages pour le pays (50 milliards d'euros de déficit commercial en moins, une indépendance géostratégique renforcée, 600 000 cotisants en plus pour la Sécurité sociale) ?

Ces avantages sont incontestables et très importants. Mais, pour reprendre l'expression de Tirole, comment « forcer les acteurs économiques » à les prendre en compte ? Une partie de la réponse est sans doute à trouver dans la fiscalité. Carotte et bâton : augmenter le prix du CO_2 pour sanctionner ceux qui ne diminuent pas leur consommation mais aider franchement ceux qui font des efforts. Cette internalisation existe déjà en partie avec des crédits d'impôt qui permettent à ceux qui font des travaux d'isolation de bénéficier d'une baisse des impôts, mais le dispositif est complexe, instable et insuffisant. Nous proposons donc que ce crédit d'impôt soit transformé en une prime payée dès la fin des travaux (l'idée est dans le Plan Climat de Nicolas Hulot), qui concernerait la totalité des dépenses nécessaires (voir plus loin l'accompagnement et le contrôle...) et dont le niveau pourrait être plus important : entre 30 et 50 %.

En effet, si l'Europe se dote de nouvelles ressources, si elle crée, comme nous le proposons, un impôt sur les bénéfices de 5 %, elle pourrait financer sans aucun problème une prime correspondant à 20 % des travaux, qui compléterait la prime prise en charge par les budgets nationaux. Voilà une façon assez concrète et assez positive de lancer le débat sur la création d'une fiscalité européenne. Ce n'est plus « Les Allemands vont payer pour les erreurs de Berlusconi » mais un impôt de 5 % sur les bénéfices non réinvestis qui permet de payer 20 % des investissements liés à la transition énergétique. Et cette prime bénéficierait à tous : particuliers, entreprises, collectivités… Une Europe qui nous permet à tous de faire des économies sur nos dépenses de chauffage et de transport ? Une « Europe qui paie 20 % du chantier » ? Voilà une façon très concrète de rendre l'Europe plus proche de la vie quotidienne des 500 millions d'Européens.

Nous n'avons évidemment pas la prétention de dire précisément ce qui doit être payé par tel ou tel acteur. Il y a des Parlements nationaux et un Parlement européen ; il y a des ministres et il y a la société civile… Si nous arrivons à convaincre le plus grand nombre qu'un Pacte finance-climat est possible et urgent, nous aurons fait notre part du travail. Il leur reviendra d'« entrer dans les détails » mais pour déblayer le terrain, et lancer la discussion, on pourrait distinguer schématiquement trois types de dépenses ayant chacune des financements différents.

Les travaux d'isolation rentables sous dix ans que le lobby du secteur tertiaire ne veut pas rendre obligatoires ? On pourra les imposer si ces entreprises disposent de prêts à taux 0 et si 30 à 50 % du coût sont pris en charge par la collectivité.

Le creusement d'un canal qui va permettre pendant deux siècles d'éviter des milliers de poids lourds sur les routes et créer quelques milliers d'emplois ? C'est typiquement un investissement qui peut être payé par l'État et les régions, avec un cofinancement de 20 % de l'Europe. L'État et les régions peuvent se financer à taux 0. Et la dette Plan Climat n'est pas prise en compte dans le calcul des fameux 3 % de Maastricht.

Quant à l'effort de recherche qui est nécessaire dans de multiples domaines pour parvenir au Facteur 4 ou, mieux, à la neutralité carbone en 2050, il est payé intégralement par les nouvelles ressources du budget européen, comme la politique de coopération avec l'Afrique et le pourtour méditerranéen.

Qui paie quoi ?

Chantiers rentables d'ici 10, 15 ou 20 ans	Chantiers rentables à plus long terme	Effort de recherche et aide aux pays du Sud
Prêts à taux 0 + prime représentant entre 30 et 50 % du coût des travaux.	Financés par l'État grâce à des prêts à taux 0 venant de la BCE *via* la BEI et cofinancement de 20 % venant de l'UE.	Payés intégralement par le budget de l'Union européenne.

Qui empruntera auprès de la BCE ou de la BEI ? Les banques commerciales pourront continuer de bénéficier de taux légèrement négatifs, mais exclusivement pour pouvoir faire des prêts à taux 0 aux particuliers, aux entreprises et aux collectivités locales qui auront à financer un projet ayant reçu le label « Pacte européen finance-climat ». Ces banques sont le canal le plus naturel et le plus efficace pour que chacun et chacune trouve des financements à taux 0 à proximité de chez lui, quand il se lance dans tel ou tel chantier.

Si les banques commerciales s'endettent auprès de la BCE pour pouvoir faire des prêts à taux 0 à leurs clients, quel serait le rôle de la BEI ? Celui d'un intermédiaire financier au service des États puisque la BCE n'a pas le droit de prêter directement aux États. Et la BEI pourrait avoir une mission supplémentaire de contrôle de la conformité et de la qualité des projets financés par les banques commerciales. On peut envisager également que la BEI achète des obligations de sociétés d'investissement spécialisées dans la lutte contre le dérèglement climatique, pour les aider dans leur développement, sous le contrôle du Parlement européen dont la Commission Climat serait chargée de décerner, faire évoluer et évaluer régulièrement le label « Plan Climat ».

Pour rassurer nos amis allemands (entre autres), il est sans doute utile de préciser que tous ces financements pourraient être mis en place – et donc le traité qui les sécuriserait, pourrait être négocié et ratifié – sans toucher ni à l'indépendance de la BCE, ni même à l'interdiction du financement monétaire puisque la BCE ne prêterait pas aux autorités publiques mais à des banques et à des sociétés, ce qu'elle fait déjà.

En fait, avec les cofinancements nationaux et européens, une des grandes différences avec la situation actuelle serait l'affectation obligatoire, à 100 %, des financements à taux 0 à un usage de bien commun (la lutte contre le dérèglement climatique et la création d'emplois) et non à des investissements dépendants du libre choix des banques commerciales. Cette réorientation des flux financiers vers l'économie réelle est évidemment compatible avec les statuts actuels de la BCE et devrait calmer la spéculation sur les marchés financiers. On verra à la fin de ce livre le soutien à notre projet et les explications de Philippe Maystadt, ministre d'État de la Belgique et président honoraire de le BEI, un homme particulièrement compétent sur ces questions.

Au-delà de ce Pacte finance-climat, les chefs d'État et de gouvernement devraient réfléchir au moyen de sortir sans casse de la politique de « taux d'intérêt à 0 ou presque » mise en œuvre, depuis des années, par toutes les grandes banques centrales : ces taux d'intérêt à 0 ont des effets pervers de plus en plus visibles (bulle sur les marchés financiers, bulle immobilière...) mais, vu le niveau de dette globale – et en particulier de dette publique –, il serait dangereux de remonter les taux trop fortement car cela conduirait à des frais financiers de plus en plus importants pour tous les acteurs, en particulier pour les États. Comment sortir de ce dilemme ?

Relancer l'activité de façon saine et durable est une première façon de répondre à la question : le pacte que nous proposons va relancer l'activité et donner de nouvelles ressources aux États ce qui devrait diminuer les déficits publics[14]. Mais cela ne règle pas le problème des frais financiers à payer sur le stock de dette en cas de remontée des taux.

Pourquoi ne pas proposer que des taux progressivement plus élevés s'appliquent sur les nouvelles dettes, mais que, pour la « vieille dette » (la dette publique existant déjà, soit avant 2008, soit depuis 2008 pour faire face aux conséquences de la crise), des taux très bas soient conservés pour les États qui pourront se financer auprès de la BEI ou d'une autre banque publique ? Ce scénario permettrait de relever progressivement les taux pour l'ensemble des acteurs et donc de « sonner la fin de la récréation pour les marchés financiers » sans faire éclater une crise générale des finances publiques[15].

---

14. Rappelons que les prêts consentis aux États membres ou à l'Union européenne par la BEI pour financer la transition énergétique (isolation de tous les bâtiments publics, aide à l'agriculture, investissement dans les transports publics, creusement d'un canal...) ne seraient pas pris en compte dans le calcul des déficits qui doivent rester inférieurs aux « 3 % de Maastricht ».

15. Voir Rocard et Larrouturou, « Pourquoi faut-il que les États payent 600 fois plus que les banques ? », *Le Monde*, 2 janvier 2012.

Voilà un souci de réglé : si l'Europe a de nouvelles ressources et si les prêts que l'État va contracter pour faire la guerre au réchauffement climatique ne sont pas comptés dans les 3 % de Maastricht, on peut effectivement « internaliser » très correctement les avantages que la collectivité va retirer de la baisse globale des gaz à effet de serre. Au total, 50 % de la facture seraient payés par les États membres et l'Europe (si elle a bien créé une Contribution Climat de 5 % sur les bénéfices des entreprises). Mais qui va vérifier que l'argent est bien utilisé ?

Simplifier et accompagner

« En Allemagne, il existe depuis peu un corps de personnels assermentés qui vont sur le terrain pour faire un vrai diagnostic thermique et dire quels travaux doivent être faits, explique un expert du sujet. Ce sont eux qui décident si l'aide financière est de 30, 40 ou 50 % (selon le coût des travaux, les économies attendues et la situation du ménage ou de l'entreprise). À la fin du chantier, ils vérifient la qualité de ce qui a été fait et donnent des conseils à la famille ou à l'entreprise concernée pour mieux utiliser leur bâtiment. »

« Pourquoi ne pas mettre en place en France aussi ce type d'accompagnement ? Pas seulement, comme cela existe déjà, quelqu'un qui répond par téléphone et vous dit où trouver les formulaires à remplir, mais des personnes ayant des compétences techniques et qui vont sur le terrain. »

Comment aider les gens qui n'y connaissent rien à frapper à la bonne porte ? Comment éviter que le travail soit mal fait ? Comment éviter que certains « se goinfrent » en profitant des aides disponibles mais en faisant des travaux de mauvaise qualité ou surfacturés ?

Il faut simplifier toutes les démarches à accomplir pour bénéficier d'une aide. Il y a aussi un besoin d'accompagnement (et de contrôle) très important. « La loi prévoit déjà la création d'un service public pour guider, accompagner, former, contrôler autant que nécessaire [...] mais on ne l'a jamais mis en place, regrette un très bon connaisseur du dossier. Mais si on sait que, pendant trente ans, on aura 45 milliards qui vont arriver en France pour financer ce chantier, on peut, en un an ou deux, mettre en place ce service public. Simple et solide ! Quand il faut faire un contrôle technique pour sa voiture, plus personne n'a de doute sur la compétence, l'honnêteté ou le tarif de ceux qui font le diagnostic. Il faut qu'on arrive au même résultat pour la rénovation énergétique. » Pas besoin ici d'insister sur le besoin de pérennité des financements, ni sur le besoin de formation des acteurs, on en a déjà parlé longuement plus haut.

Oui, il faut en même temps débloquer des financements européens et créer, au plus près du terrain, un service public qui va aider à la réussite de ce gigantesque chantier. Mais il faut aussi miser bien plus sur les collectivités et les citoyens.

En Allemagne, l'énergie verte est une affaire de citoyens

Le nombre de coopératives d'énergie ne cesse de progresser outre-Rhin. Les citoyens allemands s'y rassemblent pour investir localement dans la production d'énergie renouvelable.

Exit le monopole des opérateurs d'énergie. En Allemagne, une loi permet aux citoyens de produire eux-mêmes des énergies vertes et le nombre des coopératives dans le secteur des énergies renouvelables explose outre-Rhin : environ 730 à ce jour, avec 150 créations en 2012, contre seulement 8 en 2006.

Panneaux solaires, éoliennes, centrales de biogaz… Ces coopératives composées à 90 % de particuliers ont investi au total 1,2 milliard d'euros dans les énergies propres, souvent soutenues par le solide réseau de banques coopératives du pays. Pour une production totale de 580 000 MWh, soit la consommation moyenne annuelle d'environ 100 000 foyers.

À Leipzig, Matthias Pietsch recrute. Ce physicien de 31 ans a déjà rassemblé autour de lui vingt-huit membres et espère fonder, d'ici à la fin de l'année, sa coopérative. La raison de cet engouement ? « L'envie de prendre part de façon active au tournant énergétique », résume-t-il alors que Berlin ambitionne de produire son électricité à 80 % à partir d'énergies renouvelables d'ici à 2050.

Autre forte motivation : maintenir dans la région la valeur ajoutée issue de la production d'énergie, au lieu de payer des entreprises étrangères. La coopérative répond parfaitement à l'ambition d'une production d'énergie décentralisée fixée dans le cadre de l'*Energiewende* (transition énergétique).

« Ce succès s'explique par la forte envie des citoyens d'investir collectivement dans leur région, même parfois avec des contributions modestes de quelques centaines d'euros », confirme Andreas Wieg, de la fédération allemande des coopératives (DGRV). […]

À Postdam, une petite coopérative s'est lancée dès 2008, avec neuf personnes, en installant des panneaux solaires sur le toit d'une école. Elle compte aujourd'hui quatre-vingt-dix membres et ses modules ont investi les toitures du centre de police et d'un garage, pour une production totale de 250 000 kWh par an.
« C'est un succès, se félicite Anita Elpers, codirigeante de la coopérative, qui travaille parallèlement dans le secteur informatique. Tout fonctionne comme prévu, nos revenus nous permettent de rembourser nos crédits. J'y consacre mon temps libre et je perçois de petits honoraires, mais pas de salaire. Nous nous réunissons encore dans mon salon. Nous hésitons à sauter le pas et à nous développer encore. » Les dividendes perçus par les sociétaires sont relativement modestes, autour de 4 % en moyenne.

Pauline Houédé, *La Tribune*, 23 octobre 2013

De l'énergie produite par des coopératives lancées par des parents d'élèves ou des voisins de palier ? C'est une vraie révolution pour nous, Français, qui sommes habitués à une gestion très centralisée de l'énergie. Les citoyens peuvent s'impliquer dans la production d'énergie et on va découvrir qu'il existe autant de terroirs énergétiques que de terroirs gastronomiques : ici, le bouquet énergétique sera composé surtout d'éolien et de photovoltaïque, mais, 200 kilomètres plus bas, on aura misé nettement plus sur la géothermie (« l'investissement est plus élevé mais c'est très rentable et très robuste. Si on a des financements à taux 0

Figure 10.7. Allemagne : coopératives de citoyens produisant des énergies renouvelables.

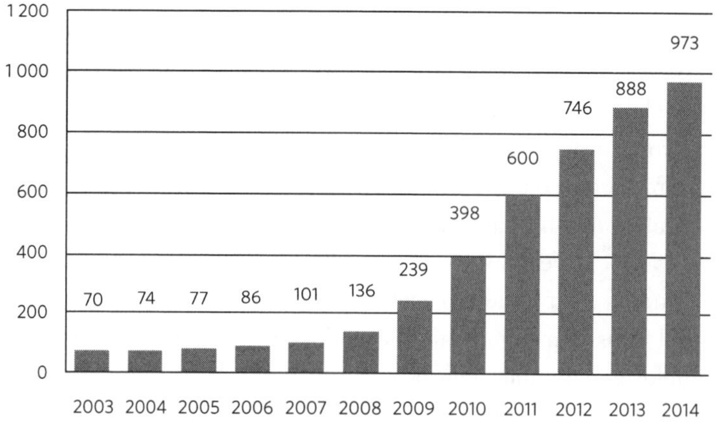

et quelques aides, le géothermique devrait vraiment se développer »). Ailleurs, ce sera de la biomasse et du petit hydraulique…

Avec, partout, de la sobriété, des capacités de stockage renforcées et un bon réseau pour faciliter les échanges et ne pas souffrir des variations de certaines productions : dans le scénario de l'Ademe montrant comment on peut aller vers une électricité « 100 % énergies renouvelables », une part importante des dépenses initiales est liée au renforcement du réseau électrique

Les coopératives de citoyens allemandes sont souvent montrées en exemple. Elles ont effectivement pris beaucoup d'ampleur en quelques années. Mais il serait faux de croire que rien ne bouge en France. Nous ne pouvons pas finir ce livre sans citer ce témoignage qui montre en même temps tout ce qu'il est possible de faire et toute l'inertie qu'il reste à vaincre.

Biomasse en Bigorre

Située au pied des Pyrénées, la communauté de communes de Vic-Montaner a construit, sur la commune de Vic-en-Bigorre (5 000 habitants), une chaudière collective bois et un réseau de chaleur pour valoriser la biomasse issue des forêts locales.

Couplée à l'unité de méthanisation des effluents d'élevage du lycée agricole de Vic, cette installation de 2,8 mégawatts est l'une des plus vertueuses de France, puisqu'elle atteint 94 % d'énergies renouvelables en moyenne sur l'année : 83 % bois, 11 % méthanisation et 6 % gaz. Elle dessert les principaux consommateurs de la ville, à savoir la quasi-totalité des bâtiments publics (l'hôpital, les deux lycées – agricole et enseignement général –, le collège et les écoles, la piscine, les deux gymnases, la gendarmerie, la maison départementale de la solidarité), ainsi que soixante-quinze logements sociaux et vingt-six maisons particulières qui se trouvent le long du réseau.

En moyenne, l'économie financière constatée est de 6 % par rapport au gaz, et près de 30 % par rapport au chauffage au fuel. Mais globalement, ce sont 700 000 euros qui sortaient chaque année du territoire pour acheter du gaz et du fuel à l'étranger qui ont été convertis en achat de bois et de main-d'œuvre locale. On estime que cela a généré entre six et sept emplois « équivalent temps plein », sur l'ensemble de la filière.

En plus d'une meilleure valorisation de nos forêts, sur le plan écologique, on estime que la réduction des gaz à effet de serre (GES) est équivalente à celle de 1 500 véhicules qui tournent sur une année.

Enfin, cet investissement global de 4,5 millions d'euros n'aurait pas été possible sans un soutien fort des pouvoirs publics (Ademe, région, Europe, département) pour atteindre 55 % de subvention sur l'investissement. Mais les 2,5 millions d'euros de subventions regroupées sont vite amortis par les 700 000 euros annuels d'achat de bois et de main-d'œuvre générés.
Mais, quels que soient les bénéfices constatés, ce type d'équipement – encore nouveau en 2012 dans le Sud-Ouest – s'est heurté à de la méfiance, voire à la défiance qui était le sentiment général premier, avec des craintes étonnantes qui s'exprimaient très fortement, sur la destruction des forêts, la sécurité d'approvisionnement, la pollution engendrée, les prix, l'argent public, etc.
Il a donc fallu argumenter, convaincre, débattre avec la population comme avec les élus et associer très en amont l'ensemble des utilisateurs potentiels du réseau pour parvenir à rassembler tous ces acteurs autour d'une idée pourtant si simple : utiliser l'énergie locale renouvelable en substitution de l'énergie fossile.
La bataille pour l'écologie est d'abord une bataille d'idées et d'allocation des ressources financières de notre société.

Jean-Louis CURRET,
président de la communauté de communes en 2012

« Il a fallu argumenter, convaincre, débattre avec la population comme avec les élus. » Notre ami Jean-Louis Curret s'est heurté à beaucoup de difficultés et a dû consacrer une énergie considérable pour parvenir à lancer ce projet, qui est à présent applaudi par tous vu ses effets sur l'emploi local et vu les économies réalisées par tous les acteurs… C'est pour permettre ce débat, fondamental, pour vaincre les résistances non fondées, que nous proposons que le futur traité européen soit approuvé par référendum, comme le suggérait déjà Habermas en 2012, pour que dans toutes les familles, tous les villages et toutes les villes, toutes les entreprises, toutes les facultés et tous les cafés, on puisse argumenter, débattre et choisir ensemble de nouveaux modes de vie.

Décider ensemble de changer les normes

Ce débat et ce référendum auront pour objectif premier de ratifier le pacte européen, mais ce sera aussi l'occasion d'approuver un plan d'action nationale, qui prévoira des aides financières et la création de dispositifs d'accompagnement mais aussi sans doute la mise en œuvre de nouvelles normes avec des calendriers crédibles.

De nouvelles normes ? Oui. Si l'on veut que tous nos bâtiments soient isolés dans quinze ou vingt ans, il faut changer les normes et rendre obligatoires les travaux.

- Si tout le monde a compris la gravité de la situation.
- Si on dispose de prêts à taux 0 et de primes allant de 30 à 50 % des montants.
- S'il y a bien un dispositif d'accompagnement pour nous aider, tous, à trouver des professionnels efficaces.
- Et si les nouvelles règles du jeu sont décidées collectivement, par référendum.

Alors on peut effectivement rendre obligatoire un certain nombre d'évolutions. On peut, comme le dit Jean Tirole, « édicter de nouvelles normes, pour une économie du Bien commun ».

« C'est indispensable, explique un expert. Sinon, on va toujours buter sur la contradiction du propriétaire, qui est censé faire les travaux et les payer, et du locataire, qui ferait les économies sur les dépenses de chauffage mais qui ne veut pas payer parce qu'il n'est pas certain de rester là pendant dix ans. Ils vont, sans cesse, se renvoyer le dossier. Et c'est sans parler de tous ceux qui n'ont pas les moyens et à qui, aujourd'hui, les banques refuseraient un prêt, même si on est sûr de le rembourser en dix ans... S'il y a les financements pérennes et l'accompagnement, on peut rendre obligatoire la mise aux normes. Et ce n'est pas vrai seulement dans le logement. Le raisonnement est le même pour tous les secteurs. »

En même temps, en même temps...

Certains, durant la campagne, se sont moqués d'une expression qui revenait souvent dans les discours d'Emmanuel Macron : « en même temps ». Mais s'il y a bien un domaine où elle doit s'appliquer, c'est la lutte contre le dérèglement climatique.

Si nous sommes des millions à avoir voté oui au référendum et si nous disposons de financements pérennes, on va pouvoir en même temps s'attaquer aux passoires thermiques et à tous les logements sociaux ; en même temps aux maisons individuelles et aux résidences étudiantes ; en même temps aux écoles, aux mairies et aux universités ; en même temps aux bureaux et aux usines ; en même temps aider les paysans à changer leurs pratiques pour consommer moins d'engrais et fixer plus de CO_2 ; en même temps développer le ferroutage et le covoiturage ; en même temps développer ici le photovoltaïque et, en même temps, la biomasse un peu plus loin ; en même temps l'eau chaude solaire sur le toit de nos immeubles et, en même temps, les pompes à chaleur pour récupérer l'énergie du sol…

600 000 emplois ?

Les effets sur l'emploi d'un scénario tel que négaWatt ont été évalués par une équipe du CNRS, animée par Philippe Quirion. Ces économistes ont voulu estimer aussi bien les créations d'emplois directs (dans l'isolation, dans les énergies renouvelables, dans les transports en commun, la réparation et le recyclage, l'information et l'accompagnement, l'agriculture…) que les destructions d'emplois dans les centrales au fuel, chez les chauffeurs de camions ou l'industrie automobile… Une reconversion de ces métiers doit impérativement s'anticiper et se préparer[16]. Au total, malgré les destructions d'emplois dans certains secteurs, ils arrivent d'ici à 2030 à un bilan nettement positif : un gain net de 380 000 emplois.

À ces emplois directs, ils ajoutent ensuite les emplois induits : si une bonne partie des 50 milliards qui partaient chaque année vers la Russie et les États arabes reste sur notre territoire, cela va permettre de développer de nouvelles activités. Au début, les baisses des charges (chauffage…) vont servir à rembourser les emprunts à taux 0, mais ensuite, c'est de l'argent disponible pour tous les acteurs et pour développer de nouvelles activités et de nouveaux emplois, sur tous nos territoires.

16. Un chauffeur routier ne peut-il pas devenir chauffeur de bus si on lui paie la formation ? Un homme qui travaille comme soudeur ou au contrôle qualité dans l'automobile ne peut-il pas occuper des fonctions assez proches pour construire des véhicules de transport en commun ou des éoliennes ? Si le marché de l'éolien se développe enfin en France, des usines vont ouvrir sur notre territoire pour n'avoir pas à transporter sur de grosses distances des éléments très lourds.

Figure 10.8. Bilan sur l'emploi d'un scénario Facteur 4.

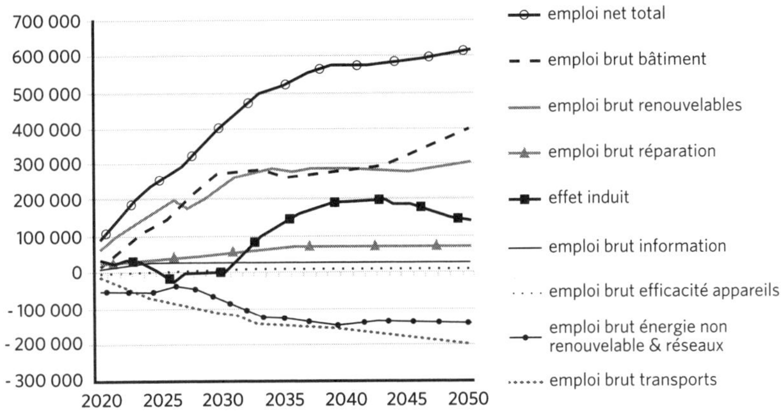

Source : Association négaWatt, étude CNRS (P. Quirion).

C'est avec ces emplois induits que l'on arrive à un bilan total un peu supérieur à 600 000 créations nettes emplois.

Jusqu'à 900 000 créations d'emplois selon l'Ademe

Le 19 octobre 2017, l'Agence de l'environnement et de la maîtrise de l'énergie (Ademe) a publié une « Actualisation du scénario énergie-climat 2035-2050 ».

« Pour tenir nos objectifs, il faut accélérer sur les deux grands chantiers prioritaires que sont la mobilité et le bâtiment, a expliqué au *Monde* David Marchal, directeur adjoint productions et énergies durables de l'Ademe. Le chantier des rénovations des bâtiments doit encore accélérer. Les travaux devraient être globaux et non plus découpés en tranches, par exemple les fenêtres, puis, plus tard, les combles ou l'isolation des murs[17]… »

Sur le front de l'emploi, l'Ademe montre que cette transition énergétique serait susceptible de créer jusqu'à 900 000 emplois supplémentaires.

Oui ! Si nous décidons de prendre le taureau par les cornes, si l'Europe décide enfin de faire de la lutte contre le dérèglement

17. *Le Monde*, 20 octobre 2017.

climatique une vraie priorité, si on fait tout cela « en même temps », on verra que les estimations de l'Ademe et du CNRS étaient justes et réalistes. Et peut-être même trop prudentes, car, si on met en œuvre un calendrier plus ambitieux que celui qu'ils avaient en tête, on aura un effet sur l'emploi plus important et d'autres zones du monde auront envie de suivre l'Europe… Jules Ferry, Roosevelt et Kennedy seront fiers de nous ! Et nos enfants aussi.

CHAPITRE 11

Le rêve de Mario Draghi

Depuis quelques semaines, Mario Draghi dort très mal : depuis qu'il est allé passer un week-end chez ses cousins, fin septembre. Ils habitent non loin de Rome et, pendant l'été, ils ont subi une sécheresse terrible. L'eau a été coupée à de multiples reprises et leur jardin, d'habitude si beau et dans lequel ils ont vécu tellement de bons moments, ressemble à un vieux paillasson : l'herbe a la couleur de la terre et les plants de tomate, les haricots, les poivrons et le basilic sont totalement morts.

Le voisin a voulu lui montrer la grande fissure qui coupe en deux la façade de sa maison : à cause de la sécheresse, une partie du terrain s'est affaissée et la maison menace de s'effondrer. Il dort à l'hôtel en attendant que l'expert décide si on rase la maison ou si on la consolide… Après la visite chez le voisin, sa cousine a pris Mario Draghi à partie assez vivement, en lui demandant qu'est-ce qu'il faisait, lui qui était un des grands chefs de l'Europe, pour lutter contre le réchauffement climatique : « Tu as vu les soixante morts dans les incendies au Portugal, Mario ? Des gens qui partaient pique-niquer avec leurs enfants et qui ont été piégés par le feu. Brûlés en quelques minutes. Ha… C'est horrible ! C'étaient des gens comme toi et moi, Mario, qui voulaient juste profiter d'une belle journée avec leurs enfants ou leurs petits-enfants. Tu imagines ? C'est l'horreur. L'horreur absolue !

» Et l'eau qui a été rationnée à Rome cet été : c'est moins grave, évidemment, mais on a vraiment eu peur. Cette année, on s'en est sortis sans trop de casse, mais qu'est-ce que vous ferez quand on n'aura plus une goutte d'eau pendant deux mois ? Dans dix ans ou dans vingt ans, on ira où ? On sera vieux mais on sera encore vivants, Mario, et on ira où s'il n'y a plus d'eau l'été ? C'est toutes les semaines maintenant qu'on entend parler de catastrophes liées au réchauffement climatique : un jour, c'est en Europe, un jour en Asie, en Afrique ou aux États-Unis... Qu'est-ce que vous foutez à Bruxelles ? Vous ne lisez pas les journaux ? »

Draghi garda son calme et expliqua qu'il ne travaillait pas à Bruxelles mais à Francfort. Il rappela l'indépendance de la Banque centrale, « son objectif unique de ramener l'inflation à un niveau inférieur mais proche de 2 % ». Mais il sentait bien que sa réponse n'était pas à la hauteur des enjeux... « Tu sais, Carlita, je le regrette vraiment, mais je n'ai rien à dire sur le climat. Nous n'avons pas les moyens d'influer sur la politique des gouvernements », finit-il en baissant la voix.

« Mais vous avez les moyens d'engraisser les banques, rétorqua sa nièce, Maria, qui a fini ses études d'économie depuis trois ans mais vit toujours chez ses parents car elle n'arrive pas à trouver un emploi stable. Excuse-moi, Mario, mais franchement, vous jouez avec le feu : à quoi ça sert de donner autant d'argent aux banques si elles l'utilisent pour spéculer ? Tu as vu le dernier rapport du FMI ? Même ton amie Christine Lagarde explique qu'on va vers une crise financière, qui peut être pire qu'en 2008. Votre objectif d'inflation, c'était important il y a trente ans quand l'inflation était à 10 ou 15 %, évidemment, mais maintenant, le monde a totalement changé. Ce n'est plus ça le problème fondamental. Et tu le sais très bien : tu me l'as dit toi-même quand on s'est vus à Noël... Toujours plus d'argent pour les banques et rien pour les peuples ? Ça va péter. Ce « deux poids, deux mesures », ça devient insupportable. Tu ne te rends peut-être pas compte, car toi tu vis très bien, mais les gens en ont marre. Ça va péter : je ne sais pas quand ni dans quel sens, mais on va avoir un krach sur les marchés financiers et une crise politique majeure ! On est entre nous, Mario. Tu peux le dire : c'est du délire, autant de liquidités pour les banques et aussi peu d'argent pour le bien commun. »

Alors Mario Draghi s'est souvenu d'une discussion avec le patron d'une des plus grandes banques allemandes qui, en 2012 déjà, lui disait que ce « deux poids, deux mesures » devenait obscène et que si on voulait relancer les mouvements terroristes façon bande à Baader, il fallait continuer comme ça[1]... Cet ami gagnait sans doute 40 000 euros

1. Début février 2012, des dirigeants européens mettaient en commun leurs doutes et leurs inquiétudes : « L'austérité est de plus en plus critiquée dans l'Union européenne, écrit le correspondant du *Monde* à Berlin dans l'édition du 7 février. La crise de l'euro a déjà été

de plus que Maria tous les mois et parlait plus tranquillement qu'elle, mais, sur le fond, il disait la même chose.

Voyant la tristesse et la colère de sa nièce, Draghi essaya de convaincre toute la famille qu'il faisait le maximum pour pousser les chefs d'État à changer de politique. Prenant un de ses téléphones mobiles, il leur lut quelques extraits d'un communiqué publié par la BCE en 2016.

La BCE plaide à nouveau pour une hausse de l'investissement public

La croissance de l'économie de la zone euro bénéficierait rapidement d'une hausse de l'investissement public par rapport aux faibles niveaux actuels, l'environnement de faible inflation et de politique monétaire accommodante créant des conditions favorables à une augmentation des dépenses, a redit lundi la Banque centrale européenne.

La BCE plaide de longue date pour que les gouvernements de la zone euro investissent plus en complément de sa politique monétaire ultra-accommodante.

Depuis la crise des dettes souveraines, l'investissement public est tombé à des plus bas record au sein de la zone euro, bien en dessous des niveaux des États-Unis ou du Japon, ce qui pèse sur la croissance potentielle.

« Une augmentation des investissements publics a des effets positifs sur la demande, écrit la BCE dans son bulletin économique. Ce constat plaide pour un accroissement des investissements publics. »

Benoît Cœuré, membre du directoire de la BCE, a appuyé ce message lundi en déclarant que la BCE ne pouvait soutenir la croissance toute seule et que les gouvernements de la zone euro devaient réorienter les dépenses vers l'éducation et l'investissement.

« La BCE ne peut, à elle seule, créer les conditions d'une reprise durable de la croissance. Cela nécessite un effort concerté en termes de politiques

---

fatale à plusieurs gouvernements. Ces soubresauts sont pourtant peu de chose par rapport à ce qui pourrait arriver. Tel est le sentiment de plusieurs dirigeants invités à s'exprimer sur les implications de la crise financière. Mario Monti, président du Conseil italien, s'inquiète du "retour des fantômes du passé". Que l'Italie ait confié à un "technocrate" comme lui le redressement du pays le laisse lui-même perplexe : "Comme si la démocratie n'était pas le système le plus à même de résoudre les problèmes", s'interroge-t-il. Certains font le lien entre la situation actuelle et les années 1970, période de poussée terroriste, notamment en Italie et en Allemagne. M. Ackermann, président de la Deutsche Bank, ne nie pas le danger : "Dans les années à venir, la croissance sera faible et donc la mobilité sociale le sera également. Des risques accrus d'attentats terroristes ne peuvent être exclus." »

économiques et budgétaires », a-t-il déclaré lors d'une conférence organisée par la Banque de France à Paris.

Francfort (Reuters), 21 mars 2016

« Tu sais, Maria, on n'est pas aveugles : on voit bien que les banques commerciales n'utilisent pas nos liquidités pour relancer l'activité, explique Draghi devant sa nièce interloquée. Notre objectif, en fait, c'est pousser les gouvernements à faire plus d'investissements intelligents. Mais moi, je ne peux pas trop le dire car certains me reprocheraient de sortir de mon rôle. On dirait que je ne respecte pas les traités. Alors c'est Benoît Cœuré que j'envoie au front : il est jeune et il est français. Et on sait tous que ces maudits Français ne respectent pas les convenances...

» Régulièrement, Benoît explique qu'il faut de la concertation et plus d'investissements, et que sinon le marché du travail ne va jamais vraiment démarrer... Je peux te montrer un bon paquet de communiqués ou de comptes rendus de conférences de Benoît Cœuré sur ce sujet. Et cela pourrait évidemment être des investissements contre le réchauffement climatique. Tu as mille fois raison, Carla : ça devrait être la priorité absolue en effet. Mais les gouvernements ne comprennent rien. Ce n'est pas nous qu'il faut engueuler, ma chère Maria. Ce sont les gouvernements.

– Mais qu'est-ce qui t'empêche de dire les choses plus clairement ? Franchement, à part cinq ou six passionnés qui lisent vos communiqués sur le site de la BCE, qui est au courant ?, reprend Maria. Qui sait que la BCE veut plus d'investissements publics ? Qui a compris que votre but n'est pas d'alimenter la spéculation mais de favoriser l'investissement public ? Franchement, si tu n'étais pas venu aujourd'hui, je n'en saurais rien ! Pourquoi tu ne t'exprimes pas plus fort ? Tu sais que je t'adore, Mario. Tu es l'un des gars les plus brillants que je connaisse, mais je ne comprends pas ce qui te retient : tu viens d'avoir 70 ans (en principe, c'est pour fêter ça qu'on t'avait invité...). Tu n'as rien à prouver à personne et rien à craindre de personne. De quoi as-tu peur en allant plus loin ? Tout le monde sent bien que ça peut tourner au chaos : regarde comment l'Italie ferme ses portes aux réfugiés et comment, en Allemagne, les néonazis refont surface. Ça sent mauvais. De plus en plus mauvais...

» Si on a, en même temps, une crise financière, une flambée du chômage et le chaos climatique, ça va devenir un vrai cauchemar. Pire qu'en 1930. Et toi, tu resteras dans l'histoire comme celui qui a créé des milliers de milliards sans trop regarder à quoi ils servaient… Super ! Et dans tes mémoires, tu reparleras du communiqué que tu as publié en mars 2016 avec Benoît Cœuré ? Génial ! Si c'est ça, moi, je change de nom. Si tu ne dis rien, tu es coupable de ce qui va se passer.

» Mais j'ai une idée. Souviens-toi de ce que tu m'as raconté quand j'étais en première année à la fac : en 1954-1955, quand les Français ont fait capoter la Communauté européenne de défense, tout le monde était écœuré car, au-delà de la défense européenne, c'était tout le projet d'une Europe politique qui tombait à l'eau, parce que quelques députés français qui prenaient leurs électeurs pour des imbéciles avaient voté contre le projet… Et tu m'as raconté que c'est un Italien qui a relancé la dynamique : au lieu de baisser les bras et de ruminer sa déception, Gaetano Martino a invité les autres ministres des Affaires étrangères chez lui, à Messine, et en deux jours et une nuit, l'Europe était relancée.

» Pourquoi ne serais-tu pas le nouveau Gaetano Martino ? Qu'est-ce qui t'empêche de prendre une initiative du même genre ? Toi, tu as peur de la réaction des autres mais tu prônes (très discrètement) la coordination et plus d'investissements publics. Et tu nous dis que c'est pour ça que tu crées autant de liquidités. Si ça se trouve, les autres grands chefs n'ont pas vu tes communiqués mais ils pensent la même chose : Schaüble dit régulièrement que les marchés financiers sont beaucoup trop hauts. Macron veut changer l'Europe et Merkel ne cesse de dire qu'il faut refonder l'Europe et que, à la suite de la décision de Trump, l'Europe doit faire le maximum contre le dérèglement climatique… Si ça se trouve, vous êtes tous d'accord.

» Alors "parlez-vous, les gars" : c'est comme au basket ou au foot, il faut vous parler. Si tu veux plus de coordination, provoque la coordination. Tu fais comme Martino : tu les invites tous pendant deux jours, pour tout remettre à plat. Vous vous parlez franchement, sans journaliste, dans une ambiance détendue. Tu les invites chez toi ou ici : on peut te prêter la maison si tu veux. Ce n'est pas Messine, mais on a quand même une très belle vue sur Rome. »

Mario Draghi est reparti de chez ses cousins un peu ébranlé. Et depuis quelques semaines, il ne dort pas bien. Maria a raison : que risque-t-il à dire tout haut ce que tout le monde pense tout bas ?

Est-il coupable s'il ne fait rien ? Aux États-Unis, Yellen a annoncé que la Réserve fédérale va réduire lentement la taille du bilan de la Réserve fédérale : « 10 milliards de moins chaque mois ». Vu la montagne de liquidités qu'elle a créée (4 500 milliards), c'est un peu anecdotique, mais ça lui permet de dire que, si son mandat n'est pas renouvelé, elle part en ayant amorcé le retour à la normale. En vrai, personne n'y croit car on est très, très loin d'un retour à la normale !

Que doit faire la BCE ? Jour et nuit, Draghi tourne le problème dans tous les sens pour trouver une solution : il peut diminuer le volume de création monétaire et garder des taux d'intérêt très faibles. Comme ça, personne ne pourra dire qu'il n'a rien fait. Mais sur le fond, ça ne règle rien. Tout cela peut très, très mal finir…

Oui, depuis quelques semaines, le président de la BCE dort très mal, mais cette nuit, Mario Draghi a fait un rêve. Il avait repris l'idée de Maria et avait invité quelques chefs d'État et de gouvernement à passer le week-end chez Carla et Lorenzo. Dès le vendredi soir, Angela Merkel avait raconté comment, toute jeune ministre de l'Environnement, c'est elle qui avait organisé la première COP, la COP1, à Berlin en 1995. Elle avait raconté aussi combien elle a été frappée par les pluies diluviennes qui ont frappé l'Allemagne ces dernières années, et par tous les événements climatiques dramatiques subis ces derniers mois. « Tous les ans, avec mon mari, nous voyons le recul du glacier Ortles à Sulden, où nous passons nos vacances, avait conclu la chancelière allemande. On a l'impression qu'il régresse sous nos yeux. C'est sinistre… Et puis, je sais que mon pays aura du mal à accueillir plus de réfugiés sur son territoire. Pour l'Allemagne, dorénavant, lutter contre le dérèglement climatique et permettre aux pays du Sud de s'y adapter au mieux est une priorité absolue. Et tant mieux si ça crée un bon paquet d'emplois. »

Emmanuel Macron avait approuvé l'intervention de Merkel et rappelé qu'à New York, le 19 septembre 2017, il avait plaidé pour un pacte mondial pour le droit de l'environnement, avec le soutien du ministre des Affaires étrangères chinois, Wang Yi, et de nombreux chefs d'État du continent africain. « Cette idée ne vient pas de moi mais d'un *think tank* dont nous avons repris le travail. Wang Yi et moi avons décidé de tout faire en vue d'une adoption du pacte mondial au plus tard en 2020. Je soutiens totalement la proposition de Mario : cela aurait de l'allure que, avant 2020, l'Europe se soit donné un Pacte Climat très ambitieux. Sur cette question fondamentale, nous devons assumer un rôle de premier de cordée. »

La soirée du vendredi avait été passionnante. Draghi avait découvert à quel point tous les chefs d'État étaient beaucoup plus motivés qu'il ne le pensait. Même Mariano Rajoy, qui semblait tendu en arrivant de Madrid et ne quittait pas des yeux ses téléphones mobiles, avait fini par les éteindre et dire, lui aussi, sa volonté de s'engager dans ce combat : « L'été a été terrible en Espagne. Terrible ! Des températures jusqu'à 46,8 °C à Cordoue. Une souffrance considérable pour des milliers de gens. Et des morts, hélas… Et en octobre, des incendies par dizaines chez moi, en Galice. Des gens qui meurent brûlés dans des incendies en octobre, on n'avait jamais vu ça. *Jamais* ! Vous savez que je suis né à Saint-Jacques-de-Compostelle. En général, quand vient l'automne et que je retourne chez moi, on se promène dans les forêts en cherchant des champignons et, le soir, on mange du poulpe. D'habitude, l'automne est magnifique en Galice. Cette année, ce fut un enfer. Il y a eu plus de cent morts dans les incendies au Portugal, mais chez nous aussi, ce fut l'horreur. »

Le samedi matin, après être allés voir les premiers rayons du soleil sur la Ville éternelle, ils s'étaient tous remis au travail. Et c'est Rajoy justement, si timide d'habitude dans les sommets internationaux, qui avait relancé le débat : « Si nous ne sommes pas capables, très vite, d'organiser un sursaut, l'Europe explose dans les dix ans qui viennent : il y a eu le Brexit. Il y a des tensions de plus en plus vives entre la Catalogne et Madrid. En Belgique, les Flamands et les Wallons ont de plus en plus de mal à se parler. En France, plus de la moitié des gens n'ont pas voté aux législatives et tu nous as dit, Angela, à quel point l'entrée de l'AFD au Bundestag t'a choquée et inquiétée… Si on laisse continuer ce mouvement de décomposition et si, par-dessus, on prend sur la tête une crise financière et une flambée du chômage, l'Europe peut se disloquer. Je n'ai pas besoin d'insister car nous le savons tous ! Pour éviter cela, il faut provoquer un sursaut, avec un projet clair, qui parle à tous, les jeunes et les vieux, la gauche et la droite, un projet qui a du souffle, qui a du sens, et qui donne du travail au plus grand nombre. Quand Mario nous suggère d'augmenter les investissements et, en particulier, les investissements qui visent à respecter l'Accord de Paris, je signe tout de suite. Et je ne vois pas qui peut s'y opposer, à Madrid comme à Barcelone. »

Le dimanche après-midi, avant de se séparer, ils avaient tous accepté l'invitation de Merkel à se retrouver un mois plus tard : « Mario, c'était magnifique, ce week-end. Un grand merci à toi de l'avoir organisé. Maintenant, il faut qu'on avance : il faut qu'on en parle à tous nos collègues et qu'on rédige un projet de traité. Voyons-nous dans un mois : retrouvons-nous à Sylt, chez Wolfgang Schaüble. Je l'ai appelé longuement hier soir : la tempête Ophelia a fait des dégâts considérables dans cette petite île qu'il aime tant. Ce sera bientôt réparé mais Wolfgang m'a dit que cette tempête "tropicale", qui est venue arracher le toit d'une école jusqu'à la frontière de l'Allemagne et du Danemark, ça l'a poussé à approfondir la question… Le sujet l'intéressait depuis longtemps mais la succession des ouragans cette année a été un catalyseur pour sa réflexion. Quand je lui ai dit que nous réfléchissions à un Plan Marshall pour le climat, il m'a dit que c'était une très belle idée et qu'il soutenait absolument cette démarche, pour sauver le climat et pour aller vers une Europe fédérale. "On va en même temps dégonfler la bulle financière et muscler l'économie. C'est une idée toute simple, mais comme le disait Helmut Kohl, la simplicité est un don de Dieu", m'a dit Wolfgang. Il veut mettre tout son poids politique dans la bataille. Il nous invite chez lui, à Sylt, le mois prochain. »

En se réveillant, Mario Draghi se dit que ce rêve n'était pas forcément une illusion : Merkel a effectivement été ministre de l'Environnement et organisé la COP1. Elle fut l'une des premières à plaider pour la création d'une taxe sur le CO_2[2]. Elle est bien plus ouverte au changement que ne le disent certains : c'est sous son mandat que l'Allemagne a créé un Smic. C'est sous son mandat que l'Allemagne a décidé d'innover contre le chômage en permettant à 1 500 000 salariés de bénéficier du KurzArbeit (« travailler moins pour licencier moins »). C'est sous son mandat, et contre l'avis des lobbies bancaires, qu'une coopération renforcée a été lancée, avec dix autres pays, pour créer une taxe sur les transactions financières… En mars 2007, c'est Angela Merkel

2. « Je me battais au sein de la CDU pour qu'on arrête de parler toujours d'une économie sociale de marché et qu'on parle aussi d'une économie *écologique* de marché », rappelait la chancelière allemande dans une interview au *Tageszeitung* (*TAZ*) du 29 août 2017.

qui a plaidé pour la négociation d'un « Protocole social européen » devant tous les chefs d'État et de gouvernement réunis à Berlin pour les 50 ans du traité de Rome. Sarkozy n'en a pas voulu, mais Merkel sent depuis longtemps le besoin de réorienter l'Europe.

Quant à Macron, il s'est effectivement engagé à New York sur un pacte mondial pour l'environnement. Personne ne l'obligeait à reprendre cette idée portée par un *think tank* peu médiatisé. Et son équipe et lui-même mouillent la chemise pour arriver à une adoption avant 2020. S'il a nommé Hulot à l'Environnement, c'est qu'il a compris l'importance du sujet... Rajoy est effectivement très inquiet, redoutant l'éclatement de l'Espagne et la dislocation de l'Europe tout entière. Et lors d'une discussion téléphonique récente, il parlait des incendies en Galice avec des intonations jamais entendues. Quant à Wolfgang Schaüble, il est réellement soucieux de l'avenir de la planète et cela fait vingt-cinq ans qu'il plaide pour un sursaut européen. En 2012, c'est à Sylt qu'il a donné son feu vert quand lui, Draghi, voulait « dépasser la lettre des traités » et acheter en direct de la dette publique des pays du sud de l'Europe pour casser la spéculation...

Et si ce rêve était prémonitoire ? Et si, tous, ils étaient effectivement prêts à bouger ? Maria avait raison : de quoi a-t-il peur ? Que risque-t-il ? Va-t-il attendre d'être hors course pour dire vraiment ce qu'il pense ? Et n'est-il pas pleinement dans son rôle en proposant aux chefs d'État et de gouvernement la « porte de sortie » la plus intelligente possible, après tant d'années passées à gérer les urgences en préparant de nouvelles crises ?

Alors Draghi prend un double café et décroche son téléphone : « Allô, Angela, c'est Mario. Tu as un moment pour qu'on se parle ? »

CONCLUSION

2018, l'année du choix

Peut-on compter uniquement sur Mario Draghi et sur les autres dirigeants européens pour mettre en œuvre, au plus vite, un Pacte finance-climat ? Non, évidemment non ! Certes, on ne pourra rien faire de décisif sans eux, mais nous autres, citoyens, avons un rôle crucial à jouer pour que l'Europe change de cap et accélère le mouvement vers un modèle de développement nettement plus équilibré.

Car il y a urgence. On ne le dira jamais assez. Des nuages de plus en plus inquiétants s'accumulent sur nos têtes.

Schäuble met en garde contre une nouvelle crise financière
Le jour même de son dernier Eurogroupe, ce lundi à Luxembourg, le ministre allemand des Finances, Wolfgang Schäuble, a lancé un avertissement sur la possibilité d'une nouvelle crise financière internationale. Pour celui qui va quitter son poste, occupé depuis huit ans, pour prendre la présidence du Bundestag, « la montée en spirale des niveaux de la dette et des liquidités au niveau international présente un risque majeur pour l'économie mondiale ».
Dans un entretien au *Financial Times,* Wolfgang Schäuble a souligné le danger de « nouvelles bulles » qui se sont formées sous l'effet des milliers de milliards injectés sur les marchés par les banques centrales.

Exubérance et sommets inégalés
Même si Janet Yellen, la présidente de la Fed, affirmait en juin dernier qu'elle n'imaginait « pas de nouvelle crise financière de notre vivant », les inquiétudes montent chez les analystes alors que les valorisations des marchés boursiers américains atteignent des sommets inégalés, que

> les marchés européens marchent sur leurs pas et qu'en Chine, dans un marché très opaque, le montant des dettes privées atteint 200 % du PIB. Il n'est pas certain que le système financier mondial soit vraiment sain dans son ensemble et chaque fois que les cours de Bourse ont atteint des niveaux équivalents à ce qu'ils connaissent aujourd'hui, on a connu des krachs majeurs, rappellent les observateurs.
>
> *Les Échos*, 10 octobre 2017

C'était la dernière interview de Wolfgang Schäuble comme ministre des Finances. On aurait pu penser qu'il allait dresser un bilan glorieux de ces huit années au gouvernement. Mais pas du tout ! Aucune autosatisfaction dans le message qu'il veut envoyer aux citoyens allemands et à tous les dirigeants de la planète. Aucune ! Au contraire… Avant de rencontrer une dernière fois tous les ministres des Finances de la zone euro, il tire la sonnette d'alarme dans l'un des plus grands quotidiens économiques, et dénonce une nouvelle fois la spirale des dettes et des liquidités. Tous les ministres des Finances présents à l'Eurogroupe ont évidemment lu cette interview. Ils ne pourront pas dire qu'ils ne savaient pas.

Le même jour, *Les Échos* publie aussi des extraits d'un rapport titré « Catastrophes naturelles : vers une année noire pour les assureurs ».

> **Catastrophes naturelles : vers une année noire pour les assureurs**
> L'année n'est pas finie, mais la facture des ouragans Harvey, Irma et Maria ainsi que des séismes au Mexique inquiète les assureurs. À tel point que, selon l'assureur australien QBE, « il est probable que 2017 soit l'année la plus coûteuse de tous les temps pour l'industrie de l'assurance ».
> Jusqu'alors, c'est en 2005 (avec l'ouragan Katrina) et en 2011 (avec le tsunami au Japon) que les assureurs et leurs réassureurs ont été le plus fortement mis à contribution, avec des montants d'indemnisation dépassant à chaque fois 120 milliards de dollars. Mais le total 2017 devrait dépasser ces montants… Après la récente série de catastrophes naturelles, les géants allemands de la réassurance, Munich Re et Hannover Re, ont tous les deux publié un avertissement sur résultat.
>
> *Les Échos*, 10 octobre 2017

2017, une année noire ? Qu'en sera-t-il dans trente, quarante ou cinquante ans si rien de fondamental ne change d'ici là ? Nous préparons à nos enfants et petits-enfants un climat auquel il sera très difficile – voire impossible – de s'adapter.

Pour nous réconforter, dès le lendemain, c'est le FMI qui publie un nouveau rapport sur les déséquilibres de l'économie mondiale. Le rédacteur en chef des *Échos* en extrait les meilleurs morceaux pour son éditorial sur Europe 1 :

> **Selon le FMI, l'économie mondiale ressemble au *Titanic***
> Nouvelle alerte lancée par le FMI. L'économie mondiale ressemble au *Titanic*. Et ce à double titre : comme le *Titanic* avant le choc, l'économie mondiale est en train d'accélérer mais, dans ses soutes, les problèmes s'accumulent. « L'eau semble calme, écrit le FMI, mais les problèmes s'accumulent sous la surface et risquent de torpiller la reprise mondiale, débouchant sur une crise financière généralisée. »
> Le FMI dénonce le climat de fuite en avant dans tous les pays du G20 et en particulier en Chine où la dette totale (privée et publique) atteint 310 % du PIB[1]. Si rien ne change, nous allons revivre la crise de 2008. On est prévenus !
>
> Nicolas BARRÉ sur Europe 1, 12 octobre 2017

Oui, « on est prévenus ». Lundi 9 octobre, c'est Wolfgang Schäuble et mercredi 11 octobre, le FMI. On est prévenus mais qu'est-ce qu'on fait ? Que font tous les ministres des Finances de la zone euro, qui ont évidemment lu l'interview de Schäuble et ont vu les graphiques très inquiétants que le *Financial Times* a publiés pour illustrer son diagnostic ? « Les ministres ont offert à Wolfgang Schäuble un drapeau européen avec toutes leurs signatures », nous apprend *Le Monde*. C'est follement original, comme cadeau de départ ! Mais, au-delà, que font nos dirigeants pour que le *Titanic* ait une chance d'éviter l'iceberg ?

Sur le site des *Échos*, à côté du compte rendu de la dernière interview du ministre Schäuble, on peut lire un éditorial de Jean-Marc Vittori : « La prochaine crise financière, inévitable et imprévisible[2] ».

1. « Les décideurs doivent agir de manière résolue en tirant parti de l'amélioration des perspectives mondiales pour s'attaquer à la montée des facteurs de vulnérabilité à moyen terme », écrit de façon très diplomatique le FMI, qui craint une crise « plus générale que 2008 » mais espère que le système tiendra jusqu'en 2020. En réalité, le FMI est, comme tout le monde, incapable de dire quand et à cause de quelle petite aiguille vont exploser toutes les bulles créées depuis trente ans…
2. Un éditorial publié dans l'édition du 16 juin 2017. De façon régulière, Jean-Marc Vittori et quelques-uns de ses collègues tirent la sonnette d'alarme.

Imprévisible et *inévitable*. Ce titre est très juste mais très dangereux. Car, comme le déplore Jean-Michel Naulot, une partie de nos dirigeants considère que le capitalisme a toujours connu des crises et qu'il est vain de vouloir les éviter : « Après tout, est-ce vraiment si grave si les États-Unis font faillite ? L'histoire est pleine de grandes crises. On purge le système et on reconstruit derrière », affirmait un très haut fonctionnaire, en petit comité, durant l'été 2008. Et il disait cela très sérieusement, comme un grand sage détaché de la vanité et des vaines agitations du monde. Si la crise est *inévitable* et si *on reconstruit derrière*, pourquoi s'affoler ?

« On reconstruit derrière », c'est vrai. Totalement cynique, mais vrai ! Et en général les ministres et leurs conseillers s'en sortent bien, c'est vrai aussi. Mais entre la crise de 1929 et la reconstruction des années 1945-1955, le chômage a détruit des centaines de milliers de familles dans tous nos pays[3]. La crise a facilité l'arrivée des nazis au pouvoir, et la guerre a fait plus de 40 millions de morts. Et vu les « progrès » faits dans l'art de la guerre depuis cette date, on peut craindre, en cas de crise économique généralisée, qu'un conflit majeur qui naîtrait en Asie par exemple[4] fasse bien plus de dégâts au XXIe siècle qu'au milieu du XXe. Cela pour parler seulement des conséquences d'une nouvelle crise financière et sociale.

Quant à la crise climatique, il faut nous dire où et comment « on reconstruit derrière », car si le sud de l'Asie et de nombreuses régions deviennent invivables (car trop chaudes et trop humides deux ou trois mois par an), si l'Europe connaît régulièrement des épisodes de canicules à 45 ou 50 °C

3. Une étude récente de l'Inserm montre que, avant la flambée de 2008, le chômage provoquait déjà chaque année en France entre 12 000 et 15 000 morts… L'Inserm a suivi la population française pendant sept ans et, en enlevant tous les autres facteurs de risque, arrivait déjà à ces chiffres sinistres (entre 12 000 et 15 000 morts chaque année) avant la flambée du chômage que nous avons subie depuis 2008.

4. De même que des millions d'Allemands attendaient le match retour contre les Français après la guerre de 1914-1918, des millions de Chinois attendent le match retour contre le Japon, qui a commis des horreurs en Chine durant la Seconde Guerre mondiale… Depuis vingt ans, la Chine a multiplié par 6 son budget militaire et le Japon a tout récemment modifié sa Constitution pour mettre fin à son pacifisme, après la grande parade militaire organisée par Pékin en septembre 2015, pour fêter les 70 ans de la capitulation de Tokyo en 1945… « Taïwan jouera au XXIe siècle le rôle qu'a joué l'Alsace-Lorraine au XXe », écrivait déjà en 2005 Thérèse Delpech, la conseillère d'Alain Juppé pour les questions stratégiques. Une crise financière et une crise sociale de grande ampleur pourraient mettre le feu aux poudres et conduire la Chine à entrer en conflit avec ses voisins… On peut trouver dans *La gauche n'a plus droit à l'erreur* (Rocard et Larrouturou, 2013) une rapide analyse des énormes facteurs de risque qui s'accumulent en Asie.

et si l'Afrique souffre le martyre par manque d'eau, il sera peut-être difficile de trouver un endroit tranquille pour « reconstruire derrière ».

Certes, Vittori a raison, la crise est inévitable et le calendrier est imprévisible, mais cela ne signifie pas qu'il faut rester sans rien faire, tétanisés comme des lapins dans les phares du camion qui va les écraser[5]. Au contraire : il est urgent d'agir car les conséquences de la crise ne seront absolument pas les mêmes selon ce que nous aurons fait, *ou pas fait*, avant qu'elle n'éclate.

Il y a au moins cinq paramètres fondamentaux sur lesquels nous pouvons agir et qui auront une influence déterminante sur l'ampleur de la crise et ses conséquences sociales et politiques.

1. A-t-on laissé les banques centrales alimenter la spéculation avec leurs liquidités à taux 0 ou avons-nous, au contraire, tari ces ressources et fléché la création monétaire vers l'économie réelle ? A-t-on créé une Taxe Tobin pour calmer la spéculation et renforcer la capacité d'action de l'Europe ?
2. A-t-on enfin séparé les banques de dépôt et les banques d'affaires, de façon à limiter très nettement la spéculation, muscler l'économie réelle et diminuer très fortement l'impact qu'aurait une crise financière sur l'économie réelle ? Si une séparation stricte a été mise en place avant qu'elle n'éclate, une crise financière sera quasiment cantonnée au secteur financier et aura un effet faible sur l'économie réelle. Par contre, si rien ne change, le tsunami qui se déclenchera sur les marchés financiers pourra impacter immédiatement une bonne partie de l'économie réelle[6].
3. Avons-nous rompu avec notre dépendance au pétrole ou sommes-nous toujours à la merci d'une remontée des prix du pétrole qui provoquerait une crise majeure ? En 2006-2007, les impayés dans les remboursements des crédits *subprimes* auraient été nettement moins

5. Ce n'est évidemment pas ce que suggère Jean-Marc Vittori.
6. Quand Roosevelt arrive à la Maison Blanche en 1933, il fait voter la séparation des banques de dépôt et des banques d'affaires en moins de quatre mois. Les banquiers sont furieux et affirment que Roosevelt, le communiste, va détruire les États-Unis, mais Roosevelt tient bon et, dans tous nos pays, la séparation des banques s'appliquera jusqu'à la fin des années 1980… Les banques de dépôt ne pouvant plus aller sur les marchés financiers sont obligées de faire leur travail de financement des PME et des collectivités. Et les banques d'affaires prennent nettement moins de risques car elles n'ont plus la garantie de l'État : en cas de pertes, ce sont les actionnaires qui paient. En cas de faillite, aucun secours à attendre non plus de l'État… Cela pousse à la prudence.

élevés si une part importante du revenu des plus précaires n'avait été confisquée par la remontée du prix du pétrole. En octobre 2017, le président russe et le roi d'Arabie saoudite ont décidé de combiner leurs efforts pour faire remonter le prix du gaz et du pétrole. Allons-nous baisser notre consommation d'énergies fossiles assez vite pour éviter que le scénario de 2006-2007 se reproduise ?

4. Allons-nous renforcer la résilience de nos sociétés en nous rassemblant sur des causes communes fondamentales, en créant massivement des emplois de qualité, en ouvrant des chantiers concrets pour le « vivre- et agir-ensemble », et en rétablissant des liens de confiance entre le peuple et les « élites » ?
5. À un niveau plus global, allons-nous renforcer l'Europe et prouver de façon « indiscutable » les bienfaits de la coopération ? Allons-nous enfin construire et financer l'Alliance annoncée à Johannesburg par Jacques Chirac, pour mettre en œuvre de façon très concrète les principes de solidarité et de fraternité que proclament nos dirigeants, ou bien allons-nous, au contraire, laisser se développer le chacun pour soi et la concurrence de tous contre tous ?

« Et si nous étions à la veille du krach ?, s'interroge à nouveau Guillaume Maujean, rédacteur en chef "finance-marchés", dans *Les Échos* du 15 octobre 2017. Il y a trente ans, presque jour pour jour, le Dow Jones s'effondrait de plus de 22 % lors d'un "lundi noir" resté dans toutes les mémoires. Et si nous n'avions rien appris de l'histoire ? Et si nous étions à la veille d'un nouveau krach sur les marchés financiers ? »

« Nous n'avons rien appris. » Il a raison, hélas. Mais, en trente ans, les fondamentaux de l'économie mondiale se sont totalement déséquilibrés, le niveau de dette totale a plus que triplé et, partout, le chômage et la précarité ont sapé les fondements de nos démocraties. Si nous ne sommes pas capables de mettre en œuvre très vite un certain nombre de mesures « coupe-feu », les conséquences d'un krach pourraient donc être sans commune mesure avec celles subies en 1987 ou 2007.

C'est une évidence : on n'évitera pas une nouvelle crise financière[7]. Vu toutes les erreurs commises depuis trente-cinq ans, vu l'énormité des

7. Le FMI espère que le système tiendra jusqu'en 2020. Nous aussi. Mais personne ne sait si la crise est pour 2017, 2018, 2020 ou 2023… Quel délai reste-t-il pour agir ? Tous l'ignorent. Une chose est certaine : le système est totalement déséquilibré et « plus dure sera

déséquilibres et des dettes accumulées, c'est impossible. Mais un krach dans lequel seuls les 5 ou 10 % les plus riches perdent une partie (limitée) de leurs revenus[8] mais où l'économie réelle, peu touchée, continue à créer massivement des emplois parce qu'on a enclenché un mouvement puissant de transition énergétique, cela n'a pas du tout les mêmes conséquences qu'une crise financière qui provoque une crise économique généralisée, dans des pays déjà minés par le chômage et la crise politique, et peut déboucher, en plusieurs régions du monde, sur des conflits armés, comme la crise de 1929 a débouché sur la guerre de 1939…

De même, on ne pourra pas stopper net le réchauffement climatique, mais on peut en diminuer nettement les effets en réduisant les émissions (pour en limiter l'ampleur) et en mettant en œuvre des politiques d'adaptation très ambitieuses, en Europe comme dans les pays du Sud, pour en limiter les conséquences concrètes.

Oui, il y a urgence à agir, car si la crise financière éclate, on peut craindre que la crise écologique soit, de nouveau, totalement oubliée et que les réflexes de chacun pour soi, de dumping et de protectionnisme agressif l'emportent très vite. Ce serait alors, pour tous nos pays, la triple peine : crise financière *et* crise sociale majeure *et* marche de plus en plus rapide vers le chaos climatique, si plus personne ne parle de transition énergétique ou n'a les moyens financiers pour la mettre en œuvre…

« Effondrement global » ou « grosses turbulences sans conséquences dramatiques » ? L'ampleur et le bilan de la prochaine crise financière sont entre nos mains.

« La planète est en train de se venger de la folie des hommes, affirmait Emmanuel Macron à la tribune des Nations unies le 19 septembre 2017. Le réchauffement climatique multiplie les catastrophes. La nature nous rappelle à l'ordre et nous intime d'assumer notre devoir d'humanité et de solidarité. Elle ne négociera pas ! »

---

la chute » si on continue à nourrir la spéculation au lieu d'utiliser ce délai pour dégonfler la bulle et renforcer l'économie réelle.

8. Seuls 5 % des Français ont des actions et moins de 15 % d'entre nous ont mis *une partie* de leur épargne dans des produits en lien étroit avec les marchés financiers. Si la séparation des banques a permis de mettre une paroi étanche entre les marchés financiers et l'économie réelle, l'immense majorité des citoyens sera peu impactée par la crise des marchés financiers. Surtout si un vaste plan d'investissement a permis de relancer l'activité économique sur tous nos territoires et donne du grain à moudre aux banques commerciales.

« La planète est en train de se venger de la folie des hommes »

Le président de la République a raison. C'est bien de folie qu'il s'agit en effet : folie d'un système économique obnubilé par la rentabilité et le court terme et dans lequel la dignité de l'homme et la richesse de la biodiversité sont comptées pour rien ; folie d'un système qui a besoin de plus en plus de dette pour maintenir une croissance de plus en plus inégalitaire ; folie d'un système où les banques centrales peuvent créer, ensemble et *ex nihilo*, quelque 10 000 milliards d'euros en moins de dix ans, mais où les budgets consacrés à la lutte contre le dérèglement climatique et à l'aide au développement sont totalement insuffisants.

Si ce système est devenu fou, il faut le changer de façon radicale. Rien ne sert de ruser avec lui, ou de l'améliorer à la marge. Il faut décider, ensemble, d'une métamorphose, d'un changement rapide et global. Et pour cela, il faut poser des choix clairs.

On a fait, plus haut, l'éloge du *en même temps* macronien : pour la mise en œuvre concrète de la transition énergétique, pour rattraper tout le temps perdu, il faudra en même temps isoler les bâtiments publics et les bâtiments privés, les usines et les bureaux, en même temps changer nos transports, en même temps investir dans la recherche et en même temps accompagner les paysans dans un changement de modèle… Mais sur le fond, sur le modèle de société dans lequel nous voulons vivre, il va falloir très vite poser des choix individuels et des choix collectifs beaucoup plus clairs.

On ne peut pas verser des larmes de crocodile sur les pays dévastés par la sécheresse ou les inondations et en même temps prendre l'avion chaque fois qu'on part en vacances, ou prendre sa voiture pour aller chercher du pain alors que la boulangerie n'est qu'à un kilomètre. On ne peut vouloir une planète verte et, en même temps, changer de téléphone portable chaque fois qu'un opérateur nous propose de le faire…

On ne peut pas, en même temps, vouloir diviser par 4 nos émissions de gaz à effet de serre et n'y consacrer que quelques miettes de budget. On ne peut pas vouloir le bon développement des pays du Sud et, en même temps, détruire les agricultures paysannes avec nos excédents subventionnés. On ne peut pas vouloir la neutralité carbone en 2050 et, en même temps, accepter que perdure une agriculture industrielle (sauf pour quelques niches « bios » ou « durables »). On ne peut pas vouloir améliorer nettement le stockage des énergies renouvelables et, en même temps, refuser d'augmenter le budget de la recherche.

On ne peut pas vouloir une Europe capable d'agir pour humaniser la planète et, en même temps, continuer un dumping social, qui épuise les peuples, et un dumping fiscal qui prive notre continent des ressources nécessaires à une action internationale (coopération et défense) à la hauteur des enjeux… On ne peut pas vouloir tarir les causes des migrations massives et, en même temps, ne rien faire de sérieux pour aider les pays du continent africain à lutter contre le dérèglement climatique et à mettre en œuvre des politiques d'adaptation à la hauteur des enjeux. On ne peut pas dire que c'est l'avenir de l'humanité qui est en jeu et, en même temps, refuser une Contribution Climat de 5 % sur les bénéfices.

5 % vs *l'avenir de l'humanité* ?! Il est temps de faire des choix clairs.

Quel monde voulons-nous pour nos enfants ?

« Quel monde voulons-nous laisser à nos enfants ? » C'est un homme qui n'a pas d'enfant qui pose cette question, à la fois simple et cruciale. Dans l'encyclique *Laudato si'*, le pape François nous invite à un choix fondamental, pour rompre avec un système qui détruit la planète et fait cohabiter le gaspillage des plus riches avec la misère d'un trop grand nombre.

Dans ce texte que beaucoup ont apprécié[9], croyants ou non-croyants, François commence par louer la beauté et la douceur du monde qui nous entoure : « Le sol, l'eau, les montagnes, tout est caresse de Dieu. […] Chacun de nous a en mémoire des lieux dont le souvenir lui fait beaucoup de bien : celui qui a grandi dans les montagnes ou qui, enfant,

9. Jouzel, « Le réchauffement climatique constitue l'un des principaux défis actuels pour l'humanité », *Édition commentée. Encyclique Laudato si'*, Collège des Bernardins, « Parole et silence », 2015.

s'asseyait pour boire l'eau au ruisseau ou qui jouait sur une place de son quartier, quand il retourne sur ces lieux, se sent appelé à retrouver sa propre identité. »

Citant saint François, dont il porte le nom, il loue la beauté de frère Soleil, de sœur Lune et des étoiles qui dansent au firmament du ciel, la beauté des oiseaux et des fleurs des champs, la beauté des montagnes et des glaciers, la fraîcheur des sources et des fontaines…

Mais très vite, il en vient à l'« urgence et la nécessité d'un changement radical dans le comportement de l'humanité. Que les hommes dégradent l'intégrité de la Terre en provoquant le changement climatique, en dépouillant la Terre de ses forêts naturelles ou en détruisant ses zones humides, en contaminant les eaux, le sol, l'air et l'environnement par des substances polluantes, tout cela ce sont des péchés : un crime contre la nature est un crime contre nous-mêmes et un péché contre Dieu. Ces situations provoquent les gémissements de sœur Terre, qui se joignent aux gémissements des abandonnés du monde, dans une clameur exigeant de nous une autre direction ».

Le lien entre pauvreté et fragilité de la planète, crise de l'environnement et souffrance des exclus est au cœur de l'encyclique : « Toute approche écologique doit incorporer une perspective sociale qui prenne en compte les droits fondamentaux des plus défavorisés. » L'écologie y est abordée avec une phrase choc : « La Terre, notre maison commune, semble se transformer toujours davantage en un immense dépotoir. » Le pape François intègre à juste titre dans les « biens communs » le climat, dont il évoque l'évolution comme « l'un des principaux défis actuels pour l'humanité », avec un diagnostic tout à fait dans la ligne de celui du GIEC et qui ne laisse aucune place au climatoscepticisme.

« Tout est lié, affirme François : la désertification du sol est comme une maladie pour chacun et nous pouvons nous lamenter sur l'extinction d'une espèce comme si elle était une mutilation. […] Nous ne nous rendons plus compte que certains croupissent dans une misère dégradante, sans réelle possibilité d'en sortir, alors que d'autres ne savent même pas quoi faire de ce qu'ils possèdent et font étalage avec vanité d'une prétendue supériorité, et laissent derrière eux un niveau de gaspillage qu'il serait impossible de généraliser sans anéantir la planète. »

« Tout est lié, insiste-t-il : penser que les autres êtres vivants peuvent être considérés comme de purs objets soumis à la domination humaine, et voir la nature uniquement comme un objet de profit. Cet arbitraire du plus fort a favorisé d'immenses inégalités, injustices et violences pour la plus grande partie de l'humanité parce que les ressources finissent par appartenir au premier qui arrive ou qui a plus de pouvoir : le gagnant emporte tout. [...] L'idéal d'harmonie, de justice, de fraternité et de paix que propose Jésus est aux antipodes d'un pareil modèle. Si le regard parcourt les régions de notre planète, il s'aperçoit immédiatement que l'humanité a déçu l'attente divine. »

« La faiblesse de la réaction politique internationale est frappante », s'indigne François, en dénonçant « la soumission de la politique à la technologie et aux finances. Une écologie superficielle se développe qui consolide un certain assoupissement et une joyeuse irresponsabilité. Comme cela arrive ordinairement aux époques de crise profonde qui requièrent des décisions courageuses, nous sommes tentés de penser que ce qui est en train de se passer n'est pas certain, que toutes ces choses ne sont pas si graves et que la planète pourrait subsister longtemps dans les conditions actuelles... Ce comportement évasif nous permet de continuer à maintenir nos styles de vie, de production et de consommation. C'est la manière dont l'être humain s'arrange pour alimenter tous les vices autodestructifs : en essayant de ne pas les voir, en luttant pour ne pas les reconnaître, en retardant les décisions importantes, en agissant comme si de rien n'était... »

Et François, qui a décidé de délaisser les palais du Vatican pour vivre dans un sobre appartement de 60 m^2, quitte à énerver quelques cardinaux qui souhaitent rester dans les dorures, nous invite à une « révolution culturelle courageuse, une autre façon de comprendre l'économie et le progrès ».

Il voit les dangers qui menacent notre humanité mais il sait aussi que « l'authentique humanité, qui appelle à une synthèse nouvelle, semble habiter au milieu de la civilisation technologique, presque de manière imperceptible, comme le brouillard qui filtre sous une porte close. [...] Serait-ce une promesse permanente, malgré tout, jaillissant comme une résistance obstinée de ce qui est authentique ? »

« Quel genre de monde voulons-nous laisser à ceux qui nous succèdent, aux enfants qui grandissent ? Aujourd'hui, croyants et non-croyants, nous sommes d'accord sur le fait que la Terre est essentiellement un héritage commun dont les fruits doivent bénéficier à tous. Paix, justice et sauvegarde de la création sont trois thèmes absolument liés. [...] Nous sommes à la croisée des chemins : jamais l'humanité n'a eu autant de pouvoir sur elle-même et rien ne garantit qu'elle s'en servira toujours bien, surtout si l'on considère la façon dont elle est en train de l'utiliser. »

« Nul ne peut servir deux maîtres à la fois, affirme le Christ dans l'Évangile : ou bien il haïra l'un et aimera l'autre, ou bien il s'attachera à l'un et méprisera l'autre. Vous ne pouvez pas servir Dieu et l'Argent. » De même, en refermant l'encyclique écrite par ce pape laïc, comme le dit Dominique Wolton[10], on comprend que l'Europe doit faire un choix radical. Nul ne peut servir deux maîtres à la fois : l'Europe est-elle au service de la finance ou est-elle au service des peuples et de la sauvegarde de la planète ?

Peut-on continuer longtemps à subir – et à nourrir – une finance qui domine l'économie et une économie prédatrice qui abîme de plus en plus gravement les peuples et la planète, ou faut-il au plus vite remettre d'aplomb ce que « la folie des hommes » a mis sens dessus dessous ? Remettre la finance au service d'une société où priment réellement la dignité de chaque homme et la protection de toute la planète.

Oui, nous sommes à la croisée des chemins. Il est urgent de faire un choix de civilisation. Cette expression a souvent été galvaudée mais elle s'applique parfaitement aujourd'hui.

Nous autres, civilisations, savons que nous sommes mortelles... L'histoire de l'Europe nous enseigne que la barbarie est possible. L'histoire de l'Europe nous enseigne que lorsque des millions d'hommes et de femmes se sentent humiliés, quand leur dignité est mise à mal par un système qui ne satisfait même pas leurs besoins matériels fondamentaux (l'eau, le pain, un *chez-soi*), le pire est possible.

Nous, Européens, devons au plus vite faire un choix de civilisation. Car c'est bien la civilisation qui est en jeu, aussi bien par l'énormité des enjeux que par ce qui se joue en l'intime de chacun de nous. Si rien ne change, nous risquons un *global collapse*, comme l'écrivaient déjà en 2010 des économistes de la Société Générale dans une note

10. Pape François, *Politique et société. Rencontre avec Dominique Wolton*, Libreria Editrice Vaticana-Éditions de l'Observatoire, 2017.

réservée à leurs « très gros » clients : en 48 heures, il faudra vendre tous vos produits financiers et acheter seulement de l'or et des denrées alimentaires, conseillaient-ils… Vu les niveaux atteints par les dettes et la spéculation, vu toutes les zones d'ombre de la finance grise, le scénario catastrophe envisagé par le FMI peut conduire à des dizaines de millions de chômeurs supplémentaires à travers la planète, un niveau de pauvreté et d'exclusion jamais vu. Et de la précarité généralisée peut renaître la barbarie, en Asie ou ailleurs, comme dans les années 1930… Ce serait bien un effondrement de civilisation. Il est tout à fait possible dans les quinze ou vingt ans qui viennent.

Et nous irons aussi vers un effondrement de civilisation si nous ne sommes pas capables d'éviter ce que le GIEC appelle pudiquement des *scénarios émetteurs* mais qu'on pourrait aussi nommer *scénarios autodestructeurs* : si nous continuons à faire des efforts faibles, si nous sommes incapables de changer de braquet, si la température moyenne s'élève non pas de 1,5 ou 2 °C mais de 3 ou 4 °C, si le sud de l'Asie et de nombreuses régions sont invivables et si un tiers de l'Afrique n'a plus d'eau, nous allons vers le chaos. Et là aussi, ce chaos est probable dans les vingt ou trente ans qui viennent[11].

Pour toutes ces raisons « globales », il est pleinement justifié de dire que nous sommes confrontés, de façon inédite dans notre histoire, à un vrai choix de civilisation. Mais c'est aussi la civilisation qui est en jeu dans l'infiniment petit, le non-mesurable de nos consciences : « Je m'exprime en exprimant le monde. J'explore ma propre sacralité en déchiffrant la sacralité du monde », écrivait Paul Ricœur[12].

« J'explore ma propre sacralité… » Au fond, par-delà le CO_2 et le méthane, par-delà les marchés financiers, la BCE et le dumping fiscal européen, ce qui est en cause, c'est d'abord et avant tout la sacralité, la dignité de l'Homme.

Qui donc est l'homme pour être traité ainsi, ballotté d'une crise à l'autre et incapable d'éviter le chaos qu'on lui prédit ? Qui donc est l'homme pour n'être capable de « tirer aucune leçon des crises précédentes » ? Qui donc est l'homme pour accepter que les gaspillages et la

11. Les scénarios du GIEC très inquiétants pour 2100 ne doivent évidemment pas nous laisser penser que « tout roule » jusqu'au 30 décembre 2099…
12. Ricœur, *Philosophie de la volonté*, tome 2 : *Finitude et culpabilité*, Seuil, « Points Essais », 2009. Cité par le pape François dans *Laudato si'*.

surconsommation de quelques-uns conduisent au chaos pour tous ? Qui donc est l'homme pour s'autodétruire ? Qui donc est l'homme pour que, même quand les journaux nous informent, chaque semaine, des dizaines de morts dus à telle ou telle conséquence du dérèglement climatique, les chefs de la communauté humaine soient incapables de réagir ? Car ce n'est pas le climat qu'il faut sauver, ni même la planète (la planète a très bien survécu à la disparition de la plupart des dinosaures), c'est « seulement » de notre humanité qu'il s'agit.

Homo sapiens sapiens. À l'école, nous avons tous appris que nous formions la branche la plus élevée du genre animal. Est-ce bien certain ? *Sapiens sapiens* ou *nullens nullens* ? La question se pose si, malgré tous les rapports du GIEC et du FMI, nous décidons de ne rien changer et donc d'aller vers le chaos.

#OnVautMieuxQueCa

On vaut mieux que ça. Le mot dièse qui a fleuri sur tous les réseaux sociaux quand la loi Travail était en débat à l'Assemblée en février 2016 dit bien la demande fondamentale de notre époque : une demande de dignité, point commun aux peuples de tous les continents.

Ricœur a vu juste. Ne pas respecter la sacralité de la planète qui nous a vus naître, ne pas être capables de décider d'un nouveau modèle de développement qui respecte la dignité de tous, régule la finance et donne au plus grand nombre un vrai travail, c'est bafouer notre propre sacralité.

Aller vers le chaos ou décider d'un sursaut collectif pour réaffirmer la primauté de l'homme et de la planète sur la finance folle ? Le choix devrait être évident. Mais visiblement il ne l'est pas : oh, bien sûr, si on oublie Donald Trump et un petit nombre de ses collègues, l'immense majorité de nos dirigeants affirme publiquement sa volonté de lutter contre le réchauffement climatique. Chez les dirigeants français, en particulier, on s'est réjoui plus haut de la belle continuité affichée depuis Jacques Chirac pour que la France s'engage en faveur de l'objectif Facteur 4. Et c'est le cas de la quasi-totalité des dirigeants européens qui, depuis la décision de Trump de quitter l'Accord de Paris, ne cessent de plaider pour son absolu respect…

Mais il y a loin de la coupe aux lèvres : il y a un fossé entre le niveau d'ambition affiché dans les lois, les discours ou les rencontres internationales et la réalité des moyens donnés à la lutte contre les émissions de gaz à effet de serre. Et la question de la régulation de la finance et de la bonne allocation de la création monétaire est tragiquement absente du débat public, malgré les mises en garde répétées du FMI, de la BRI, de l'IIF et autre Banque mondiale…

« On est prévenus ! », concluait le rédacteur en chef des *Échos* après avoir longuement cité le FMI qui craint « une crise plus générale qu'en 2008 ». Oui, nous sommes prévenus mais, comme le regrette le pape François, « on continue à faire comme si tout cela n'était pas si grave ».

Le 13 octobre 2017, le *Financial Times* mettait à sa une la photo terrible des incendies qui ravagent la Californie : « L'enfer ! Déjà plus de 30 morts dans les incendies catastrophiques dus à la sécheresse de ces dernières années et à la canicule de ces dernières semaines », pouvait-on lire sous la photo. Mais le même jour, à la une du *Soir* de Bruxelles, on apprenait que « la Belgique tente de raboter ses engagements de réduction des gaz à effet de serre ». Et le grand quotidien belge de s'inquiéter du « grand écart observé entre les déclarations du Premier ministre Charles Michel (“Il y a urgence. Plus que jamais, l'Accord de Paris doit être confirmé et mis en œuvre”) » et la réalité de la négociation où le gouvernement belge « veut utiliser des astuces de calcul pour ne pas avoir à réduire de 35 % les émissions de ses secteurs non industriels, comme c'est prévu sur papier ».

Et la Belgique n'est pas une exception : en France aussi, comme en Allemagne, en Italie ou en Espagne, un certain nombre de lobbies poussent les gouvernements à tergiverser… Jusqu'ici, tout va bien !

« L'humanité, apothéose ou apocalypse ? », s'interroge Jean-Louis Servan-Schreiber dans son dernier livre[13] : « Allons-nous tous être emportés par les bouleversements que nous, humains, avons générés sans en mesurer les conséquences ? Ou bien, à l'inverse, nos successeurs ici-bas seront-ils à la fois omnipotents et sages ? La nouveauté est qu'il ne s'agit pas d'un fantasme de science-fiction. Ce dilemme est bien réel. Notre XXIe siècle marque une charnière dans la longue histoire de notre espèce. » *Omnipotents* ? Nous ne savons pas, mais le

13. Servan-Schreiber, *L'Humanité. Apothéose ou apocalypse ?*, Fayard, 2017.

risque d'apocalypse est bien réel, alors que nous avons toutes les cartes en main, au contraire, pour construire une société d'équilibre et de convivialité. La sagesse dont parle Servan-Schreiber nous impose de choisir, très vite, une autre route que celle sur laquelle nous avançons, en accélérant, comme le *Titanic*…

2018, l'année du choix

Comment pousser nos dirigeants à un choix clair et courageux ? Comment faire reculer les lobbies qui les incitent à privilégier le court terme ? À nous, les citoyens, de décider de notre avenir.

Puisque Angela Merkel et Emmanuel Macron ont dit à de multiples reprises qu'ils voulaient relancer l'Europe et que, dans les domaines où c'est nécessaire, ils voulaient la doter de nouveaux traités, puisque Emmanuel Macron a dit à plusieurs reprises que les citoyens doivent s'emparer de ce débat au lieu d'être consultés seulement en bout de course quand ce sera « à prendre ou à laisser », et puisque Angela Merkel et Emmanuel Macron ont publiquement affirmé que les grandes décisions concernant l'architecture de la nouvelle Europe et le contenu des nouveaux traités devaient être prises avant la fin 2018, nous allons lancer une campagne dans plusieurs pays d'Europe pour « imposer » l'idée du Pacte finance-climat dans le débat public avant la fin 2018.

En 1933, il a suffi de quelques mois à Franklin D. Roosevelt pour créer un impôt fédéral sur les bénéfices et séparer banques de dépôt et banques d'affaires. Nous autres Européens parlons depuis trente ans de créer un impôt sur les bénéfices pour lutter contre le dumping et dégager de nouvelles ressources. Et cela fait dix ans que la séparation des banques est régulièrement évoquée pour lutter contre la spéculation… Après ces longs délais de réflexion, qu'attendons-nous pour agir ? Allons-nous attendre qu'il soit *trop tard* pour passer à l'action ?

« *We choose to go to the moon* », affirmait Kennedy en 1962. Certains ont ricané mais, sept ans plus tard, l'Homme posait le pied sur la Lune. Et de cette ambition sont nés 400 000 emplois.

À nous de dire quelles sont aujourd'hui nos ambitions, quels sont nos choix : *We choose to make our planet green again*. Nous avons décidé de protéger notre planète et de lui rendre sa beauté. Nous avons décidé de faire naître une société plus équilibrée. Nous avons décidé de construire une Europe plus juste et plus démocratique. Nous voulons remettre la finance au service du climat et de la justice sociale. Nous avons décidé de prendre en main notre avenir.

Un livre ne suffit pas. Nous allons tout faire pour qu'un maximum de citoyens ait pleinement conscience de la gravité de la situation (aussi bien sur le front du climat que sur le front financier et social) et pour qu'un maximum de nos concitoyens connaisse aussi les moyens d'agir et toutes les opportunités, personnelles et collectives, qui pourraient naître d'une stratégie Facteur 4.

Nous allons lancer une pétition européenne pour que toutes celles et ceux qui sont favorables à cette idée puissent se compter et entrer en relation pour agir efficacement.

Sous l'autorité de Miguel Ángel Moratinos, ancien ministre des Affaires étrangères de l'Espagne et ancien envoyé spécial de l'Europe au Proche-Orient, un groupe va être créé pour rédiger très concrètement le traité que nous appelons de nos vœux afin que, fin 2018, lors de la COP24 qui se tiendra en Pologne, nous puissions remettre à tous les chefs d'État et de gouvernement européens aussi bien l'ensemble des signatures recueillies par la pétition que le texte d'un prochain traité[14].

« Nous n'avons plus que trois ans pour agir », affirmait une étude publiée dans *Nature* au début de l'été 2017. C'est vrai, il y a urgence.

Voulez-vous agir avec nous ?

www.pacte-finance-climat.eu

14. Le 24 juin 2017, à la Sorbonne, Emmanuel Macron a annoncé qu'il reprenait à son compte le projet de pacte mondial pour l'environnement rédigé par un *think tank* français. Et le 19 septembre, le président français a effectivement défendu ce projet à l'ONU, en présence d'un grand nombre de dirigeants venus de tous les continents, avec l'objectif de le faire adopter en 2020. Pourquoi Angela Merkel, Emmanuel Macron et d'autres dirigeants ne feraient-ils pas de même avec notre projet de pacte européen ?

Contrepoints, soutiens et postfaces

Un certain nombre de personnalités européennes ont déjà accepté de parrainer notre proposition. Vous trouverez ici les quelques pages qu'elles ont rédigées.

Philippe Maystadt, ministre d'État belge, président honoraire de la Banque européenne d'investissement (BEI), membre de l'Académie royale de Belgique.

Miguel Ángel Moratinos, ancien ministre des Affaires étrangères de l'Espagne, ancien envoyé spécial de l'Union européenne pour le Proche-Orient.

Michel Spiro, président de l'Union mondiale des physiciens, président de la Société française de physique, ancien président du conseil du Cern.

Anne Hessel, docteur en médecine, fille de Stéphane Hessel.

Contrepoint[1]

Philippe Maystadt

Quelle personne de bonne foi peut encore en douter ? Pour éviter les conséquences catastrophiques du réchauffement climatique, nous devons lancer d'urgence un vaste plan d'investissement, ce que les auteurs baptisent Pacte finance-climat. Pour autant que de besoin, leur compétence scientifique et leur capacité d'anticiper confirment cette impérieuse nécessité, à mes yeux une véritable obligation morale à l'égard des jeunes générations.

La question qui coule de source : comment financer ce plan ? Autrement dit, comment trouver quelque 1 000 milliards d'euros par an (selon la Cour des comptes européenne, 1 115 milliards par an) ? C'est l'un des sujets centraux de ce livre. Pour répondre correctement à la question, il faut distinguer entre deux catégories de projets : d'une part, ceux qui présentent un ROR (retour sur investissement) suffisamment élevé et, d'autre part, ceux qui requièrent, au moins pour partie, une subsidiation publique. La première catégorie demande des intermédiaires financiers ; la seconde, un budget.

Insistons d'abord sur le fait que le nombre de projets de la première catégorie augmentera sensiblement si le prix du carbone atteint un niveau suffisant pour modifier significativement les éléments de

1. « Contrepoint » au sens musical du terme qui, selon *Le Petit Robert*, est « un motif secondaire qui se superpose à la mélodie principale comme une sorte d'accompagnement ».

calcul du ROR. À cet égard, le pas le plus critique et le plus urgent est la réforme du système ETS. Le prix résultant du croisement de l'offre et de la demande de quotas, il faut que la Commission européenne ait le pouvoir d'augmenter ou de réduire l'offre pour éviter que le prix descende en dessous du minimum requis pour qu'il y ait un véritable incitant (sans doute autour de 30 euros/tonne). La création d'un prix plancher donnerait enfin un signal clair aux investisseurs. Mais cela implique que la quantité globale de quotas soit réduite plus rapidement que ce que propose la Commission, que la plus grande partie de ces quotas soit soumis à un système d'enchères et que le nombre d'industries éligibles à des quotas gratuits soit drastiquement réduit.

Le financement des projets de la première catégorie est le domaine par excellence de la Banque européenne d'investissement (BEI) et des banques publiques de développement (KfW en Allemagne, CDC en France, CDP en Italie, ICO en Espagne…). Celles-ci peuvent assurer la gouvernance des projets d'investissement du fait qu'elles ont l'expertise nécessaire pour assumer la sélection, l'évaluation et le contrôle du suivi. Elles constituent donc des partenaires directs lorsqu'il s'agit de choisir les technologies, les montants alloués et les localisations adéquates. Ces banques peuvent attirer d'autres prêteurs et fournir un levier à la mobilisation de leurs ressources[2].

La BEI, en raison de sa notation AAA, se finance elle-même sur les marchés à de très bonnes conditions, ce qui lui permet de prêter à son tour à des taux inférieurs à ceux de la plupart des banques. Si on veut lui permettre de prêter à des conditions encore plus favorables aux promoteurs de projets relevant du Pacte finance-climat, deux mesures pourraient être adoptées. Premièrement, on pourrait prévoir une extension du « plan Juncker » ciblée sur ces projets, ce qui permettrait à la BEI de bénéficier de la garantie du « Fonds européen pour les investissements stratégiques ».

Deuxièmement, il serait possible que la BEI se finance davantage auprès de la Banque centrale européenne (BCE). La BEI a déjà accès au programme d'achat d'actifs par la BCE mais pour une part très limitée.

---

2. En ce sens, Aglietta et Leron, *La Double Démocratie. Une Europe politique pour la croissance*, Seuil, 2017, p. 162.

On pourrait imaginer d'augmenter cette part[3]. C'est une des pistes auxquelles les auteurs accordent une grande importance. Toutefois, compte tenu des montants envisagés, la BEI aura rapidement un problème de ratio de fonds propres. Les États membres, actionnaires de la BEI, devront soit participer à une nouvelle augmentation de capital, soit enjoindre à la BEI de se concentrer sur ce type de projets. Même si c'est politiquement difficile, on pourrait imaginer que la BEI devienne la banque du développement durable, finançant principalement la transition énergétique, la mobilité écologique et l'innovation et renonçant à financer des projets traditionnels auxquels est encore affectée une part majoritaire de ses prêts.

Pour la seconde catégorie de projets, ceux qui requièrent un subside public, les auteurs plaident à juste titre pour une augmentation du budget européen et ils proposent de le financer par une nouvelle ressource propre : un impôt européen sur les bénéfices des sociétés.

Personnellement, je partage leur point de vue[4], étant entendu que le taux sera déterminé en raison des besoins, c'est-à-dire du volume de subsides nécessaires pour réaliser à temps les projets prioritaires relevant de la seconde catégorie mais aussi en fonction de la version finale de l'harmonisation de la base imposable : plus la base est large (comme le propose la Commission), plus le taux peut être bas.

Pour que ces propositions soient effectivement mises en œuvre, il faut une volonté politique d'un nombre suffisant d'États membres qui, à défaut d'unanimité, pourraient se réunir dans une « coopération renforcée » et remplir la mission de base de toute puissance publique : créer ou permettre la création de biens publics.

La lutte contre le changement climatique est incontestablement un bien public européen. Il serait donc pleinement justifié que sa production soit mise en œuvre à travers un processus démocratique dont l'élément cardinal serait le vote du budget.

Philippe Maystadt, ministre d'État belge,
président honoraire de la Banque européenne d'investissement,
membre de l'Académie royale de Belgique

3. En ce sens, Valla, Berg, Clerc, Garnier et Nielsen, « A holistic approach to ECB asset purchases, the Investment Plan and CMU », *Policy Brief, CEPII*, avril 2015, 7, p. 7.
4. Pour ma propre analyse, *L'Euro en question(s)*, Éditions Avant-Propos, 2015, p. 94-95.

Une responsabilité de tous, une solidarité nécessaire : 1 000 milliards pour le climat

Miguel Ángel Moratinos

Le livre de Jean Jouzel et de Pierre Larrouturou arrive à temps. Nous ne pouvons pas fermer les yeux sur le grand défi de notre planète.

À Paris, en décembre 2015, la COP21 montrait le chemin : un grand accord politique était trouvé et le multilatéralisme du XXIe siècle renaissait. L'engagement, la responsabilité et la solidarité politique de toute la communauté internationale sont inscrits dans les conclusions de la COP21. Mais le plus difficile reste à faire : appliquer vraiment cet accord. Pour cela, il est nécessaire de mobiliser des ressources financières suffisantes pour atteindre notre objectif.

L'attitude vis-à-vis de ces nouveaux financements a beaucoup changé : nous sommes déjà loin de tous ceux qui annonçaient des coûts insupportables pour passer à une économie verte. Aujourd'hui, fort heureusement, le secteur privé a compris l'intérêt d'adhérer au nouvel agenda de durabilité 2030, mais les financements privés ne peuvent pas suffire.

L'Union européenne ne peut pas renoncer à ce rendez-vous historique. Nous, les Européens, nous devons montrer le chemin. Nous avons exprimé notre volonté d'agir. Maintenant, il faut y mettre tous les moyens.

La proposition faite dans ce livre est claire : 1 000 milliards d'euros pour le climat. La BCE peut le faire. Les gouvernements européens doivent l'exiger. Nous sommes tous conscients des limites budgétaires des États membres de l'Union, c'est pour cela qu'il faut imaginer des nouvelles méthodes de financement sans abandonner l'effort collectif pour augmenter l'aide publique au développement. Nous sommes encore loin des 0,7 % promis. Il faudrait constitutionnaliser ces 0,7 % du PIB dans tous les pays de l'OCDE. L'Europe, avec la BCE et la BEI, doit être à la tête de cette nouvelle approche.

Mon pays, l'Espagne, peut et doit faire partie de ce mouvement. Notre situation géopolitique nous interpelle pour servir de référence face à nos voisins du Sud, les pays méditerranéens et africains, et face à nos voisins de l'Ouest : l'Amérique. Nous pouvons démontrer que, tous ensemble, nous pouvons avancer dans ce défi existentiel. Tout va se jouer pendant les prochaines années. Nous devrions commencer à établir une politique européenne en vue des prochaines élections au Parlement européen.

Notre message est clair : si nous voulons construire l'Europe du XXIe siècle, nous sommes obligés de défendre cette nouvelle politique et ce nouvel engagement : oui, 1 000 milliards pour le climat, c'est possible !

Miguel Ángel MORATINOS,
ancien ministre des Affaires étrangères de l'Espagne,
ancien envoyé spécial de l'Union européenne pour le Proche-Orient

Pour une Communauté européenne du climat et de l'énergie

Michel Spiro

Le réchauffement climatique est une réalité. La courbe de la température moyenne à la surface du globe est impitoyable. Elle est corroborée par la montée du niveau des mers due à la dilatation thermique des océans et à la fonte des glaciers continentaux.

Figure 1. Température moyenne de la surface du globe depuis 1880.

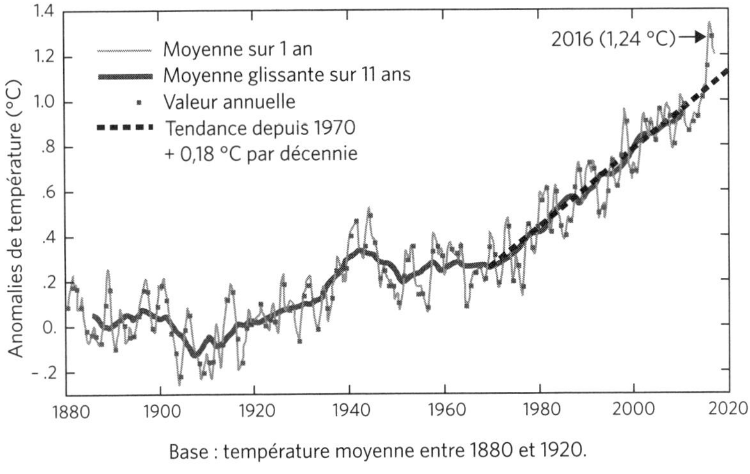

Figure du blog de Sylvestre Huet, huet.blog.lemonde.fr, source NASA, Université Columbia de New York.

Ce réchauffement représente une menace pour la vie sur Terre, à la fois directe par la progression de l'élévation des températures de l'atmosphère et des océans, par la montée des eaux et par les événements extrêmes reliés à l'environnement et à la biosphère (les dernières canicules et les derniers ouragans sont là pour nous le rappeler !), et indirecte par les sécheresses, famines, feux de forêt, difficultés d'adaptation des êtres vivants et leurs conséquences sur la biodiversité et les populations.

Tout maintenant montre que le réchauffement est d'origine anthropique (lié à l'activité humaine) : sa corrélation avec l'augmentation de la teneur en CO_2 dans l'atmosphère, mémorisée dans les carottes glaciaires, son accroissement spectaculaire récent relié à l'émission de gaz à effet de serre par l'activité humaine, sa coïncidence temporelle avec le développement industriel. Les modèles du climat en attestent de manière convergente (les sciences du climat sont devenues un domaine de recherche à part entière, multi- et interdisciplinaire). Réduire par un facteur important l'émission de gaz à effet de serre (consommer moins d'énergies fossiles, éviter la déforestation, tout en luttant contre la pauvreté, en dépit de l'augmentation prévisible de la population mondiale) va tester notre capacité collective à réagir (produire de l'énergie « décarbonée » et se montrer sobre et efficient) et notre capacité de résilience. C'est un défi majeur pour l'humanité.

Un effort européen exceptionnel de recherche et développement, sur un mode coopératif, ouvert et stratégique, serait plus qu'opportun à ce stade. Il est temps de créer une Communauté européenne du climat et de l'énergie, s'appuyant sur une organisation principalement en charge de l'élaboration d'une stratégie partagée, de la recherche, des développements et des initiatives qui sont reliées, de mutualiser les actions et les savoirs.

1. Cette Communauté européenne du climat et de l'énergie pourrait s'appuyer sur cette organisation qui aurait pour tâche de mobiliser de manière cohérente et sur la durée une communauté d'acteurs prêts à s'engager (politiques, décideurs, chercheurs, entrepreneurs, collectivités, associations, citoyens). Cette organisation pourrait être une structure de coopération européenne sur le climat et l'énergie principalement mais incluant, au-delà de l'énergie, des problématiques comme celles liées aux catastrophes induites, à l'agriculture,

à la sécurité alimentaire, aux villes, aux bâtiments, à la santé, à l'eau et plus généralement aux modes de vie. Elle se devrait d'être ouverte sur les autres régions du monde et en particulier sur l'Afrique et le Proche-Orient (où les défis sont immenses) en développant une stratégie européenne dans le cadre d'une vision globale et de collaborations.

2. Construire cette Europe du climat et de l'énergie ainsi que cette organisation requiert des visionnaires, comme ce fut le cas après la guerre avec la construction de la Communauté européenne du charbon et de l'acier, avec la construction de l'Union européenne et avec la construction du Cern (organisation européenne pour la physique des particules), toutes trois conclues par un traité. Il faut en effet s'adapter à un mode de recherche et d'action nouveau (très diversifié, sur le long terme, et très participatif). Même si on peut s'appuyer sur les succès du Cern, du GIEC, de l'OMM (Organisation météorologique mondiale)..., il faudra sans nul doute inventer quelque chose de nouveau. Pour cela, un forum à l'initiative de la Communauté européenne, réunissant tous les acteurs potentiels, pourrait enclencher une intelligence et une conscience collectives, débouchant sur une organisation adéquate.
3. L'enjeu pour une telle organisation sera d'élaborer une stratégie sur le long terme, mise à jour régulièrement, avec des jalons de court et moyen terme, à la lumière de laquelle elle pourra superviser les recherches, vérifier l'attribution et l'utilisation des fonds, éviter les doublons, capitaliser les études et les résultats des recherches, faire des mesures, suivre l'avancement, l'implémentation des projets, avoir un tableau de bord. Elle animera une communauté très participative (*bottom up*), régulée par les moyens mis à disposition (Europe, gouvernements, régions..., *top down*). Elle combinera les initiatives locales, régionales, nationales et européennes avec une vision mondiale. Elle s'attachera à promouvoir les valeurs qui vont avec une telle ambition : la coopération, l'émulation, le partage, l'innovation ouverte, une forme d'autogestion, la sobriété, la reconnaissance, la confiance entre les acteurs, l'écoute, le souci et le respect de l'autre, bref, un goût de ce que pourrait être la société future... Elle alertera et aidera le public de tous âges à comprendre les fondements scientifiques du climat et de ses enjeux, en veillant particulièrement à la

jeunesse par une éducation adaptée, du primaire au supérieur. Les actions doivent s'accompagner d'une dimension d'espoir, convoquant dynamisme, goût d'agir et générosité[1].

En prenant aussi exemple sur l'espérance de vie qui a partout augmenté grâce aux progrès de l'hygiène et de la médecine, il est temps de conjuguer nos efforts, citoyens, scientifiques, entrepreneurs et décideurs, pour faire reculer le réchauffement, les pollutions et les inégalités, bref, pour agir dans la direction d'un développement durable !

C'est notre meilleur moyen d'œuvrer pour la paix, par-delà nos différences. Les initiatives israélo-jordano-palestiniennes sur l'eau et l'environnement en témoignent déjà !

Michel SPIRO,
président de l'Union mondiale des physiciens
(International Union for Pure an Applied Physics, IUPAP),
président de la Société française de physique,
ancien président du conseil du Cern

1. Voir projet de Statement on Climate Change & Education de l'ensemble des académies des sciences du monde et le projet d'un Centre international d'aide aux enseignants porté par La Main à la Pâte.

Indignez-vous, engagez-vous !

Anne Hessel

Chers lecteurs, qui venez de finir ce livre passionnant, je veux m'adresser à vous…

À vous qui savez maintenant que notre Terre se réchauffe ;

À vous qui avez compris que ce réchauffement est lié aux débordements de l'activité humaine, et pas seulement à l'activité solaire ;

À vous qui avez compris qu'il fallait se dépêcher car les échéances de l'irréversible s'approchent ;

À vous qui avez eu, brièvement, la tentation du découragement devant la proximité de ces échéances ;

À vous qui avez compris qu'il y avait des solutions ;

À vous qui avez su vous convaincre de la possibilité de les mettre en œuvre, maintenant ;

À vous pour en parler autour de vous, pour qu'un maximum de citoyens puisse, comme vous, comprendre et s'engager.

Je ne suis ni ministre, ni députée, ni même cadre dans une entreprise, mais je suis une scientifique, ce qui m'a aidée, depuis longtemps déjà, à savoir qu'il existe des progressions avec un effet de seuil ! C'est le cas de l'effet de serre : nous sommes au bord du seuil, de cette température qui réchauffe les océans, créant tornades et inondations, et assèche la terre, créant déserts, famines et incendies. Lorsque le seuil est atteint, la situation devient de plus en plus irrécupérable. Et nous en sommes là : la température monte, la chaleur s'accumule et bientôt la Terre sera invivable. La Terre est notre demeure, à nous, les humains. Nous n'en avons pas d'autre. Nous pouvons simplement la respecter, l'arranger, la rendre habitable pour tous.

L'Europe a un rôle tout à fait particulier à jouer. C'est un vaste territoire, riche, puissant, ayant une pratique déjà ancienne de la démocratie. Elle peut initier ce mouvement de transformation, alliant l'économie d'énergie, la transition écologique et le mieux vivre ensemble. Les expériences positives sont toujours contagieuses : commençons dès maintenant.

Mais je suis aussi la fille de Stéphane Hessel. Et si je n'ai là aucun mérite particulier, c'est par contre une situation très particulière. Dès l'enfance, nous avons été conscients du caractère exceptionnel de sa biographie : allemand de naissance, français de cœur, anglais de culture, européen par conviction, international par profession mais aussi par une impérieuse nécessité de prendre toujours en compte l'humanité tout entière. Et notre mère n'était pas en reste, d'origine russe, polyglotte et interprète de conférence, écrivain...

À table, mes parents parlaient « des Français » comme ils parlaient « des Algériens » ou « des Chinois » : comme différents membres d'une même famille dont ils observaient les manies avec attention et bienveillance. Ils auraient parlé de notre planète Terre comme d'une grande et belle maison, qui, certes, mériterait quelques travaux de rénovation pour rester confortable, mais qui est la plus belle des maisons.

Nous savions aussi la part qu'avait prise la résistance. Non seulement la Résistance pendant la guerre, bien sûr, bien sûr comme une évidence, comme la seule manière d'être avec son temps. Mais aussi la résistance comme attitude : résistance aux lieux communs, résistance à la fatalité, résistance à l'enfermement sur soi, résistance à la tristesse et au défaitisme.

Être la fille de Stéphane Hessel, c'est aussi avoir beaucoup appris de ce père.

D'abord la confiance : confiance dans la vie qui ne lui a pas été retirée quand la mort rôdait dans les camps. Confiance aussi dans la possibilité, toujours en éveil, de changer le monde autour de soi : un sourire, une parole, un jeu, un assentiment, une écoute, ces mille petits riens qui transforment.

La certitude aussi que le pessimiste a toujours tort : avant même que l'événement survienne, le pessimiste en avait écarté la possibilité de réussite. Et donc l'optimisme est une obligation constante, souriante si possible, mais ferme et déterminée toujours.

Et encore la modestie : il pensait, je crois vraiment sincèrement, qu'il avait eu beaucoup de chance. Ainsi, par exemple, il ne s'est jamais plaint d'avoir été arrêté et torturé par les nazis, mais s'est toujours félicité de la chance qu'il avait eue d'en sortir vivant.

Et cette certitude d'avoir une bonne étoile, d'être protégé, le rendait aimablement et sereinement souriant.

Enfin, Stéphane Hessel, c'est la poésie en marche ! Être son enfant impliquait d'écouter de longs moments de récitation, mais aussi d'être interpellé et sommé d'en réciter à son tour, et invité à tenter d'épater ce père en apprenant par cœur encore un poème, plus long, plus difficile… et mes frères et moi et mes enfants continuent d'apprendre par cœur et de réciter.

Il est toujours présomptueux de faire parler les morts (il aurait eu 100 ans cette année), mais m'en voudrez-vous si je vous affirme qu'il aurait été au cœur du combat pour que notre Terre puisse accueillir toute l'humanité, pour qu'il n'y ait plus ni famine, ni détresse, ni enfant affamé, ni insupportable pauvreté, nulle part… ?

Cette idée d'un pacte européen financé par la BCE était déjà dans les 15 propositions du Collectif Roosevelt que Stéphane Hessel a créé en 2012 avec Michel Rocard, Edgar Morin, Susan George, Marie-Monique Robin, Cynthia Fleury et Pierre Larrouturou. En 2012, on leur disait : « 1 000 milliards pour le climat ? Ce n'est pas possible. La BCE ne voudra pas. Les Allemands ne voudront pas… » Tous ces arguments sont aujourd'hui tombés à l'eau, puisque la BCE a créé plus de 2 200 milliards et que les dirigeants allemands l'ont laissée agir. Comme l'explique très bien Philippe Maystadt, ministre d'État et président honoraire de la Banque européenne d'investissement, dans son « Contrepoint », tout ce que proposent Jean Jouzel et Pierre Larrouturou est crédible, solide, réalisable ! C'est « seulement » une question de volonté politique.

Stéphane Hessel n'est plus là. En son absence, c'est à nous de pousser les politiques à l'audace. À nous de tracer les chemins de ce combat contre le réchauffement climatique et contre toute la misère qui l'accompagne.

« Nous avons connu l'apartheid et la fin de l'apartheid. Nous avons connu le mur de Berlin et la fin du mur de Berlin », disait-il souvent pour montrer qu'il ne faut se résigner à aucune situation d'exclusion ou de domination, et que c'est à nous, les citoyens, de décider de notre avenir.

Le temps de l'indignation est passé, c'est celui de l'engagement qui est maintenant nécessaire.

Anne HESSEL, Paris, 19 octobre 2017

« Tout ce qui ne se régénère pas dégénère. »

Edgar MORIN (1921-)

Annexes

Pour mieux comprendre l'action de la BCE

Il n'est pas indispensable de lire ces quelques pages, assez techniques, pour comprendre l'utilité et la faisabilité du projet de pacte européen que nous défendons. Elles sont un « zoom » à disposition des lecteurs et lectrices les plus mordus de chiffres, les plus passionnés de technique monétaire.

De façon générale, comme beaucoup d'auteurs, économistes ou journalistes, nous utilisons parfois le terme « BCE » pour désigner l'Eurosystème, c'est-à-dire la BCE plus les banques centrales nationales, dont l'action est concertée dans le cadre des décisions prises collectivement lors des réunions de l'Eurosystème sous la présidence du président de la BCE.

Depuis 2007, la BCE distingue trois sortes d'opérations non standard : les LTRO, les TLTRO et les APP.

Les LTRO et TLTRO

En 2007 avec la crise, les opérations habituelles de refinancement des banques (MRO, Main Refinancing Operations) ont vu leur durée passer de quelques jours à trois mois. En 2011 et 2012, deux Opérations de refinancement de long terme LTRO (prêts à trois ans, remboursables par anticipation si les banques le souhaitent, à taux révisable, avec des montants illimités) ont été lancées, avec des souscriptions de 489 milliards d'euros pour l'une et de 529 milliards pour l'autre.

La BCE a donc mis à disposition des banques 1 018 milliards, avec pour effet recherché de « réinjecter de la confiance » dans le système bancaire pour éviter les crises de liquidité (la BCE joue ainsi son rôle de prêteur en dernier ressort). Comme prévu, ces LTRO de trois ans sont aujourd'hui remboursées.

Les TLTRO, lancées en 2014, diffèrent légèrement des LTRO : elles ont une maturité (une durée) de quatre ans au lieu de trois. Mais surtout, les taux d'intérêt dépendent des montants qui vont être effectivement prêtés aux entreprises et aux ménages par les banques.

Huit fenêtres de prêts ont été ouvertes entre 2014 et 2016, ce qu'on a appelé le TLTRO I. Puis quatre nouvelles fenêtres (TLTRO II) ont été ouvertes entre 2016 et 2017, avec des taux calculés *a posteriori* car ils dépendront des montants qui seront prêtés au secteur privé.

Au total, il y a donc eu douze fenêtres de prêts TLTRO, pour un montant global de 1 172 milliards d'euros. À la fin août 2017, environ un tiers de ces prêts *a été remboursé par anticipation*.

Les montants totaux des opérations de LTRO et TLTRO, régulièrement mis à jour, son accessibles à cette adresse :
https://www.ecb.europa.eu/mopo/implement/omo/html/index.en.html.

Au total, ce sont quelque 1 187 milliards d'euros qui ont été prêtés aux banques, dont seulement 6 milliards d'opérations « classiques » (durée d'une semaine) et 9 milliards d'opérations à trois mois (réalisées entre juin et août 2017). Pour le reste :

– 824 milliards de TLTRO I à un taux moyen pondéré de 0,05 % ;
– 348 milliards de TLTRO II à un taux négatif. Le taux final facturé dépendra de la performance des banques en matière de nouveaux prêts au secteur privé, mais dans tous les cas il sera compris entre 0 et - 0,30 % (donc au pire à 0 %).

Pour connaître le détail des modalités de calcul de ces taux, on peut se référer à l'annexe 1 de la décision de la BCE suivante :
http://www.ecb.europa.eu/ecb/legal/pdf/celex_32016d0010_en_txt.pdf.

En résumé, pour chaque banque, la BCE mesure un stock de référence de prêts au secteur privé, qui est le stock des prêts en cours à fin janvier 2016, auquel on ajoute la variation nette des prêts sur les douze mois qui précèdent fin janvier 2016, mais uniquement si elle est négative.

Fin janvier 2018, on fera les comptes afin de calculer le taux d'intérêt à payer par cette banque. Si le stock de prêts de cette banque a augmenté de 2,5 % ou plus, le taux applicable sera un taux négatif, « égal au taux appliqué aux dépôts BCE » (- 0,30 % en l'occurrence). Par contre, si le stock de prêts à fin janvier 2018 est inférieur au stock de référence, le taux applicable sera de 0 %. Et entre les deux, une formule linéaire sera appliquée.

À la fin août 2017, le stock de prêts LTRO + TLTRO non encore remboursés représente 768 milliards. Les 1 187 milliards prêtés entre 2015 et 2017 sont venus remplacer en partie les LTRO existants encore en stock en 2014.

Certaines personnes, pour prouver qu'il existe des marges de manœuvre importantes, mettent en avant le montant cumulé de tous les LTRO (sans distinction entre LTRO et TLTRO) sans tenir compte des remboursements déjà effectués (remboursements anticipés ou à terme), en arguant que ces montants auraient pu être prêtés à l'économie réelle pour la transition énergétique à des conditions favorables… Ce montant cumulé des LTRO depuis 2009 est de 1 187 + 489 + 529 = 2 205 milliards d'euros.

Rappelons qu'une partie de ces prêts a déjà été remboursée (en particulier quand des TLTRO à taux négatifs, plus avantageux, sont venus refinancer en partie le stock existant de LTRO à court terme et à taux très légèrement positifs). Pour la suite, on parlera de LTRO pour faire référence sans distinction aux LTRO et TLTRO.

Les APP

Pourquoi a-t-on besoin d'un Programme d'achats d'actifs (Asset Purchase Programme, APP) ? Voilà la réponse fournie par la BCE sur son site :

> « Dans des périodes économiques normales, la BCE pilote les conditions financières au sens large et, *in fine*, les évolutions macroéconomiques et l'inflation en fixant les taux d'intérêt directeurs (à court terme).
> Avec la crise financière mondiale, toutefois, les taux d'intérêt directeurs ont été réduits jusqu'à un niveau proche de leur plancher effectif, le point à partir duquel les abaisser encore aurait un effet limité, voire nul. La BCE a dès lors adopté des mesures non conventionnelles pour faire face aux risques d'une trop longue période de faible inflation et ramener l'inflation à des niveaux inférieurs à, mais proches de 2 % à moyen terme,

conformément à la définition de la stabilité des prix du Conseil des gouverneurs. Les achats d'actifs sont l'une des mesures non conventionnelles auxquelles la BCE recourt pour atteindre cet objectif. »

Comment fonctionne l'APP ?

Au titre de l'APP étendu, la BCE achète une gamme d'actifs comprenant des obligations d'État, des titres émis par des institutions supranationales européennes, des titres émis par des sociétés, des titres adossés à des actifs et des obligations sécurisées au rythme de 60 milliards d'euros par mois. Ces achats d'actifs influencent les conditions financières générales et, finalement, la croissance économique et l'inflation, à travers trois canaux principaux.

Répercussions directes

Lorsque la BCE achète des actifs du secteur privé, comme des titres adossés à des actifs et des obligations sécurisées, qui sont liés aux prêts que les banques accordent aux ménages et aux entreprises dans l'économie réelle, l'accroissement de la demande pour ces actifs pousse leurs prix à la hausse. Cela incite les banques à octroyer plus de prêts, qu'elles peuvent ensuite utiliser pour créer et vendre davantage de titres adossés à des actifs et d'obligations sécurisées. L'accroissement de l'offre de prêts tend à faire baisser les taux débiteurs bancaires appliqués aux entreprises et aux ménages, entraînant une amélioration des conditions financières générales.

En revenant à la page indiquée plus haut, on peut suivre le stock des achats d'actifs. Au 25 août 2017, cela représentait 2 160 milliards d'euros (réf. : https://www.ecb.europa.eu/mopo/implement/omo/html/index.en.html).

Un montant à ne pas confondre avec la masse monétaire M1 (billets, pièces et dépôts à vue) de 7 487 milliards à fin mai 2017 (M1 exclut la monnaie banque centrale créée à l'occasion du QE) (réf. : http://sdw.ecb.europa.eu/reports.do?node=1000003501).

Ces 2 160 milliards d'euros d'APP se décomposent de la façon suivante :

– 1 698 milliards de PSPP (secteur public : environ 90 % dette souveraine et 10 % institutions multilatérales européennes) ;

– 106 milliards de CSPP (obligations d'entreprises) ;
– 240 milliards + 24 milliards de CBPP et ABSP ;
– 91 milliards de Securities Market Program : premier programme d'achat d'obligations (souveraines et privées) entre 2010 et 2012 pour remédier à la situation tendue sur certains titres souverains, dont les actifs seront détenus jusqu'à échéance. Apparemment, ce sont surtout des titres de dettes grecque, irlandaise et portugaise.

L'ensemble du programme APP est présenté de façon synthétique ici : https://www.ecb.europa.eu/mopo/implement/omt/html/index.en.html.

Sur cette page, la BCE donne l'historique de ses achats mensuels.

Pour les CSPP, c'est-à-dire les achats d'obligations d'entreprises du secteur concurrentiel, il est intéressant de noter que les achats peuvent être faits sur le marché primaire comme sur le marché secondaire (ce qui n'est pas le cas pour le secteur public…).

Sur cette même page Internet, la BCE donne ainsi la liste des obligations de grandes entreprises qu'elle a achetées, avec leurs caractéristiques (maturité et taux), mais sans information sur les quantités détenues. De Air Liquide Finance, Akzo Nobel, Allianz Finance, Axa ou BASF Finance, à Sanofi, Schneider Electric et Shell International Finance, en passant par Caterpillar, Coca-Cola, Saint-Gobain, Danone, Heineken ou JCDecaux, LVMH Louis Vuitton Moët Hennessy, Pernod-Ricard ou Petrol d.d., Ljubljana, on sera étonné de découvrir quelles sont les entreprises que finance ainsi la BCE.

Quelle est la nécessité de ces achats ? Quelle est leur utilité ? Autant, dans tous les pays d'Europe, on sait que des milliers de PME ont de réelles difficultés dans l'accès au crédit, autant on ignorait qu'Axa, Heineken ou LVMH[1] étaient freinés dans leur développement par la timidité de leurs banquiers et avaient absolument besoin d'un soutien direct de la Banque centrale…

Au total, si l'on observe l'ensemble des outils qui concourent à la politique de soutien « non conventionnelle » de la BCE, APP et LTRO confondus, on constate que le total des liquidités ainsi mises à disposition des banques commerciales, qui était retombé à 708 milliards début

1. « Nouveau record de bénéfices pour LVMH, annonçait *Le Figaro* du 26 juillet 2017. Le numéro un mondial du luxe a annoncé mercredi un bénéfice net en hausse de 24 % au premier semestre 2017. En 2016, LVMH avait déjà réalisé un bénéfice record de près de 4 milliards d'euros. »

avril 2015 après un premier sommet à 1 540 milliards fin juin 2012, est remonté jusqu'à 2 936 milliards en août 2017. *Soit une augmentation de plus de 2 200 milliards en deux ans et quatre mois.*

	Fin 1998	Fin 2007	Premier maximum 30 juin 2012	Point bas 30 mars 2015	Fin août 2017
Total QE (LTRO + APP) à l'actif de la BCE	169 Mds	397 Mds	1 540 Mds	708 Mds	2 936 Mds

Entre fin 1998 et fin 2007, la BCE avait augmenté ses prêts de 228 milliards seulement en neuf ans.

Entre mars 2015 et la fin août 2017, 2 200 milliards ont été créés en un peu plus de deux ans…

Figure 2. Total des « liquidités » mises à disposition par la BCE.

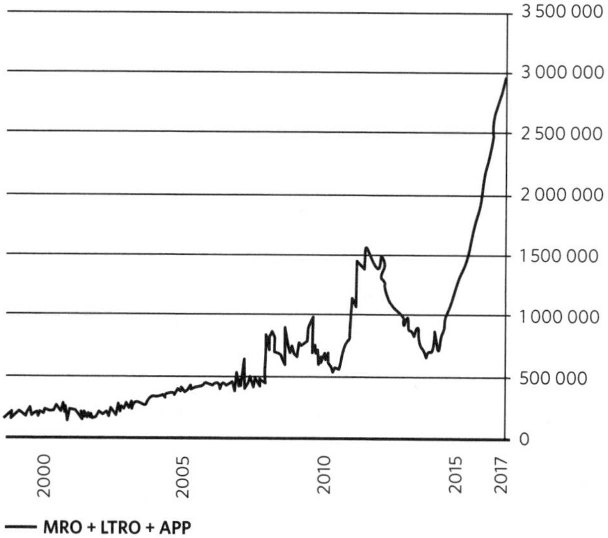

Agriculture, alimentation et réchauffement climatique

Propositions de Bruno Parmentier

Si on veut investir pour diminuer l'impact du réchauffement climatique de l'agriculture et l'alimentation, il faut prendre trois types de mesures puisque ce secteur est triplement concerné, se trouvant tout à la fois :

- *Victime* : c'est une des activités humaines qui va le plus souffrir des effets du réchauffement, lequel compromettra gravement son développement dans de nombreuses régions du monde. Particulièrement dans les régions tropicales, mais également en France. Les premières actions doivent donc consister à l'aider à devenir plus résiliente, pour continuer à produire efficacement, malgré tout.
- *Cause* : elle est un des acteurs majeurs de ce réchauffement, car elle émet à elle seule entre 20 et 25 % des gaz à effet de serre d'origine humaine. On doit donc l'aider à moins réchauffer la planète et en particulier à limiter ses émissions de gaz carbonique, mais surtout de méthane et de protoxyde d'azote, ces deux spécialités délétères qui fort malheureusement sont respectivement 23 fois et 298 fois plus « réchauffantes » que le gaz carbonique.
- *Solution* : elle détient un des seuls outils disponibles pour contribuer à résoudre le problème : la réduction de la teneur en gaz carbonique, *via* sa fixation dans les arbres et le sol. On doit donc l'inciter fortement à augmenter résolument sa contribution à la fixation du carbone.

Aider l'agriculture à produire, malgré tout

La liste des méfaits du réchauffement climatique sur l'agriculture est malheureusement fort longue, et les aides que l'on peut imaginer pour renforcer sa protection relativement limitées ; mais ce n'est pas une raison pour ne pas s'y employer résolument vu l'ampleur des enjeux.

• *Les cyclones seront de plus en plus violents*, arrachant toutes les cultures sur leur passage, détruisant les digues et inondant les terres avec de l'eau salée. Ils frapperont de plus en plus fortement les pays tropicaux insulaires ou côtiers, dont les îles françaises des Antilles. À vrai dire, devant une telle violence, on ne voit pas très bien comment on pourrait protéger mieux l'agriculture. En revanche, la France métropolitaine est, elle aussi, soumise à des tempêtes de force croissante, par exemple dans le Sud-Est à l'automne, lors des « épisodes cévenols » dont la violence croît avec la température de la Méditerranée. Concernant l'agriculture, fort heureusement, ces incidents ont lieu à l'automne… Mais on peut également regarder du côté des Landes, actuellement la plus grande forêt d'Europe, entièrement composée de pins maritimes. Cette région est adossée à l'océan Atlantique avec des vents dominants d'ouest, la rendant particulièrement sensible aux tempêtes. Celles de décembre 1999 ont détruit près de 30 % des pins, puis Klaus, en janvier 2009, a abattu plus de la moitié de ce qui restait.

Qui va croire, avec le réchauffement de la planète, qu'il n'y aura plus de tempête dans les Landes dans les quarante années qui viennent et qu'on pourra récolter sans problème les arbres qui ont été replantés après Klaus ? La menuiserie est donc maintenant sérieusement menacée dans cette région. Un gros effort de recherche et une aide résolue pour y changer radicalement de production apparaissent dorénavant prioritaires.

• *La fonte des glaciers et le tarissement des nappes phréatiques menacent l'irrigation.* Bien entendu, ce phénomène affecte beaucoup plus l'Asie, où une bonne partie de la production alimentaire dépend d'une agriculture irriguée issue des sept grands fleuves qui descendent de l'Himalaya, mais il concerne également une bonne partie du sud de la France. Les systèmes d'irrigation mis en place depuis des siècles au pied des Alpes et des Pyrénées sont maintenant fortement menacés. La quasi-monoculture du maïs irrigué dans le Sud-Ouest aura beaucoup de mal à se maintenir. Il paraît extrêmement urgent d'investir pour préparer la suite : constitution de réserves d'eaux collinaires, essais de plantes alternatives moins gourmandes en eau comme le sorgho, généralisation du goutte-à-goutte pour économiser l'eau, couverture permanente des sols, changement de pratiques culturales, etc.

Dans la moitié nord de la France, dont le climat futur ressemblera beaucoup au climat actuel du Sud-Ouest, il ne semble pas déraisonnable de démarrer dès maintenant des travaux permettant de stocker d'une manière ou d'une autre l'eau qui tombera en quantité plus abondante l'hiver pour pouvoir commencer à irriguer l'été. Et d'une manière générale, la recherche sur l'implantation d'une agriculture moins gourmande en eau, et moins sensible aux extrêmes (inondations suivies de sécheresse), est encore très insuffisamment développée.

• *Il faudra affronter de nouveaux risques sanitaires.* Pour faire bref, si on a plus chaud en France, on aura aussi toutes les maladies des pays chauds ! En matière agricole, on va assister à un développement important des maladies cryptogamiques ou fongiques (causées par des champignons parasites) : rouille, oïdium, tavelure, mildiou, gravelle, fusariose... et des attaques de parasites tropicaux. À titre d'exemple, chacun peut d'ores et déjà voir que des productions aussi établies sur le territoire national que l'olivier ou le palmier dans le Sud-Est, le platane dans le Sud-Ouest, voire le buis dans les châteaux de la Loire sont maintenant directement menacées. En matière d'élevage, la liste des nouvelles maladies qui pourraient se répandre est longue et effrayante : fièvre catarrhale ovine, peste équine, fièvre de la vallée du Rift, fièvre du Nil occidental, leishmaniose, leptospirose, etc. Un gros investissement en recherche et en soutien aux agriculteurs touchés par ces nouvelles crises sanitaires va s'imposer dans les prochaines années. C'est le moment de profiter du fait que la France est dotée de deux des plus grands et plus prestigieux centres de recherche agronomique au monde, l'un sur l'agriculture tropicale (le Cirad) et l'autre sur l'agriculture tempérée (l'Inra) !

• *Implanter une agriculture qui supporte les canicules.* Les plantes qui sont bien adaptées à nos climats ne le sont pas aux canicules puisqu'il n'y en avait pratiquement pas dans le temps ! Ou bien elles avaient lieu exclusivement au mois d'août, quand les céréales étaient déjà dans les greniers. Ce risque a augmenté avec les sélections génétiques qui nous ont conduits à semer des graines qui ont une forte productivité quand tout va bien, mais aussi une grande fragilité en cas d'excès de chaleur ou d'humidité. Au-delà de 25 °C les grains de blé par exemple risquent l'« échaudage » (arrêt plus ou moins total de leur remplissage ou de leur maturation, ce qui conduit à des grains ridés et de faible poids spécifique). Le risque est de perdre 1,5 quintal/hectare par journée au-dessus de 25 °C !

Il faut dorénavant conjuguer productivité et résilience : trouver des céréales (probablement des mélanges de plusieurs variétés) qui produisent peut-être un petit peu moins les années où il fait très beau, mais qui produisent même quand il fait mauvais temps ! La vigne sera également très affectée, et migrera progressivement du sud au nord de l'Europe. La France qui est au centre sera moins affectée que la Sicile, mais les vignobles du Bordelais, du Languedoc et des Côtes-du-Rhône auront besoin de très fortes adaptations, et devront faire face à une nouvelle concurrence venue d'Angleterre et du Danemark !

Aider l'agriculture à diminuer sa production de gaz à effet de serre

Pour réduire la production de gaz carbonique mais aussi pour améliorer la fertilité des terres et diminuer radicalement l'usage de pesticides, on devra progressivement labourer de moins en moins puis carrément abandonner cette pratique, pourtant complètement symbolique d'une activité dont les pratiquants se sont longtemps qualifiés de « laboureurs ». Songeons que labourer 1 hectare consiste à retourner 4 000 tonnes de terre à l'aide de 15 à 40 litres de fuel.

Les anciens laboureurs doivent devenir progressivement de vrais « éleveurs de vers de terre ». Les vers de terre ont en effet une action décisive sur la vie du sol et assurent des « remontées de terre » colossales. Si on veut que cette pratique s'accélère, il faut mettre en place des aides à la conversion pour les premières années où on affronte des situations inconnues et où la fertilité et la biodiversité du sol ne se sont pas encore reconstituées (il faut trois à sept ans pour reconstituer son cheptel de vers de terre par exemple). Le modèle mis en place en Europe pour aider à la conversion au bio peut probablement être décliné face à cet autre type de défi.

Il convient également de relocaliser les productions partout sur le territoire national pour diminuer les transports de nourriture ou de production intermédiaire sur des grandes distances. L'efficacité consistant à choisir de produire notre blé dans le Bassin parisien, nos pommes de terre en Picardie, notre lait en Normandie, nos cochons et nos poulets en Bretagne, etc., et de faire circuler des hordes de camions sur nos routes peut être revisitée à la lumière des défis du réchauffement climatique. Et, côté consommateur, une éducation et une mobilisation populaires pour manger de préférence des produits locaux de saison semblent absolument indispensables. Songeons que les légumes locaux de saison « produisent » 20 fois moins de gaz à effet de serre que les légumes hors saison importés par avion.

Mais on est encore là à la périphérie du problème du réchauffement climatique causé par l'agriculture. L'essentiel provient du méthane et du protoxyde d'azote.

Même si les rizières en sont de gros producteurs, le méthane provient surtout des estomacs des ruminants, qui les réémettent sous forme de pets et de rots. On estime ainsi que l'élevage émet à lui seul 37 % de tout le méthane dû aux activités humaines (de l'ordre de 2,2 milliards de tonnes sur près de 6). Là, on est face à deux défis : d'une part agir sur l'alimentation des bestiaux pour diminuer cette production de méthane, et surtout accompagner le mouvement naturel qui consiste à baisser radicalement la consommation de viande et de produits laitiers dans les pays qui en mangent beaucoup trop, comme la France. Il faut passer d'un modèle du XXe siècle, où l'on n'a cessé de produire et de consommer de plus en plus de ces produits chaque année en mettant en place des filières de production de masse, à un modèle du XXIe siècle où l'on doit produire moins et mieux, sous signe de qualité, et rémunérer davantage les éleveurs pour ce faire.

Cela revient à faire dans l'élevage exactement ce qu'on a fait dans la viticulture française lorsqu'on est passé depuis les années 1950 d'une consommation annuelle de 140 litres de vin par personne à seulement 40 litres, en abandonnant purement et simplement la production de « piquette » au profit de bons et de très bons vins vendus nettement plus chers.

Le protoxyde d'azote, qui reste tellement longtemps dans l'atmosphère qu'il la réchauffe 298 fois plus que le gaz carbonique, et qui cause à lui tout seul la moitié des émissions de gaz à effet de serre de l'agriculture, est fondamentalement un sous-produit des engrais azotés. On en fait une consommation considérable, soit sous forme de déjections animales dans les zones d'élevage, soit sous forme d'engrais minéraux dans les zones céréalières. Les plantes sont loin de tout consommer et le reliquat pollue nos nappes phréatiques, eutrophise nos mares et lacs, et couvre nos plages d'algues. Mais surtout, une fois le sol nu parce que labouré, les différents processus de minéralisation, nitrification, dénitrification provoquent l'évaporation d'une grande quantité de ce gaz délétère. Il est donc fondamental d'agir résolument sur cette question.

Or les solutions existent : abandon du labour, couverture permanente des sols, et surtout passage d'un apport d'azote artificiel à un apport d'azote naturel à partir des plantes qui fixent naturellement l'azote de l'air et en laissent dans le sol sous forme de nodules autour de leurs racines : les légumineuses (soja, pois, haricot, fève, lentille, lupin, féverole, etc., mais aussi légumineuses fourragères : trèfle, luzerne, vesce, etc.).

Rappelons qu'en la matière, la France a fortement régressé depuis 1960, date à partir de laquelle la Communauté européenne a permis l'entrée sans droits de douane du soja américain utilisé dans l'alimentation animale. En 2012, les légumineuses cultivées seules représentaient moins de 3 % des surfaces arables, contre près de 17 % dans les années 1960. Une politique publique d'incitation au retour des légumineuses en Europe est donc absolument indispensable. Soit en direct, soit en association avec les céréales, chaque plante aidant l'autre à pousser : ce sont les « associations de plantes à faibles intrants », soit en « cultures intermédiaires », entre deux cultures, par exemple la moutarde ou la phacélie (elles assurent alors la couverture permanente du sol tout en fixant du carbone et de l'azote).

Inciter l'agriculture à refroidir l'atmosphère

Une politique de lutte contre le réchauffement de la planète consiste en tout premier lieu à limiter drastiquement les émissions de gaz à effet de serre. Mais, une fois ce carbone dans l'atmosphère, on peut aussi imaginer de le récupérer pour le réenfouir, soit dans la mer (ce qui reste compliqué et hasardeux), soit dans et sur le sol. Quand on prend conscience que la totalité des émissions annuelles de gaz à effet de serre de la planète ne représente que 0,4 % de ce qui est stocké dans nos sols (de - 5 mètres à la surface du sol) ou sur le sol (de la surface à 15 mètres), l'idée arrive rapidement d'inciter les agriculteurs à augmenter d'autant (soit finalement de 4 pour 1 000) leur effort de stockage de carbone.

Deux méthodes principales pour cela. Tout d'abord une fois de plus ne plus labourer, pour laisser tout le carbone produit dans les tiges des plantes qu'on a récoltées retourner à la terre et être transformé par les vers de terre et autres membres de la faune incroyable du sol (rappelons que sous 1 m² de sol vivent 260 millions d'êtres vivants !). Et ensuite, planter des arbres, partout ! Cela veut dire reforester massivement partout où on a déforesté (actuellement on déforeste environ 18 millions d'hectares par an sur la planète, alors que, pour stopper le réchauffement, il faudrait reforester 300 millions d'hectares !). Mais cela veut également dire replanter des haies pour généraliser l'agroforesterie. Depuis cinquante ans, on a dépensé des fortunes pour financer sur tout le territoire national l'arrachage des haies. Il faut maintenant en dépenser autant pour aider les agriculteurs à replanter des haies ! De même que, dans beaucoup de villes, on a remis en service les tramways qu'on avait détruits il y a quelques décennies…

On est là devant un véritable cercle vertueux : avec l'agroforesterie on peut à la fois continuer à produire de façon intensive, augmenter la fertilité des sols, diminuer l'usage de pesticides (tous les animaux « auxiliaires de culture » qui mangent les petites bêtes, qui attaquent nos plantes, ont besoin de séjourner dans des haies au moins à une période de leur vie) et refroidir la planète. Raison de plus pour investir massivement dans ce sens. Il faut aider financièrement les paysans pendant les années de transition durant lesquelles les récoltes seront un peu moins bonnes et les aider humainement par l'échange de bonnes pratiques, le conseil et la formation.

Bonne nouvelle : l'agriculture peut être un secteur massivement et durablement créateur d'emplois. Seconde bonne nouvelle : en quelques années, si nous le décidons et si nous nous en donnons les moyens humains et financiers, l'agriculture peut cesser de produire des gaz à effet de serre et capter une bonne partie du CO_2 que nos villes, nos usines et nos transports continueront (un peu) à produire.

Investir fortement dans l'accompagnement au changement

On peut voir ci-dessus que tous ces changements indispensables pour l'agriculture sont d'abord des changements culturels plutôt que des investissements matériels. Bien entendu il faudra financer, par exemple, des investissements dans l'hydraulique (même si ce n'est pas de gros barrages dont on aura besoin pour l'irrigation mais plutôt de multiplier les mares et autres retenues collinaires…), mais aussi dans la méthanisation, le compostage, etc. Mais l'investissement essentiel sera à faire dans la conscientisation, la formation et l'accompagnement du changement.

Il s'agit d'inventer une nouvelle agriculture qui en soi ne coûte pas plus cher que l'ancienne. Mais, de même qu'au début du développement de l'agriculture « chimiquement intensive », il conviendra de multiplier tous les processus d'accompagnement, dans les lycées agricoles, les systèmes de formation continue, les chambres d'agriculture et toutes les associations et fédérations (genre centres d'études techniques agricoles, groupements de développement agricole, fédération des agriculteurs bios, associations d'agricultures de conservation, associations d'agroforesterie, fonds de formation Vivéa, etc.).

S'y ajoutera une vigoureuse impulsion à la recherche orientée dans ce sens (surtout recherche appliquée) et le soutien résolu au développement des start-up. En effet, ces dernières doivent être encouragées à se multiplier pour inventer cette nouvelle agriculture conjuguant écologie, génétique, chimie bio inspirée et numérisation, car il n'est pas sûr que les grosses organisations et entreprises qui dominent actuellement l'agriculture soient capables toutes seules de suffisamment d'imagination pour inventer l'agriculture de demain.

Et enfin il faudra multiplier les systèmes d'incitation et d'accompagnement financier au changement. L'idée est de contractualiser avec les agriculteurs qui souhaitent changer de pratiques pour les assurer qu'ils pourront vivre correctement pendant la période de transition, une incitation positive qui tranche avec les politiques traditionnelles de contrôle et de suspicion généralisée, mais pour cela il faudra réellement mobiliser des fonds conséquents.

Bruno PARMENTIER est ingénieur et économiste,
ancien directeur de l'École d'agriculture d'Angers ;
il anime le blog *nourrir-manger.fr*.

Construire autrement. Construire en bois

Parmi les grands facteurs d'émission de gaz à effet de serre il faut compter la construction en béton. À lui seul, le ciment représente 5 % des émissions planétaires de CO_2, mais quand on ajoute le sable, le transport et la mise en œuvre, l'impact carbone de la construction en béton est probablement 2 à 3 fois plus important. Et ce facteur d'émission connaît une croissance importante à l'échelle mondiale, avec l'urbanisation.

La fabrication du ciment produit de grandes quantités de CO_2 : il faut beaucoup d'énergie pour transformer le carbonate de calcium en chaux. À cela s'ajoute la réaction chimique liée à cette transformation, qui produit elle-même une molécule de CO_2 pour chaque molécule de chaux produite…

Pour produire du béton, il faut ajouter du sable au ciment. Le sable est une denrée qui se raréfie autour des grandes villes. L'extraction du sable se fait donc de plus en plus loin, et – dans les pays développés – toute carrière doit être comblée en fin d'exploitation, ce qui cause à nouveau des émissions de CO_2. Il faut enfin des aciers, qui causent d'importantes émissions pour leur transformation et leur transport, même s'ils sont parfois issus du recyclage… Au total, les études de l'Ademe montrent qu'il faut compter de l'ordre de 398 kilos de CO_2, en moyenne, pour qu'un mètre cube de béton soit produit et arrive sur un chantier français.

La puissante industrie du béton a pris conscience de cet enjeu et elle fournit des efforts louables pour tenter de réduire cette empreinte en développant des « bétons bas carbone ». Elle finance également de coûteuses études pour « optimiser » les calculs d'émission de GES alors que la destruction d'un immeuble et le recyclage des gravats demeurent un très gros problème environnemental : combien d'énergie dépensée pour casser le béton et en faire du ballast ? Même si on arrive à améliorer le bilan carbone du béton, ce matériau demeurera un puissant polluant pour notre atmosphère, aussi certainement que le resteront, tant qu'elles rouleront, les automobiles à moteur thermique.

Existe-t-il un substitut au béton qui permettrait à la construction de franchir un saut qualitatif vers le « bas carbone », à l'image de la révolution du moteur électrique pour l'automobile ou des énergies renouvelables pour les producteurs d'énergie ?

Ce matériau existe. C'est même le plus ancien de nos matériaux de construction : le bois. Non seulement cette ressource naturelle et renouvelable n'est pas émettrice de carbone, mais elle offre une véritable chance de « décarboner » l'atmosphère.

Dans son étude sur les émissions de gaz à effet de serre[1], l'Ademe indique que « le bois contient du carbone qui a été soustrait à l'atmosphère lors de la croissance de l'arbre. Et si le carbone contenu dans les arbres coupés ne retourne pas dans l'atmosphère mais reste dans l'ouvrage réalisé avec du bois, alors que dans le même temps d'autres arbres se mettent à pousser à la place de ceux qui ont été coupés, l'homme contribue ainsi à soustraire du CO_2 de l'atmosphère au lieu d'en rajouter ».

Le phénomène est en fait assez simple et nous renvoie au cours de biologie du collège : un arbre, tant qu'il vit et grandit, est une pompe à CO_2. La photosynthèse permet à l'arbre de fixer un nombre colossal de molécules de CO_2 les unes aux autres (avec besoin d'autant de molécules d'eau) pour faire des sucres ou des fibres. Pour grandir, l'arbre stocke chaque année de plus en plus de carbone (C) et rejette l'oxygène (O_2) en excès[2].

1. bilans-ges.ademe.fr.
2. C'est l'équation « inverse » qui permet à notre corps de dégager de l'énergie : quand nous mangeons puis digérons des céréales, les chaînes d'amidon sont débitées en sucres puis, dans nos organes, se déroule la réaction « sucres + oxygène = énergie utilisée par organes + CO_2 en excès ». Le CO_2 qui s'en va vers les poumons… puis vers les forêts.

Bilan de la photosynthèse

Glucose

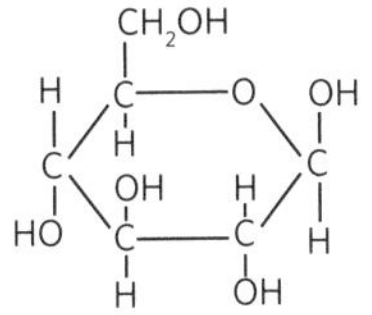

Avec la chlorophylle comme catalyseur, 6 CO_2 + 6 eau H_2O + énergie du soleil = 1 molécule de glucose ($C_6H_{12}O_6$) + 6 molécules d'oxygène O_2.

Une forêt non exploitée est globalement neutre du point de vue du carbone : quand elle a fini de grandir et si rien ne vient perturber la forêt, celle-ci émet autant d'oxygène qu'elle rejette de gaz carbonique. Des branches ou des arbres trop vieux tombent et pourrissent, en relâchant du CO_2, pendant que d'autres poussent, grandissent et fixent du CO_2[3].

Une exploitation raisonnable de nos forêts permettrait de profiter au maximum de leur capacité à capter le carbone. Il s'agit de capturer le stock de carbone renfermé par les arbres « matures » avant qu'ils ne soient menacés de pourrissement, tandis que l'on replanterait de jeunes arbres qui réactiveraient la pompe à carbone.

Ce prélèvement n'aura un intérêt que si ce stock de bois (issu des forêts gérées durablement) est protégé sur la longue période. Or, parmi toutes les ressources mobilisées par l'homme, il n'existe pas d'usage plus long que le matériau de construction de « gros œuvre ». L'Ademe et tous ceux qui travaillent dans le secteur du bâtiment affirment que l'espérance de vie du bois de charpente ou du bois utilisé pour faire des murs porteurs dépasse 100 ans[4]. L'exploitation raisonnée des forêts pour créer des produits stockeurs de carbone à usage très long constitue donc un « puits de carbone », simple et durable.

Avec le bois de gros œuvre, le secteur de la construction peut ainsi participer activement à la lutte contre le réchauffement climatique. D'une part, en substituant immédiatement à un matériau émetteur (le béton) un matériau stockeur net de carbone (le bois). D'autre part, en préservant le carbone stocké sur la longue période, retardant pour une durée presque infinie son retour dans l'atmosphère.

3. En plus de la photosynthèse, il faut pour être complet mentionner aussi la respiration des arbres. Comme tous les êtres vivants, les arbres respirent, jour et nuit, ce qui explique que leur bilan carbone est mauvais la nuit quand la photosynthèse a cessé. Mais c'est peu de chose par rapport au CO_2 qu'ils stockent en grandissant.

4. Rien à voir avec le mobilier ou le bois de chauffage, qui assurent un retour relativement rapide du carbone dans l'atmosphère.

Revenons aux chiffres : l'Ademe a calculé une capacité de stockage d'environ 925 kilos de CO_2 par mètre cube de bois, en moyenne. Si on enlève 500 kilos de CO_2 pour le séchage, le façonnage et le transport, le solde stockeur serait encore de 425 kilos de CO_2 arrivé au chantier, à comparer à une émission moyenne de 398 kilos de CO_2 pour le béton armé. Cette seule différence peut représenter plusieurs dizaines d'années d'émission de chauffage d'un appartement...

Béton ou bois ? Le bilan n'est pas le même

Murs en béton	Murs en bois
Émission de 398 kilos de CO_2 par m^3	Stockage de 425 kilos de CO_2 par m^3 (et pour un siècle au moins)

Construire en bois ? Le challenge est aujourd'hui rendu possible par les progrès extraordinaires de la construction bois depuis quinze ans. Les projets récents de « tours en bois » comme Hypérion, celle de l'architecte Jean-Paul Viguier à Bordeaux ou des grands immeubles prévus à Saint-Étienne ou Paris, en sont l'illustration.

La construction en bois prend de la hauteur en France

C'est un immeuble de logements de 50 mètres de haut comme la Ville de Paris prévoit d'en autoriser une demi-douzaine dans le XIIIe arrondissement. Mais celui-ci a une particularité : ses dix-sept niveaux, rythmés par des balcons double hauteur, sont portés par une charpente apparente en bois. Ce sera un des plus hauts bâtiments du monde entièrement en bois.

Dessiné par l'agence d'architectes LAN pour le promoteur REI Habitat, ce projet, dont les cent cinq logements devraient être livrés en 2020, est l'un des bâtiments démonstrateurs retenus par la filière bois, lors du premier congrès Woodrise, à Bordeaux, pour démontrer que la construction en hauteur n'est pas réservée au métal ou au béton.

Au Havre, à Angers, à Toulouse, à Grenoble, des immeubles de logements en structure bois de dix à quinze étages vont ainsi s'élever dans les années qui viennent. [...]

« L'essor de la filière bois s'est d'abord fait par la maison mitoyenne en bande et le petit habitat collectif de deux ou trois étages. L'enjeu, à une époque de lutte contre l'étalement urbain, c'est de repositionner le bois dans une ville qui se densifie et s'élève », explique Patrick Molinié, de l'institut technologique Forêt Cellulose Bois-construction Aménagement (FCBA), l'outil de recherche et de certification de la filière bois.

Si la part de la construction en bois atteint 8 % en moyenne en France, elle n'est que de 3 % dans le logement collectif et concerne pour l'essentiel des bâtiments de trois étages au maximum. En montant plus haut, la profession se donne pour ambition de dépasser les 10 % de parts de marché.

Grégoire ALLIX, *Le Monde*, 21 septembre 2017

Faut-il faire des tours de dix ou quinze étages ? Pas forcément. Mais il est essentiel d'accélérer le développement de la construction en bois : le béton reste indispensable dans certains cas (construire le viaduc de Millau en bois aurait sans doute été très difficile...) mais le bois devrait devenir la norme pour les constructions « normales ».

D'autant que l'Europe et la France disposent de ressources forestières très importantes. À l'échelle de la forêt française, seulement 50 millions de m^3 de bois sont prélevés chaque année, tandis que la croissance (à périmètre constant) dépasse 100 millions de m^3. Avec un prélèvement de seulement 5 millions de m^3 supplémentaires, soit 1 % du stock non récolté, on pourrait réaliser en bois l'intégralité des immeubles neufs résidentiels produits chaque année.

Les esprits évoluent : quand Bouygues décide de tenter l'expérience et de former quelques ouvriers à la construction bois, ceux-ci disent le plaisir qu'ils ont à travailler sur des chantiers moins bruyants, moins sales et à porter des charges moins lourdes.

Oui, les esprits évoluent mais, si on veut tout faire pour relever le défi du Facteur 4 d'ici à 2050, il faut accélérer le mouvement : diminuer le plus fortement et le plus rapidement possible l'empreinte de la construction. Pour cela, il faut modifier la manière dont est calculée l'empreinte carbone de nos bâtiments, en nous efforçant d'avoir la vision la plus globale de tout leur « cycle de vie » : on ne peut pas dire qu'un bâtiment est « autonome sur le plan énergétique » si cette prouesse s'accompagne d'émissions très massives durant la construction ou lors de la destruction du bâtiment.

Pour accélérer le développement de la construction en bois, il faut modifier certaines réglementations qui favorisent le béton aux dépens des autres matériaux[5] et modifier la formation de toutes celles et ceux qui travaillent dans le secteur du logement et de la construction. La France est un pays de culture « béton » : c'est en France qu'a été inventé le ciment en 1830, et près de cent quatre-vingt-dix ans plus tard, l'enseignement de la construction dans les écoles d'ingénieurs reste trop centré, quasiment exclusivement, sur cette technique.

Cette petite révolution devra s'accompagner d'un véritable plan industriel pour nous équiper des moyens de production massive de matériaux de construction bas carbone, biosourcés comme le bois, et assurer un approvisionnement en circuit court.

Au-delà des avantages pour le climat ou pour les délais de construction, il faut aussi évoquer le confort que ressentent toutes celles et ceux qui vivent déjà dans une maison ou un immeuble en bois : grâce à une isolation remarquable, les murs en bois permettent une montée en température presque instantanée du logement. Ceux qui vivent dans une maison bois chauffent nettement moins et ressentent un niveau de confort très élevé. Et le bois est souvent perçu comme un matériau « plus chaleureux », « réconfortant » et meilleur pour la santé si on laisse la paroi intérieure en bois brut, ce qui évite les solvants présents dans certaines peintures.

5. « En France, le lobby du béton a réussi à imposer dans la réglementation thermique le dogme du "confort d'été", explique un spécialiste. Le matériau béton, réputé à forte inertie, éviterait la climatisation. Ce confort est largement illusoire car, en période de canicule en ville, la température ne baisse pas la nuit : inutile d'ouvrir les fenêtres pour emmagasiner le froid dans les murs… On oublie aussi que l'inertie du béton a un prix : une débauche de matière minérale émissive de carbone, dépourvue de qualité d'isolation thermique, qui, avec un effet de parois froides, rend difficile le réglage de la température, et conduit au gaspillage d'énergie pour les locaux à occupation intermittente. Face aux prétendues vertus de "confort d'été" du béton, pourquoi la réglementation ne reconnaît-elle pas les qualités de "confort d'hiver" du bois ? Les murs en bois permettent une montée en température presque instantanée d'un logement, grâce à une isolation remarquable. Ceux qui vivent dans une maison bois chauffent nettement moins et ressentent un niveau de confort très élevé. »

Bibliographie des ouvrages et sites consultés (hors articles et documents référencés dans le texte)

Stefan Aykut et Amy Dahan, *Gouverner le climat ? 20 ans de négociations internationales*, Presses de Sciences Po, 2014.

Édouard Bard (sous la direction de), *L'Homme face au climat*, Odile Jacob, « Collège de France », 2006.

Jean-Louis Fellous et Catherine Gautier (sous la direction de), *Comprendre le changement climatique*, Odile Jacob, 2007.

IPCC, rapports complets disponibles en anglais seulement sur le site de l'IPCC : www.ipcc.ch sur lequel on peut accéder à des versions françaises des résumés techniques et des résumés pour décideurs.

Jean Jouzel et Anne Debroise, *Climat : jeux dangereux. Dernières nouvelles de la planète*, Dunod, 2004, réédité en 2007.

Jean Jouzel, Claude Lorius et Dominique Raynaud, *Planète blanche. Les glaces, le climat et l'environnement*, Odile Jacob, 2008.

Jean Jouzel et Anne Debroise, *Le Défi climatique. Objectif* : 2 °C, Dunod, 2014.

Jean Jouzel et Olivier Nouaillas, *Quel climat pour demain ? 15 questions-réponses pour ne pas finir sous l'eau*, Dunod, 2015.

Jean Jouzel, « Une expertise collective sur le climat », *Études*, juin 2015, p. 7-18.

Jean Jouzel et François Euvé, « Apports et limites de la COP21 », *Études*, avril 2016, p. 7-16.

Jean Jouzel et Pierre Larrouturou, « Mille milliards pour le climat plutôt que pour les banques », *Ouest-France*, 22 juin 2015.

Valéry Laramée de Tannenberg, *Le Changement climatique. Menace pour la démocratie ?*, Buchet Chastel, 2017.

Michel Rocard et Pierre Larrouturou, *La gauche n'a plus le droit à l'erreur. Chômage, précarité, crise financière : arrêtez les rustines !*, Flammarion, 2013.

Sites Internet

Global Carbon Project, http://www.globalcarbonproject.org
Intergovernmental Panel on Climate Change (IPCC), http://www.ipcc.ch
Institut Pierre-Simon-Laplace, https://www.ipsl.fr/
Jean-Marc Jancovici, http://www.manicore.com
Institut de géosciences de l'environnement, www.ige-grenoble.fr
Laboratoire des sciences du climat et de l'environnement, http://www.lsce.ipsl.fr
Météo France, http://www.meteo.fr
Observatoire national sur les effets du réchauffement climatique (Onerc), https://www.ecologique-solidaire.gouv.fr/observatoire-national-sur-effets-du-rechauffement-climatique-onerc
Organisation météorologique mondiale, http://www.wmo.ch
Réseau Action Climat, RAC, https://reseauactionclimat.org/

Table

Contrepoints, soutiens et postfaces

Annexes

DE JEAN JOUZEL
CHEZ ODILE JACOB

« Le cas du changement climatique : les termes du débat scientifique et de sa réception », *in* Pierre Rosanvallon (sous la direction de), *Science et démocratie*, « Collège de France », 2014, p. 169-182.

Querelles écologiques et choix politiques, avec Claude Allègre, Patrick Artus, Jean-Louis Borloo, Yves Cochet, Vincent Courtillot et Jacques Le Cacheux, 2011.

Planète blanche. Les glaces, le climat et l'environnement, avec Claude Lorius et Dominique Raynaud, 2008.

« Les travaux du Groupe intergouvernemental d'experts sur le changement climatique », *in* Édourad Bard (sous la direction de), *L'Homme face au climat*, « Collège de France », 2007, p. 363-382.

« Le Groupe intergouvernemental d'experts sur l'évolution du climat : le consensus à l'échelle planétaire », avec Richard Somerville, *in* Jean-Louis Fellous et Catherine Gautier (sous la direction de), *Comprendre le changement climatique*, 2007, p. 27-44.

Cet ouvrage a été composé
en Electra et en Whitney
par Nord Compo
à Villeneuve-d'Ascq (Nord).

N° d'édition : 7381-4116-X – N° d'impression : 1704483
Dépôt légal : décembre 2017

Cet ouvrage a été achevé d'imprimer en novembre 2017
dans les ateliers de Normandie Roto Impression s.a.s.
61250 Lonrai

Imprimé en France